Manfred Romboy

Traumberuf Kameramann

*Ein Betteljunge der Nachkriegszeit schafft es
in die interessante Welt der Film- und Fernsehmacher*

VERLAG PH. C. W. SCHMIDT
2022

Filmmuseum Romboy

© 2022

Herausgeber:
Manfred Romboy, Försterweg 9,
50389 Wesseling, Tel. 02236/2858

VERLAG PH. C. W. SCHMIDT
Neustadt an der Aisch

Alle Rechte vorbehalten
(Ohne ausdrückliche Genehmigung des Verlags und des Verfassers ist es nicht gestattet, dieses Buch oder Teile daraus auf fotomechanischem oder elektronischem Weg zu vervielfältigen.)

Umschlaggestaltung: Filmmuseum Romboy
Layout: kuk Düsseldorf

ISBN: 978-3-87707-262-2

Gesamtherstellung:
VDS ❦ VERLAGSDRUCKEREI SCHMIDT
91413 Neustadt an der Aisch

Vorwort

Einen Monat nach den Olympischen Sommerspielen im September 1936 wird Manfred Romboy in der Reichsmessestadt Leipzig geboren. Unfreiwillig wird er Zeitzeuge wichtiger Ereignisse, die in seine Lebenszeit fallen und sein Leben nachhaltig beeinflussen, ja bestimmen. Zu seinen ersten Kindheitserinnerungen zählen die fortwährenden Ermahnungen seiner Mutter: „Mach' nichts kaputt! Wir haben Krieg!" Erste Fotos zeigen ihn im Matrosenanzug mit Stahlhelm auf einem Motorrad, entstanden im März 1941, am „Tag der Wehrmacht". Das noch an allen Fronten unbesiegte Heer stellte in Leipzigs Straßen seine Waffen und Fahrzeuge zur Schau. Im Dezember 1943 kommt der Krieg nach Leipzig. Knapp überlebt er den größten Bombenangriff auf seine Heimatstadt. Als obdachloser Ausgebombter wird er mit seiner Familie in ein Dorf an der Grenze zu Tschechien evakuiert. Dort erlebt er, fast neunjährig, im April 1945 die Besetzung durch die US-Armee und Monate später den Einmarsch der Sowjettruppen. Als Elfjährigem begegnet dem ständigen Kinogänger in einem Vorführraum die ihn sofort faszinierende Tonfilmtechnik. Ab da wird er, wie bei einer fixen Idee, von dem Wunsch, Kameramann werden zu wollen und zu müssen, beherrscht. Im zerstörten Nachkriegs-Leipzig ein absolut realitätsfremdes Unterfangen. So, als würde in der heutigen Zeit ein Zwölfjähriger erklären, er möchte später am Broadway als Travestie-Künstler auftreten.

In seinem Buch beschreibt der Autor die Wirrungen und Irrungen, die ihn auf dem Weg zu seinem Traumberuf begleiteten. In den Babelsberger Filmstudios traf er auf bekannte Figuren der deutschen Filmgeschichte. Später, als Kameramann der ARD-Tagesschau, begegnete er Persönlichkeiten wie Konrad Adenauer, Charles de Gaulle, den Königinnen Juliane der Niederlande und Elisabeth II., Willy Brandt, Helmut Schmidt und Helmut Kohl. In den USA flog er mit dem legendären Überschalljäger „Starfighter", drehte Filme in vielen Ländern vom Äquator bis zum Polarkreis. Fünf Jahre lang lebte und reiste er in der kommunistischen Sowjetunion, zu Beginn von Perestroika und Glasnost. Im Kreml traf er den sowjetischen Staatschef Michail Gorbatschow. Die Notizen und Fotos des heute Fünfundachtzigjährigen sind ein interessanter Beitrag zur Zeitgeschichte der zweiten Hälfte des zwanzigsten Jahrhunderts.

Meine Vorfahren

Spätherbst 1958. Bunte Blätter liegen auf dem Bach-Denkmal. Im Schatten der Leipziger Thomaskirche flattern in Höhe des zerbombten Dachfirstes Reste einer rosafarbenen Tapete. Mein Vater zeigte darauf: „Da oben war mal meine Junggesellenbude. Dort bist Du gezeugt worden. Weihnachten 1935, im Kerzenlicht eines kleinen Tannenbaumes." An den Fingern zählte ich die Monate nach. Könnte stimmen. Als Sonntagskind wurde ich vier Uhr morgens in der Härtelstraße 11 in der Wohnung meiner Großmutter mütterlicherseits geboren. Der Kalender zeigte den 13. September 1936.

Mein Geburtshaus

Mein Vater, selbständiger Dekorationsmaler, renovierte 1935 im Stadtzentrum ein Caféhaus gegenüber des neu eröffneten amerikanischen Automatenrestaurants. Leipzig, das sich stolz als Reichsmessestadt präsentierte, war auch Anziehungspunkt für modernste Gastronomieformen.

Blick auf die Thomaskirche

Mit einer Freundin plaudernd stand an einem der Stehtische eine langbeinige Blondine in türkisfarbenen Schuhen mit erotisierend hohen Absätzen. Die deutlich gewölbte weiße Bluse war durchaus geeignet, Männerphantasien auszulösen. Genau mein Frauentyp, erkannte Hans Romboy und steuerte mit seinen belegten Automatenbrötchen und einem frisch gezapften Bier zum Blondinen-Tisch, klappte militärisch höflich die Hacken zusammen. „Gestatten die Damen, dass ich an ihren Tisch komme?"

Die Damen gestatteten. Die Langbeinige lächelte verlegen, ihr Gegenüber war ein schöner Mann. Einen Meter vierundachtzig groß, für die 30er Jahre fast ein Riese, sportliche Figur, ein markantes Gesicht und pechschwarzes Haar. Ein Frauentyp, der sich sehen lassen konnte. Sie schätzte ihn richtig auf Mitte dreißig. Sofort fing er an, Süßholz zu raspeln. Oh wie aufregend und für das alte Leipzig ungewöhnlich, in feinstem Hochdeutsch. Doch den Anblick der gewölbten weißen Bluse konnte Hans nur kurz genießen.

Nach einem Blick auf ihre Armbanduhr stieß die Blonde einen spitzen Schrei aus und verließ mit den Worten „Tschüss Trudchen, wenn ich nochmal zu spät komme, wird mich mein Anwalt rausschmeißen!" den Dreiertisch. Umsonst die Eile, zu den Mädchen zu kommen, umsonst das Süßholzraspeln, der Paradiesvogel war weg. Das verbliebene Trudchen war kein Ersatz. Die damals Neunundzwanzigjährige war gerade mal einen Meter dreiundfünfzig groß und von aufregenden langen Beinen konnte bei ihr auch beim besten Willen nicht die Rede sein. Lediglich ihr zartes Mädchengesicht unter dem dünnen mittelbraunen Haar verbreitete einen Hauch von Anziehungskraft. Für den kultivierten taktvollen Hans Romboy kam es nicht in Frage, sofort den Tisch seiner Niederlage zu verlassen; er hätte im wahrsten Sinne des Wortes die zurückgebliebene Kleine gekränkt. Bis sie ihren Kaffeebecher und er sein Bier ausgetrunken hatte, plätscherte ein belangloses Höflichkeitsgespräch hin und her. Normalerweise hätte ein freundliches „Auf Wiedersehen" die nicht geplante Bekanntschaft beendet, wenn Hans etwas weniger über sich gesprochen hätte.

Die Fleischergasse. Zweites Haus von rechts: „Der Kaffeebaum"

Zu seinen wenigen Zerstreuungen gehörte die Teilnahme am Handwerkertisch im Traditionslokal Kaffeebaum unweit der Barfußgasse gegenüber den „Film-Eck"-Lichtspielen. Beim nächsten Dienstagstreff störte der Oberkellner das Kartenspiel. „Herr Romboy, vor der Tür wartet eine Dame auf Sie." „Muss ein Irrtum sein, Damen brauchen wir nur beim Skat!". Die Runde lachte. „Hat sie meinen Namen genannt?" wurde der Oberkellner gefragt. Der sagte „Nein. Sie wünschte den Großen mit den dunklen Haaren vom Handwerkertisch zu sprechen." Auf dem Gehsteig unter dem Mohrenrelief stand im Nieselregen das kleine Trudchen unter ihrem bunten Regenschirm. Kühl, weil verwundert, fragte Hans nach ihrem Anliegen. Kaum hörbar erwiderte die Kleine „Ach, ich wollte nur mal prüfen, ob das stimmt mit dem Handwerkertisch, dienstags im „Kaffeebaum". Nun weiß ich ja Bescheid." Hans musste sich geradezu verbeugen, um Trudchens verlegenes kindliches Mädchengesicht unterm Regenschirm zu sehen. „Warten Sie einen Moment, ich muss zahlen und den Mantel holen. Es ist ja spät, ich bringe Sie natürlich nach Hause." Irrwege des Eros! Die Begehrlichkeit, die Hans erfolglos zu der Blondine gelockt hatte, löste beim kleinen Trudchen das Begehren auf den großen Mann mit den dunklen Haaren aus. Zwei vom Schicksal gebeutelte Menschenkinder waren sich begegnet, die nichts gemeinsam hatten außer der Sehnsucht, die Nächte nicht allein zu verbringen. An einem der nächsten Treffs gab sie seinem Drängen nach, das neue Koffergrammophon mit den wunderbaren Electrola- und Odeon-Schallplatten zu besichtigen und landete in der Dachstube mit der rosaroten Tapete. Für die Heiligabendfeier 1935 hatte er den Tannenbaum und sie Kerzen und Schmuck besorgt. Nach dem Anfangsknistern tönte es aus dem Trichterschacht des Grammophons „Vom Himmel hoch da komm ich her". Auch am Weihnachtsbaum knisterten leise die Wachskerzen. Irgendwann muss es bei Hans und Trudchen auch geknistert haben. Unterm Tannenbaum in der Dachkammer mit der rosaroten Tapete soll ich gezeugt worden sein.

Der Marktplatz zu Leipzig um 1900

Doris Losselli
deutsch-ital.-ung. Operettensängerin.

Mein Vater entstammte einer Künstlerehe. Meine Großmutter Doris Lohse ging im Alter von siebzehn Jahren zum weiteren Gesangsstudium an die Berliner Volksoper in der Belle-Alliance-Straße. Großvater Carl Romboy soll dort als erster Geiger und Konzertmeister gewirkt haben. Offensichtlich konnte er seine Instrumente besser beherrschen als sich selbst. Der fünfzehn Jahre ältere verführte die kleine Gesangselevin. Im September 1899 wurde mein Onkel Theodor Carl geboren. Ihm folgte im Dezember 1900 Onkel Alfred. Als Uneheliche wurden sie blitzschnell zu Mutter Lohse nach Leipzig abgeschoben. Im August 1901 war die kleine Doris schon wieder im fünften Monat schwanger. Der Herr Konzertmeister erkannte die Ausweglosigkeit seiner Situation und heiratete seine Doris am 22. August 1901 in der backsteinroten Lutherkirche am Leipziger Johannapark. Das war nicht nur Hochzeit, sondern auch höchste Zeit. Am 6. Dezember 1901 wurde, nun ehelich, mein Vater Willi Hans Romboy geboren. Aus Doris Lohse wurde Doris Romboy. Ihre kurzzeitig verloren gegangene bürgerliche Reputation war damit wiederhergestellt. Ihre Berliner Künstleragentur hatte inzwischen aus Lohse Losselli gestrickt mit dem Zusatz „deutsch-italienisch-ungarische Operettensängerin". Ihre Autogrammpostkarten aus dieser Zeit dokumentieren auch ihre Sehnsucht, eine multikulturelle Europakarriere als Doris Losselli zu starten.

Autogrammpostkarte der Sängerin Doris (Lohse) und Bild ihrer Eltern

Während sie von Engagement zu Tournee und von Tournee zu Engagement eilte, wuchsen ihre drei Söhne bei den Großeltern auf. Zur Winterzeit in Leipzig. Im Sommer zog man mit Sack und Pack ins fünfzig Kilometer entfernte Schmannewitz in der Dahlemer Heide. Dort gab es ein kleines Sommerhaus, zwei wunderbare Badeteiche und ein Kindermädchen namens Elfriede Papst. Die Dreierbande, wie sie dort genannt wurde, reduzierte sich 1908 auf zwei Buben. Alfred, der Mittlere, starb im Alter von acht Jahren an der unheilbaren Kinderkrankheit Diphtherie. Die Übriggebliebenen, Carl und Hans, sind elternlos aufgewachsen. Die seltenen Besuche ihrer Mutter, die inzwischen unter dem Künstlernamen Doris Losselli halb Europa besang, waren gefürchtet. Einmal brachte sie aus Sankt Petersburg für beide rote Lederstiefelchen und Russenblusen mit. Die mussten am nächsten Tag zum Schulbesuch getragen werden. Prompt wurden sie von ihren Schulkameraden unter den Rufen „Ab nach Sibirien" in den Pausen und nach Schulschluss verprügelt. Bei einem anderen Besuch an einem sonnigen Sommertag stand sie erwartungsvoll vor der Bürgerschule in der Hillerstraße. Aufgebrezelt als Operettendiva im überlangen Schleppenkleid und einem wagenradgroßen Hut mit Straußenfeder wollte sie als Überraschung die Kinder von der Schule abholen. Ihrer ansichtig, schmetterte sie mit der geschulten Bühnenstimme „Kommt hierher, meine Söhne, ich will Euch an mein Mutterherz drücken!" Bis zu ihrer Schulentlassung einige Jahre später wurden sie von ihren Mitschülern nur noch die Mutterherzen genannt. Hans durfte als Zwölfjähriger einmal nach Berlin den Vater besuchen, und er war geblendet vom Verkehr mit den Doppelstockbussen, den vielen Automobilen, der S- und der U-Bahn. Bei einem Opernbesuch sollte er den Vater spielen sehen. Vaterliebe konnte sich nicht aufbauen. Jede Frage des Zwölfjährigen wurde mit dem Satz „Warum weißt Du das nicht, Du dummer Junge?" beantwortet. Danach war er froh, wieder in Leipzig zu sein. Seine Schulentlassung nach acht Jahren, man schrieb das Jahr 1915, empfand er als Befreiung aus der Sklaverei. Weitere Schule oder späteres Studium – um Gottes willen! Auf dem Gelände der Technischen Messe in Leipzig hatte er eine große Dampfmaschine gesehen, umringt von Männern in blauen Kitteln. Als Fünfzehnjähriger begann er eine Schlosserlehre. Nach einem Jahr wurde sein Lehrherr zur Armee einberufen. Weiteres ist mir unbekannt.

Kurz bevor der Erste Weltkrieg durch die Kapitulation der kaiserlichen Armee im Herbst 1918 zu Ende ging, hat sich Hans kriegsfreiwillig als Soldat gemeldet. Er wurde ins Baltikum verfrachtet. Dort kämpften deutsche Soldaten bis 1920 gegen die Rote Armee um die Unabhängigkeit Lettlands. Am 4. April 1919 wurde er demobilisiert und als Feldjäger in die Reichswehr übernommen. Sein neuer Standort: Allenstein in Ostpreußen. Dieses östliche Teilstück des alten Preußens war fest in der Hand ostelbischer Junker. Meist Adlige, die als Gardeoffiziere in der kaiserlichen Armee eine Karriere

Hans Romboy (rechts) neben Bruder Carl,
gefallen bei den Kämpfen um Berlin 1945

gemacht hatten. Inzwischen Guts- oder Rittergutsbesitzer, ließen sie sich weiterhin als Herr Major, Oberst oder General anreden. Es lag für sie nahe, zur Erntezeit den nächsten Standortkommandanten anzurufen. „Hallo Herr Kamerad, hier Oberst von Pritzewitz, der Weizen muss rein. Könnte Erntehelfer gebrauchen." Nach dem nächsten Appell hieß es in der Kaserne „Freiwillige vor zur Erntehilfe". Meist meldeten sich zu viele. Auf den Rittergütern gab es besseres Essen, nicht den eintönigen Kasernenfraß, billigen Kornschnaps, und was am wichtigsten war: Mädchen in Hülle und Fülle, die sich nicht immer einem liebeshungrigen Soldaten verweigerten. Als Zugführer und Aufsicht einer solchen Truppe wurde Hans vom Gutsbesitzerpaar an den Kaffeetisch gebeten. Dort bedienten zwei zierliche und hübsche Mädchen, Haustöchter genannt. Emma und Elsa Patzwald, siebzehn und fünfzehn Jahre alt, waren Vollwaisen. Ihr Vater, Inhaber eines bankrottgegangenen Nachbargutes, hatte erst seine Frau, dann sich erschossen. Damit war seine Ehre wiederhergestellt. Der vierundzwanzigjährige Hans und Haustochter Emma freuten sich, einander zu begegnen, wenn wieder Erntezeit war. Im Frühjahr 1927 wurde Hans per Brief auf das Rittergut beordert. Emma würde nicht mehr essen, nur noch weinen, man bitte, das abzuklären. Im Gartenpavillon alleingelassen, erklärte Emma in den Tränenpausen ihr Leben für beendet und dass sie ins Wasser gehen würde. Sie sei schwanger. Hans wusste Rat. „Sag mir den Namen von diesem Schweinekerl. Mit der Pistole in der Hand werde ich ihn zwingen, Dich sofort zu heiraten." Wieder ein Sturzbach von Tränen und der Ausruf „Hans, es geht um Dein Kind!" Er war völlig verdattert. „Aber wir waren doch nur das eine Mal eng zusammen und das liegt auch schon Monate zurück!" Am 5. Juni 1927 wurde mein Halbbruder Siegfried geboren. Am 3. September 1927 wurde auf dem Standesamt in Tannenberg aus Emma Minna Patzwald Frau Romboy. Dem Siegfried folgte Schwester Christa. Sie wurde am 25. September 1928 geboren. Es war unmöglich, von dem kümmerlichen Reichswehrsold eine Frau und zwei Kinder zu ernähren.

Vaters erste Frau mit den Kindern
Siegfried und Christa Romboy um 1932

Irgendwann beschloss er, in seiner Heimatstadt Leipzig sein Glück zu suchen. Dort lebte, sesshaft geworden, seine Mutter. Aus Doris Losselli war wieder Doris Romboy geworden. Ein letztes Engagement am Operettentheater in Insterburg beendete ihre Bühnenkarriere. Es wurde auch Zeit. Sie war inzwischen Mitte Vierzig und Witwe.

Im Familienbuch fand ich folgenden Eintrag: Zwischen dem 15. und 19. September starb mein armer Mann allein und verlassen in Berlin, Weichselstraße 12, unvermittelt an Herzschlag. Möge er mir verzeihen, dass ich ihn, den Vater meiner Kinder, im Alter allein ließ. Herr, lass mich Ruhe finden. Geschrieben am 22.10.1924 in Leipzig. Doris Romboy. Ihre Adresse lautete nun Hindenburgstraße 64, Ecke Carl-Maria-von Weber-Straße. Ihre Wohnung im ersten Stock gestattete den Blick auf einen Zweig des Elsterflusses. Die Fünfzimmerwohnung kostete pro Monat einhundert Reichsmark. Für kleine Leute, die mitunter nur einhundert Mark im Monat verdienten, ein ungeheuerlicher Betrag. Neben dem Eingang stand ein Schild „Doris Romboy, Weißnäherin. 1. Stock. Dreimal klingeln". Außer den Einnahmen der Vermietung einiger Zimmer lebte sie vom Vernähen feiner Leinenstoffe, die sie zu Tisch- und Bettwäsche verarbeitete und mit den Initialen der Auftraggeber bestickte. Aussteuer für wohlhabende Bräute. In ihrem Wohnzimmer stand neben der Singer-Nähmaschine ein großes Blüthner-Tafelklavier, ständig gesegnet von einer süßlich wirkenden Jesus-Lithographie. In der Tingeltangel-Welt der Operettenbühnen musste Doris vielen Herren dienen. Intendanten, Regisseuren und Dirigenten. Ab jetzt wollte sie ihr Leben nur noch einem Herrn widmen – Jesus Christus. Statt Kálmáns „Machen wir's den Schwalben nach, baun wir uns ein Nest. Bist du lieb und bist Du brav, halt zu Dir ich fest" tönte aus den Fenstern der Hindenburgstraße Paul Gerhardts „Befiehl Du Deine Wege und was Dein Herze kränkt, der allertreusten Pflege des, der den Himmel lenkt". Geschulten Ohren entging es nicht, dass besonders bei den hohen Tönen ihre zwei Angorakatzen durch langes Maunzen das Klangbild verstärkten.

Doris Romboy mit ihren Katzen

Sohn Hans, der mit Frau und zwei Kindern eingezogen war, blieb nicht nur die Miete schuldig, er musste auch mit durchgefüttert werden. Er war arbeitslos, wie weitere sechs Millionen seiner Landsleute. Die Weltwirtschaftskrise hatte auch seine Kleinfamilie getroffen. Die Begeisterung über die Familienzusammenführung hielt sich beiderseits in Grenzen. Im Vergleich zum ostpreußischen Allenstein war die Reichsmessestadt Leipzig ein Sündenpfuhl – Ort ständiger Versuchung. In Allenstein trug man noch lange Röcke und selbst gestrickte Strümpfe. Hier glänzten unterhalb der Säume superkurzer Röcke zarte Seidenstrümpfe gekrönt durch hochhackige Stöckelschuhe, Pumps genannt, deren Absätze nicht dünn und lang genug sein konnten. Im Gegensatz zum Heiligen Antonius konnte Hans diesen irdischen Versuchungen nicht lange widerstehen. Ein Aushilfsjob als Nachtkontrolleur der Wach- und Schließgesellschaft ermöglichte unkontrollierte Freiräume. Irgendwann und irgendwie erfuhren Ehefrau Emma und Schwiegermutter Doris von zahlreichen Weibergeschichten. Der Burgfrieden in der Hundertmarkwohnung verwandelte sich, ohne dass Herr Jesus eingreifen konnte, in einen Burgkrieg. Hans flog raus und wechselte fortan öfters den Wohnsitz mit den jeweiligen Verhältnissen. Seine junge Frau rächte sich durch eine Liebschaft mit einem Operettensänger. Auf beiderseitigen Wunsch wurde die Ehe am 20. Juni 1932 geschieden. Hans wurde alleinerziehender Vater einer vierjährigen Tochter und eines fünfjährigen Sohnes. Anstelle der Lobgesänge auf Herrn Jesus musste Großmutter Doris sich nun um Windelwechseln und Breikochen kümmern.

Von der Operettendiva zur Großmutter

Die seit Januar 1933 installierte Hitler-Regierung beschnitt auch die Monopole der Handwerkerinnungen. Hans konnte sich, obwohl Autodidakt, als Dekorationsmaler selbständig machen. Mit einem zweirädrigen Handwagen, darauf Leiter, Werkzeugkiste und Tapezierböcke, machte er fortan die Straßen der Innenstadt unsicher.

War Mutter Doris abwesend, verwandelte sich der Alleinerziehende in einen alleinversorgenden Vater. Für Christa und Siegfried wurde in der großen Porzellanwaschschüssel Pudding gekocht. Für die nächsten Tage war damit die Kinderverpflegung gesichert. Keine einseitige Ernährung. Von Fall zu Fall wurde der Pudding durch Himbeersaft veredelt. Fürs Abendessen kaufte der Vater Riesentüten Kuchenreste, die der Bäcker vor Ladenschluss verbilligt abgab. Noch Jahrzehnte später schwärmten die Geschwister von diesen Tagen im Schlaraffenland.

Die Leipziger Thomaskirche um 1900

Kommen wir zurück zum Liebespaar Hans und Trudchen. Meine Mutter wurde am 9. November 1906 als Gertrud Frieda Wenzel in Leipzig geboren. Ort: die Wohnung ihrer Großeltern Am Thomaskirchhof 5. Gertruds Mutter lebte noch bei ihren Eltern, dem Maler Reinhold Wenzel und seiner Ehefrau Ida, geb. Gäbler. Ihre Tochter, Frieda Martha, war zum Zeitpunkt der Geburt sechzehn Jahre alt.

Die Begeisterung hielt sich in Grenzen. Die im Frühjahr noch Fünfzehnjährige war während eines Verwandtenbesuchs in Portitz bei Leipzig geschwängert worden. Von Heirat konnte nicht die Rede sein. Der junge Liebhaber war Ritterguts- und Gurkeneinlegersohn. Die kleine Geliebte Malerskind. Verschiedene Welten.

Entgegen unserer Moralvorstellungen von Menschen der Jahrhundertwende gab es also schon damals böse Buben und willige Mädchen. Trudchen, vom liebevollen Großvater so genannt, wuchs als Großelternkind auf. Ihre Mutter war auswärts in Stellung. Die Kinder spielten, was streng verboten war, Verstecken in der Sakristei und unter dem Hochaltar der durch Johann Sebastian Bach geadelten Thomaskirche. Freitags, zur traditionellen Motette des Thomanerchors, stiegen die Kinder in den Turm. Dem hoch oben wohnenden Türmer halfen sie, in Trauben an den Seilen hängend, beim Glockenläuten. Als Trudchen zehn Jahre alt war, verließ ihre Großmutter nach Geldstreitigkeiten die dreiköpfige Familie. Fortan lebte sie, wie „Heidi", beim geliebten Großvater.

Trudchen im Alter von 12 und 14 Jahren

Böse Nachbarn hielten das für unsittlich und schrieben Briefe an das Jugendamt. Gegen ihren Widerstand und den des Großvaters wurde Trudchen in ein Waisenhaus der Herrnhuter Schwestern verschleppt. Für sie waren die nächsten Jahre ein Leben in der Hölle. Die Herrnhuter Calvinisten predigten und lebten in Askese. Für sie waren die Heimkinder nur bei ihnen gelandet, weil Gott ihnen seine Gnade entzogen hat. Das musste gesühnt werden. Egal, wie alt, spielen war nicht angesagt. Es gab nur beten und arbeiten. Schon kleinste Vergehen wurden mit Rohrstockschlägen auf die vorgestreckten Finger bestraft. Bettnässerinnen mussten, ihr nasses Leinentuch um den Körper gewickelt, am Frühstückstisch sitzen ohne essen zu dürfen. Sie hatten ja gegen den Herrn gesündigt. Nach ihrer Konfirmation im Alter *von vierzehn Jahren wurden die Sünderinnen als unbezahlte Dienstmägde in Pfarrhaushalte gegeben.*

Nach Zwölfstundentagen wartete auf sie in der Dachkammer als einziges Möbelstück ein Strohsack. Vorherige Anweisung: intensiv beten. Den braven Gemeindetöchtern wurden diese verhärmten Dienstmägde als warnendes Beispiel gezeigt. Sehet, so geht es Menschen, denen der Herr wegen ihrer Sünden die Gnade entzogen hat.

Mit ihrer Volljährigkeit im Alter von einundzwanzig Jahren wurden sie durch das Jugendamt mit einem Handgeld in die sündige Welt entlassen. Der vergangene Erste Weltkrieg mit Hunger und Kohlrübensuppe und die ihm folgende Inflation waren an Trudchen äußerlich spurlos vorüber gegangen. Aber seit ihrer Einlieferung bei den Herrnhutern hatte sie in all den Jahren permanent gehungert. Inzwischen zeigte der Kalender das Jahr 1927. Sie konnte eine gute Ausbildung als Hausmädchen vorweisen, also ging sie in Stellung, unter anderem bei einer reichen jüdischen Leipziger Familie. Später wurde sie Schwesternhelferin in der Funkenburg-Klinik. So wurde das Privatkrankenhaus der Professoren Goebel-Hörhammer genannt. Einige Monate konnte sie nicht arbeiten. Ihr Sohn Wolfgang wurde im Juni 1928 geboren. Trudchen hatte als Zimmermädchen eines Hotels im Luftkurort Sebnitz einen Mann kennen und lieben gelernt. Mit seinem schicken kleinen Auto machte der Junggeselle, ein Ingenieur aus Schlesien, der gern Berge bestieg, im sächsischen Elbsandsteingebirge Urlaub. Er war ein anständiger Weiberheld. Nach der Mitteilung, dass sie guter Hoffnung wäre, machte er Trudchen einen durchaus ernst zu nehmenden Heiratsantrag. Doch als Familienvater hielt sie ihn für absolut ungeeignet. Der uneheliche Erdenbürger, der in der Wohnung seiner Großmutter geboren wurde und wohnte, war der ständige Zankapfel mit Trudchens Mutter Frieda. „Wie konntest Du Dich, gerade mal einundzwanzig, schon mit einem Mann einlassen!" Dass sie selber mit fünfzehn geschwängert wurde, durfte nicht erwähnt werden. Arbeitslos und ohne Einkommen kaufte Trudchen sich einen Bauchladen und den dazu gehörenden Hausiererschein. Dann ging es, mit dem kleinen Wolfgang an der Hand, Trepp auf, Trepp ab durch die Häuser der Bessergestellten. Die Türschilder ‚Betteln und Hausieren verboten' konnten sie nicht abschrecken. Sie versuchte, Nähgarn, Stickgarn, Gummiband, Kämme, Zahn- und Kleiderbürsten zu verkaufen. Erst zur Zeit des wirtschaftlichen Aufstieges im Dritten Reich fand sie, wie ihre Mutter, einen Arbeitsplatz als Anlegerin in der Wertpapierdruckerei Giesecke und Devrient.

Dort wurde Bogen um Bogen die Reichsmark gedruckt, mit der Reichskanzler Adolf Hitler die Aufrüstung Deutschlands finanzierte.

Trudchens Mutter mit dem
1928 geborenen Wolfgang

Einschulung von Bruder Wolfgang 1934

Ein unerwünschtes Kind

Mit meiner Geburt wurde sie wieder eine Arbeitslose. In der Lebenssituation meiner Eltern war ich absolut überflüssig und unerwünscht. Trotz aller Gegenbemühungen erblickte ich am 13. September 1936 im Schein einer Fünfundzwanzigwattglühbirne das Licht der Welt. Wiederum in der Wohnung meiner immerfort zeternden Großmutter Frieda. Obwohl kein Wunschkind, liebten und verwöhnten meine Eltern mich seit meinen ersten Lebenstagen. Vater zeigte mich so voller Stolz seinen Handwerkerkollegen und seinem Innungsmeister, Herrn Beutin, dass dieser sagte: „Romboy, bleiben Sie mal auf dem Teppich, schließlich haben Sie dieses Meisterstück nicht alleine, sondern mit Hilfe Ihrer Frau gemacht!" Wieviel Dank schulde ich diesen Eltern! Im April 1938 brachte der Klapperstorch den beiden ein weiteres Kind.

Manfred dreijährig bei der Berliner Funkausstellung 1939 (links)
Bruder Dieter in Alter von zwei Jahren (rechts)

Meinen Bruder Dieter. Hans und Trudchen zogen Bilanz: Du hast nichts und ich habe nichts; wenn wir zusammenziehen, besitzen wir das Doppelte. Für zwei Erwachsene und insgesamt fünf Kinder suchte ein unverheiratetes Paar eine Wohnung. Was für ein Wunder! Hausbesitzer Sauda, der in der Nürnberger Straße 9 ein Scherenschleif-, Messer- und Besteckgeschäft betrieb, war gnädig. Als gebürtiger Italiener war er der Meinung, Bambini könnte man niemals genug haben, und vergab an sie eine Vierzimmerwohnung. Dort wurde noch ein Kind geboren – mein Bruder Hans Joachim. Doch er starb nach wenigen Wochen den sogenannten plötzlichen Kindstod.

Zu ihren zwei Enkeln (Siegfried und Christa) erhielt Doris von Trudchen mit Manfred und später mit Dieter zwei weitere Enkel

Manfred, Katzenmutter Doris und Trudchen 1941

Plötzlich war Krieg

Zu Kriegsbeginn am 1. September 1939 hatte sich Vater als ehemaliger Berufssoldat freiwillig zum Wehrdienst gemeldet. Dort wurde er nach Feststellung seiner Personalien rausgeworfen. „Was, fünf Kinder! Sie wollen sich totschießen lassen, damit das Reich für Ihre Nachkömmlinge jahrzehntelang zahlen muss! Verschwinden Sie schleunigst! Der Nächste bitte!" Das verängstigte Trudchen hatte den Kindern erzählt, dass Vater Soldat werden will und erschossen werden könnte. Nun waren auch die Kinder verängstigt. Als Vater seinen Rausschmiss verkünden musste, hüpften die Kinder erfreut auf und nieder „Den Papa haben sie nicht genommen, den Papa haben sie nicht genommen..." Es hagelte Ohrfeigen.

Weihnachten 1939

Viele jüngere Handwerker waren schon eingezogen, doch Papas Geschäft boomte. Zur Entlastung meiner Mutter und meiner Lust am Abenteuer saß ich im Alter von vier Jahren erwartungsvoll auf dem Zweiräderkarren und sang das für mich erfundene Lied „Rühre, rühre Farbe, morgen geh' ich Fenster streichen!" In der jeweiligen Wohnung angekommen, erhielt ich Pinsel und Wasserfarbe, um noch freie Flächen zu verzieren. Vater konnte im Nebenzimmer in Ruhe arbeiten. Doch einmal wurde es dem knapp Fünfjährigen langweilig. Er schnappte sich Schuhe und Mäntelchen und begab sich auf den Weg nach Hause. Die Strecke, schon mehrmals gefahren, war bekannt.

Ich ging vom Nordplatz zur Pfaffendorfer Straße, am Zoo vorbei bis zum Tröndlinring. Links gings weiter zum Hauptbahnhof, dann am Schwanenteich vorbei zur Oper. Neben dem Augustusplatz, in Richtung Johannisplatz, lag rechts die elterliche Wohnung. Erster Merksatz meines Lebens war für mögliche Notfälle der oft zu wiederholende Spruch: „Ich heiße Manfred Romboy und wohne in der Nürnberger Straße 9." Mein Heimweg war kilometerlang. Zum Augustusplatz brauchte ich länger als eine Stunde. Dichten Autoverkehr oder mich anklingelnde Straßenbahnen ignorierte ich - die Selbstbestimmung genießend. Fünf Minuten vor der Ankunft, am verkehrsreichen Platz vor der Oper, stoppte mich ein Verkehrspolizist, weil ich, ohne seinen Weisungen zu folgen, zwischen Straßenbahnen und wild hupenden Autos meinen Weg fortsetzen wollte. Jetzt half das auswendig gelernte „Ich heiße Manfred Romboy und ich wohne..." Er nahm mich bei der Hand, um in eine andere Richtung zur Polizeiwache zu gehen. Ich wehrte mich und schrie um Hilfe. Das war ihm zu auffällig. Also sagte er: „Also dann eben Nürnberger Straße." Bevor wir das Ziel erreichten, versperrte uns ein zwölfjähriger uniformierter Pimpf den Weg. „Heil Hitler, Herr Wachtmeister. Warum wollen Sie meinen kleinen Bruder verhaften?" Halbbruder Wolfgang, der vom Dienst kam, hatte unseren Weg gekreuzt. Der Schupo, froh den Knirps los zu werden, notierte sich aber Namen und Hausnummer.

Meinem konzentriert arbeitenden Vater war erst nach einiger Zeit meine Abwesenheit aufgefallen. Er begann zu suchen. Zuerst vor dem Haus, dann auf einem nahegelegenen Kinderspielplatz, zuletzt am Eingangsbau des Leipziger Zoos. Erfolglos. Zoobeamte zeigten den Weg zur nächsten Polizeiwache. Dort musste er eine Abgängigkeitsanzeige unterschreiben. Später als sonst – wir Kinder saßen schon am Abendbrottisch – kam er völlig verstört nach Hause.

Bruder Wolfgang meldete die Sache mit dem Polizisten. Ich erwartete eine Tracht Prügel. War verwundert, dass sie ausblieb. Vater hatte das Vergehen des Weglaufens wesentlich geringer bewertet als die große Leistung des Kleinen, nach Hause zu finden. Allerdings gab es ein Nachspiel. Eine arrogante Ziege vom Jugendamt erschien, um wegen Vernachlässigung der Kinderaufsichtspflicht zu ermitteln. Es lägen ihr zwei Anzeigen der Polizei vor.

Tag der Wehrmacht 1941. Manfred und Dieter auf einem Wehrmachtskrad

Manfred hoch zu Ross

März 1941. Die noch siegreichen deutschen Streitkräfte feiern sich, wie jedes Jahr, mit dem „Tag der Wehrmacht". Eine gute Gelegenheit für Vater, seine 9x12-Plattenkamera zu aktivieren. Sohn Manfred sitzt auf einem Wehrmachtsmotorrad mit dem Kennzeichen WH für Wehrmacht-Heer. Auf dem Soziussitz der dreijährige Bruder Dieter. An der Nürnberger Straße setzt Vater seinen Lieb-

lingssohn Manfred auf ein festlich geschmücktes Wehrmachts-Pferd. „Gestern noch auf stolzen Rossen, heute durch die Brust geschossen" (Reiters Morgengesang von Wilhelm Hauff). Am 22. Juni überfällt die deutsche Wehrmacht die Sowjetunion. Vier Jahre später, 1945, besetzt deren Rote Armee Berlin.

Erst 1940 machte Hans, der in seinen Tagträumen immer noch auf eine steinreiche Witwe wartete, mit deren Geld er seine Kinder standesgemäß ernähren würde, seinem Trudchen einen wenig liebevollen Heiratsantrag. Er sagte: „Der Krieg schreitet fort, irgendwann muss auch ich zur Wehrmacht. Meine Zukunftspläne mit der reichen Frau sind unrealistisch. Also kann ich Dich auch heiraten.

Manfred und Dieter unterm Weihnachtsbaum 1940

Dann bist Du mit den Kindern im Fall, dass aus Dir eine Kriegerwitwe wird, wenigstens gut versorgt!" Nach Vaters Tod erfragte ich bei Mutter den Zeitpunkt und Ablauf ihrer Trauung. „In einer Arbeitspause holte mich Dein Vater zuhause ab. Wir gingen zum Standesamt und aus mir wurde Frau Romboy. Danach fuhr er mit seinem Handwagen wieder zur Baustelle." Meine Empörung war grenzenlos: „Diesen herzlosen Kerl hättest Du zum Teufel jagen müssen!"

„Aber Manfred, wie konnte ich das? Er war der erste Mensch in meinem Leben, der gut zu mir war."

Trudchen, Hans und Manfred vor der Tautenburg 1940

Der Krieg wurde jetzt im Alltag sichtbar. An den Geschäftstüren vom Schuster, Bäcker und Milchmann hingen plötzlich Schilder „Wegen Einberufung vorübergehend geschlossen". Statt zum Spielwarengeschäft Hinkel und Kutschbach fuhr Vater mit uns in die NSV-Geschäftsstelle zum Ausprobieren der Kindergasmasken. Ich fand das männlich. Doch mein kleiner Bruder schrie vor Angst wie am Spieß, als er mich als Maskenmann sah. Zwischenzeitlich waren wir ins Gartengebäude der Ludendorffstraße 10 (heute Elsterstraße) gezogen. Eines Tages wurden Sand und Steine abgeladen, ein Maurer verschloss bis auf einen postkartengroßen Luftschacht die Kellerfenster. Aus dem Kohlen- und Kartoffelkeller wurde der Luftschutzraum mit dünn vermauertem Durchbruch zum Nachbarhaus. Unsere Fassade erhielt die Großbuchstaben LSR und einen Pfeil in Richtung Keller. In der Dunkelheit leuchtete diese Beschriftung. Es wurde mit Phosphorfarbe markiert. Vieles änderte sich. In brauner SA-Uniform klingelte der Blockwart, um zu kontrollieren, ob alle Fenster ein Verdunklungsrollo haben. An unser Radio klemmte er ein rotes Schild mit der Aufschrift „Das Abhören feindlicher Sender wird mit Zuchthaus oder mit dem Tode bestraft". Aber solange die Eisdiele Sarafin, das Schreberbad und unser Zoo noch geöffnet waren, fühlten wir uns nicht als arme Kriegskinder.

Siegfried in der Dienst-Uniform als Tierwärter im Leipziger Zoo (links)
Seine Schwester Christa (rechts)

Unser kreuzbraver Kater Peter musste Kleider von Christas Puppe anziehen und wurde stolz im Kinderwagen kutschiert. Straßenpassanten, die unser kleines Brüderchen ansehen wollten, beschimpften uns. Die Schulferien verbrachten wir in einem angemieteten Sommerhaus an der Tautenburg in Thüringen. Das Ende dieser Idylle war vorhersehbar.

Trudchen mit Stieftochter Christa (links)
Vaters ganzer Stolz: der „Electrola"-Grammophon-Schrank (rechts)

Vater mit Trudchens Kindern
Manfred und Dieter

Vater wird Soldat

Im Frühjahr 1942 brachte der Briefträger Papas Einberufung zur Wehrmacht. Dessen Kriegsbegeisterung war wie weggeblasen. Die Rückseite der ‚Leipziger Neue Nachrichten' zeigte mehr und mehr schwarz gerränderte Anzeigen, geziert mit dem Eisernen Kreuz. Nach dem obligaten: Für Führer, Volk und Vaterland starb den Heldentod: ‚Unser Sohn, mein Mann, unser Vater, der Onkel oder der Bräutigam'. Als Todesort war statt Frankreich, Norwegen und Afrika zunehmend Russland zu lesen.

Da schon gedient – wurde Vater im Rang eines Obergefreiten Schießausbilder in der sächsischen Garnisonsstadt Glauchau. Weil so nah, waren Besuche möglich. Ich war stolz, ihn endlich in Uniform zu sehen. Bei einem Wochenendbesuch durfte ich ihn auf dem Weg zu einem Friedhof begleiten. Ein Kamerad war tödlich verunglückt. Als Zugführer kommandierte Vater eine Ehrenkompanie, die nach der Pastorenrede drei Salven über das Grab in den Himmel feuerte. Beim Rückmarsch in die Kaserne erfolgte das Kommando „Eins, zwei, drei, ein Lied" und die Soldaten sangen, froh darüber, dass sie nicht tot waren: „Freut Euch des Lebens, Großmutter wird mit der Sense rasiert, alles vergebens, sie war nicht eingeschmiert." Obwohl verboten, durfte ich mit auf den Schießplatz. An meiner Wange glaube ich noch heute den filzigen Stoff seines Waffenrocks zu fühlen, wenn ich beim Rattern des Maschinengewehrs mein Gesicht in Vaters Uniform drückte. Mein erster Schultag, die Konfirmation der Geschwister Christa und Wolfgang, dies alles fand nun ohne Vater statt.

Obergefreiter Hans Romboy mit Frau und Sohn
vor dem Bismarck-Turm in Glauchau

Mein erster Schultag September 1942 (links)
Die Halbgeschwister Wolfgang und Christa als Konfirmanden 1942 (rechts)

Seine neue Anschrift lautete jetzt ‚Obergefreiter Hans Romboy, Warschau, ZEL 24, Feldpostnummer 54379'; das ZEL war die Abkürzung für eines der vielen Zentralersatzteillager der Wehrmacht im besetzten Polen. In solchen Werkstätten wurden beschädigte Fahrzeuge, Panzer und Geschütze wieder kampffähig gemacht und frisch mit Tarnfarben und Balkenkreuz versehen zurück an die Front geschickt. Das mit der Neubemalung organisierte Vater. Es war schließlich sein Zivilberuf. Seine Mitarbeiter waren ausschließlich russische Kriegsgefangene, sogenannte Hiwis, für Hilfswillige. Um dem Hungertod im Gefangenenlager zu entgehen, arbeiteten sie für die deutsche Wehrmacht. Es waren zehntausende. Wer von ihnen den Krieg überlebte, wurde von Väterchen Stalin mit dem Tode bestraft oder verschwand für fünfundzwanzig Jahre in sibirischen Straflagern. Mit Vater lebten sie harmonisch in beiderseitigem Interesse. Er besorgte zusätzlich Lebensmittel,

Vater, links, mit den russischen Kriegsgefangenen
als „Hiwis" seiner Malerwerkstatt

Zigaretten und Schnaps, sie bastelten für uns Kinderspielzeug. Ein Kunstmaler unter ihnen porträtierte Vater in Wehrmachtsuniform und nach einer Postkarte die Tautenburg. Beide Gemälde wurden über der Wohnzimmercouch neben dem Hitlerbild platziert. Seine Freundschaft mit Hauptmann Rogatz bescherte ihm sogar für einige Tage eine Abkommandierung nach Leipzig zum Kauf einer Laute zwecks Truppenbetreuung. Von seiner Mutter hatte Hans eine voluminöse Singstimme geerbt. Außerdem wurde er vergattert, in Erfurt Blumenzwiebeln zu kaufen, um das Warschauer Kasernengelände zu verschönern. 1942, vor Stalingrad, glaubte man noch an den Endsieg und ein langes Verbleiben im Generalgouvernement Polen. Ein solcher Stempel verzierte den Hitlerkopf der Briefmarken, wenn Vater Pakete schickte. Mutter backte Kuchen und kochte Kaffee, während der Fronturlauber seinen Tornister und den Feldbeutel auspackte. An der Korridorwand lehnte sein Karabiner. Soldaten mussten mit ihrer Waffe reisen. Trotz Berührungsverbot lief der vierzehnjährige Wolfgang mit dem Gewehr im Anschlag durchs Kinderzimmer. Nach dem erfolgten Donnerwetter erklärte Papa die Funktionsweise eines solchen Schießgewehrs. Danach die Kinder: „Bitte, bitte, Papa, wenigstens einmal schießen!"

Seine zutreffende Ausrede: „Munition kriege ich nur an der Front!" Ich lief ins Kinderzimmer. Dann drückte ich ihm eine passende Patrone in die Hand. Übungsmunition, die statt der Kugel einen violetten Holzkegel enthielt. „Bitte hau' mich nicht, die habe ich am Schießplatz auf dem Boden gefunden." Vor den jubelnden Kindern wollte er seine Soldatenehre retten. Kommando: „Alle hinter meinen Rücken an die Eingangstür!" Dann knallte ein ohrenbetäubender Schuss. Mutter schrie aus der Küche, während der Korridor sich mit blauem Rauch füllte. Alle husteten. Schnell die Fenster auf. Zehn Minuten später klingelte es Sturm. Als Mutter öffnete, standen zwei Polizisten mit gezückten Pistolen vor der Tür. Im Nachbarhaus hatte jemand Telefon und einen Notruf ausgelöst. „Wahrscheinlich hat der Urlauber seine Frau erschossen, weil sie fremdgegangen ist." Doch in diesem Fall stand die Frau unverletzt in der Tür und der Urlauber, den Uniformrock leger geöffnet, frage die Schupos,

womit er ihnen helfen könnte. Umständlich steckten sie ihre Waffen wieder ein und verlangten Aufklärung. „Ach so, der Schuss! Mein Sohn Wolfgang hat eine Übungspatrone ausgelöst. Sehen Sie, solche Sachen lernen die Kinder bei der Hitlerjugend!" Das genügte. Zivilpolizisten war es verboten, Wehrmachtsangehörige zu kontrollieren. Eine halbe Stunde später klingelte die Feldgendarmerie. Deren Ton war rüder. „Soldbuch und Marschbefehl vorzeigen! Und woher haben Sie Munition?" Die Papiere waren tadellos in Ordnung, also schluckten sie die Sache mit dem schießenden Hitlerjungen. Es war noch einmal gut gegangen.

Manfred und Dieter in der Sommer- und Winter-Uniform der NS-Kinderschar-Organisation

Der Fronturlaub war nur eine kurze Unterbrechung unseres Alltags. Morgens ging ich in die ungeliebte Schule und einmal in der Woche zur Kinderschar. Neben den Pimpfen ab neun und der Hitlerjugend ab vierzehn lernten schon die Sechs- bis Neunjährigen in dieser Jungschar gehorchen und marschieren. Ich drängte meine Mutter, für meine Mitgliedschaft zu sorgen. Vor allem, um endlich die mir peinliche Lederhose mit den Edelweißhosenträgern ablegen zu können. Im dritten Kriegsjahr war alles Mangelware. Nur mein ständiges Gequengel und die Drohung, Schule zu schwänzen, konnte meine Mutter, die für insgesamt fünf Kinder zu sorgen hatte, bewegen, alle nur möglichen Geschäfte aufzusuchen, um nach und nach die Uniform mit Koppelschloss und allen Aufnähern zu beschaffen. Trotz Kriegszeit – das Leben ging weiter. Auch Bruder Siegfried wurde sein Wunsch erfüllt. Als Tierpflegerlehrling des Leipziger Zoologischen Gartens war er bald mit Löwen, Bären und Affen auf Du und Du. Die brave Christa besuchte ihr Gymnasium Goetheschule. Den Wolfgang hatte die Hitlerjugend nach Litzmannstadt (heute Lodz) zu einer Führerschule beordert. Vormittags musste sich Mutter um den fünfjährigen Dieter kümmern. Der war ein Unglücksrabe. Alles, was er anfasste, ging schief. Im Februar 43 machte er Schlagzeilen: Feuerwehr rettet Fünfjährigen. Trotz des

Versprechens, mit Kinderfahrrad und Roller in Hausnähe zu bleiben, packte
uns die Abenteuerlust. Wir fuhren zur „kleinen Welle" an der Rosentalgasse.
So nannten wir ein Stauwehr am Elstermühlgraben gegenüber des Naturkun-
demuseums. Um das herunterrauschende Wasser zu sehen, erkletterten wir
das Brückengeländer. Dieter hatte eine Stufe zu viel genommen, verlor das
Gleichgewicht und lag im eisigen Wasser, das zum Glück nur knietief floss.
Ich schrie „Halte Dich an der Ufermauer fest" und sauste zur nahen Hauptfeuerwache. Bevor ich die Wassernot meines Bruders melden konnte, ertönte
schon „Tatü, Tata", Löschzüge und Rettungswagen rasten zum Mühlgraben.
Ein Brückenpassant hatten den roten Feuermelder eingeschlagen. Also lief
ich zurück und sah noch, wie ein Feuerwehrmann, durch Seile gesichert, den
Kleinen rettete und zum Sanitätswagen trug. Der hatte, im Wasser stehend,
zahlreichen Schaulustigen erfolglos zugerufen „Leute, Leute, helft mir!"
Beleuchtet von zuckenden roten und blauen Signallichtern der Polizei und
Feuerwehr stand ich, von niemandem beachtet, in der Abenddämmerung auf
der Brücke. Mein Problem: Wie bringe ich außer meinem Fahrrad auch Dieters
Roller nach Hause. Ein älteres Paar hatte meine Tränen bemerkt und begleitete mich. Tage später erschien schon wieder eine Jugendamtsdame mit dem
Vorhalten der Aufsichtspflicht. Mutter warf sie raus mit den Worten „Kinder
sind keine Kaninchen, die man hinter Maschendraht einsperren kann." Noch
Wochen danach bereute ich, zur Feuerwache gelaufen zu sein. Ich hatte die nie
wieder gegebene Chance, einen Feuermelder einzuschlagen und den Knopf zu
drücken, verspielt.

Der Krieg kommt nach Leipzig

Leipzigs Neues Rathaus
vor Beginn des
Bombenkrieges

Des Öfteren wurden wir nun nachts durch das Heulen von Sirenen für Vor- und Fliegeralarm geweckt. Aus dem Radio tönte die Ansage: „Achtung, Achtung, feindliche Bomberverbände im Raum Münster/Osnabrück. Mit dem Anflug auf Mitteldeutschland muss gerechnet werden." Zwei Koffer mit dem Nötigsten standen im Korridor bereit. Ich schnappte meine Lieblinge, zwei Stoffhunde, und schon ging es inmitten anderer Hausbewohner und deren Kinder in den Luftschutzkeller. Nach einer knappen Stunde Entwarnung. Das Radio meldete den Anflug dieser Bomber auf die Reichshauptstadt und dass mit Bombenabwürfen zu rechnen wäre. Manchmal bellten bei uns die Flakgeschütze und der große Scheinwerfer vom Eckhaus jagte seinen Geisterfinger über den Himmel. Verirrte Flieger, die die nahen Treibstoffwerke bombardieren wollten, kreuzten Leipzig. Morgens auf dem Schulweg suchten wir nach den großen Stahlsplittern der 8,8 cm Flakgeschosse. Der Krieg kam immer näher. Ein Bombenflugzeug, das sich verflogen hatte, entledigte sich seiner Last am Stadtrand Leipzigs. Eine Sprengbombe traf eine der Hauptstraßen. In überfüllten Straßenbahnen fuhren die Leipziger zum Einschlagsort, um den großen Bombentrichter und die geplatzten Fenster der benachbarten Häuser zu besichtigen. Von Fliegerangriffen und Großbränden der Städte Lübeck, Hamburg und Köln hatten die Leipziger gehört. Aber Klugscheißer wussten, Leipzig ist durch seine Entfernung geschützt. Wer hier bombardiert, hat keinen Sprit mehr, um zurück nach England zu kommen. Falsch gerechnet! Zwanzig Tage vor Weihnachten, am 4. Dezember 1943, heulten um vier Uhr morgens die Sirenen. Fliegeralarm. Viel zu spät ausgelöst. Kaum im Treppenhaus, flogen uns schon die Fenstersplitter um die Ohren. Die ersten Sprengbomben waren gefallen. Im Keller hörten wir die Flak bellen. Dann: Fürchterliches Krachen über uns, der Boden wankte und das Licht erlosch. Alle mussten husten, weil der Luftdruck den Mörtel aus den Mauerfugen gewirbelt hatte. Eine Sprengbombe hat die neben uns liegende Druckerei Tschocke getroffen. Aus dem Kellerdunkel Schreie und Weinen. Neben mir auf der Holzbank betete ein altes Ehepaar immer wieder das Vaterunser. Gefolgt vom Trostspruch „Wenn wir sterben, sind wir Gott sei Dank zusammen." Nach gefühlten Ewigkeiten leuchtete eine Taschenlampe und es ertönte der Ruf „Ruhe bewahren!" Der behelmte und uniformierte Luftschutzwart des Hauses hatte seine Lebensgeister wieder gefunden. Bei den zitternden Frauen und Kindern fragte er nach Verletzten. Glücklicherweise keine! Aber der Kellerzugang war verschüttet. Letzte Hoffnung: der vorbereitete Durchbruch zum Nachbarhaus. Zwei alte Männer halfen, im Licht der Taschenlampe die Trennmauer zu öffnen. Nach den ersten gelösten Ziegelsteinen quoll schwarzer Rauch zu uns. Schnell wieder zustopfen! Im Nachbarkeller wüteten schon Brände. Irgendwann hörten wir Schritte und antworteten mit Klopfen und Rufen. Soldaten konnten im zerstörten Treppenhaus Balken entfernen und unseren Keller öffnen. Fünfzig Schritte entfernt, in den Räumen der Tanzgaststätte „Klein Sanssouci" war ein Lazarett für Leichtverletzte untergebracht. Zur Sommerszeit bei geöffneten Fenstern schauten die Verletzten unseren Spielen zu und verschenkten die seltenen Apfelsinen oder gar Schokoladenstücke aus einer runden Blechdose. Als Gegenleistung klauten wir für sie zuhause die in der Klinik verbotenen Zigaretten.

Den Leichtverletzten und ihren Pflegern verdanken wir unsere Rettung. Dicht wie Schneetreiben regnete es Funken. Aus den meisten Fensterhöhlen züngelte der rote Hahn. Mit Mutter, zwei Brüdern und Schwester Christa standen wir im Freien. Jemand warf uns nasse Decken zu. Unsere Mäntel und Mützen zeigten schon erste Brandlöcher. Eingewickelt in die Lazarettdecken folgten wir den von den Brandlichtern erhellten Pfeilen zum so beschrifteten Auffangplatz. Das war der zehn Minuten entfernte Johannispark am Neuen Rathaus. Das Licht der Morgendämmerung mischte sich mit dem Feuerschein, den die niedrigen Wolken reflektierten. Mein liebes Leipzig brannte. Zu mir, dem Siebenjährigen, war der Krieg gekommen. Mir liefen die Tränen über die Wangen. Nicht wegen der Obdachlosigkeit oder des Verlustes meines fast neuen Fahrrades. Die englischen Flieger, diese Mistkerle, hatten auch meinen lieben schwarzweißen Kater Peter umgebracht.

Zerstörte Universitätsräume hinter dem Leibniz-Denkmal

Die zerstörten Wohnhäuser und Gaststätten
der Burgstraße vor dem Thomaskirchhof

Die ausgebrannte Matthäikirche hinter der Fleischergasse

Wir mussten einen hohen Preis zahlen, weil die deutsche Regierung, eine Clique von Verbrechern, einen Krieg ausgelöst hatte. Vierhundert Lancaster-Bomber der Royal Airforce warfen über tausend Tonnen Brand-, Sprengbomben und Luftminen auf Leipzigs Stadtkern. Getötet wurden eintausendachthundert Menschen, vorwiegend Frauen und Kinder. Bei den toten Männern handelte es sich meist um Greise. Alles, was jünger war, hatte Wehrdienst. Außer den Menschen wurden Leipzigs Kulturbauten vernichtet. Es verbrannten die Matthäikirche, die Johanniskirche mit dem Grab Johann Sebastian Bachs, das alte Theater und das Opernhaus am Schwanenteich, die barocke Börse, das Museum der Bildenden Künste, das Gewandhaus und nahezu alle Messehäuser des inneren Stadtkerns. Unbeschädigt blieben die in den Vorstädten arbeitenden Erla-Werke, die Jagdflugzeuge produzierten. Auch die Rüstungsbetriebe Hasag, Büssing und ATG blieben unbeschädigt. Stattdessen töteten die britischen Flugzeuge bei diesem Angriff die wehrlosen Frauen und Kinder der Frontsoldaten und verstörten die wichtigsten Leipziger Kultur-, Bildungs- und Handelshäuser. Offensichtlich als Rache für den von den Deutschen entfesselten Zweiten Weltkrieg. In den Schulbüchern werden die deutschen Luftangriffe auf Rotterdam, Coventry, London und Warschau als Kriegsverbrechen bezeichnet. Die Bombardements von Hamburg, Köln, Dresden und Leipzig sollen berechtigte Abwehrhandlungen gegen die Nazis gewesen sein. Wenn man das liest, muss man annehmen, dass die jüngere deutsche Zeitgeschichte immer noch von den Siegermächten des Zweiten Weltkriegs geschrieben wird.

Im ersten Morgenlicht wanderte Trudchen mit ihren Kindern, die vielen brennenden Straßen vermeidend, Kilometer um Kilometer in Richtung des Eilenburger Bahnhofs. Der Stadtteil Reudnitz war hoffnungsvoll dunkel und dort in der Oberen Münsterstraße wohnte Tante Reuter mit ihrer Freundin Lieschen. Völlig erledigt schliefen wir auf der Couch und den beiden Polstersesseln ein. Tante weckte uns mit Kartoffelsuppe und roter Grütze. Zwei Tage schliefen wir zu viert in zwei Betten. Niemand wusste Rat. Über hunderttausend Leipziger wurden über Nacht obdachlos. Wohin mit ihnen? Rettung erhoffte Trudchen sich von unserem traditionellen Sommerfrischedorf Tautenburg im Thüringer Land. Als Ausgebombte durften wir eine Eisenbahnfahrkarte lösen. So landeten wir im alten Ferienort. Der Bürgermeister war entsetzt. „Wir sind schon voller Bombenflüchtlinge." Doch er vermittelte eine Unterkunft im nahen Dorndorf an der Saale. Arbeiter eines Sägewerkes hatten für uns ihren Umkleideraum abgeben müssen. Es war nur ein Winzling von Weihnachtsbaum, aber mit echten Wachskerzen, die am Heiligen Abend unser Notquartier aufhellten.

Erfolglos bat Mutter um Asyl für sich und ihre Kinder
im „Sommerfrischler"-Dorf Tautenburg

Alles unwichtig. Vater hatte wenige Tage sogenannten Bombenurlaub genehmigt bekommen. In der Zimmerecke lehnte am Tornister sein Gewehr und im Wehrmachtskochgeschirr wurde über einer Spiritusflamme Tee gekocht. Wir Kinder, sonst überreichlich beschenkt, erhielten nur eine Handvoll Kekse. Kein Wunder, dass der Fronturlauber uns überhaupt finden konnte. Bruder Wolfgang hatte mit weißer Ölfarbe an die Hausruine geschrieben: ‚Familie Romboy. Alle leben! Wir sind in Tautenburg!' Die uns zugedachten Weihnachtsüberraschungen waren zwar verbrannt, doch sie konnten beschrieben werden. Mich hätte ein Baukasten erwartet, zusammengesteckt wäre eine Schwarzwälder Kuckucksuhr entstanden. Auch ein Schuco-Auto mit Fernsteuerung und ein Segelflugzeug hätten unter dem drei Meter hohen Tannenbaum gelegen, im Schein von über sechzig Kerzen. Nie wieder in meinem Leben habe ich so herrliche Weihnachtsgaben gesehen, obwohl deren Abbild nur Kopfkino war. Noch heute, nach fast acht Jahrzehnten, sehe ich die ganze Pracht vor mir. Am zweiten Weihnachtsfeiertag eine große Überraschung: In der örtlichen Turnhalle wurde der Film „Quax, der Bruchpilot" mit Heinz Rühmann vorgeführt. Es stand nur ein Kinoprojektor zur Verfügung. Alle zwanzig Minuten wurde die Leinwand dunkel, ein neuer Film musste eingefädelt werden. Die einzelnen Filmakte waren maximal sechshundert Meter lang. In der Erinnerung mein erster Kontakt zu der Zauberwelt Film. In der ersten Januarhälfte erschien Polizei mit dem Befehl, dass wir uns unverzüglich in Leipzig zu melden hätten. Die NS-Behörden duldeten keine vagabundierenden Ausgebombten.

Flüchtlinge unerwünscht

Die ausgebombte Familie Romboy wird angewiesen, aus Luftschutzgründen die Stadt Leipzig zu verlassen

a) des Familienhauptes ....

b) der Ehefrau ....

c) der Kinder ....

Gegen die Abreise bestehen keine

Stempel der Dienststell

Eintragungen der NSV.

Freifahrtschein für: ....

ausgestellt für Reise von ....

bis .... am ....

Eintragungen der Behörden des Aufn

6. APR. 1944
RFU. gezahlt ab 13. 12. 43
850.-RM Beihilfe z. Deckung des ersten dringenden Bedarfs gezahlt.
Der Landrat des Kreises Oelsnitz (Vogtl.)
— Abteilung für Familienunterhalt —

Die vogtländischen Behörden mussten den mittellosen Bombenopfern achthundertfünfzig Reichsmark zahlen, für die es nichts zu kaufen gab

Arnsgrün im Vogtland. Eine Zweihundert-Seelen-Gemeinde, die an Sudeten-Deutschland, heute Tschechien, grenzt. Wasser nur an der Schulhauspumpe.

Es gab im Ort keinerlei Geschäfte.
Das einzige Telefon stand beim Bürgermeister (Fotos 2016)

Laut Abreisebescheinigung wurden wir am 9. Februar 44 zwangsweise durch die Leipziger Behörden in das uns unbekannte Arnsgrün im Vogtland eingewiesen. Anschrift: Gasthaus Zum Weissen Röß'l. In den Nachtstunden auf dem Bahnhof Bad Elster angekommen, wurden wir nach langem Warten und zahllosen Telefonaten des Bahnhofsvorstehers durch einen Krankenwagen abgeholt und nach Arnsgrün gefahren. Nach Meinung der Rössl-Wirtin, Frau Hartenstein, sollten wir für die nächste Zeit Quartier im ungeheizten Tanzsaal nehmen. Und das in der Februarkälte 1944. Arnsgrüns Bürgermeister Wölfl konnte gegen die rabiate Wirtin nichts ausrichten. Er war gezwungen, die NSV-Behörde in Adorf zu mobilisieren. Die verfügte, dass die Bombenflüchtlinge unverzüglich die drei leeren Fremdenzimmer im ersten Stock des Hauses beziehen dürfen. Für uns, die Großstädter, war Arnsgrün ein Kulturschock. Ein Ort mit knapp zweihundert Einwohnern, ohne fließendes Wasser und ohne Geschäfte. Alle Einkäufe - Brot, Milch, Kartoffeln - mussten, natürlich zu Fuß, im zwei Kilometer entfernten Adorf erledigt werden. Später, im Frühjahr 1945, auch unter Artilleriebeschuss. Wir waren die einzigen Ausgebombten, die dauerhaft in Arnsgrün verblieben. Bürgermeister Wölfl, der in Personalunion außer Landwirt noch Gastwirt und Briefträger war, brachte uns auch die Lebensmittelkarten. Die anderen Dorfbewohner galten als Selbst- oder Teilselbstversorger. Der Flüchtlinge ansichtig, sagten sie meist: „Mir han vei selber nix". Wir hielten das für den im Vogtland üblichen Gruß und erwiderten freundlich: „Mir han vei selber nix". Die Bedeutung wurde uns erst später erklärt. Ein Feldpostbrief brachte Erfreuliches. Da die Rote Armee nach ihrer Sommeroffensive der Weichsel immer näherkam, wurde Vaters Einheit im Juli 1944 nach Esslingen am Neckar verlegt. Mutter und ich durften ihn besuchen. Die Fahrt wurde zum Kriegsabenteuer. Obwohl über dem Fahrkartenschalter die Zurückweisung stand – „Erst siegen, dann reisen" – erhielten wir als sich ausweisende Bombenflüchtlinge Fahrkarten. Die große weiße Beschriftung der Dampflokomotive tadelte unser Vorhaben – ‚Räder müssen rollen für den Sieg' – war zu lesen. Dreihundertfünfzig Eisenbahnkilometer lagen vor uns. Unzählige Male hieß es: Umsteigen wegen Fliegeralarms. Unsere Lok flüchtete in den nächsten Tunnel. Im Bahnhofsbunker warteten die Passagiere auf ihre Rückkehr. Schnell waren ein, zwei Stunden vergangen. Vor Stuttgart stoppte der Zug auf freier Strecke. „Tiefflieger" schrie der Schaffner. Die Abteiltüren öffneten sich und alles, was Beine hatte, versuchte hinter Büschen oder Bäumen Deckung zu finden. Sekunden später beschossen zwei einmotorige Jäger aus höchstens fünfzig Meter Höhe unseren Zug mit ihren Maschinengewehren. Schnell, wie sie gekommen waren, entschwanden die Amis wieder in der Himmelsferne. Die Lokomotivpfeife kommandierte ‚Einsteigen, Einsteigen!' Im

Waggon böses Gedränge und Geschiebe. Im völlig überfüllten Wagen kämpfte jeder mit jedem um sein bisschen Steh- oder gar Sitzplatz. Ein kriegsverletzter Luftwaffenoffizier überließ uns seinen Platz auf der Holzbank. Noch viele Jahre habe ich seine Visitenkarte aufgehoben. Oberleutnant von Brachvogel, Flugzeugführer.

Nach zwölf Stunden erreichten wir unser Ziel und gingen, am Ende unserer Kräfte, zur Funkerkaserne. Im Gegensatz zum benachbarten Stuttgart, das bereits in Trümmern lag, war Esslingen eine Oase des Friedens. Das alte Rathaus strahlte mit seiner bunten Fassade. An den Hängen der Burg riefen bunte reife Äpfel aus ihren Bäumen: ‚Nimm mich mit!' Da uns Taschen fehlten, musste Mutter ihre Bluse ausziehen. Obst für die nächsten Tage war gesichert. Trudchen hatte ein Privatquartier. Manfred durfte in diesen wenigen Tagen in Vaters Stube im Kasernenbau schlafen. Noch heute glaube ich die ohrenbetäubende Trillerpfeife des Unteroffiziers vom Dienst zu hören und sein Weckkommando: „Kaffeeholer, raustreten!" Vaters Lackierwerkstätten befanden sich in ehemaligen Fahrzeughallen der Funkerkaserne. Dort lernte ich auch Vaters Kriegsgefangene kennen. Nette Männer, die sich freuten, ein Kind zu sehen und mit ihm zu sprechen. Der Obergefreite Romboy stellte sie mir durch Nennung ihres Rufnamens vor. Übermütig rannte ich über den leeren Kasernenhof und landete prompt bäuchlings im sonnengelösten Asphalt. Die Russen konnten mir helfen. Mit Stoffresten und Benzin reinigten sie Hände, Knie und Kleidung so gut es ging. Ich revanchierte mich mit geklauten Äpfeln und Tomaten. Einmal musste sogar eine Schachtel aus Vaters Zigarettenvorrat daran glauben. Die wenigen Esslinger Tage waren schnell Vergangenheit.

Das unzerstörte Esslingen am Neckar im Herbst 1944 - eine Nachbarstadt des zerbombten Stuttgarts

Dresden brennt

Noch im Januar 1945 war die Prager Straße im Herzen der sächsischen Hauptstadt Dresden unzerstört

Im harten Winter des Vogtlandes konnten wir selten das Haus verlassen. Es fehlte an Bekleidung. Statt über Unterwäsche oder Pullover verfügte Mutter über ein Bündel Bezugsscheine für „Fliegergeschädigte". Die berechtigten sie, das dringend Notwendige zu kaufen. Aber wo? Adorfs wenige Geschäfte waren längst leergekauft. Im unzerstörten Dresden gebe es noch alles, wurde erzählt. Also nichts wie hin. Statt wie im Bahnhof zu lesen – „Erst siegen, dann reisen" – wurde Mutters Motto „Erst kaufen, dann siegen"! Bei Ella Klein und ihren Kindern Karin und Uta konnten wir in Naundorf wohnen. Leipziger, die es nach dem 4. Dezember hierher verschlagen hatte. In den ersten Februartagen 1945 fuhren wir mehrmals mit der Vorortbahn oder dem Postbus nach Dresden. In der Tat, das friedliche Dresden war besser versorgt als das Vogtland. Viele Bezugsscheine konnten eingelöst werden. Bei winterlichem Sonnenschein zeigte Mutter mir die Frauen- und die Hofkirche. Am Elbufer schlenderten wir über die Brühlschen Terrassen. Vor Fliegerangriffen hatten die Dresdner keine Angst. Hinter vorgehaltener Hand wurde geflüstert: Wegen seiner unersetzlichen Kulturschätze gebe es ein geheimes Abkommen - Dresden sei zur offenen Stadt erklärt worden und damit geschützt. Ein verhängnisvoller Irrtum der Dresdener.

In den frühen Morgenstunden des 13. Februar weckte uns das ständige Klirren der Schlafzimmerfenster. Vom Nachthimmel dröhnte das Geräusch dutzender Flugzeugmotoren im Anflug auf die vierzig Kilometer entfernte sächsische Hauptstadt. An Schlaf war nicht mehr zu denken. Wir Bombenkinder zitterten. Wir hatten in Leipzig erlebt, was Dresden erwartete. Stunde um Stunde hörten wir weiter Flugzeuge. Dann weit entfernt leise Detonationen. Langsam rötete sich der Himmel immer stärker. Das brennende Dresden beleuchtete Naundorf. Welche Tragödie! Als der Morgen dämmerte, schneite es schwarze Flocken, verbranntes Papier; Zeichen einer sterbenden Stadt.

Bombenopfer Dresdens, zum größten Teil Frauen und ihre Kinder

Am 13. Und 14. Februar 1945 zerstörten die Brand- und Sprengbomben hunderter britischer und US-Flugzeuge die Altstadt Dresdens. 25.000 Menschen verloren ihr Leben. Ab 1939 überfiel die Wehrmacht des Hitler-Regimes seine Nachbarn. Die mussten sich mit allen Mitteln wehren. Doch sie schafften es nicht, dabei den menschlichen Anstand zu wahren.

Ein Flugzeug fällt vom Himmel

Das Arnsgrüner Schulhaus mit dem Glockenturm und der Wasserpumpe um 1943

Zurück nach Arnsgrün. Während meine fünfzehnjährige Schwester bei Wind und Wetter in den frühesten Morgenstunden zum Bahnhof Bad Elster laufen musste, um über Ölsnitz nach Plauen in die Oberschule gehen zu können, hatte ich es leichter. In Arnsgrün gab es ein altes Schulhaus mit einem Glockentürmchen. Dorfschullehrer Breuer unterrichtete alle Jahrgänge in einem Klassenraum. Mir ist von seinem Bemühen um meine Bildung nur geblieben, dass ich weiß, dass der Heimatdichter Anton Günther in Gottesgab geboren ist. Während wir im Sommer 1944 das Lied vom „schönen Vogelbeerbaum" übten, flogen in großer Höhe amerikanische und englische Bomberverbände über das Schulhaus im Anflug auf die letzten noch unzerstörten Städte. Dann flatterten hunderte schwarze und silbrige Stanniolstreifen vom Himmel, die wir einsammelten. Sie waren dafür bestimmt, die deutschen Radarstationen zu stören. Einmal wurde in den frühen Morgenstunden nach Luftkämpfen eine solche fliegende Festung abgeschossen. Nach einem langen Fußmarsch fanden wir, eine Gruppe von Jugendlichen und Dorfkindern, die Maschine notgelandet in einem Waldstück. Die Besatzung saß tot im Cockpit. Nach kurzer Zeit vertrieben die Dorfgendarmen uns und andere Trophäenjäger.

Ein britischer Lancaster-Bomber. Hunderte von diesen Maschinen legten die deutschen Städte in Schutt und Asche.

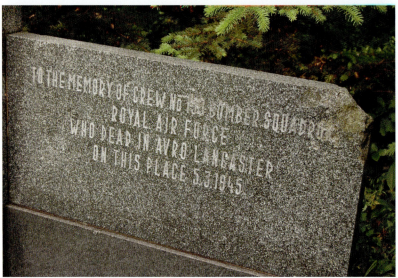

Denkmal für die auf einer Waldwiese bei Gettengrün notgelandete Besatzung eines englischen Lancaster-Bombers aufgenommen 2016

Jahrzehnte später suchte ich vergeblich in verschiedenen Waldstücken im Nachbarort Gettengrün nach der Absturzstelle. Endlich beschrieb mir ein Bauer den ungefähren Weg. Fünfzig Meter hinter der Grenze zu Tschechien, fern jeden Weges, fand ich einen großen beschädigten und verschmutzten Gedenkstein. An einem verrosteten Fahnenmast hingen Fragmente des Union Jack. In englischer Sprache stand geschrieben: ‚In Gedenken an die Besatzung einer Lancaster der Royal Air Force, die am 5.März 1945 an diesem Platz starb.' Links am Stein die Namen der sieben Flieger. Ihr Durchschnittsalter einundzwanzig Jahre. Mein Kopf hatte für mich ihre Bilder erhalten. Junge Männer in braunen Lederjacken mit Pelzkragen, auf dem Kopf Kappen mit Kopfhörern. Die beiden Piloten lehnten wie schlafend über den Steuerhebeln. Getötet durch Genickbruch bei der Notlandung. Ihre erste Ruhestätte wurde der Dorffriedhof. 1948 wurden sie auf den Royal Air Force-Friedhof bei Prag überführt.

Zu Lebzeiten waren sie im Verbund mit sechshundertdreiundachtzig anderen Maschinen nach Chemnitz geflogen, der Strumpffabrikenstadt. Ihre Bomben und Phosphorkanister entfachten einen Feuersturm, der das Stadtzentrum vernichtete. Zweitausendeinhundert Tote waren zu beklagen. Auf dem Rückweg nach England hatte ein deutscher Nachtjäger sie vom Himmel geholt. Nach dieser Information verminderte sich mein Mitleid über das tragische Ende der jungen Engländer.

1945 erreichte der Krieg das verschlafene Arnsgrün. Mein sechzehnjähriger Bruder Wolfgang wurde zur Wehrmacht einberufen. In den letzten Märztagen hasteten zahlreiche deutsche Soldaten aller Waffengattungen auf der Flucht aus dem Sudetenland ins Reich durch den Ort. In der Tschechei kämpften sowohl Russen als auch Amerikaner gegen die Reste der einst so siegreichen deutschen Wehrmacht. Wer wird zuerst unser Dorf erobern? Als versprengter Soldat kam für einige Stunden noch einmal Vater vorbei. Seine Empfehlung an Trudchen: „Den Amerikanern könnt ihr euch ruhig ergeben. Falls die Russen schneller sind, ist es besser, ihr bringt euch um." „Womit?", fragte Mutter. Er blieb die Antwort schuldig.

Die Amis kommen

1945 eroberten amerikanische Truppen auf breiter Front die bisher noch nicht besetzten Teile Deutschlands

In den ersten Apriltagen rief meine Mutter mich ans Küchenfenster der Rückseite des Weissen Rössls. Dort rollten drei oder vier amerikanische Panzer, begleitet von Infanteristen, ganz langsam über die Viehweiden auf unser Haus zu. Das kurzsichtige Trudchen sagte „Heute kommen aber viele Soldaten!" Ich rief: „Die Amerikaner kommen!" Vor ihnen flüchteten ohne Waffen mit erhobenen Händen einige deutsche Soldaten, die in einer Scheune übernachtet hatten. Sie wurden von den Amerikanern ignoriert. Später wurden sie als Kriegsgefangene vorläufig ins unterhalb des Bauersberges gelegene Spritzenhaus gesperrt. Nun standen im und unterhalb des Dorfes zahlreiche Panzer mit dem weißen Stern am Turm. Jeeps und LKW mit der gleichen Kennzeichnung fuhren hin und her. Meine sechzehnjährige Schwester, als einzig englischsprechende Person im Dorf, musste den Aufruf übersetzen, dass Radioapparate, Fotokameras, Ferngläser und Waffen unter Androhung der Todesstrafe umgehend im Bürgermeisteramt abzuliefern seien. Bürgermeister Wölfl und Ortsbauernführer Adler waren erstmals ohne Parteiabzeichen zu sehen. Unter den Kastanienbäumen auf dem Kiesboden des Rössl-Biergartens bauten die Amis ein Küchenzelt mit Benzinherden auf. Schon am ersten Abend servierte man den Soldaten ein Dreigänge-Menü: Suppe, Hauptgang mit Fleisch und zum Nachtisch Schokoladentorte. Ein Soldat sah den Hunger in den Augen und teilte mit mir. Ich kapierte, wie arm unser großmäuliges Großdeutschland in Wirklichkeit war. Bei den durchreisenden deutschen Soldaten gab es Graupensuppe. Der Umgang mit den Amis war von Anfang an freundlich. Sie scherzten mit Frauen und Mädchen und manch alter Bauer stand am Panzer und machte mit Händen und Füßen Konversation, um auch mal eine Lucky Strike zu rauchen. Wir Kinder schnorrten Bonbons und die uns zuerst unbekannten Kaugummis. Mein kleiner Bruder und ich posierten mit GIs vor Panzern und Jeeps mit dem von den Amis gewünschten Hitler-Gruß als Nazi-Boys für ihre Erinnerungsfotos. Die Belohnung: Cadbury-Schokolade. In Mutters Küche ließen sich die Soldaten ihre Ausgehhosen bügeln, denn in ihrer dienstfreien Zeit schlenderten sie, statt des Stahlhelms einen gleich lackierten Papp-Helm auf dem Kopf, durch das Dorf. Einmal gab die deutsche Artillerie einige Schüsse in Richtung Arnsgrün. Soldaten und Zivilisten flüchteten in den Waschküchenkeller des Rössls. Ein US-Soldat ließ Frauen und Kindern den Vortritt. Das bezahlte er mit dem Leben. An einem Baumwipfel explodierte ein deutsches Geschoss. Der Soldat war sofort tot. Ein Granatsplitter hatte in Kopfhöhe seinen Papp-Helm durchschlagen. Tagelang lag der Tote hinter dem Haus, nur von einer Zeltplane bedeckt. Als er abgeholt wurde, fehlten Ehering und Armbanduhr. Die Amerikaner vernahmen auch Dorfbewohner – ohne Resultat. Einen Tag und eine Nacht hatten wir Angst vor Repressalien. Zeltplane und Papp-Helm lagen *noch wochenlang hinter dem Haus. Die Zeltplane diente dem Kunze-Bauern dann viele Jahre am Heuwagen. Ich hatte sie auf seinen Wunsch nach Kriegsende den Bauersberg hochgeschleift und ihm für zwei Mark verkauft. Den Papp-Helm mit dem Todesloch habe ich Monate hinter einem Busch versteckt und immer wieder mit Schaudern angesehen.*

Trudchen mit den Kindern 1945 (links)
Der Bauersberg mit dem Weissen Rössl (rechts)

Unser ehemaliges Schlafzimmer im ersten Stock wurde die Feuerleitstelle der Amerikaner. Ein Scherenfernrohr und viele Telefone zeugten davon. Nur wenige Male am Tag wurden Salven, meist aus Granatwerfern, selten von Panzern, in Richtung Adorf abgegeben. Kaum zu glauben, Arnsgrün war Hauptkampflinie. Zwischen den fremden Soldaten in unserer Wohnung tollten mein Bruder und ich ungehindert umher, während Mutter in der Küche aus angelieferten Kartoffeln und Palmfett für unsere Hausbesetzer die von ihnen so geliebten Pommes Frites zubereitete. Ein Amerikaner deutete mehrmals auf uns Kinder und sagte: „Stalin-Soldaten". Er wusste, dass später die Russen kommen würden. Wir nicht. Aber mit Einbruch der Dunkelheit mussten wir – Deutsche durften nicht mit Amerikanern unter einem Dach schlafen – in Begleitung eines Beschützers mit geschultertem Gewehr zur Übernachtung in die Scheune des Bauern Kunze gehen. Einmal bildete sich in der Nacht infolge leichten Nebels ein Kreis in Regenbogenfarben um den Mond. Abergläubische Dörfler erklärten das zum Himmelszeichen eines doch noch siegreichen Kriegsendes. Am nächsten Morgen schwor unsere Röß'l-Wirtin Frau Hartenstein, dass sich der Regenbogenkreis um Mitternacht in ein Kreuz verwandelt hätte. Eines Morgens, es soll am 6. Mai gewesen sein, waren die Amis weg. Obwohl wir in der Nacht Motorengeräusche gehört hatten, wurden wir vom Abzug überrascht.

Zurück blieben ein Haufen graugrüner Konservenbüchsen mit schwarzer
Beschriftung und Kettenspuren der Panzer auf den Dorfwiesen. Die beschlag-
nahmten Radios standen zum großen Teil zur Rückgabe im Bürgermeisteramt.
Ohne dass ein Mensch oder Haus zu Schaden kam, war für die Arnsgrüner der
Zweite Weltkrieg zu Ende. Wir wurden Niemandsland. In den Wäldern nach
Bad Elster lagen noch Waffen aller Kaliber und Panzerfäuste, die die flüchtige
deutsche Wehrmacht zurückgelassen hatte. Ein Weg unterhalb des Waldbades
war vollgestopft mit Wehrmachtsfahrzeugen vom VW-Kübel bis zum Panzer-
spähwagen. Alle unversehrt, aber mit leerem Tank. Wieselflink bauten Bauern
und Handwerker Motoren und andere Teile aus. Mit meiner Mutter suchte ich
zwischen Jugelsburg und Adorf an einzelnen Soldatengräbern und in einem
Kriegsgefangenenlager nach meinem sechzehnjährigen Bruder, der als
Heimatverteidiger nach Adorf einberufen war. Einmal wurde die Mittagsstille
durch ein Flugzeuggeräusch unterbrochen. Ein Doppeldecker der Amerikaner landete auf einer Wiese hinter dem Gasthof Wölfl. Der Pilot zeigte den
Dorfbewohnern eine Landkarte und fragte nach seinem Landeort. Außerdem
wollte er wissen, ob hier schon Russen wären. Nach Verteilung von Zigaretten
verschwand er wieder in den Wolken.

Statt Amis die Russen

Ende Juni wurde erzählt: „Die Russen
kommen", verbunden mit dem Gerücht
„Wer eine rote Fahne raushängt, wird
nicht geplündert". Flugs trennten die
Adorfer die auf rotes Fahnentuch auf-
genähten Hakenkreuzspiegel ab und
flaggten rot. Ich kann mich erinnern, dass viele dieser Flaggen einen deutlich
roten Kreis in ihrer Mitte zeigten. Das Fahnentuch unter dem Hakenkreuz war
nicht verblichen. In Arnsgrün hatte nur einer rot geflaggt: der Bewohner eines
kleinen Hauses am Ende des Bauersberges. Er zeigte eine golden mit Hammer
und Sichel bestickte rote Fahne. Ein Altkommunist, der so seine Freude über
die Sowjetsoldaten ausdrücken wollte. Im Sommer fuhren blutjunge Soldaten
der Roten Armee mit flachen Panje-Wagen und struppigen kleinen Pferden
an unserem Weißen Rössl vorbei, überall um Schnaps und Kartoffeln bet-
telnd. Vor ihnen mussten Hühner und Kaninchen im Keller versteckt werden.
Einige Male erreichten Leiterwagen, darauf Menschen in blauweiß-gestreifter
Kleidung, das Dorf. Sie führten kleine Flaggen mit sich, die sie als Franzosen,

Holländer oder Luxemburger auswiesen. Sie zeigten Befehlsschreiben der Besatzungsmächte, die unsere Bauern verpflichteten, Gespanndienste bis zur nächsten Ortschaft zu leisten. Es waren befreite KZ-Häftlinge aus der Tschechoslowakei auf dem Weg in ihre Heimatländer.

Im ersten Befehl des russischen Stadtkommandanten von Adorf wurden alle Männer zwischen sechzehn und sechzig aufgefordert, zu Wiederaufbauarbeiten an Straßen und Brücken Vogtlands bei der russischen Kommandantur anzutreten. Die wenigen, die dem Befehl Folge leisteten, wurden als Zwangsarbeiter in die Sowjetunion verschleppt. Später schrieb ein Arnsgrüner Bekannter meiner Mutter, sein Sohn wäre in einem Leningrader Lager und es würde ihm gut gehen. Bruder Wolfgang war nur kurz in amerikanischer Kriegsgefangenschaft. Dann hatte man ihm die Hosenbeine abgeschnitten und mit einem Schlag auf den Hintern verabschiedet mit den Worten: „Wir machen keinen Krieg mit Kindern!". Die Lebenserfahrung meiner Mutter hatte verhindert, dass mein Bruder dem Aufruf der Russen gehorchte. Vor Jahren hatte ihr eine sogenannte Ostarbeiterin anvertraut, dass die Deutschen mit einem ähnlichen Aufruf, also die Heimat wieder aufzubauen, sie als Zwangsarbeiterin nach Deutschland verbannt hatten.

Die russische Besatzungsmacht befahl die Installierung einer neuen Stadtverwaltung ohne Nazis. Bevorzugt wurden ehemals Verfolgte mit diesen Aufgaben betraut. Wichtig für uns: Es gab wieder ein Sozialamt für Flüchtlinge, das Lebensmittelmarken und Kleiderspenden vergab. Neue Gesichter in bekannten Räumen. Bis Kriegsende wurden wir im selben Büro von der Nationalsozialistischen Volkswohlfahrt NSV betreut. Bevor wir deren Zimmer betraten um einen Bezugsschein für einen Kochtopf oder Kinderschuhe zu erbitten, wurde ich von Mutter immer angewiesen, keinesfalls den Nazigruß zu vergessen. Natürlich wusste ich, der Neunjährige, von Kriegs- und Nazi-Ende. Doch gelernt ist gelernt! Beim ersten Besuch im alten Büro, die kommunistische Behörde hieß jetzt „Volkssolidarität", passierte es: Kaum im Zimmer, streckte ich den Arm vor, knallte die Hacken zusammen und mein markantes „Heil Hitler" erfüllte den Raum. Kaum gebrüllt, wusste ich um meine Fehlleistung und erschrak. Mutter erstarrte wie die biblische Salzsäule. Statt Rausschmiss sagte der Alte, ein ehemaliger KZ-Häftling: „Nicht so schlimm, mein Junge. Das ist *mir nach der Befreiung auch einmal passiert. Die neue Zeit müssen wir alle erst noch erlernen."*

Im September mussten wir Flüchtlinge auf Anordnung der Russen wegen der nahen Grenze zur Tschechei Arnsgrün verlassen. In Mühlhausen bei Bad Elster hatte die Besatzungsmacht das Wohnzimmer des Bauern Ballauf beschlagnahmt, um uns einzuquartieren. Es ist nachzuvollziehen, dass wir von den Bauersleuten nicht geliebt wurden. Weihnachten 1945, wieder ohne Geschenke, und zum ersten Mal kein Baum. Für die Flüchtlinge wurde im Festsaal des Radiumbades Brambach eine Weihnachtsfeier veranstaltet. Von meiner Neulehrerin ausgesucht, weil ich als Einziger Hochdeutsch sprach, stand ich voller Lampenfieber mit hochrotem Kopf auf der Bühne, angestarrt von Hunderten entwurzelter Menschen und rezitierte: „Ein Tännlein aus dem Walde, und sei es noch so klein, mit seinen grünen Zweigen soll unsre Freude sein. Es stand in Schnee und Eise in klarer Wintersluft, nun bringt's in unsre Stuben, den frischen Waldesduft." Nach fehlerfreien vier Strophen erntete ich langanhaltenden Beifall. Nie wieder in meinem Leben konnte ich für eine kleine Leistung so viel großes Lob einheimsen.

In Mühlhausen wurde es Frühjahr. Ich hörte, dass die Kinos wieder spielten. Mein Weg durch Wald und Feld nach Bad Elster betrug sicher drei Kilometer. Mein erster Film im Rundbau des Kurkinos war: ‚Reitet für Deutschland' mit Willy Birgel. Man spielte mangels Kopien weiter die alten Titel. Selbstverständlich ohne die früher obligate Nazi-Wochenschau.

Unser Nachkriegsleben wurde permanent von der Frage überschattet, was wohl aus Vater geworden ist. Ob er den Krieg überlebt hat?

Zurück in Leipzig

Die unzerstörte Universitätskirche am Augustusplatz um 1946

Die zerstörten alten Markthallen vor der Windmühlenstraße, 1946

Alle Warnungen in den Wind schlagend, war Mutter mit uns im Frühjahr 1946 zurück nach Leipzig gefahren. Ein mühseliger Weg. Auf ihrem Rückzug hatte die Wehrmacht den Mittelteil der Elstertalbrücke gesprengt. Vor der Brücke hieß es im freien Feld aussteigen, um zu Fuß und ohne richtige Wege das Tal zu überwinden. Dreißig Minuten waren notwendig. Am Brückenende stand der Zug für die Weiterfahrt. Die Dampfpfeife seiner Lokomotive rief: ‚Beeilt

Euch, sonst bin ich weg!' Ohne weiteren Verzug erreichten wir Leipzig. In der kriegszerstörten Stadt hatte sich für die Familien Romboy ein einmaliger Glücksfall ergeben. Die Untermieter der großmütterlichen „Hundertmark-Wohnung" in der Hindenburgstraße, jetzt hieß sie nach Friedrich Ebert, waren in den Westen abgehauen. Bevor das Wohnungsamt Wind bekam, mussten durch unseren Einzug vollendete Tatsachen geschaffen werden. Über eine von Mutter mit Kindern besetzte Wohnung war es keiner Behörde möglich, neu zu verfügen. Großmutter Doris räumte nach einigen Wochen ihren Platz; sie hatte sich in ein Damenstift in der Kommandant-Prendel-Allee eingekauft.

Für Bruder Dieter und mich zeigte sich die Stadt als ein einmaliger Abenteuerspielplatz. Nach der Schule durchstöberten wir die Keller der Brandruinen nach Brauchbarem und benutzten einen günstig liegenden Eisenträger als Wippe. Gegen Nachbarskinder gewannen wir gefährliche Kletterpartien auf hohe Ruinenreste. Das Spiel hieß „Mutprobe". Das hatten wir bei der Hitlerjugend gelernt.

Hungerjahre

Das zerstörte Hauptpostamt am Augustusplatz mit der Trümmerbahn. Der Augustusplatz wurde während des Krieges als provisorisches Lager für Trümmerschutt benutzt, 1946.

Wie schön wäre die neue Friedenszeit gewesen, wäre sie nicht zur Hungerszeit geworden. Nicht immer hatte Mutter eine Scheibe trocken Brot parat, wenn wir uns um halb acht auf den Schulweg machten. Mit knurrendem Magen warteten wir auf die große Pause. Danach erhielten wir ein großes weißes süßes Brötchen. In späterer Zeit standen wir mittags Schlange vor der Turnhalle zur sogenannten Schulspeisung.

Internationale Hilfsorganisationen spendeten eine Kelle Suppe für die Ausgehungerten. In der Nachkriegszeit zeigte sich eine Dreiklassengesellschaft. Oberschicht waren die Bauern - ohne Hunger konnten sie gegen ein Säckchen Kartoffeln, eine Tüte Weizen oder fünf Eier alle Schätze der Nachkriegswelt eintauschen. Zur Mittelschicht gehörten die, deren Eigentum nicht durch Bomben vernichtet worden war. Sie konnten mit Tauschware auf die Dörfer fahren. Zur Unterschicht wurden die Frauen und Kinder der Ausgebombten und

Flüchtlinge. Ohne Tauschware und ohne Ernährer - die waren gefallen oder in Kriegsgefangenschaft - mussten sie sich mit den Hungerrationen der Lebensmittelkarten begnügen. Eine Schule in der Lessingstraße war Russenkaserne. Montags wurde Brot angeliefert und Laib für Laib über eine Soldatenkette vom LKW ins Haus verfrachtet. Mitunter ließ eine Rotarmistin ‚aus Versehen' ein Brot fallen, zertrat es und stieß die Brocken in Richtung der wartenden Kinder. Ihr war verboten, „kleinen Faschisten" Lebensmittel zu geben. In den unzerstörten Gründerzeithäusern der Waldstraße wohnten die Familien der Besatzungsoffiziere. Mein kleiner Bruder Dieter und ich haben manchmal an ihren Wohnungstüren geklingelt. Fußtritte für die Hitlerbastarde nahmen wir in Kauf. Doch öfters haben mitleidige Russinnen belegte Brote oder gar Kuchenstücke gegeben. Nie haben wir Mutter oder Vater von den Bettelgängen erzählt. Es hätte ihr Ehrgefühl verletzt.

Hochgewachsen, wirkte ich besonders abgemagert. Während des Besuchs einer Hilfsorganisation für Kinder wurde ich, nur mit der Unterhose bekleidet, im Arztraum der Schule von allen Seiten fotografiert. Danach erhielt Mutter für mein Überleben zusätzliche Lebensmittelmarken. Zu Winteranfang wurde ich zum Auffüttern für vier Wochen in ein Kinderheim nach Heringsdorf verschickt. Der Winter 1946/47 war einer der kältesten und längsten seit Jahrzehnten. Weil ohne Heizmaterial, wurden Leipzigs Schulen geschlossen. In der eiskalten Wohnung schlüpften wir mit Mutter den ganzen Tag unter ein Federbett, um uns gegenseitig zu wärmen. Wie so viele Ausgehungerte, wären auch wir beinahe erfroren. Als unser Retter erwies sich der inzwischen achtzehnjährige Bruder Siegfried, Tierpfleger im zoologischen Garten.

Um ihren Ruf als Kulturvolk besorgt, kümmerte sich die Besatzungsmacht um den Erhalt der Zootiere. Leipzigs Zoo war weltberühmt wegen seiner Löwenzucht.

Nach den letzten Besuchern, achtzehn Uhr, wurden sie gefüttert. Wolfgang und Tierpfleger Siegfried, der alle Schlüssel zu den Gehegen hatte, kletterten über eine Mauer und kämpften, mit Stangen und großen Holzgabeln ausgerüstet, gegen hungrige Löwen und Tiger, die erbittert ihr bisschen Futter verteidigten. Viele Male wagten sie solche Zoobesuche. Die Fleisch- oder Knochenstücke, die aus dem Rucksack kullerten, erfüllten den Raum mit beißendem Raubtiergeruch. Der Drang zu überleben war stärker als angesagte Empfindlichkeiten. Wie herrlich füllte die Bouillon-Brühe anschließend den leeren Magen, besonders, wenn auch die Affen ihr Brot mit uns geteilt hatten. Als Nachtisch spendierten hin und wieder die Bären Äpfel oder Birnen.

Vater lebt

Es gab auch Positives. Eine Rotkreuzschwester der Wehrmacht schrieb an Mutter eine Postkarte: „Ihr Mann, Obergefreiter Hans Romboy, hat das Kriegsende überlebt. Er, ich und vier Kameraden wurden Anfang Mai amerikanische Kriegsgefangene. Für einige Tage wurden wir in den Tresorraum einer Sparkasse bei Ulm eingesperrt. In der zutreffenden Annahme, dass ich als erste freikäme, gab er mir seine Anschrift. Sein weiterer Verbleib ist mir unbekannt." Hoffnung auf seine Heimkehr erfreute uns.

Sowjetdiktator Stalin

Der Frühling 1947 verdrängte den Jahrhundertwinter. Endlich nur hungern ohne dabei auch noch zu frieren! Am Rande des nahen König-Albert-Parks hatten die Besatzer eine

Industriellenvilla beschlagnahmt und mit „Gesellschaft zum Studium der Kultur der Sowjetunion" beschildert. Dort konnte man in Bildbänden die schönen Städte Moskau und Leningrad bewundern und alles aus dem Leben des größten Helden aller Zeiten, Marschall Josef Wissarionowitsch Stalin, erfahren. Sein Hauptverdienst: „Er hatte die faschistische Bestie in ihrer Höhle ausgeräuchert!" So stand es jedenfalls in den ausliegenden Kinderbüchern, in denen er bescheiden als Väterchen Stalin bezeichnet wurde. In weißer Marschallsuniform lächelte er aus einem Ölgemälde zu uns herab. Zum Liebhaben wie den verblichenen Führer fehlte ihm leider ein wichtiges Attribut: der Schäferhund! Nicht wegen Stalin bevölkerten Kinder, Jugendliche und alte Leute die ehemalige Kapitalistenvilla; die neuen Hausherren verschenkten in den frühen Abendstunden eine Delikatesse: gezuckerten Tee. Das Gebäude war die Domäne der sowjetischen Kulturoffiziere, einer Gruppe gebildeter Männer und Frauen, meist deutschsprachig. Sie bemühten sich, den Naziungeist zu eliminieren und sorgten für Theater, Oper und Gastspiele bedeutender sowjetischer Künstler in meiner Heimatstadt.

Kino – mein Leben

Der Eingang zum glücklicherweise im Krieg unzerstört gebliebenen Kino-Theater „Capitol" in der Petersstraße

65

Für mich am wichtigsten: Auf ihren Befehl wurden schon 1946 die wenigen nicht zerstörten Kinos wieder geöffnet. Mit Bruder Dieter trapperte ich vom „Filmeck" zum „Casino", weiter ins „Regina" und ganz weit in die „Schauburg". Jeder erbettelte Groschen wurde in die Lichtspiele investiert. Mitunter sahen wir drei Spielfilme am Tag. Die Begrenzung des Kinovergnügens war die Armut meiner Mutter. Sehr oft war es für uns nicht möglich, die sechzig Pfennig für das billigste Billett des „Filmecks" aufzutreiben. Glanzlicht war ein Besuch in der „Filmbühne Capitol". Das 1929 eröffnete Lichtspielhaus verfügte über eintausendzweihundert gepolsterte Plätze und eine große elektronische Kinoorgel mit Registern wie Dampfertuten, Kanonendonnern und Glockenläuten. Nicht zu vergessen, 1929 war Höhepunkt, aber bald auch das Ende der Stummfilmzeit. Bis in die sechziger Jahre spielte während der Werbedias dieses fossile Instrument. Letztes Dia: Erich Neumann spielte für Sie auf der Hupfeld-Orgel. Vor der Orgelbank verbeugte sich im Lichte eines Scheinwerfers ein kleiner dünner alter Mann. Was für ein Wunder! Mein „Capitol" im Messehaus Petershof hatte den Bombenkrieg unbeschädigt überstanden. Am Ende des grün gekachelten Kassenraums glänzten drei blitzblank polierte Messingtüren. Hinter den Eingangspforten sah ich zum ersten Mal in meinem Leben Teppichboden. Die Kartenabreißer trugen rote Uniformen und Schirmmützen, die mit „Capitol-Theater" beschriftet waren. Mehrere uniformierte Platzanweiserinnen geleiteten die Besucher nach Filmanfang mit Taschenlampen zu ihren Sitzplätzen. Das alles in der zertrümmerten Innenstadt Leipzigs im Jahre 1946. Es war wie die Rückkehr in die zwanziger Jahre mittels einer Zeitmaschine. Für mich beeindruckender als ein Hochamt im Kölner Dom. Um vor den vermeintlichen Kontrollblicken der Uniformierten bestehen zu können, habe ich jedes Mal vor dem Betreten dieses Kinotempels Haare, Hals und Hände gewaschen, die Füße mit der Scheuerbürste geschrubbt und mit Sandpapier meine Holzlatschen aufgebrezelt. Ins „Capitol" kam ich selten. Der billigste Platz kostete 1,20 Reichsmark. Das Doppelte einer Kinokarte im „Filmeck". Das Nachkriegsprogramm in der Ostzone war vielseitig. Neben russischen Spielfilmen, durch Untertitel verständlich, wurden auch unbedenkliche Vorkriegsfilme aufgeführt. Wenn „Titanic", „Wir machen Musik" oder „Große Freiheit Nr. 7" liefen, mussten Polizisten den Sturm auf die Kinokassen verhindern. Russenfilme und die wenigen Streifen der neu gegründeten DEFA konnten nur wenige Zuschauer erfreuen. Es kam vor, dass in der Nachmittagsvorstellung des „Filmecks" lediglich Bruder Dieter und ich „Lenin im Oktober" oder „Bürgermeister Anna" sehen wollten.

Sowjetische Filme waren immer Schwarz-Weiß. Nach Kriegsende erbeuteten russische Truppen Zehntausende Meter deutsches AGFACOLOR-Material. In den besetzten Prager Filmstudios Barrandov drehten sie ihren ersten farbigen Spielfilm: „Die Steinerne Blume". Ein gekonnt inszeniertes Märchen um Malachit-Künstler aus dem Ural. Für mich unvergesslich. Es war auch mein erster Farbfilm.

Stalin-Terror

Das Bemühen der sowjetischen Kulturoffiziere, ein positives Image für das Stalin-Regime zu schaffen, war von Anfang an zum Scheitern verurteilt. In der sowjetischen Besatzungszone wüteten bis 1950 die Angehörigen des Geheimdienstes NKWD. Unter dem Vorwand, Nazi-Verbrecher zu entlarven, wurden fortlaufend Deutsche festgenommen. Sie verschwanden ohne Nachricht an ihre Angehörigen in sogenannten Speziallagern. Neben Nazis wurden Christen, Sozialdemokraten, Zeugen Jehovas und fünfzehnjährige Hitlerjungen und Mädchen inhaftiert, gefoltert oder ohne Gerichtsverfahren erschossen. Keine irrtümlichen Übergriffe. Allein im vormaligen Konzentrationslager Buchenwald, vom NKWD Speziallager II genannt, waren achtundzwanzigtausend Menschen eingesperrt, von denen achttausend im Lager starben. Erst 1950 wurden diese Lager dem Staatssicherheitsdienst der DDR übergeben. Im kollektiven Gedächtnis der siebzehn Millionen Bewohner der Ostzone wogen diese Gräueltaten der russischen Besatzer schwerer als die Verdienste ihrer Kulturoffiziere.

Schwarzmarktgeschäfte

1947, als Überraschung, eine zweite Nachricht von Vater; er schrieb aus dem Kriegsgefangenenlager Castres-Tarn in Südfrankreich. Die Amerikaner hatten achthunderttausend ihrer Kriegsgefangenen den Franzosen geschenkt. Für uns ging das Leben ohne Vater weiter. Die Familie Romboy wurde in den Jahren 1946 und 47 notdürftig von Schwarzmarktgeschäften Bruder Wolfgangs über Wasser gehalten. Er handelte vornehmlich mit Zigaretten. In den Grünstreifen gegenüber des Leipziger Hauptbahnhofs versammelten sich jeden

Tag Hunderte von Menschen; dichtgedrängt priesen sie ihre Waren an. „Wolle, brauchen Sie Wolle?" „Nägel, hier Nägel!" „Habe Herrenstiefel und Wintersocken!". Unvergessen die Preise. Drei Pfund Brot achtzig Reichsmark, zweihundertfünfzig Gramm Butter zweihundertfünfzig Reichsmark, Zigaretten pro Stück zwischen acht und zwölf Reichsmark. Ein einfacher Arbeiter brachte es auf ein Monatseinkommen von einhundertfünfzig Mark. Ein- bis zweimal am Tag ertönte der Ruf „Achtung, Razzia!". Von einem LKW sprang ein Dutzend Volkspolizisten – ausgerüstet mit Holzknüppeln, um die Wenigen, denen keine Flucht gelang, ins Polizeipräsidium Wächterstraße zu bringen. Schwarzmarkt war streng verboten! Schon während der Wegfahrt des Polizeigefährts formierte sich von Neuem der Markt.

Ich war Zigarettenverkäufer. Sechs Stück passten in die Brusttasche meines Hemdes. Waren die verkauft, holte ich mir von Wolfgang im Hauptbahnhof neue. Er hatte berechtigte Angst, nochmal verhaftet zu werden. Nach der zweiten Verhaftung folgte immer Gefängnis.

Erste Fotoschritte

Die Aufenthalte zuhause waren für mich, den Elfjährigen, öde und langweilig. Als Ausgebombte hatten wir keinen Radioapparat. Musik musste selber gemacht werden. Autodidaktisch lernte ich, Großmutters Tafelklavier zu bespielen, für Mutter konnte ich „Kauf Dir einen bunten Luftballon" und die „Capri-Fischer" klimpern. Zum Lesen verführten mich Großmutters volle Bücherregale. In den nächsten zwei Jahren lebte ich mit Courths-Mahlers „Bettelprinzessin" auf Schloss Bodenhausen, begaffte die wahren Schätze der Pariser Kaufhäuser in Zolas „Paradies der Damen" und begegnete in Kügelgens „Jugenderinnerungen eines alten Mannes" Napoleon und dem Dichterfürsten Johann Wolfgang von Goethe. Beim Durchblättern eines dieser Bücher entdeckte ich ein großes Filmnegativ. Kurz vor Kriegsbeginn hatte Vater sich einen Herzenswunsch erfüllen können: Er kaufte eine wunderbare Plattenkamera im Format 9x12. Plötzlich war aus ihm ein Fotoamateur geworden. Oft wurde das Wohnzimmer abgedunkelt und ein Eintrittsverbotsschild an die Klinke gehängt. Dann hieß es: „Ruhe, Papa entwickelt". Wenn er kurz öffnete, sah es aus wie der Eingang zur Vorhölle, alle Wände und Dinge in rotes Licht getaucht. Meine Neugier war grenzenlos. Einmal durfte ich mit hinein in den Höllenschlund. Vater legte eine weiße Postkarte in die rötlich schimmernde Glasschale und nach kurzer Zeit entstand langsam ein Bild von mir. Schließlich war ich sein Lieblingssohn. Papa wurde für mich ein Zauberer. Mit dem gefundenen Filmnegativ ging ich anderntags zu Foto Knoll an der Thomaskirche. Der geduldige Verkäufer erklärte mir das Verfahren und ermunterte mich, es selbst zu versuchen. Mit einigen Blättern Fotopapier verließ ich stolz den Laden. Auch an Entwickler und Fixierbadpulver hatte er gedacht. Im Küchenschrank fand ich eine rote Vorkriegstüte mit der Beschriftung „Esst mehr Obst!" Im Jahr 1947 klang das wie Hohn. Über die Glühbirne gestülpt, erzeugte die Tüte das notwendige Rotlicht. Nach vielem Probieren wurde ich der Fotozauberer. Es war der Beginn meiner Foto-Filmlaufbahn.

Der Eingang zur Technischen Messe mit dem überdimensionalen Logo „MM" für Mustermesse (links). Leipziger bestaunen den Amischlitten eines niederländischen Messegastes um 1950 (rechts)

Schon im Mai 1946 gab es wieder eine Leipziger Frühjahrsmesse. In improvisierten Ausstellungsräumen konnte alle Welt ihre Waren anbieten. Vor Trümmergrundstücken parkten für eine Woche edle Vorkriegsautos und amerikanische Straßenkreuzer mit ausländischen Nummernschildern, umrahmt von zwei Dutzend Leipzigern, die Bauklötze staunten.

Bei den Filmvorführern

Die Ruine des sogenannten „Neuen Theaters", des am 4. Dezember 1943 ausgebrannten Opernhauses

Die meterhohen Trümmerhaufen, die den Augustusplatz bedeckten, wurden über Kipploren nach und nach von einer kleinen Dampflokomotive abtransportiert. Vor der Ruine des neoklassizistischen Opernhauses errichtete die Sovexportfilm zur Messezeit eine große Leinwand. Nach Einbruch der Dunkelheit gab es Freiluftkino. Hunderte schauten, auch schlechtes Wetter ignorierend, zu. In ihren Wohnungen war es genauso kalt wie auf dem Platz und obendrein stockdunkel. Für Privathäuser gab es ab achtzehn Uhr Stromsperre bis zur Morgendämmerung. Für das Flimmern auf der Bildwand sorgten zwei „Zeiss Ikon"-Projektoren auf einem Holzpodest. Eine Zeltwand schützte sie vor Regen, Wind und neugierigen Blicken. Wenn ich die Plane etwas lüftete, hörte ich das Rattern des Projektors, sah das blaue Licht der Kohlebogenlampe und roch das durch sie freiwerdende Ozon. Hinter der Zeltplane brodelte eine Hexenküche. Ab jetzt war ich für die folgenden Jahre zur Frühjahrs- und Herbstmesse bei den Projektoren zu finden. Schon am zweiten Abend hatte einer der Filmvorführer den blau gefrorenen Steppke an der Zeltwand entdeckt und zum Aufwärmen in den Vorführraum genommen, auch um ihn auszufragen. Schnell wurde ich zu einer Art Maskottchen. Bald wurde mir ein grüner Glassiphon in die Hand gedrückt, dazu ein Fünfmarkstück. Rüber in die Kneipe zum Bierholen. „Halt, die Jacke bleibt hier." „Warum?" „Damit Du auch wiederkommst!" Bei den nächsten Messen durfte ich beim Kneipengang die Jacke behalten. Im Vorführraum konnte ich zwei schwarze mannshohe Theaterprojektoren bewundern, beschriftet mit „Zeiss Ikon Ernemann VII B".

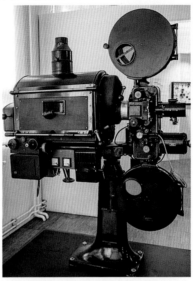

Ausgeschaltet ähnelten sie gusseisernen Öfen. Wurden sie aber durch Strom zum Leben erweckt, spuckten sie Weltbilder auf die Projektionsfläche. Wurde der „Klangfilm"-Röhrenverstärker dazugeschaltet, kam die Veredelung der Bilder durch Musik und Sprache zustande. Neben der Kinowand waren zwei meterhohe Telefunken-Lautsprecher aufgestellt. Zu Filmbeginn brüllte nicht, wie bei "Metro-Goldwyn-Mayer" ein Löwe in die Zuschauer – wir waren ja im

Osten. Die Moskauer „Mosfilm" zeigte als Vorspann zwei Figuren: einen Arbeiter nebst Kolchosbäuerin. Er mit Hammer, sie mit Sichel ausgerüstet, bedrohten sie 1937 zur Pariser Weltausstellung den deutschen Adler, der das Hakenkreuz umklammerte. Der russische Pavillon stand damals dem deutschen gegenüber. Die Moskauer Filmleute hatten danach die Plastik *von Vera Muchina zu ihrem Markenzeichen erhoben. Zum Filmprogramm: 1947 wurde das „Gericht der Völker" gezeigt, ein neunzig Minuten langer Dokumentarfilm über den Kriegsverbrecherprozess in Nürnberg, darin Bilder der Leichenberge der befreiten Konzentrationslager Auschwitz, Buchenwald und Dachau. Auch die Siegesparade der Roten Armee vor Marschall Stalin im Juni 1945 wurde vorgeführt. Spätere Programme beschränkten sich auf Unterhaltsames in Sowjetfilmen, versteht sich. Jedes Mal von neuem entzückte mich das Zischen vom Zünden der Bogenlampe, das Anfahrgeräusch der Projektionsmaschine und die Vorspannfanfaren bei Filmbeginn. Mein Kopf wurde für die weitere Lebenszeit ein Opfer des „Filmvirus".*

In der Nachkriegszeit endete für die meisten Kinder die Schulzeit mit Vollendung des vierzehnten Lebensjahres. Ab zwölf wurde man nach seinem Berufswunsch gefragt. Meine Antwort: „Kameramann". Die Männer im Vorführraum hatten mir abgeraten, ihren Beruf zu erlernen. Die Bezahlung wäre lausig. Doch sie wussten Rat. „Wenn Du Film liebst und schönes Geld in der Lohntüte haben möchtest, dann werde Kameramann." Die Mausefalle hatte sich für mich geschlossen. Mein Lebensziel war fixiert.

Vater kehrt zurück

In den ersten Monaten des Jahres 1947 klingelte es an der Wohnungstür. Als ich öffnete, blickte ich auf einen alten Mann in zerlumpter Wehrmachtsuniform. Es war Vater. Die Franzosen hatten ihn, weil zu alt, aus dem Kriegsgefangenenlager entlassen. Freude über seine Rückkehr entwickelte sich langsam. Seit fünf Jahren gehörte er nicht mehr zu den ständigen Familienangehörigen. Seine Gefangenschaft hatte er glimpflich überstanden. Nach wenigen Hungerwochen unter bloßem Himmel, ohne Wasser und Verpflegung auf einer Rheinwiese, wurden er und hunderttausend seiner Kameraden in französische Lager transportiert. Die Amerikaner hatten ihre Gefangenen den Franzosen geschenkt. Vater gelang es, unbewachter Hausgefangener in Südfrankreich zu werden. An den Wochentagen war er Knecht einer Madame Rosa, die den Bauern- und Gasthof „Hotel de la Poste" bewirtschaftete. Nur samstags und sonntags musste er im Gefangenenlager übernachten. Sein nächster Job: Vorarbeiter der Gefangenenbrigade eines kleinen Sägewerkes in den Wäldern der Normandie. Unbewacht verarbeiteten die Deutschen Bäume zu Brettern. Einmal pro Woche erschien der Patron und belohnte die Leistung der „prisonniers" mit Baguette und Wein. Manchmal gab es Lagerfeuer. Vater sang, begleitet von einer gespendeten Laute, Sentimentales für seine Kameraden: „Vor meinem Vaterhaus steht eine Linde, vor meinem Vaterhaus steht eine Bank. Und wenn ich die einst wiederfinde, dann bleibe ich dort ein Leben lang." Gustav Spielberg, in zivil Fahrzeugbauer aus Köln, hat ihm ein neues Lied beigebracht: „Wenn ich an meine Heimat denke, und seh' den Dom so vor mir stehn, gleich möchte ich Richtung Heimat schwenken, ich würd' zu Fuß nach Köln gehen." Das ging nicht immer ohne Männertränen ab. Später, wenn ich von seiner Zeit in Frankreich hören wollte, hat er mir diese Lieder vorgesungen.

Noch immer Hungerzeit

Kaum in Leipzig angemeldet, wurde er in der ehemaligen „Hundertelfer-Kaserne" erneut eingesperrt. Vier Wochen Quarantäne. Dort wurden die Heimkehrer erfasst, entlaust, geimpft und geröntgt. Positivum: Die Verpflegung im Kasernengelände war wesentlich besser als draußen. Nach seiner Quarantäne merkten wir, er hatte keine Nachkriegstauglichkeit. Kamen wir stolz mit geklauten Kohlen in die Wohnung, sagte er entsetzt: „Aus meinen Söhnen sind Diebe geworden." Es dauerte Wochen, bis er bereit war, uns zum Kohlenklau zu begleiten. Tagelang saß er deprimiert am Fenster ohne mit uns zu sprechen. Seine Werkstatt mit Leitern, Tapetentischen, Handwagen, Bürsten, Pinsel und Farbwalzen war verbrannt. Neubeschaffung ausgeschlossen. Außer seiner alten Uniform, die er bisweilen mit dünnen Bindfäden reparierte, gab es nichts anzuziehen. Auf der Rückseite von Militärmantel und Jacke leuchteten, mit Ölfarbe aufgepinselt, die Großbuchstaben „PG" für „prisonnier de guerre" – Kriegsgefangener. So bekleidet, hatte er keine Chance, einen der wenigen für ihn zumutbaren Arbeitsplätze zu bekommen. In der Trümmerbeseitigung gab es Stellen wie Sand am Meer. Weil nicht arbeitend ohne Lebensmittelkarte, wurde er zum Betrüger. Hunger tut weh. Als entlassener Soldat ohne Papiere meldete er sich erneut zur Quarantäne. Geduldig ließ er sich untersuchen, entlausen, impfen und röntgen. Alles nur wegen der Verpflegung. Diesem Procedere hat er sich mehrere Male immer wieder unterzogen, bis ihn eine Röntgenschwester als „Wiederholungstäter" entlarvte und aus der Kaserne werfen ließ. Mein Hunger wurde auch gelindert. Zu verabredeten Zeiten fuhr ich mit der Straßenbahn nach Lindenau und wartete an einem Loch im Maschendrahtzaun. In einer alten Konservendose brachte Vater mir warme Suppe, Brot oder Kuchenstücke, mitunter sogar einen Apfel.

Die Familie wird kleiner

"Eins, zwei, drei im Sauseschritt, eilt die Zeit, wir eilen mit!" dichtete Wilhelm Busch. Das Jahr 1948 war angebrochen. Veränderungen in der Familie. Großmutter war plötzlich verstorben. Eine irische Glaubensgemeinschaft hatte für christliche Altersstätten in Leipzig irisches Rindfleisch gespendet. Die ausgehungerte ehemalige Sängerin Doris Losselli hat sofort nach Erhalt ihre Konservendose ausgelöffelt. Meine Eltern fragten den Heimarzt nach der Todesursache. Herzlos sagte er: „Frau Romboy hat sich überfressen." Einen Hungermagen mit Corned Beef zu füllen, war keine gute Idee. In einem Pappsarg wurde sie auf einem Handwagen zum nahen Südfriedhof gefahren und im Grab ihrer Eltern beigesetzt. Ihr Sohn, der zerlumpte Kriegsgefangene Hans Willi Romboy, gab ihr das letzte Geleit. Ihr Lieblingskind, mein Onkel Karl, war seit den Kämpfen um Berlin für immer verschollen. Als Volkssturmmann sollte er in der Hauptstadt das Großdeutsche Reich retten.

Die Familie hatte sich verkleinert. Meine großen Brüder waren vor dem Hunger nach Westdeutschland abgehauen. Bruder Wolfgang wurde Bergmann im Aachener Steinkohlenrevier, Siegfried Dachdecker in Frankfurt am Main. Auch Schwester Christa, neunzehnjährig, war ausgezogen und besuchte irgendwo eine Dolmetscherschule. Vater unterlag weiterhin seinen Depressionen, während Mutter und ich unter den abenteuerlichsten Umständen mehrmals nachts auf den Eisenbahngleisen Marienborn/Helmstedt über die Zonengrenze schlichen. In der Nähe von Braunschweig gab es eine Bekannte, die Chemnitzer Seidenstrümpfe und Plauener Tischdecken gegen Maismehl, Erdnusscreme und Büchsenfleisch tauschte. Sie arbeitete in einer US-Kaserne. Die Ausbeute, der Inhalt zweier kleiner Rucksäcke, war für den Aufwand erbärmlich, doch er schützte uns vor Hungerschäden.

Als Bettler durch die Westzonen

Im Mai überraschte Vater mit einem Lösungsvorschlag. Unter seiner Führung sollten wir nach Mainz flüchten. Dort, in der französischen Zone, würde er die nötigen Papiere für eine Übersiedlung als Gastarbeiterfamilie nach Frankreich besorgen. Der Patron des Sägewerks in der Normandie hatte dem Kriegsgefangenen seinerzeit ein solches Angebot unterbreitet. Mutter war skeptisch. Ihre Bedingung: Erst die französischen Dokumente, dann nach dem Westen. Papa kapitulierte.

Die zerstörte Großstadt Mainz 1945, danach Sitz der französischen Militärregierung in Deutschland

Hans Romboy und ich zogen allein los. Er, immer noch in den Wehrmachtsklamotten, ich in einer entnazifizierten jetzt blauen Uniform der Hitlerjugend. Wir hatten weder Geld noch Papiere. Bei den Franzosen konnte Vater allerdings den Entlassungsschein aus französischer Kriegsgefangenschaft vorweisen. Unser Plan: Zu Fuß, per Anhalter und als Schwarzfahrer der Deutschen Reichsbahn wollten wir uns zu den Büros der Franzosen in Mainz durchschlagen. Realistischer als es klingt. Für die Fuß- und Anhalterversion brachten wir die wichtigste Voraussetzung mit: Wir hatten Zeit. Für die Fahrkartenkontrolleure der Eisenbahn war folgende Legende parat: Sohn holt Vater nach seiner Entlassung vom Kriegsgefangenenlager ab. Das hat immer geklappt. Dass Kriegsheimkehrer kein Billett vorweisen konnten, war bekannt und wurde toleriert. Wir kamen vorwärts. In der Abenddämmerung, dicht an der Zonengrenze, verloren wir die Orientierung. Im nächsten Dorf leuchtete ein Gasthof, hier wollten wir fragen. Pech, es war das Büro der Volkspolizei. Die sagten, wir wären bei ihnen an der richtigen Adresse, forderten Papiere und Strafgeld. Beides fehlte uns. Inzwischen lagen und saßen zwanzig Flüchtende im Grenzbüro. Die Grenzer waren ohne Telefon und ohne Auto. Als einziges Machtmittel besaßen sie jeder einen schwarz lackierten Schlagstock. Die Grenzverletzer waren in der Überzahl. Gegen Mitternacht setzten sie uns vor die Tür und gingen nach Hause. Wir hatten ihnen versprochen, sofort unsere Heimatorte aufzusuchen, um dort eine gebührende Bestrafung in Empfang zu nehmen. Die Flüchtlinge bogen aber am nächsten Feldweg in Richtung Westgrenze ab. Als es dämmerte, überschritten wir die Zonengrenze, den Rand eines Braunkohlentagebaus und wurden schon wieder festgenommen. Diesmal von Westpolizisten in grünen Uniformen mit geschulterten Gewehren. Nachdem sie Vater erzählt hatten, dass sie weder schießen dürften noch Munition besäßen, befahlen sie uns, unverzüglich wieder in die Ostzone zurückzukehren. Dann gingen sie ihrer und wir unserer Wege. Wie Tippelbrüder bewegten wir uns mit Hilfe einer alten Autokarte weiter Richtung Mainz. Sahen wir einen erreichbaren Bauernhof, beruhigten oder umgingen wir den Hofhund und klopften. Meist öffneten Frauen, die Männer waren gefallen oder Kriegsgefangene. Wir streckten ihnen die Mützen entgegen und beteten unseren Spruch: „Zwei arme Heimkehrer bitten um eine milde Gabe." Selten wurden wir abgewiesen. Die Frauen dachten an ihre Männer oder Söhne und hofften auf deren Heimkehr. Meist gab es Brote, Eier; manchmal auch ein oder zwei Markstücke. Wichtige Versorgungsstationen waren für uns auch die Dorfpfarreien. In größeren Städten halfen die Damen der Bahnhofsmissionen. Nach Tagen erreichten wir das Rheinufer und Mainz. Der erste Kontakt mit den französischen Besatzern führte zu unserer sofortigen Verhaftung. Militärpolizei brachte uns in eine Gefängniszelle mit Türspion und einem vergitterten Fenster in Deckenhöhe. Im wahrsten Sinne des Begriffs „bei Wasser und Brot" erlebten wir das erste Mainzer Wochenende. Montag früh, beim deutschsprachigen Vernehmungsoffizier, die Anklage: Fehlen eines Interzonenpasses und verbotener Aufenthalt in der amerikanischen und französischen Besatzungszone. Der Colonel freute sich über Papas Französischkenntnisse und seine Absicht, im Sägewerk der „Grande Nation" beim Wiederaufbau zu helfen. Er schickte uns ins Stadtzentrum zum Immigrationsbüro. Dort zerplatzten wie eine Seifenblase Vaters Tagträume vom Leben in Frankreich. Die Altersgrenze für eine Arbeitserlaubnis galt ab vierzehn Lebensjahren und endete mit fünfundvierzig. Vater und ich fielen durchs Raster: er siebenundvierzig und ich zwölf. Das passte nicht. Als Ausweg für die zwei Hoffnungslosen bot sich Tourismus an. Erstes Ziel: der Mainzer Dom. Nahezu unzerstört erhob er sich aus der Trümmerwüste. Dann ging es weiter nach Frankfurt. Stadtbesichtigung. Nur Ruinen und Steinhaufen. Eine Überraschung: Die Paulskirche wirkte wie unversehrt. Nach der Revolution 1848 hatte hier das erste deutsche Parlament getagt. Für den Festakt „100 Jahre Nationalversammlung" war sie instandgesetzt worden. Vater kannte nicht nur Deutschland. Er wurde auch bildungsbürgerlich erzogen und war, wie man früher sagte, belesen. Er konnte mir die Welt erklären. In Frankfurt gab es ein Wiedersehen mit dem im Westen angekommenen Bruder Siegfried.

In Köln wollte Vater den Leidensgenossen wiedertreffen, der ihm am Lagerfeuer das Kölnlied beigebracht hatte. „Fahrzeugbau Gustav Spielberg" stand am Firmengelände in der Vorstadt. Der Anblick Kölns war entsetzlich. Die Bögen der Rheinbrücke lagen im Strom, gesprengt beim Rückzug der Wehrmacht.

Wir mussten im Boot übersetzen. Einzig der Dom schien erhalten. Stolz stand er in einer unvergleichlichen Ruinenlandschaft. Tausend britische Bomber hatten erstmals 1942 ganze Arbeit geleistet. Wir wollten weiter ins Aachener Steinkohlenrevier. Seit fast einem Jahr schuftete dort Bruder Wolfgang. Im Ort Merkstein war er Bergmann unter Tage.

Vor der Grube „Adolf" erwartete er uns zum Gang ins Bergmannsheim. Dort wurde nicht gehungert. Vor und nach den Schichten erhielten die Kumpel üppige Mahlzeiten. Jeden Monat gab es ein Carepaket mit Köstlichkeiten wie Schokolade, Corned Beef, Aprikosen, Margarine und Pulverkaffee. Kostproben hatte er schon mehrfach nach Leipzig geschickt. Bergleute wurden bevorzugt versorgt. Die US-Zone brauchte Steinkohle. Der geliebte große Bruder, über ein Jahrzehnt hatte ich ihn nur uniformiert gesehen. Erst als Pimpf, dann als Hitlerjunge und zuletzt in Wehrmachtsklamotten. Als Bergmann wurde der Zwanzigjährige Mitglied der SPD und streitbarer Gewerkschafter. Derselbe Mann war vier Jahre vorher Landdienstjugendführer in Bad Lausitz. Seinen Wunsch, SS-Mann zu werden, konnte ihm der Führer nicht mehr erfüllen. Kaum gemustert, kapitulierte sein damaliges Großdeutschland. Was für ein Lebenslauf! Zum Abschied ein Besuch in Aachen. Trostlos und ausgebrannt. Aber auch hier hatte, wie in Mainz und Köln, der Dom überlebt. Beabsichtigter Respekt der Alliierten vor christlicher Kultur? Keinesfalls. Aber Steine widerstehen den Brandbomben.

Nächstes Ziel: die Eifel. Voll versorgt durch Wolfgang wanderten wir über Berg und Tal Richtung Westwall. Scheunen oder Strohmieten waren behagliche Nachtquartiere. Es war Juni. Auch auf dieser Wanderung halfen mitleidige Bauersfrauen. Nahe der Stadt Prüm war Vater einstmals an der Errichtung des Westwalls beteiligt. Als dienstverpflichteter Verwaltungsführer kontrollierte er einige Wochen Malerarbeiten. Jetzt wollte er sehen, was und wer den Krieg überlebt hat. Achtzig Kilometer entfernt stand in der Nähe der Mosel mitten im Wald die Burg Eltz. Von der hatte er immer geschwärmt. Die wollte er mir zeigen. Wir waren zwar Bettler, aber Touristenlust trieb uns durch die deutschen Lande. Von der Burg ging es weiter zur Mosel. Ich sah Kinder mit Lutschern und grüner Limonade in der Hand an einem Wasserbüdchen stehen. Vater gab mir etwas von dem Bettelgeld.

Mein Vater als dienstverpflichteter Verwaltungsführer Chef einer Malerkolonne beim Bau des Westwalls 1940

Bevor ich meine Wünsche äußern durfte, fragte die Kioskfrau, ob und wieviel Geld ich hätte. Mein Äußeres war nicht vertrauenerweckend. Stolz zeigte ich meine mit Groschen gefüllt Hand. Traurig sagte sie: „Dafür kann ich Dir nichts geben. Weißt Du denn nicht, dass wir neues Geld, die D-Mark, haben?"

Die im Krieg unzerstörte Burg Eltz an der Mosel

Die Währungsreform hatte uns unbemerkt überrollt. Seit dem 20. Juni 1948 war die Reichsmark Makulatur. Für uns eine Katastrophe. Also nichts wie zurück in die Ostzone! Hauptsächlich per Eisenbahn. Immer noch funktionierte unsere Heimkehrergeschichte.

Vater wird Zwangsarbeiter

In Leipzig stand Vater auf einer Fahndungsliste. Er war strenger Meldepflicht monatelang nicht nachgekommen. Als er Lebensmittelkarten beantragen wollte, wurde er festgenommen und in eine deutsch-russische Behörde gebracht. Man bezichtigte ihn der Spionage für die Amerikaner und Franzosen, die ihn wieder nach Leipzig geschickt hätten. Ihm würden fünfundzwanzig Jahre Sibirien blühen, doch gnädig boten sie einen Ausweg an. Wenn er eine fünfjährige Verpflichtung zur „Wismut" unterschreiben würde, könnte man die Spionagevorwürfe fallenlassen. Alternative gleich Null. Die „Wismut AG" war seit 1947 Rohstoffbasis für die sowjetische Atombombe. Große Gebiete der Sowjetischen Besatzungszone in Thüringen und Sachsen, vor allem im Erzgebirge, wurden zu „Wismut-Land". Betreten verboten! Sowjetsoldaten kontrollierten alle Straßen und Eisenbahnübergänge. Jeder Schacht, jede Betriebsanlage war hinter drei Meter hohen Bretterzäunen verborgen. Alles bewacht von russischen Soldaten mit Maschinenpistolen. Wachtürme wie in Konzentrationslagern waren errichtet worden.

Seit 1910 war die Radioaktivität der alten Kobalt- und Silbergruben des Erzgebirges bekannt. Medizinische Wörterbücher beschrieben die Schneeberger Krankheit, einen besonders bösen Lungenkrebs, hervorgerufen durch Radongase. „Wismut" war ein Tarnname. „Uran AG" wäre richtig. Deutscher Verwaltungssitz dieser Sowjetfirma war das Städtchen Aue im Erzgebirge. Synonym für die „Wismut" wurde in der Sowjetzone das Wort „Aue". Der Volksmund sprach von Leuten, die nach „Aue" geschickt wurden, die in „Aue" saßen oder in „Aue" verunglückt waren. Bummelanten volkseigener Betriebe und aufmüpfigen Studenten wurde mit „Aue" gedroht. Freiwillig ging niemand nach „Aue". Die Angst vor der Straflageratmosphäre und den Uranstrahlen war zu groß.

Ich begleitete meinen Vater zum Bahnhof. Der Bergarbeiterzug nach Aue war mit roten Fähnchen geschmückt. Er wurde von Sowjetsoldaten begleitet, dadurch waren die zukünftigen Urankumpel geschützt. Jeden Tag war in den Zeitungen zu lesen, dass amerikanische Agenten und Diversanten überall alles unternehmen, um unseren friedlichen Aufbau zu stören.

Für mich, meine Mutter und den kleinen Bruder wurden „Aue" und „Wismut" sehr schnell positiv besetzt: als das Ende des Hungers und der Armut.

In Leipzig hatte sich im Juli '48 einiges verändert. Mutter hatte die große Wohnung verloren. Nach dem Wegzug der erwachsenen Geschwister wollte das Wohnungsamt andere Bedürftige in unsere Räume einweisen. Dazu kamen erhebliche Mietrückstände für die „immer noch Hundertmarkwohnung". Neue Adresse wurde die Frankfurter Straße 6; sie heißt heute Jahnallee. Es war eine Notwohnung im Hinterhaus.

Jungpionier und Radiobastler

Nach meiner Interzonenreise erwischte mich der Alltag. Großer Ärger mit der Schule – wochenlang musste sie ohne mich auskommen. Ab jetzt wurde Regelmäßigkeit verlangt und mit Erziehungsheim gedroht. Der Schulweg war mir vertraut. Wie 1942 besuchte ich die Einundvierzigste in der Hillerstraße. Vieles war bekannt. Schon Vater hatte in den alten Eichenbänken gesessen. Genauso gelangweilt wie sein Sohn. Zu Vaters Zeit hing im Klassenzimmer das Bild Kaiser Wilhelms. Mich bedrängte der harte Blick des Führers, jetzt in der Nachkriegszeit wurde ich von Stalin belächelt. Zu Hitlers Zeiten wurde im Schulhof durch Pimpfe die Hakenkreuzfahne aufgezogen. Jetzt, in der Stalin-Ära, besorgten das Junge Pioniere mit ihren hübschen blauen Halstüchern. Um Missverständnisse zu vermeiden: Die Fahne war jetzt blau und mit der aufgehenden Sonne der FDJ bestickt. Statt eines braunen hatte man auch mir ein blaues Halstuch verpasst mit der Versicherung, die Jungpioniere bewahren auch Schulschwänzer vorm Kinderheim. Zur Erholung vom Schulstress ging ich mit Freund Peter ins Schreberbad zum Schwimmen, Planschen und Mädchen angucken. Oft waren deren weiße Badeanzüge aus Resten von Bettwäsche genäht. Bei Nässe wurden sie transparent. Für uns war es sehr interessant, endlich zu sehen, wie die Mädchen, eine andere Sorte Mensch, gebaut waren und was sie eigentlich immer verdecken wollten. Wir stellten fest, so schlecht sehen die drunter ja gar nicht aus. Warum das ängstliche Getue?

Neben meinen Fotoversuchen faszinierte mich die Radiotechnik. Ohne Probleme waren Wehrmachtsröhren zu kaufen. Produziert in Massen, konnten sie nicht mehr in Flugzeuge, Kriegsschiffe oder U-Boote eingebaut werden. Zu den Funkröhren RV12-P2000 oder RV2-P800 gab es hektographierte Schaltbilder und das Heft „Wie baue ich ein Radio", einschließlich der Anleitung, wie aus Stanniol und Wachspapier Kondensatoren und aus Kochspiralen Widerstände werden. Nach zwei Monaten, in denen ich nur Brummen hörte, klappte es. Zwischen die zwei Schornsteine unseres Notquartiers spannte ich eine Hochantenne und endlich hatten wir Radio. Zuerst mangels Lautsprecher nur über Kopfhörer. Deutsche Westsender wurden im Osten von einem Störsignal überdeckt. Nachts im Bett belauschte ich über Radio Norddeich den Funkverkehr der Hochseeschiffe oder hörte die zahlkodierten Mitteilungen an die Spione: „Sieben – Sieben – Neun – Elf – Zweiundzwanzig - ich wiederhole..."

Mein selbstgebautes Radio, bestückt mit aus dem Krieg übriggebliebenen Wehrmachtsröhren

„Glückauf" durch die Wismut

Schneeberg im Erzgebirge mit den Abraumhalden des Uran-Bergbaus

Mit der räumlichen Trennung kam Trudchen zurecht. Regelmäßig schickte Vater Geld und Lebensmittel. Alle drei Wochen, zum großen Schichtwechsel, kam er übers Wochenende nach Hause. Sein Rucksack war immer gefüllt mit

Kasseler Koteletts, Leber- und Hartwürsten und, was wichtig war, Schnapsflaschen. Ihre Beschriftung: „Akzisefreier Trinkbranntwein für Bergleute der Wismut AG". Dieser Schnaps wurde für Mutter ein „Sesam öffne Dich". Verkäuferinnen beschafften „ausverkaufte" Waren, notwendige Handwerker standen mit Material schon am nächsten Tag vor der Tür und mein Lehrer strich mich von der Liste der potenziellen Sitzenbleiber. Das war schwer für ihn. Außer der Sechs in Mathe stand auch eine Sechs für Russisch in meinem Zeugnis.

Vater mit seinem Liebling Inka, einer Neufundländerin (links)
Vater in der wasserabweisenden „Lederol"-Kleidung der Wismut-Bergleute (rechts)

Trudchen einsam und allein in der Küche ihrer Leipziger Wohnung (links)
Der bis auf die großen Schichtwechsel alle drei Wochen einsame Vater tröstet sich durch Spaziergänge mit Hündin Inka (rechts)

Zu seiner eigenen Überraschung war Vater bei der „Wismut" zufrieden. Die Arbeit als Fördermann in den nassen Untertagestollen war hart. Doch für ihre zukünftigen Atombomben ließen sich die Russen nicht lumpen. Außer dem kostenlosen Wohnen in Zimmern der Bergarbeitersiedlung „Wolfgangmaßen" erhielt er das Dreifache des in der Ostzone üblichen Lohns. Nach zwölf Monaten ohne Fehlschichten durch Krankheit war eine Jahresprämie von tausend Mark fällig. Für Bergarbeitertalons, das interne Zahlungsmittel, gab es gutes Kantinenessen, unzählige Lebensmittelsorten, Tabak, Zigaretten und den spottbilligen Schnaps. Im Bergarbeiterkrankenhaus operierten kostenlos russische Ärzte und Penicillin, das sonst zu horrenden Preisen auf dem Schwarzen Markt gehandelt wurde, war vorhanden. Auch Familienmitglieder wurden dort behandelt. Für die Urlaubszeit war ebenfalls vorgesorgt. Das Seebad Binz auf der Insel Rügen war „Wismut-Zone". Nur deren Mitarbeiter nebst Familien konnten dort kuren. Wollte Vater in Schneeberg seine Familie sehen, beantragte er beim russischen Schachtkommandanten einen Einreiseschein. Durch ihn durften wir die Eisenbahnfahrkarte ins Sperrgebiet kaufen und die interne Erzgebirgsgrenze passieren. Noch 1955 musste Vater mir für meinen Aufenthalt solche Genehmigungen schicken. Nahezu ein Jahrzehnt haben wir herrliche Ferientage im Schneeberger Revier des Erzgebirges verbracht. Zu Vaters Arbeitskollegen: Wie im Gefängnis befragte man sich gegenseitig: „Warum bist Du hier?" Die Antworten: „Ich habe Russen angezeigt, die meine Tochter vergewaltigt hatten." – „Ich war bei Hitlers Gestapo." – „Ich habe für die Zeugen Jehovas gepredigt." – „Ich war bei der Waffen-SS." – „Ich war in der SPD und habe mich der Eingliederung in die SED widersetzt." – „Mein Beruf war Einbrecher." – „Ich war Leipzigs größter Zuhälter und habe zur Messe einen Puff betrieben." All' diese Männer hatten sich "freiwillig" für fünf Jahre verpflichtet. Vor oder nach Gerichtsverhandlungen hatte man sie gefragt: „Strafe oder Aue?" So wurden sie Bergleute. „Wismut" war auch Gewaltherrschaft. In Kellern, auf Bauernhöfen, in Kirchen – überall suchten uniformierte Männer und Frauen nach Radioaktivität. Wurden die „Radiometristen" mit ihren Geigerzählern

fündig, vertrieb man die Bewohner und alles wurde dem Erdboden gleichgemacht, um zu graben. Mitten im Wald – auf dem Parkgelände eines Kurhauses oder dem örtlichen Fußballplatz – entstand, mit Holzbalken errichtet und durch meterhohe Bretterwände geschützt, ein neues Bergwerk. Soldaten mit Maschinenpistolen bewachten die Eingänge. Rote Fahnen und rote Holzsterne verzierten die Eingangstüren. In den Sonderzonen herrschte die sowjetische Geheimpolizei NKWD, auch nach der Gründung der DDR 1949. Eine abfällige Geste, ein unvorsichtiges Wort, Denunziation durch Nachbarn, genügten, um spurlos zu verschwinden. Unzählige der Festgenommenen wurden in Moskau umgehend erschossen, die meisten verschwanden in russischen Straflagern. Schweres Delikt war auch die verweigerte Zusammenarbeit mit der „Wismut AG" oder verzögerte Ausführung ihrer Anordnungen.

Die sonst verhätschelten Bergleute waren ebenfalls gefährdet. Zwar durften sie „Horizontaldamen" unbekleidet auf den Tischen im Bergarbeiterheim tanzen lassen und dem Koch missratenes Essen samt Teller an den Kopf werfen. Meist wurde der Koch bestraft wegen des Angriffs auf die Bergarbeitergesundheit. Auch unauffällige Vergewaltigungen waren Kavaliersdelikte. Doch im Schacht hörte der Spaß auf. Eine geplatzte Pressluftleitung, ein gebrochenes Gestänge, ein entgleister Erzwagen oder Fernbleiben von der Arbeit wurden schnell als Sabotage ausgelegt und die Verantwortlichen verschwanden für immer in Russland. All das war neben der ständigen Bedrohung durch radioaktive Strahlen die Kehrseite der Medaille „Wismut", die der Region fast dreißig Jahre bescheidenen Wohlstand bescherte.

Meine erste Fotokamera

Erstes gemeinsames Weihnachtsfest meiner Eltern nach dem Krieg in unserer Notwohnung 1948

Es kam der Winter 1948. Mein Weihnachtswunsch wurde der Pappkasten „Ich baue mir eine Fotobox". Es war die einzige Kamera, die man in der Sowjetischen Besatzungszone kaufen konnte. Eine fingerdicke Schneedecke lag auf den Ruinen und Trümmerbergen der Innenstadt. Auch am 24. Dezember. Es gab einen kleinen Weihnachtsmarkt mit Rostbratwurst auf Fleischmarken der Dekade vier. Die wenigen Kaufleute, deren Schaufenster den Bombenkrieg überlebt hatten, zeigten viel Tannenschmuck und wenig Ware. Mit Bruder Dieter auf dem Heimweg über den Thomaskirchhof, vorbei am Bachdenkmal, traf es mich wie ein Blitzschlag. Im Schaufenster von Foto Knoll stand ein Filmprojektor. Format: 9,5 mm, Marke „Alef", Baujahr 1930, für ungeheuerliche

Mein Traum-Weihnachten 1948. Als Geschenk eine Plattenkamera und ein Filmprojektor für 9,5 mm Schmalfilm

hundert Ostmark. In einer geblümten Keksdose war ein Dutzend Filmkassetten. „Ein komplettes Heimkino" war auf dem Preisschild zu lesen. Mit leuchtenden Augen erzählte ich meinen Eltern in unserer Notwohnung von meiner Entdeckung. So, als wären mir bei Foto Knoll der Weihnachtsmann und das Christkind persönlich begegnet. Zwanzig Uhr – die Weihnachtsbescherung. Unter dem kleinen Bäumchen mit tropfenden Stearin-Kerzen stand für mich das materialisierte Glück: der „Alef"-Filmprojektor. Wenn wir den späteren Erzählungen meiner Mutter Glauben schenken, soll ich vor Freude immerfort einen Meter dreiundfünfzig hochgesprungen sein, denn sie zeigte dabei mit der Hand ihre Scheitelhöhe an. Wahrscheinlich war es aber doch etwas niedriger. Doch wie kam alles?

Vater, arm wie eine Kirchenmaus, hatte seine Taschenuhr, Golddoublé mit Läutwerk, ins private Leihhaus Maschkewitz gebracht, „Foto Knoll" rausgeklingelt und das Heimkino gekauft. Geblendet vom Glanz des Projektors übersah ich eine 9 x 12 -Plattenkamera mit doppeltem Bodenauszug und Steinheil-Anastigmat 1:4,5 im Compurverschluss. Meine erste Kamera. Oh, was für ein Glücksweihnachten! Neben der Fotokamera lag eine Schachtel mit zwölf unbelichteten Filmplatten, sonst nur auf dem Schwarzmarkt zu haben. Vor jeder Aufnahme die schwierige Entscheidung: Lohnt es sich, für dieses Motiv eine der wertvollen Fotoplatten zu opfern? Oder wäre es besser, das Stativ anderswo aufzustellen? So lernt man Fotografieren. Das feine Schnurren des Compurverschlusses der Weihnachtskamera begleitete mich in den kommenden Fotojahren. Vaters Uhr kam nicht wieder ins Haus. Letztendlich fehlte das Geld zum Auslösen. Sie wurde versteigert. Erst zehn Jahre später, Weihnachten 1958, inzwischen war ich wohlbestallter 1. Kameraassistent des DEFA-Studios für Spielfilm, konnte ich Vater mit einer zweiäugigen „Weltaflex" wenigstens materiell danken. Außer mir, dem Fündundachtzigjährigen, sind alle Protagonisten dieser Geschichte schon vor vielen Jahren verstorben. Doch die Geräte haben in meiner persönlichen Sammlung überdauert. Der Compurverschluss ist so wenig verharzt wie mein Herz und so gedenke ich immer der lieben Eltern und meiner ersten Kamera.

Im Juni 1948 wurde auch die Ostzone, die DDR wurde erst im Oktober 1949 gegründet, zu einer Währungsreform gezwungen. Sie wäre sonst in den für die Westzonen ungültigen Reichsmarkscheinen ertrunken. Für die neuen Scheine der Deutschen Notenbank gab es nach wie vor nichts zu kaufen, denn die Läden waren leer. Ausgenommen der Schwarzhandel. Dort wurde immer noch, allerdings zu Wucherpreisen, alles angeboten, was das Herz begehrte. Es lag nahe, dass der Staat den Gewinn solcher Schwarzmarktpreise selbst erzielen wollte. Das Zentralkomitee der Staatspartei SED hatte eine neue Firma gegründet: die HO für Handelsorganisation. Für sie wurden sofort die besten Verkaufsflächen der Innenstadt beschlagnahmt. Anfang 1949 eröffneten die ersten Filialen. In Leipzig war es das ehemalige Kaufhaus „Althoff". Eine Bockwurst, mit Fleischmarken für 60 Pfennig, kostete hier fünf Mark. Zum selben Preis das Stück Buttercremetorte. Anzüge waren ab vierhundert Mark, Schuhe ab einhundertfünfzig Mark zu haben. Fahrräder gab es ab vierhundert. Mein Traum, eine Spiegelreflexkamera aus Dresden, hätte tausendzweihundert Mark gekostet. Zur Erinnerung: Arbeiter erhielten vierzig Mark pro Woche. Dicht von Menschen umlagert, das Kronjuwel des HO-Angebots: ein fabrikneuer PKW „IFA F 8", ein DKW-Modell. Da es für ein Auto nicht reichte, konnte Vater uns nach der ersten Jahresprämie nur zu Buttercremetorte und Eisbecher einladen.

Billige Unterhaltung war in den Herbsttagen auf dem Rummel der Leipziger Kleinmesse zu haben. Kinderkarussell zwanzig Pfennig, das Riesenrad vierzig Pfennig und die Geisterbahn fünfzig Pfennig. Bis zu einer Stunde mussten die Hungrigen für eine große Schale Süßschaum anstehen. Preis: eine Mark. Kaum gegessen, spürte man im gefüllten Magen ein wohliges Sättigungsgefühl, das kaum zwanzig Minuten anhielt. Danach Leere und beißender Geschmack nach Chemie. Hinter der Bude leere Kanister mit der Aufschrift „AGFA Wolfen". Die markenfreie Süßspeise war Abfallprodukt der Filmherstellung. Davon abgesehen waren alle Besucher überrascht, wieviel Schau- und Fahrgeschäfte den mörderischen Krieg überstanden hatten. Die Schlussveranstaltung war mit einem großen Brillant- und Höhenfeuerwerk angekündigt. Zu Ende des Spektakels wurde das Gelände rundherum in roten bengalischen Feuerschein getaucht. Ich musste mich abwenden. Es war für mich die wieder brennende Stadt vom 4. Dezember 1943.

Nach der Drohung: „Mein Mann ist bei der russischen Wismut" hatte Mutter beim Wohnungsamt erreicht, dass wir aus dem Notquartier in eine Vierzimmerwohnung der Härtelstraße 7 zogen. Für Mutter eine große Freude: Zwei Häuser weiter hatte sie ihre Kinder zur Welt gebracht.

Mein Hund Lux

"Schau ich in die tiefste Ferne meiner Kinderzeit hinab, steigt mit Vater und mit Mutter auch ein Hund aus seinem Grab. Fröhlich kommt er hergesprungen, frischen Muts den Staub der Gruft, wie so oft den Staub der Straße, von sich schüttelnd in die Luft." Friedrich Hebbel

Meiner hieß Lux. Etwa zwölf dürfte ich gewesen sein, als er in mein Leben kam. Bekannte hatten ihn gebracht. Irgendwo war er überflüssig geworden. Schnell wurden wir enge Freunde. Nach der Rasse befragt, wurde er von mir schöngeredet. Ich beförderte ihn zum Zwergjagdhund. Natürlich war er ein Mischling. Seine Figur ähnelte der eines Weimaraners, sein Fell kurzhaarig und mittelbraun, hätte auch einem Rassedackel gut zu Gesicht gestanden. Um als Jagdhund durchzugehen, fehlte ihm Entscheidendes: die Größe. Vom Boden gemessen brachte er es gerade mal auf vierzig Zentimeter, deshalb Zwergjagdhund. Fast jeden Tag forderte er mich auf, mit ihm lange Spaziergänge zu unternehmen. Meist durch den nahen weiträumigen Rosental-Park. Doch egal, wohin es ging, er wollte mit. Oft klapperte ich nur die damals noch zahlreichen Leipziger Fotogeschäfte ab, geduldig hockte er sich vor die jeweiligen Schaufenster. Er wusste, mein Gucken dauert an. Wenn ich nach Schulschluss die Wohnungstür öffnete, hatte er schon Halsband und Hundeleine im Maul, um sie mir anzureichen. Dem konnte ich schwer widerstehen. Häufig verschob ich, wenn auch nur für zwanzig Minuten, mein Mittagessen und gewährte ihm eine Runde ums Viereck. Wenn wir in den Schulferien Vater im Erzgebirge besuchten, war er in seinem Element. Auf ellenlangen Wanderungen durch Wälder und Felder sauste er mitunter hunderte Meter voran, dann zu uns zurück, um wieder voraus zu schießen. Kaum zurück im Quartier, legte er sich erschöpft auf die Hundedecke. Er hatte die dreifache Kilometermenge zurückgelegt, die unser Spaziergang betrug. Viele Jahre hat er mich begleitet und wenn ich ihm von den Konflikten mit meinen Eltern oder Lehrern erzählte, war er nicht nur an sondern auch auf meiner Seite. Auch mit Katze Minou, der er meist aus dem Wege ging, hat er sich nachts arrangiert. Im ungeheizten Schlafzimmer steckten wir alle drei unter einer Decke. Minou lag in meinem Arm, er wärmte meine Füße. Besonders im Winter war es unangenehm, im Nachthemd mit übergeworfenem Wintermantel in Pantoffeln die Haustür zu öffnen, um Lux die Morgentoilette zu ermöglichen. Meist genügten fünf Minuten, manchmal ließ er mich auch länger frieren. An einem Weihnachtsmorgen präsentierte er einen großen Weihnachtsbraten. Den hatte er vorm Haus im Schnee gefunden. Ich fror, also zurück ins Schlafzimmer. Lux bestand auf Mitnahme seiner Beute, die ich für eine Prüfung, ob für den Fressnapf geeignet, erst mal auf dem Kleiderschrank ablegte. Also Decke über den Kopf und weiterschlafen, bis ich vom Türklingeln und aufgeregtem Gerede im Korridor geweckt wurde. Die Nachbarin klagte, sie hätte ihren Kochtopf mit dem Weihnachtsbraten statt auf dem Fenstersims vor dem Haus ohne Braten wiedergefunden. Sie war ratlos. Ihr Mann, ein unversöhnlicher Spießer, würde ohne Weihnachtsbraten an die Decke gehen! Ich holte vom Kleiderschrank das Fleischstück mit der Erklärung: „Das habe ich vorhin dem Lux aus dem Maul genommen." Die Freude der Nachbarin überraschte uns und meine Mutter rief „Den Braten können sie doch ohnedies nicht mehr essen!" Ihre Antwort: „Richtig, ich würde keinen Bissen herunterkriegen. Über diesen Festtagsbraten soll sich nur mein Mann freuen." So geschah es.

Mein Vater, für jede Eulenspiegelei zu haben, hatte nachmittags den Nachbarn auf einen Feiertagsschnaps eingeladen. Als er ihn nach dem Mittagessen befragte, kriegten mein Bruder und ich einen nicht zu stoppenden Lachanfall und wurden des Zimmers verwiesen. Die Geschichte des Weihnachtsbratens, der auf der Straße lag, aus dem Maul von Lux auf den Kleiderschrank kam und ihm danach serviert wurde, hat der Nachbar nie erfahren. Die Vorgeschichte wurde uns erst klar, als Katze Minou mit einer leichten Platzwunde maunzend vor unserer Wohnungstür stand. Ihr Fehlen war uns im Weihnachtstrubel gar nicht aufgefallen. Minou war durch ein zum Lüften geöffnetes Fenster auf dem Gebäudesims zur Nach-

barwohnung gelaufen, hatte den Kochtopfdeckel geöffnet und war dann mit Braten und Kochtopf auf die Straße gesegelt. Und das aus dem dritten Stock!

Gerade siebzehn geworden, ging ich zur Ausbildung nach Berlin. Lux wurde Mutters Kind. An manchen Wochenenden, Feier- oder Urlaubstagen holte Mutter mich vom Bahnhof ab. Schon auf der Treppe zu den Bahnsteigen wimmerte Lux und zog an der Leine, beim Einlaufen des Berliner D-Zuges war er nicht mehr zu halten und preschte laut bellend auf der Suche nach mir durch alle Reisenden. Vor mir sprang er bis in Brusthöhe permanent auf und ab, wobei er mich bepieselte. Es war seine Freude über das Wiedersehen. Bis zur nächsten Abreise konnte ich keinen Schritt ohne Lux gehen. Er war immer bei Fuß. Selten wurde ich so geliebt. Jahre später, auf Weihnachtsbesuch bei den Eltern, musste ich hören, dass Lux kaum noch frisst und apathisch am Ofen liegt. Im Wohnzimmer kroch er von seiner Hundedecke zu mir. Unter meinen ihn streichelnden Händen, als hätte er nur noch auf diesen Abschied gewartet, starb Lux. Der Trauerschmerz war groß. Auch bei Mutter. Nach und nach waren ihre fünf Kinder ausgezogen. Lux war geblieben. Der Volksmund sagt: „Das letzte Kind hat Fell." Mit Lux war ihr letztes Kind gestorben. Schluchzend und tränenüberströmt streichelte sie über sein Körperchen und nahm sehr lange Abschied.

Vater kommentierte seinen Söhnen gegenüber, dass er keinen Zweifel hege, von Mutter geliebt zu werden. Doch dass er bei seinem Ableben von Trudchens Seite kaum solchen Abschiedsschmerz erwarten könne. Vater starb zehn Jahre nach Lux am Schneeberger Lungenkrebs. Man möge mir verzeihen, dass ich an seinem offenen Grab Mutters Trauer beobachtete und ihre Tränen wahrnahm. Ich konnte Vaters Worte nicht vergessen. Er hatte die Lage damals richtig beurteilt: Mutters sichtbarer Schmerz war bei Lux um einiges größer gewesen.

Statt Fotograf Maschinenschlosser

Mit dem fixierten Lebensziel, Kameramann zu werden, steuerte ich im Sommer 1950 meiner Schulentlassung entgegen. Das Zeugnis spiegelte deutlich mein Desinteresse an schulischer Belehrung. Meine Gedanken waren immer bei Foto und Film. Als der Klassenlehrer mir das unvorzeigbare Papier überreichte, konnte er es sich nicht verkneifen, mich mit den Worten zu verabschieden: „Trotzdem alles Gute für Dein weiteres Leben!" In Mutters Küchenofen prasselte das offene Feuer für das Mittagessen. Auf ihre Frage „Heute gab es doch Zeugnisse!" öffnete ich nicht nur den Schulranzen, sondern auch die Ofentür, um dieses Schandmal loszuwerden. Mutter war entsetzt und meinte, dieses wichtige Papier sollte Dich doch durchs ganze Leben begleiten. Ich erwiderte: „Wenn das zuträfe, wäre es am besten, wenn ich aus dem Fenster springe." Ich ignorierte das Zeugnis und träumte weiter von meinen geliebten Foto- und Filmkameras. Zu dieser Zeit existierten keine Filmschulen, der Bedarf an Filmleuten war viel zu gering. Ein Dutzend namentlich bekannter Kameramänner – die meisten hatten schon bei „UFA", „Tobis" und „Terra" für Dr. Goebbels gefilmt – fotografierten für das DEFA-Studio für Spielfilme Propaganda- und Unterhaltungsfilme für die DDR-Kinos. Darüber hinaus waren höchstens vierzig Kameraleute für die Kinowochenschauen und Dokumentarfilme der DDR beschäftigt. Im Vergleich: Für siebzehn Millionen Einwohner beschäftigte die DDR achtzigtausend Lehrer. Es gab zwar keine Kameramannschulen, aber jeder wusste, dass es eine fotografische Tätigkeit war. Die gleichen Filmstreifen, die der Fotograf in seine Kleinbildkamera legte, liefen auch in den Filmkameras. Allerdings nicht ein Bild pro Druck auf den Auslöser, sondern mit der affenartigen Geschwindigkeit von vierundzwanzig Bildern pro Sekunde. Für mich stand also fest, ich werde Lehrling eines Fotografen, nach der dreijährigen Lehre würde ich schon Wege finden. Bei einem Fotografen hatte ich schon nachgefragt. Trotz meiner gebeichteten Zensuren wurde mir wegen meines Interesses und meiner abgefragten Vorkenntnisse eine Zusage erteilt. Lehrverträge bedurften der Genehmigung eines Berufsberaters im Arbeitsamt. Auf meine Anfrage, ob ich Fotograf werden könne, erfolgte die Gegenfrage, ob ich ein Mädchen wäre? Das wiederum musste ich verneinen. Ich wurde belehrt, dass für die Erfüllung des ersten Fünfjahresplans der DDR *alle nicht körperlichen Tätigkeiten zu Mädchenberufen erklärt wurden. Dazu zählten: Optiker, Laboranten, Friseure, Feinmechaniker und leider auch die Fotografen. Für Jungen bestehe absolute Ausbildungssperre. Nur im Falle folgender Behinderung gäbe es Ausnahmen: Rückgratverkrümmung, Epilepsie, Schäden aus einer Kinderlähmung oder der Verlust eines Ohres oder Auges. Da musste ich glücklicherweise passen. Für Knaben wurden folgende Lehrstellen angeboten: Maurer, Gießer, Heizer, Straßenbauer, Bergmann, Dreher und Maschinenschlosser. Für meine toleranten Eltern war meine Absicht, letztendlich nach Berlin zum Film zu gehen, sehr abwegig. So, als würde ein Sohn des heutigen Digitalzeitalters den Wunsch äußern, als Travestiekünstler am Broadway aufzutreten. Fotograf hätten sie gestattet, eine Maschinenschlosserlehre wurde begrüßt. Vater unterschrieb für mich den empfohlenen Lehrvertrag. Mein Arbeitgeber wurde die „SAG AMO", vormals „Gebrüder Wetzel". Ein sowjetischer Staatsbetrieb mit russischem Direktor und Chefingenieur im Industrievorort Leipzig-Plagwitz.*

Am 1. September 1950 um sechs Uhr morgens stand ich mit einer Schruppfeile in der Hand am Schraubstock. Ich war dreizehn Jahre alt. Erst am 13. September konnte ich meinen 14. Geburtstag feiern. Der Beginn des Erwachsenenlebens war fürchterlich. Vier Uhr morgens wurde ich von Mutter geweckt, erhielt nach einer Katzenwäsche eine Tasse Tee mit Süßstoff nebst einer Brotbüchse. Hatte ich Pech, waren es Honigbrote, an guten Tagen fand ich sie mit Margarine und Ei belegt in der Pausenbüchse. Mein Tagesbeginn: Gang zur ersten Straßenbahn, umstieg in die zweite Bahnlinie und Lauf zur Fabrik.

Wechsel in die Schlosserkleidung. Um sechs Uhr heulten die Fabriksirenen des Industrieviertels. Wir Lehrlinge mussten mit ausgebreiteter Werkzeugtasche am Schraubstock stehen. Kontakte zu meinen Mitlehrlingen konnte ich nicht aufbauen. Weil ich hochdeutsch sprach, wurde mir unterstellt, dass ich mich für etwas Besseres halten würde. Was nicht zutraf. Aber richtig war, dass ich in meinen Tagträumen statt am Schraubstock im Filmstudio hinter der Kamera stand. Ich war ein fundierter Traumtänzer, der alles über Filmgeschichte wusste, über Pudowkin, Fritz Lang, Dziga Wertov und Chaplin gelesen hatte und deren Filme kannte. Meine Kollegen hatten recht: in der Lehrwerkstatt einer Maschinenfabrik, die Schwergetriebe für die Sowjetunion baute, war ich fehl am Platz. Die Ausbildung war hervorragend. In diesem ersten Lehrjahr lernte ich feilen, schleifen, drehen, bohren, Gewinde schneiden, autogen- und elektroschweißen. Zum Nachweis des Gelernten musste der Lehrling für jeden Ausbildungsgang ein entsprechendes Werkstück anfertigen, das gemessen,

Von Manfred fotografiert: seine Lehrlingskollegen
bei einem Zwangsausflug als Erntehelfer

Von Manfred fotografiert: seine Kollegen der sowjetischen
Firma „Amo" bei der Mai-Demonstration 1951

bewertet und aufbewahrt wurde. Vater hatte mir auf den Weg gegeben: „Was Du auch machen musst, mach's richtig!" Zu aller und vor allem meiner Überraschung waren meine Arbeitsergebnisse die besten, was Maßhaltigkeit und Gesamteindruck anbelangte. Auf einer Urkunde, die auch ein Bild von Stalin

> IM 3. BERUFSWETTBEWERB DER DEUTSCHEN JUGEND WURDE
> VON DEN TEILNEHMERN AUS VOLKSEIGENEN BETRIEBEN
> MIT LEHRWERKSTATT
>
> **Manfred Romboy**
>
> BESTER Masch.-Schlosser LEHRLING DES BETRIEBES
>
> SAG „AMO" vorm. Gebr. Wetzel
>
> IM 1. LEHRJAHR
>
> »Der Frieden wird erhalten und gefestigt werden, wenn die Völker die Sache der Erhaltung des Friedens in ihre Hände nehmen und den Frieden bis zum äußersten verteidigen.«
>
> Die Worte unseres großen Freundes Josef Wissarionowitsch Stalin verpflichten auch Dich, Dein politisches und fachliches Wissen zu erweitern, um ein aktiver Kämpfer für den Frieden und ein Meister Deines Faches zu werden. Wir wünschen Dir viel Erfolg auf diesem Weg zu noch besseren Leistungen
>
> FREIE DEUTSCHE JUGEND
> ZENTRALRAT
> VORSITZENDER
>
> FREIER DEUTSCHER GEWERKSCHAFTSBUND
> BUNDESVORSTAND
> VORSITZENDER
>
> DEUTSCHE DEMOKRATISCHE REPUBLIK
> STAATSSEKRETARIAT FÜR BERUFSAUSBILDUNG
>
> Rudolf Wiefner
> STAATSSEKRETÄR

zierte, wurde mir bescheinigt, der beste Maschinenschlosserlehrling des Betriebes zu sein, immerhin hatte ich fünfunddreißig Konkurrenten. Der Betrieb war begeistert, wollte meine dreijährige Ausbildung auf zwei reduzieren, sodass ich schon im Herbst 1952 gut bezahlter Schlossergeselle gewesen wäre. Meine Antwort war skandalös: Ich verweigerte das nächste Lehrjahr. Der Sowjetbetrieb drohte mir, Vater wurde einbestellt, aber auch er konnte mich nicht umstimmen. Ich blieb eisern dabei, kein Schlosser, sondern Kameramann werden zu wollen. Die Eltern versuchten es mit Zuckerbrot. Bei Fortsetzung der Lehre bekäme ich ein nagelneues Fahrrad aus dem HO-Kaufhaus. Auch dieses Angebot wurde von mir abgelehnt.

Unterwegs in Ruinen

Der erzürnte Vater musste meinen nächsten Arbeitsvertrag unterschreiben: Als Bauhilfsarbeiter war ich für die Enttrümmerung Leipzigs gerade noch gut genug. Boshaft wurde ich als Trümmerfrau bezeichnet, Ziegel bergen und den alten Mörtel abschlagen war Frauenarbeit. In meiner Arbeitskolonne war ich in der Tat das einzig männliche Wesen. Wie die Trümmerfrauen erhielt ich sechsundsiebzig Pfennig pro Arbeitsstunde, vorausgesetzt, ich erfüllte die Norm. Pro Stunde mussten hundert Ziegelsteine abgeputzt und gestapelt werden.

Manfred als Autogen-Schweißer/-Brenner in der Leipziger Trümmerlandschaft, im Hintergrund die später abgerissene Johanniskirche

Pro Person, versteht sich. Meine erste Baustelle, der Abriss der Ruine des Neuen Theaters am inzwischen nach Karl Marx benannten Augustusplatz. Die VEB Bauunion fand, dass der schmächtige Fünfzehnjährige bei den Frauen besser aufgehoben wäre als in der Männerbrigade, wo mit Brechstange und dem großen Vorschlaghammer gearbeitet wurde. Nach einem halben Jahr unter Frauen, die mich in der Mittagspause öfters durch die Frage, ob ich schon mal mit einer Frau, Du weißt schon was..., gehabt hätte, in Verlegenheit brachten, wurde ich wegen meiner Vorbildung aus der Maschinenschlosserlehre Schweißerhelfer. Nun zog ich mit einem achtzehnjährigen Kollegen als Autogenbrenner von Baustelle zu Baustelle. Auf unserem zweirädrigen Karren stand, wie eine große Mülltonne, ein Acetylen-Entwickler. Tauchten wir seinen mit Karbid gefüllten Korb langsam ins Wasser, wurde dosiert brennbares Gas erzeugt. Natürlich musste er sorgfältig verschlossen werden. Ein Tachometer zeigte uns durch ein rotes Feld an, dass wir bei Überdosierung in die Luft fliegen würden. Im Schneidbrenner mischten wir das Gas mit dem Sauerstoff unserer Stahlflasche; es entstand eine zischende blau leuchtende Flamme, mit der wir Stahl- und Eisenteile zerschneiden konnten. Jeder Fortschritt der Trümmerbeseitigung wurde durch freigelegte Rohre, Schienen oder Eisenträger behindert. Meist konnten dann weder Brechstange noch Baggerschaufel helfen. Ein Fahrradbote beorderte uns zu der in Schwierigkeit gekommenen Baustelle. Kaum am Ort, zogen wir den Gas- und Sauerstoffschlauch zu den Störenfrieden und zerlegten in einem Funkenregen solche Metallteile in handliche Stücke. Mit dem Schneidbrenner zu arbeiten war für mich eine lustvolle Tätigkeit, trotzdem wechselte ich nach knapp einem Jahr als Fernmeldearbeiter zur Deutschen Reichsbahn. Statt sechsundsiebzig Pfennig zahlte die Bahn mit allen möglichen Zulagen eine Mark und achtzig pro Arbeitsstunde. Meine Aufgabe: Isolatoren putzen. Weltweit waren alle Eisenbahnstrecken von Telegrafenmasten gesäumt. Bis zu dreißig blanke Kupferdrähte liefen über Keramikisolatoren von Mast zu Mast. Eisenbahnen brauchten ein eigenes Kommunikationsnetz. Über Telegrafen oder Telefon wurden

Manfred als Fernmelde-Arbeiter der Deutschen Reichsbahn

Züge an Stellwerken oder Bahnhöfen an- oder abgemeldet, Strecken frei gegeben oder gesperrt. Die steinkohlenarme DDR musste ihre Dampfloks mit Braunkohle befeuern. Statt weißem pusteten die Loks braunen Rauch aus ihren Schornsteinen. Der feine stromleitende Kohlestaub setzte sich auf die Isolatoren und Kurzschlüsse legten die Leitungen lahm. Mit Steigeisen an den Füßen erkletterten wir die Holzmasten, lösten Stück für Stück die Leitungen von den Isolatoren, die wir mit Wasser und Sand aus den Töpfen an unseren Haltegürteln putzten. An warmen Sonnentagen hingen wir mit nacktem Oberkörper an den Masten. Wurden im Stellwerk Kurbeln gedreht, um Telefonate anzukündigen, fluchten wir über Stromschläge. Auch wir als Telegrafenarbeiter mussten tagtäglich die Norm erfüllen, um den vereinbarten Lohn zu erhalten. Um die unrealistischen Ziele ihrer Staatspläne zu erfüllen, wurde unter dem Oberbegriff „Norm" von der Staatspartei in Zusammenarbeit mit der willfährigen Einheitsgewerkschaft ein perfektes Ausbeutungssystem entwickelt, das für jeden Arbeitnehmer vorschrieb, welche Leistungen von ihm für den kümmerlichen Lohn zu erbringen waren. Bei den Trümmerfrauen gab es die Norm der hundert geputzten Steine pro Stunde, bei uns, den Telegrafenarbeitern, war die Vorgabe, drei Minuten Putzzeit pro Isolator einschließlich Vor- und Nacharbeit. Dazu zählten auch die Mastbesteigungen. Ich war jung genug, um das Beste aus dieser Tätigkeit zu machen. Von Mast zu Mast schoben wir unsere große Werkzeugkiste vor uns her. Die rollte auf einem Gestell mit Eisenbahnrädern, die auf einer Schiene liefen. Ein langes Rohrgestänge diente dem jeweiligen Fahrer als Halt. Er lief der Bequemlichkeit halber nicht im Schotter sondern auf der zweiten Schiene. Zu festgelegten Zeiten kletterte einer auf den Mast, klemmte sein Telefon an bekannte Drähte und fragte im Stellwerk nach den nächsten Zügen, damit wir rechtzeitig das Gleis räumen konnten. Im Winter, bei Schneefall, hockten wir bei Tag und Nacht im Stellwerk, um eingefrorene Weichen oder Signale gangbar zu machen. Stimmungsvoll leuchteten in der Ferne die unzähligen vielfarbigen Signallichter des Leipziger Hauptbahnhofs durch die Nacht.

Meine erste Filmkamera

Nachdem mir meine lieben Eltern durch das großzügige Weihnachtsgeschenk begrenztes Fotografieren ermöglicht hatten, wurde ich fotografisch glücklich, aber verlor mich weiter in Filmträume. Doch der Besitz einer eigenen Filmkamera war für einen armen Sechzehnjährigen dieser Zeit bestenfalls Stoff für Tag- oder Nachtträume. Eine solche Reihen-Fotografiermaschine kostete ge-

braucht sechshundert Mark. Die einzige im HO-Fotogeschäft neu erwerbbare, die 16 mm-Spiegelreflex-Kamera „AK 16", einige tausend Mark. Aber, „Gottes Wege sind unerforschlich". Ein älterer Fotohändler schenkte mir – weil es für diesen Typ in der DDR keine Filme gab – eine Filmkamera. Die „Baby-Cine-Moto"-Kamera für 9,5 mm breiten Film.

Mir war bekannt, dass der Bildabstand dieses Formates dem des 16 mm-Systems entsprach. Filmleute nennen das Schrittlänge. Meine Schlosserfertigkeiten und die Hilfen eines nachbarschaftlichen Mechanikers reichten aus, diese Kamera für 16 mm-Filme tauglich zu machen. Drehen konnte ich damit nur selten. Das Filmmaterial war zu teuer. Mutig wagte ich mich - als Kurzfilm

 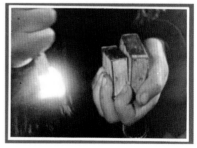

- an Andersens „Das Mädchen mit den Schwefelhölzern". Dieser Erstling ist leider bei meiner Flucht aus der DDR verloren gegangen. Aus 16 mm-Schnittresten konnte ich eine Filmfolge rekonstruieren. Die Bilder zeigen meine kleine neunjährige Freundin Silvia. Als Adoptiv-Kind der Freundin meiner Mutter hatte sie vor einigen Jahren meine Zuneigung gesucht und gefunden. Bald liebte ich, der acht Jahre Ältere, das Mädchen wie eine kleine sympathische Schwester. Wegen ihres Wunsches - der Nähe zu mir - begleitete sie mich zu meiner Verwunderung auf mehrstündigen Gängen von Fotoladen zu Fotoladen *und hörte geduldig meinen Monologen zu. Silvia wurde auch mein erstes Foto-Modell. Als ich 1954 nach Berlin ging, wurden wir getrennt. 1957, auf Hochzeitsreise in Leipzig, stellte ich der inzwischen Zwölfjährigen meine junge Frau vor. Die spürte sofort deren Ablehnung. Allein mit Silvia, fragte sie mich, warum ich nicht gewartet hätte, bis sie erwachsen genug gewesen wäre. Sie hatte Grund für diesen Tadel. Der siebenjährigen Silvia hatte ich bei einem Zoobesuch anno dazumal die spätere Ehe versprochen. Als Zeugen dafür hätte sie*

mehrere Schimpansen beibringen können. Jetzt war es zu spät. Viele Kindheitsjahre musste sie meine Belehrungen ertragen. Offensichtlich gefiel ihr das Rollenspiel Schülerin und Lehrer. Sie studierte Pädagogik und wurde eine erfolgreiche Lehrerin und Leiterin einer Waldorfschule. Und wenn sie nicht gestorben ist, lebt sie irgendwo in Süddeutschland noch heute.

Bei den Jungen Pionieren

Außerhalb des Arbeitsalltags wurde mein Leben weiterhin von Fotografie und Film bestimmt. Zufällig lernte ich eine Gruppe von Schmalfilmern kennen. In der DDR waren alle nicht staatlichen Treffen verboten. Ob Briefmarkensammler, Kaninchenzüchter oder Fotofreunde, alle mussten sich staatlicher Aufsicht unterwerfen. An einem Haus in der Elsterstraße entdeckte ich ein Schild: „Kulturbund zur demokratischen Erneuerung Deutschlands, Sektion Schmalfilm. Geöffnet: dienstags 19.00 – 21.00 Uhr." Über meine Teilnahme an den Gruppenabenden waren die Filmamateure nicht erfreut. Anfangs wurde ich, der sechzehnjährige FDJler, für einen Stasispitzel gehalten; mit meinem Eintreffen verstummten die Gespräche. Verständlich, die Gruppe bestand aus Männern zwischen vierzig und siebzig Jahren, die keinerlei Interesse zeigten, an der demokratischen Erneuerung Deutschlands mitzuwirken. Vor dem Krieg waren sie Geschäftsleute, Rechtsanwälte, Chefärzte oder Hoteliers gewesen. Aus dieser ihrer großen Zeit besaßen sie teure Filmkameras, Projektoren und Regale voller Schmalfilme in Schwarzweiß oder gar in Farbe. Arbeiter oder kleine Angestellte waren in der Vorkriegszeit nicht in der Lage, teure Filmgeräte und teure Filme zu bezahlen. An den Heimabenden führten sie ihre früher gedrehten kleinbürgerlichen Familien- und Urlaubsfilme vor, tauschten oder zeigten stolz ihre Kameras und Projektoren. Als die FDJ in Leipzig ein Haus der Jungen Pioniere eröffnete – dafür wurde in der Leibnizstraße eine Villa beschlagnahmt – gehörte zum Freizeitangebot für die sechs- bis vierzehnjährigen Jungpioniere auch eine Arbeitsgemeinschaft Fotografie und Film. Die FDJ-Leitung orientierte sich am Motto „Was drauf steht muss auch drin sein" und erwartete von der Sektion Schmalfilm ein gerütteltes Maß an demokratischem Erneuerungswillen. Nicht ahnend, dass in dieser Büchse der Pandora nur reaktionäre Vorkriegskräfte ihr Unwesen trieben. Ungeöffnet wurde der FDJ-Brief, sie baten darin um fachliche Unterstützung, mir übergeben mit den Worten: „Hier ist FDJ-Post für Dich angekommen". Schon am nächsten Tag saß ich dem Pionierhausleiter, einem SED-Funktionär, gegenüber, für den ich ein Glücksfall war. Da ich von den „demokratisch erneuerten Schmalfilmern" kam und eine Fotomappe vorweisen konnte, war ich fachlich bestens geeignet. Dazu kam meine Vergangenheit als Jungpionier und die Mitgliedschaft in der FDJ. Und dazu das Alter von sechzehn Jahren. Also bestens geeignet, eine Schülergruppe anzuleiten. Sofort ernannte er mich zum stellvertretenden Pionierleiter. Auch für mich ein Glücksfall. Im Pionierhaus warteten eine Fotoausrüstung, ein Labor und als wichtigstes, eine 16 mm-Filmkamera nebst Projektor auf mich. Vorerst, so wurde mir gesagt, solle ich mich nebenberuflich um die Film-Foto-Gruppe kümmern. Doch die Planungen des Pionierhauses sähen vor, für mich eine Planstelle als Pionierleiter zu schaffen. An zwei Nachmittagen pro Woche, die Reichsbahn musste mich dafür freistellen, übte ich mit elf- bis vierzehnjährigen Jungpionieren filmen und fotografieren.

Meine Gruppe bestand aus vier interessierten Mädchen und drei engagierten Jungen. Einer davon, Manfred Köhler, folgte meinem Lebensweg, studierte Fotografie und wurde Kameramann der DDR-Kinowochenschau „Der Augenzeuge" und des DEFA-Dokumentarfilms. Nach der Wende wurde er Filmproduzent in Berlin. Meine Freude, ihn zufällig wiederzusehen, war groß. Leider verstarb er vor einigen Jahren bei einem Verkehrsunfall.

Privat fotografierte ich immer noch mit meiner großformatigen Plattenkamera. Es war an der Zeit, kleinformatiger zu werden. Im HO-Kaufhaus in der Petersstraße wurde ich fündig. Die Neue hörte auf den Namen „Weltax", war eine Rollfilmkamera für das Format 4,5 mal 6 cm und in ihrem Tempor-Zentralverschluss blitzte stolz als Objektiv das Adlerauge Zeiss Tessar. Nur für diese Kamera hatte ich als Arbeiter bei der Reichsbahn geschuftet, nächtelang Schneewachen im Weichengewirr des Leipziger Hauptbahnhofs auf mich genommen und noch am Weihnachtsabend bis zum Umfallen Westpakete ausgeladen. Endlich, Anfang Juni 1953, hatte ich das Geld beisammen und konnte stolz zum ersten Mal eine Reporterkamera auf der Brust tragen. Meine „Weltax" und mich sollte sobald niemand trennen, meinte ich.

17. Juni 1953 Volksaufstand

Am 23. Juni, vor dem Laden „Photo Bezee" in der Mädler-Passage, fassen mich zwei Männer, die durch ihre Schlapphüte und Ledermäntel keines Ausweises bedurften, hart an den Armen. „Sie sind verhaftet. Her mit dem Fotoapparat und mitkommen!" Nach wenigen Schritten wurde ich in der Tiefgarage eines Messehauses in einen nachtblauen Regierungs-BMW gestoßen. Auf dem Weg zum Polizeipräsidium Wächterstraße wurde mir mit den Worten „Wenn Du Zicken machst, gibt es eine blaue Bohne in den Arsch" ein Revolver gezeigt.

Manfred im Alter von sechzehn Jahren

Im Laufschritt ging es über Treppen und verwinkelte Gänge des alten Präsidiumbaus. Ein Uniformierter mit umgehängter Maschinenpistole kommandierte „Gesicht zur Wand". Für die nächsten Stunden starrte ich auf ein Plakat mit roter Fahne und der Aufforderung, den ersten Fünfjahrplan zu erfüllen. Ein Abrisskalender zeigte noch den 17. Juni. An diesem Tag war für die Volkspolizei unerwartet die Zeit stehen geblieben.

Von Anfang an hatte ich die Demonstranten des Volksaufstandes, dessen Beginn aus dem Fenster der elterlichen Wohnung in der Härtelstraße zu sehen war, mit meiner „Weltax" begleitet. Wir zogen über Ring und Karl-Marx-Platz zum Hauptbahnhof. Dort forderten Stimmen aus der inzwischen unübersehbaren Menschenmenge die Besetzung des Funkhauses in der Springerstraße. Aber dort war schon alles verbarrikadiert und Gewehrläufe ragten aus sandsackgeschützten Fenstern. Noch am frühen Vormittag hatten wir überraschte Volkspolizisten entwaffnet und unter Gejohle in Unterhosen laufen lassen, rote Fahnen und Stalinbilder abgerissen. Jetzt, am Mittag, schien der Staat DDR erledigt. Vor dem alten Rathaus brannte ein Propaganda-Kiosk und aus dem Haus der Nationalen Front schleppten Plünderer Möbel und Filmprojek-

toren weg. Gegen Nachmittag, in der Beethovenstraße, ich fotografierte das Erstürmen des Untersuchungsgefängnisses, donnerten russische Panzer von der Karl-Liebknecht-Straße über den Petersteinweg.

Russische Panzer in Leipzigs Innenstadt. Im Hintergrund die Thomaskirche.

Die begleitenden Rotarmisten schossen vorerst nur in die Luft. Doch der Traum vom vereinten Deutschland ohne Kommunisten war ausgeträumt. Knapp siebzig Jahre sind inzwischen vergangen, seit ich an der Wand des Polizeipräsidiums stehen und hören musste, wie ein Mann mit Schlägen gefoltert wurde, der abstritt, ein Parteibüro verwüstet zu haben. Mit mir wurde kurzer Prozess gemacht.

Die Polizei hatte Fotos, auf denen ich, die Baskenmütze auf dem Kopf und die „Weltax" vor dem Bauch, leicht zu identifizieren war. Also, in Handschellen

Russische Panzer vor dem Gebäude des Reichsgerichts

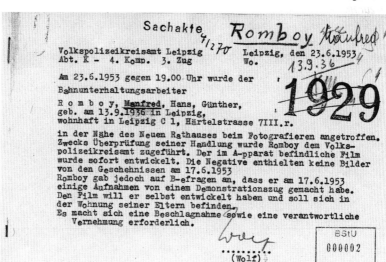

> verbracht. Gegen 15.30 Uhr, nachdem geschossen wurde, ging ich nach Hause und verblieb dann in der Wohnung.
> Am 18.6.1953 suchte ich das Innere der Stadt auf, um mir den angerichteten Schaden zu besehen. Zu diesem Zwecke nahm ich meinen Apparat mit, um die Ereignisse im Bilde festzuhalten. Ich fotografierte den Pavillion der Deutsch-Sowjetischen-Freundschaft, welcher zertrümmert worden war. Eine weitere Aufnahme machte ich am Hauptbahnhof, wo ich eine kleine Brandstätte fotografierte.
>
> **Frage:**
> Zu welchem Zwecke haben sie diese Aufnahmen gemacht?
>
> BStU 000007
>
> **Antwort:**
> Ich wollte die Geschnisse im Bilde festhalten, um sie für mich als Erinnerung aufzubewahren. Wie bereits gesagt, bin ich Fotoamateur und demzufolge habe ich aus reinem persönlichen Interesse diese Aufnahmen angefertigt.
> Ich hatte nicht die Absicht mit diesen Bildern Propaganda zu treiben.
> Ich sehe ein, dass ich hierbei einen großen Fehler begangen habe, zumal ich Mitglied der FDJ bin.
> Mir ist bewusst geworden, dass ich diese faschistischen Demonstrationszüge hätte nicht fotografieren sollen.
> Gegen die Beschlagnahme des Filmes habe ich nichts einzuwenden.
> Weitere Angaben kann ich nicht machen.
> Ich habe die Wahrheit gesagt, was ich mit meiner Unterschrift bestätige.
>
> Geschlossen: Selbst gelesen, genehmigt und unterschrieben.
>
> (Wolf)   (Manfred Romboy)
> VP.-Meister

Auszüge aus meiner Stasi-Akte

ab zur Hausdurchsuchung. Dort hingen Negativfilme zum Trocknen und Filme, die auf die Entwicklung warteten. Alles beschlagnahmt. Gerettet hat mich ein alter Polizeifotograf, der im Präsidium die belastenden Filme ohne Entwicklung ins Fixierbad steckte und damit zu Blankfilm machte. Die bei mir ansonsten gefundenen Fotos waren harmlos und wer ständig fotografiert, ist logischerweise kein Demonstrant. Als der Morgen graute, wurde ich, nicht ohne Drohung, vorläufig freigelassen. Schnell verließ ich den Raum, da donnerte VP-Kommissar Wolf: „Halt, nimm Deinen Fotoapparat mit." Mein Passierschein wurde vom Doppelposten geprüft und man entließ mich in die Wächterstraße. Das erste Morgenlicht war am Himmel zu sehen. Meine „Weltax" und ich waren frei. Nach der Wende wurde in meiner „Gauck-Akte" auch das Verhörprotokoll gefunden. Die Volkspolizeikommissare Wolf und Cornelius beschuldigten mich, für amerikanische Bildagenturen und den westdeutschen Klassenfeind fotografiert zu haben. Geschickt habe ich alles bagatellisiert. Bei Beginn der Demonstration hätte ich angenommen, die Demonstranten wären von Partei und Arbeiterklasse auf die Straße geschickt worden, sonst hätte ich doch als Mitglied der FDJ keinesfalls zum Fotoapparat gegriffen. Für meine

Fehleinschätzung würde ich mich schämen, außerdem gelobte ich Besserung. Meine Jugend hat sicher dazu beigetragen, dass die Vernehmer der Staatsanwaltschaft empfahlen, das Verfahren gegen mich einzustellen. Ich war noch einmal davongekommen. Aktivisten dieses Volksaufstandes wurden später in Moskau erschossen, viele Demonstranten in der DDR zu fünfundzwanzig Jahren Zuchthaus verurteilt.

Durch den niedergeschlagenen Volksaufstand des 17. Juni veränderten sich Leben und Denken der Menschen in der DDR. Vor diesem Schicksalstag hoffte die Mehrheit, dass früher oder später eine Wiedervereinigung kommen würde. Natürlich mit westdeutschen Lebensverhältnissen. An allen Ecken und Enden dieser DDR war sichtbar, dass die Staatspartei SED mit ihrer Politik und Planwirtschaft gescheitert war. In allen Schichten stieg die Unzufriedenheit und allerorts tröstete man sich mit den Worten: „Die können sich nicht mehr lange halten, bald rücken die Russen ab und die deutsche Einheit kommt." Alle Hoffenden wurden eines Besseren belehrt. Als am 17. Juni 1953 in Ostberlin und in allen großen Städten der DDR die Sowjetpanzer rollten, war nach russischer Marschmusik über die Lautsprecher der Stadtfunkanlagen folgender Aufruf zu hören: „Auf Befehl des sowjetischen Stadtkommandanten wird der Ausnahmezustand verhängt, das Zusammentreffen von mehr als vier Personen ist verboten. Nach Einbruch der Dunkelheit herrscht Ausgehverbot." Dadurch wurde ein für alle Mal sichtbar, Ostdeutschland wird für immer kommunistisch bleiben. Wer nicht abhaut, sondern bleibt, muss sich arrangieren. Das war nicht allzu schwer. Den SED-Bonzen war der Schrecken in die Knochen gefahren: ohne die Russen hätten sie ihre schöne DDR-Herrschaft verloren. Sie wurden zunehmend vorsichtiger. In den Zeitungen wurden Fehler zugegeben, Normerhöhungen zurückgenommen, Preise gesenkt und Repressalien gegen die Reste der Privatwirtschaft eingestellt. Die Schaufenster füllten sich mit in der DDR hergestellten Waren, die vorher immer nach Russland gingen. In Leipzig, Magdeburg und Rostock waren plötzlich hochwertige Dinge zu kaufen. Dazu gehörten unter anderem Motorräder, ein Dutzend verschiedener Rundfunkgeräte vom Kofferradio über den Zwölfröhren-Super bis zum Tonbandgerät. Für mich am wichtigsten: volle Schaufenster in den Fotogeschäften. Plötzlich konnte man über zwanzig verschiedene Fotokameras, Objektive und Filmmaterialien erwerben. Das HO-Fotogeschäft in der Hainstraße hatte Wanderkinos „TK 35" und 16 mm-Tonfilmprojektoren im Angebot. Als ich durch einen freundlichen Verkäufer die in Dresden hergestellte Kamera „AK 16" anfassen durfte, zitterten mir die Hände.

Die 16mm Spiegelreflex-Filmkamera „AK 16" aus Dresden

1959, der Dresdener Kameramann Ernst Hirsch filmt die Kamerafrau eines FDJ-Filmclubs, die ebenfalls mit einer „AK 16" arbeitet

Ich werde Fotolaborant

Mein Leben hatte sich verändert. Seit kurzem war ich Fotoprofi als Laborant des fotografisch-technischen Ateliers Ernst Schneider. Der hatte kurz nach dem Krieg einen erfolgreichen Einfall. Mehr als sechs Millionen Deutsche hatten im Zweiten Weltkrieg ihr Leben verloren, meist war den Hinterbliebenen für ihre Trauer nur ein mehr oder minder schlichtes Foto, häufig nur ein Passbild, erhalten geblieben. Fotoateliers der großen Städte offerierten die Vergrößerungsmöglichkeiten solcher Aufnahmen. Doch in kleinen Städten oder gar Dörfern war das unbekannt. Schneiders Vertreter liefen von Dorf zu Dorf und von Haus zu Haus und präsentierten in großen Mappen die Arbeitsergebnisse ihres Auftraggebers. Aus Passbildern waren DIN A 4-große Porträts geworden, die in Passepartouts oder gerahmt zu haben waren.

Kosten: je nach Ausführung sechzig bis einhundert Mark. Die meisten Angesprochenen erteilten einen Auftrag. Das Besondere an den Schneider-Bildern war ihre Qualität. Die immer notwendigen Korrekturen wurden üblicherweise von einem Foto-Retuscheur erledigt. Nicht bei Schneider. Als Freiberufler beschäftigte er Lehrer von Kunsthochschulen, Gebrauchsgrafiker und unterbeschäftigte Kunstmaler, die gern etwas Geld zu ihren schmalen Gehältern dazu verdienten. Passbilder und blasse Vergrößerungen dienten diesen „Künstlern" meist nur zur Orientierung. Die Ergebnisse waren Zeichnungen und Aquarelle der Abgebildeten. Gegen Aufpreis konnten auch Farbbilder geliefert werden. Da die meisten der Fotografierten Uniformen trugen, dienten Uniformkataloge als Farbvorlagen. Meine Aufgabe war, die Reproduktion und Vergrößerung der angelieferten Fotos herzustellen. Auf eine große Glasplatte 24 x 30 cm klebte ich eng an aneinander die vielen kleinen Bildchen der im Krieg Verstorbenen, um sie mit der Großformatkamera 1:1 abzulichten. Wehrmachtssoldaten, U-Boot-Fahrer, SS- und Panzerleute, Rotkreuz-Schwestern, Piloten und Blitzmädel – ihre Bilder gingen durch meine Hände. Mein Wissen, dass sie Opfer des Krieges waren, der beinahe auch mein Leben beendet hätte, hat mich jedes Mal von neuem berührt. Öfters kam mein Chef, ein quirliger alter Herr, ins Labor, um mir noch einige Vergrößerungstricks beizubringen, aber meist nutzte er die Zeit für Erzählungen aus seiner Berliner Zeit in den zwanziger und dreißiger Jahren. Damals hatte er in der Reichshauptstadt als Fotograf und Grafiker gearbeitet. Hoch interessiert hörte ich ihm gern zu, bis die Chefin an die Tür klopfte: „Ernst, komm zurück ins Büro. Du hältst den Jungen nur von der Arbeit ab."

Bärbel

Einmal klopfte er an der Dunkelkammertür, um mir seine Enkelin vorzustellen. Auf die war er sehr stolz, was ich verstand, als ich sie das erste Mal sehen durfte. Vor mir stand eine bildhübsche Fünfzehnjährige, umgeben von der besonderen Aura, wie sie nur bei ganz jungen Mädchen zu finden ist. Wie es der Zufall wollte, fiel noch ein Sonnenstrahl auf ihr Haar. Ich glaubte, mir wäre ein Engel erschienen. Mich umgab keine Aura. Mit rotem Kopf stand ich, unfähig ein Wort hervorzubringen, dieser lächelnden Evastochter gegenüber. Es bedurfte der Aufforderung des Chefs: „Nun gebt euch wenigstens die Hand", um mich aus meiner Starre zu lösen. Weiteren seelischen Belastungen konnte ich mich durch die Flucht in die Dunkelkammer entziehen. Mich hatte ein Blitz getroffen und das Wort „Bärbel" in den Kopf gebrannt. In den folgenden Monaten habe ich unter dem Vorwand, es ginge um ein Geschenk für ihre Großeltern, sie dazu gebracht, vor meiner Kamera für ein Porträt zu sitzen. Wenige Wochen danach ging ich nach Berlin, ihr Bild im Kopf und in der Tasche. Als Siebzehnjähriger traute ich mich nicht, per Brief um ein „halbes Kind" zu werben. Kaum war sie sechzehn und Lehrling bei Foto Sander, versuchte ich dort, bewaffnet mit einem Fliederstrauß, Kontakt aufzunehmen. Die Wiederbegegnung löste bei ihr nur ungläubiges Erstaunen aus. Die Zeit verging, doch trotz anderer Mädchengeschichten trug ich weiterhin Bärbels Bild in Kopf und Tasche mit mir herum. Bei einem meiner seltenen Besuche in Leipzig habe ich sie später wiedergesehen. Mit Kinderwagen fuhr sie ihr Neugeborenes auf dem Leipziger Augustusplatz spazieren. Der Bann unserer Erstbegegnung war gebrochen. Ich konnte sie ohne Herzklopfen als alte Bekannte „Wie geht's, wie steht's" begrüßen. Doch wenn ich ihr Bild, den fünfzehnjährigen vermeintlichen Engel, aus meinem Kopf abrufe, zweifle ich an der Gleichwertigkeit von Mädchen und Jungen und möchte wie Schiller sagen:

„Ehret die Frauen! Sie flechten und weben himmlische Rosen ins irdische Leben."

Mein Lebensinhalt wurde das Fotografieren

Meine Spielkameraden, die Kinder der Leipziger Härtelstraße um 1952

Damals Mode als Höhepunkt fotografischer Kunst: Gegenlichtaufnahmen. Mit diesen und anderen Aufnahmen präsentierte ich meine Fotobegabung vor der Prüfungskommission zur DEFA-Filmschule.

Auf dem Weg nach Berlin

Dabei gab es 1953 viel Wichtigeres als die Anziehungskraft eines Mädchens. Kaum drei Monate auf der neuen Arbeitsstelle, ereignete sich Ungewöhnliches: Aus dem Labor rief mich die Chefin ans Telefon: „Die FDJ will dich sprechen." Mein Pionierhausleiter ordnete an, dass ich sofort zur Leibnizstraße kommen müsse. „Hier sind Genossen aus Berlin, die dich sprechen wollen." Zum Erstaunen aller schnappte ich meine Aktentasche und lief los. Die Straßenbahnfahrt dauerte Ewigkeiten. Mir wurde flau im Magen. Was hatte ich nur angestellt? Vor dem Eingang stand ein dunkelblauer Regierungs-BMW mit Berliner Kennzeichen. In so einem hatte man mich am 17. Juni zur Vernehmung gefahren. Das roch nach Stasi. Mein Eintritt ins Büro wurde grußlos mit dem Satz begleitet: „Da isser ja endlich. Also fragt ihn." Anders als erwartet, wurde ich sehr freundlich von zwei Berliner Parteifunktionären begrüßt, die mich fragten, ob ich Lust hätte, Kameramann zu werden. Ich musste erst einmal schweigen, weil ich still für mich betete. „Lieber Gott im Himmel, mach', dass das kein Traum ist." Mir wurde folgender Sachverhalt mitgeteilt: Die Regierung der DDR hätte die Gründung einer Filmhochschule beschlossen, an der auch sozialistisch denkende Kameraleute ausgebildet werden sollten. Natürlich würde es noch vier bis fünf Jahre dauern, bis die ersten Hochschüler ihr Examen bestanden hätten. Für die Zwischenzeit hätte der Genosse Anton Ackermann eine Filmschule geplant. Als Leiter der Hauptabteilung Film im Kulturministerium der DDR war Ackermann Chef aller Filmaktivitäten. Um die richtigen jungen sozialistischen Kader an diese Internatsschule für Kamera und Schnitt zu bekommen, würden keine Ausschreibungen stattfinden. Er und sein Kollege wären in der ganzen Republik unterwegs, um in den Filmgruppen volkseigener Betriebe, der Parteiorganisationen, des Kulturbundes und der Pionierhäuser nach geeigneten Kräften zu suchen. Sie fänden, dass ich geeignet wäre; bliebe nur die Frage, ob ich auch wolle. Bei meinem Ja hätte ich beide am liebsten umarmt. Dann wäre ja alles klar. Als nächstes kriegst Du Post aus Berlin. Alle Sondierungsgespräche hatten schon in meiner Abwesenheit stattgefunden. Denn bevor ich im Pionierhaus tätig werden durfte, waren mehrseitige Fragebögen auszufüllen. Wegen meines Alters entfielen die Antworten nach der Mitgliedschaft in NS-Organisationen. Aber eine gefährliche Klippe war zu überwinden: Der Nachweis meiner Klassenzugehörigkeit. Hier die Frage: „Beruf des Vaters vor 1945" (muss auch ausgefüllt werden, wenn der Betreffende gefallen, vermisst oder verstorben ist). Nach dem Berufseintrag ist anzugeben, ob die Tätigkeit selbständig oder angestellt ausgeführt wurde. Für wen oder was Vater heute arbeitete, war nicht von Interesse. Jeder Bewerber auf eine begehrte Stelle wusste, bei dieser Frage geht es ans Eingemachte. Die Zugehörigkeit zur Arbeiterklasse. Die war wichtiger als gute Zeugnisse. Als Sohn eines selbständigen Unternehmers waren die Chancen, genommen zu werden, fast null. Fürs Pionierhaus hatte ich im Fragebogen gelogen und die Tätigkeit mit "Bergarbeiter und jetzt Wismut AG" beantwortet. Damit kam ich durch. Meine Bewerbungsunterlagen fürs Pionierhaus haben die Berliner mitgenommen. Ich sah sie später abgeheftet in meiner Kaderakte der DEFA wieder. Noch zu erwähnen: Für die Mitgliedschaft in fortschrittlichen Organisationen gab es in den Kaderabteilungen eine bestimmte Anzahl von Pluspunkten. Im Hinblick auf meine Zukunft war ich Mitglied der FDJ, im Kulturbund zur demokratischen Erneuerung Deutschlands, der Gesellschaft für deutsch-sowjetische Freundschaft, dem Gewerkschaftsverband FDGB sowie der vormilitärischen Gesellschaft für Sport und Technik. Das gab Punkte! Die bescheidenen Mitgliedsbeiträge wurden im Betrieb bezahlt. Wer wollte, durfte unbehelligt Karteileiche sein, auch ich. Spätestens hier wäre die Frage nach meiner damaligen Weltanschauung angezeigt. Als Kind liebte ich den Führer und seinen Schäferhund, unsere siegreichen Männer von Luftwaffe, Kriegsmarine und Heer. Bis Kriegsende sammelte ich keine Fußballbilder, sondern bemühte mich um die Komplettierung der Serie „Deutsche Ritterkreuzträger". Die sahen besser aus als die Fußballer in ihren schäbigen Trikots. Als Kind musste ich nach 1945 überall hören, dass die Leute in den braunen Uniformen eine Verbrecherbande waren, denen wir es zu verdanken hätten, dass wir mittellos ausgebombt wären und Vater in Gefangenschaft. Darüber hinaus war ich kindlich enttäuscht, dass die Nazis die Weltmeisterschaft, den Endsieg, versemmelt hatten und dass bei uns jetzt fremde Mannschaften das Sagen hatten. In der Folgezeit, als Bürger der sowjetischen Besatzungszone, wurde ich nie ernsthaft gefragt, ob ich Mitglied der kommunistischen Jungpioniere oder der FDJ werden wollte. Das kam automatisch in der Schule. Als selbstverständlich trug ich das blaue Halstuch und später das blaue Hemd der FDJ. Mit Vergnügen war ich bei vielen Freizeitaktivitäten dieser Organisationen dabei. Größtes Erlebnis meiner FDJ-Zeit war die Teilnahme an den Dritten Weltfestspielen in Berlin. Im August 1951 wurde meine Gruppe im offenen LKW nach Berlin gekarrt und im Dachboden einer Schule für die Nächte mit Strohsäcken versorgt. Die Gemeinschaftsverpflegung war mäßig. Die arme DDR musste 26.000 Gäste versorgen. Für mich war der Spaß vorbei, als ich in meiner Mettwurst eine lange Fischgräte fand. Schnell wuchs den Betreuungsfunktionären die Organisation über den Kopf und wir genossen Freizeit ohne Ende.

Die dritten Weltfestspiele fanden 1951 in Berlin statt.
FDJler tragen ein Großbild des DDR-Staatspräsidenten Wilhelm Pieck.

Am häufigsten waren die Bilder des Sowjet-Diktators Stalin präsent,
hier getragen von einer Gruppe Junger Pioniere

Freund Peter, Bruder Dieter und ich eroberten mit Hilfe der für die FDJler kostenlosen S- und U-Bahnen Berlin. Vor 1961 war Berlin, was sein Straßennetz und die Verkehrsmittel angeht, ungeteilt. Ohne Rücksicht auf die

FDJler an der Grenze zu Westberlin vor dem zerstörten Reichstag

Vier-Sektoren-Trennung fuhren die Bahnen ihre Vorkriegsstrecken und passierten wechselnd Stationen der Ost- und Westsektoren. Gerade erst in Friedrichstraße (Ost) eingestiegen, war man am Bahnhof Zoologischer Garten schon im Westen. Was viele nicht wussten, zwei Drittel der Stadt gehörten zu Westberlin. In manchen Stadtteilen genügte es, die Straßenseite zu wechseln, um in den Westen zu kommen. Kontrollen gab es nur in den großen Bahnhöfen der Ostseite; dort wurden vor allem Personen mit umfangreichem Gepäck kontrolliert und falls Fluchtabsicht erkennbar war, festgenommen und zurück in die DDR verbracht. An den Straßengrenzen liefen Doppelposten der Volkspolizei in größeren Abständen Streife. Leute ohne Gepäck wurden kaum am Wechsel der Straßenseite gehindert. Wenn, was selten vorkam, Vopos Verdächtige auf die Westseite verfolgten, zogen Westberliner Schupos ihre Pistolen, schossen notfalls in die Luft und die Volkspolizei brachte sich auf ihrer Straßenseite wieder in Sicherheit. Trotz des ausdrücklichen Verbots nutzten tausende Festspielteilnehmer die Möglichkeit, Westberlin zu besuchen. Wie wir von den Veranstaltungen kamen, mit Blauhemd und kurzer Hose, drückten wir uns dort an den vollen Schaufenstern die Nasen platt. Der Westen war stolz, seine Überlegenheit zu zeigen und gab sich gastfreundlich. Zehn Tage lang wurden Kinokarten verschenkt und Fresstüten ausgegeben. Wohlfahrtsorganisationen hatten Küchenzelte und Gulaschkanonen aufgestellt, mitunter wurde sogar Coca Cola verschenkt. Ich war einige Male im Amerikahaus. Dort gab es die beste Verpflegung. Im Hauskino lief ein Film über Abraham Lincoln.

Dazu erhielten die Gäste Popcornbecher und Erdnusstütchen. Mein erster Besuch im Westkino war enttäuschend. In der Nachmittagsvorstellung sah ich „Zorro, der Geisterreiter". Für mich primitiver Wildwestquatsch. Dann schon lieber einen sowjetischen Propagandafilm wie „Lenin im Oktober". Trotz meiner Westbesuche habe ich alle Ostpflichten erfüllt und mit anderen Leipzigern Blumen für die gefallenen Sowjetsoldaten am Treptower Ehrenmal niedergelegt. Umgeben von Stalinbildern marschierte ich bei der Schlusskundgebung an den DDR-Fürsten vorbei. Pieck, Ulbricht und Grotewohl winkten freundlich. Zwischen ihnen stand im Blauhemd unser Erich Honecker, damals Chef der FDJ. Zu keiner Zeit war ich auf dem Weg, Jungkommunist zu werden. Täglich wurde ich in Zeitungen, Radiosendungen, Filmen und Versammlungen mit der Großmäuligkeit und Verlogenheit der SED-Regierung konfrontiert, die trotz leerer Kassen und Geschäfte die Überlegenheit ihres Systems verkündete. Westliche Nationen, besonders die USA, würden ständig Sabotageakte in der DDR ausführen. Kein Zug konnte entgleisen, keine Fabrik brennen, ohne dass die Westimperialisten und ihre Helfershelfer dahintersteckten. Heute kaum noch zu glauben: Als die Sowjetzone einer schlechten Kartoffelernte entgegensah, habe ich 1948 in Leipzig eine Ausstellung besucht, die beweisen sollte, dass die USA nachts über der Zone Millionen Kartoffelkäfer abgeworfen hätten. Gezeigt wurden kiloweise tote Käfer in Metallbehältern, die an gelben Fallschirmen hingen und wo immer auch Platz war mit „Made in USA" beschriftet waren. Soviel zum meiner sich bildenden Weltanschauung.

Erste Schritte in Babelsberg

Zurück in den Winter 1953. Als Folge der Gespräche im Leipziger Pionierhaus erhielt ich einen Brief des DEFA-Spielfilmstudios, worin ich für den 16.12.1953 nach Potsdam-Babelsberg eingeladen wurde wegen meiner Teilnahme am Filminternat. Die um 1910 gegründeten Babelsberger Filmstudios bedeuteten für mich als Filmenthusiasten eine fast heilige Stätte, so als würde ein gläubiger Katholik zum ersten Mal den Petersdom betreten. Mein Rom hieß Babelsberg. In den Räumen der Kaderabteilung wurde ich damit konfrontiert, dass noch dreißig weitere Bewerber geladen waren für, wie ich zum ersten Mal hörte, nur ein Dutzend Studienplätze. Im Warte-

zimmer saßen mir Männer im Alter von zwanzig bis dreißig Jahren gegenüber. Für mich fast Erwachsene mit interessanten Lebensläufen. Einer erzählte von seiner Kriegsgefangenschaft in einem sowjetischen Umerziehungslager, ein anderer war Ingenieur bei Carl Zeiss in Jena. Es folgten ein gelernter Fotograf und ein Beleuchter aus den Filmstudios usw. usf. Am Jackett eines Kandidaten blinkte sogar das Parteiabzeichen der SED. Unter diesen Kerlen saß ich, ein blasser, schmaler und schüchterner Junge von siebzehn Jahren, der nichts Gescheites vorzuweisen hatte. Meine Chancenlosigkeit war mir klar. Einer nach dem anderen wurde aufgerufen, mit den entsprechenden Wartepausen. Als Vorletzter kam ich. Die neue Schule war mehr Staatsfilm und Staatspartei als ich erwartete. An einem Konferenztisch saßen fünfzehn Männer und eine Frau. Ich erkannte einige Regisseure, mehrere Kameramänner, darunter ein Nationalpreisträger und mindestens zwei hohe Parteifunktionäre, deren Bilder öfters in der Filmzeitung zu sehen waren. Als ich anfing, meinen Lebenslauf herunterzubeten, wurde ich sofort gestoppt: „Danke, das wissen wir schon alles." Der berühmte Regisseur Dr. Maetzig fragte, ob ich eine Fotomappe mitgebracht hätte. Meine 18 x 24 cm großen Hochglanzfotos wanderten, versehen mit kurzen Bemerkungen, von Mann zu Mann und Frau. Einer stand auf und lobte im Namen aller meine Aufnahmen und meine Bemühungen, an die Filmkamera zu kommen. „Doch, ich darf doch Du zu dir sagen, für unsere Schule bist du zu jung. Am besten, du lernst erst einmal in einer Kopieranstalt oder bei einem Fotografen, dann kannst du dich ja wieder melden." Meine ängstliche Zurückhaltung war vorbei und ich rief: „Das geht nicht, ich bin doch kein Mädchen!" Gelächter im Saal. Nun erklärte ich die Sache mit den Mädchenberufen für den Fünfjahresplan. Davon hatte hier noch niemand etwas gehört. „Na trotzdem, für die Internatsschule für Kamera und Schnitt bist du zu jung, aber wir sehen, ob wir für dich sonst noch etwas tun können. Auf Wiedersehen." Auf der Zugrückfahrt nach Leipzig hätte ich am liebsten geheult. Was für ein Pech! Und was für eine Blamage! Schließlich hatte Mutter schon überall herumgetratscht „Mein Manfred geht im Januar nach Berlin zum Film". Von niemandem wollte ich Trost hören. In stundenlangen Spaziergängen mit Hund Lux versuchte ich, diesen Schicksalsschlag zu verarbeiten. Auf mich wartete ein trauriges Weihnachtsfest.

Auch am ersten Weihnachtsfeiertag musste ich morgens um sieben mit Lux Gassi gehen. Per Fahrrad kam ein Telegrammbote und fragte, ob hier die Härtelstraße 7 wäre. Er hätte ein Telegramm für einen Herrn Romboy. Das passte. Ich war der Sohn und der Telegrammbote konnte sich die drei Treppen sparen. Mein Klopfen an der Schlafzimmertür weckte die Eltern. „Papa, hier ist ein Telegramm für dich. Bleibt liegen, ich kann es unter der Tür durchschieben." Minuten später erhielt ich das Faltblatt zurück. „Das Telegramm ist für dich." Im halbdunklen Korridor konnte ich lesen „Sie wurden nachträglich als Teilnehmer des Filminternats bestätigt. Brief folgt. DEFA-Studio für Spielfilme." Unter meinen Freudensprüngen klirrten die Weingläser im Wohnzimmerschrank.

In Berlin soll sich folgendes abgespielt haben: Staatssekretär Ackermanns Referent hatte dem Filmchef die Liste der zukünftigen Schüler zum Absegnen vorgelegt. Der gebürtige Leipziger Ackermann erinnerte sich, dass unter den Kandidaten auch ein Leipziger war. Die DEFA wurde nach den Gründen dessen Ablehnung gefragt. In der Annahme, auf der sicheren Seite zu stehen, antwortete die Kaderabteilung: „Der Leipziger war zwar qualifiziert, aber viel zu jung." Das erzürnte den Filmgewaltigen, die DEFA wurde gerügt. „Sozialistische Kader können uns, der Partei, nicht jung genug sein." Eingeschüchtert, schickte mir die DEFA ein Telegramm. Sechs Jahre später war dieser Referent mein Bettnachbar im Flüchtlingslager Berlin-Marienfelde. Wegen meines recht seltenen Namens und da er sich meinetwegen mit der DEFA auseinandersetzen musste, konnte er sich an diese Geschichte erinnern.

Die Internatsschule für Kamera und Schnitt

Meine Mitschüler und ich bei der Arbeit des Kennenlernens einer französischen „Caméflex"-Kamera

Wie im Telegramm angekündigt, trudelte in den ersten Januartagen ein Einladungsbrief der DEFA ein. Der 18.1.54 sei mein Studienbeginn an der 1. Internatsschule für Kamera und Schnitt des Babelsberger DEFA-Spielfilmstudios. Meine Mitschüler, elf an der Zahl, waren ein illustres Völkchen, darunter drei Mädchen, von denen zwei zur Ausbildung als Schnittmeister vorgesehen waren. Schulgebäude war die ehemalige Villa eines UFA-Direktors und für uns, wie der Name Internatsschule sagt, nicht nur Unterrichts- sondern zugleich auch Wohngebäude. Jeweils drei bis vier Schüler wohnten in einem Zimmer, für uns alle gab es ein Badezimmer. Morgens hieß es anstellen. Außer dem Klassenraum, vornehm als Hörsaal bezeichnet, standen noch zwei Räume für angeordnetes Selbststudium und der mit einem Radioapparat ausgerüstete Freizeitraum zur Verfügung. Unsere Behausung lag innerhalb des eingezäunten Filmgeländes. Beim Betreten und Verlassen des Geländes wurden wir vom Werksschutz kontrolliert. Zapfenstreich war zweiundzwanzig Uhr. Spätankömmlinge wurden der Kaderabteilung gemeldet. Neben Funktionären des

Ministeriums begrüßten uns DEFA-Direktor Dr. Wilkening und die allmächtige Kaderleiterin Lea Große, eine hochrangige Funktionärin der Partei. Grund unserer Ausbildung sei, junge sozialistische Kader in die DEFA-Produktion zu schicken, die später statt der vielen reaktionären Filmleute, die schon Nazi-Filme gemacht hätten, neuen sozialistischen Geist in die Filmstudios bringen würden. Wir seien nur wenige – gedacht als zukünftige Kameramänner und Schnittmeister. Doch in vier Jahren könnten wir Schulter an Schulter mit den ersten Absolventen der Filmhochschule den reaktionären Geist aus den DEFA-Ateliers vertreiben. Das klang nach Parteikonformität, also Vorsicht im Kontakt mit den Mitschülern! Nach kurzem Abtasten stellte sich aber heraus, alle, darunter sogar zwei Parteimitglieder, hatten wie ich die absolute Regimetreue vorgetäuscht, um zur DEFA zu kommen. Mitunter gemeinsam besuchten wir Westberliner Kinos, lasen Westberliner Zeitungen und hörten im Freizeitraum den „Hetzsender" Freies Berlin. Das klappte allerdings erst, nachdem wir den Kuckuck aus dem Nest geworfen hatten. Der Kuckuck nannte sich Internatsleiter, wohnte mit uns und war Begleiter vom Frühsport bis zur angeordneten Nachtruhe. Bei der Auswahl unseres Aufpassers hatte die Kaderabteilung keine glückliche Hand gehabt. Oder, sie war gezwungen, für einen der Ihren einen Posten zu schaffen. Der Internatsleiter entpuppte sich als ein peinlich hundertprozentiger Parteisprüchemacher. Natürlich war er langjähriges Parteimitglied; er versuchte, uns alle politisch und persönlich zu gängeln. Dieser Dummkopf wollte beim Frühstück Leitartikel aus dem „Neuen Deutschland" vorlesen und nach zweiundzwanzig Uhr absolute Nachtruhe erzwingen. Wir beschlossen, diese Laus im Internatspelz stört und muss weg. In einer Schulversammlung beschuldigten wir ihn, die kollektive Zusammenarbeit der Schüler permanent zu stören, was unsere Leistungen erheblich vermindern würde. Unser Vorschlag an die Kaderabteilung: Jeden Monat übernehmen drei andere Schüler die Selbstverwaltung. Das wurde akzeptiert. Er musste gehen. Natürlich waren wir gehalten, die Spielregeln zu respektieren. Nach dem Wecken und Duschen war Frühsport angesagt, bevor wir uns um acht Uhr im Schulraum zu den Vorlesungen, die bis dreizehn Uhr dauerten, einzufinden hatten. Nach der Mittagspause, ab vierzehn Uhr, gab es selten Vorlesungen. Bis achtzehn Uhr stand Selbststudium auf dem Programm. Nach dem Abendessen war bis zweiundzwanzig Uhr Selbststudium erwünscht. Ab dreiundzwanzig Uhr galt Nachtruhe. Die Wochenenden waren frei, es sei denn, unsere Teilnahme an Demonstrationen, Filmvorführungen oder Theatervorstellungen war angeordnet worden. Der Lehrplan war anspruchsvoll. Auf dem Stundenplan standen die Fächer Kunstgeschichte, Malerei, Literaturgeschichte, Fotografie, Bildtechnik, Fotochemie und Sensitometrie im Kopierwerk. Der unverzichtbare Politunterricht firmierte unter der Bezeichnung Gegenwartskunde. Unsere Dozenten waren zum großen Teil Hochschullehrer Berliner Universitäten, die für ihre Vorlesungen extra nach Potsdam kamen. Für diese unsere theoretische Ausbildung als zukünftige Filmschaffende waren acht Monate geplant. Nach einer erfolgreichen Abschlussprüfung sollten wir dann als Assistenten in den jeweiligen DEFA-Studios die weitere Ausbildung vor Ort erfahren. Vor der selbständigen Tätigkeit als Kameramann mussten mehrere Jahre als zweiter und erster Kameraassistent absolviert werden. Das Studium war hart. Alle zwei Monate wurden Zwischenprüfungen angesetzt mit der Androhung, wer die Ziele nicht erreicht, fliegt. Mein Umgang mit den Mitschülern war nicht immer leicht. Mit meinen siebzehn Lenzen war ich der Jüngste. Dann folgten die anderen in Lebensaltern von zwanzig bis achtundzwanzig Jahren. Alle mit abgeschlossenen Schul- und Berufsausbildungen. Die Verpflegung des Internats erfolgte durch die Betriebskantine, doch die war sonntags geschlossen. Am idyllischen Griebnitzsee leistete sich das DEFA-Spielfilmstudio Besonderes:

Ein Gästehaus, vormals Villa eines UFA-Gewaltigen. Dort servierte man uns den sonntäglichen Mittagstisch. Eine besondere Ehre, wie uns die Kaderabteilung mitteilte. Für diese Sonntage werde von uns anständige Kleidung und anständiges Benehmen erwartet. Wegen fehlender Hotellerie und Restaurants im kriegszerstörten Potsdam war dieses Haus Herberge für die Stars des Studios. An Nachbartischen sahen wir Schauspieler und Schauspielerinnen, deren Gesichter wir nur von der Leinwand oder den Theaterbühnen kannten, darunter Ex-Stars des Vorkriegskinos oder Stars und Sternchen des westdeutschen Nachkriegsfilms. Auch berühmte Regisseure wie Bertolt Brecht, Wolfgang Staudte, Kurt Maetzig und Martin Hellberg waren mitunter Tischnachbarn. Ein, zwei Mal kam es sogar vor, dass Prominente eine Runde Freibier für die Studenten spendierten. Auf Nachfrage beim Kellner, warum, wieso, weshalb, erfuhren wir, dass Lautstärke auf uns aufmerksam gemacht hätte. In der Frühlingszeit begegneten wir öfters der Grande Dame der deutschen Filmgeschichte. Stummfilmlegende Henny Porten spielte die Hauptrolle in der DEFA-Produktion „Carola Lamberti – eine vom Zirkus!" An einem

HENNY PORTEN

außergewöhnlich warmen Maisonntag standen wir im Garten des Gästehauses am Seeufer, als einer von uns eine Runde Schwimmen vorschlug. Es stand zwar nur eine Badehose zur Verfügung – die reichte aus. Hinter einem Gartenpavillon zogen wir uns aus. War der erste im See, kam die Hose an den nächsten und so fort. Ich war der letzte Schwimmer. Das Wasser war nicht nur kalt, es war saukalt. Nach wenigen Minuten blieb mir die Luft weg. Ich rief nach der Badehose. Alle standen angezogen am Ufer. Mir, dem Benjamin, wurde zugerufen: „He, Kleiner, komm doch so raus. Dann können wir sehen, ob Du überhaupt ein Mann bist!" Unsere Mädchen belachten die Szenerie. Wiederholtes Bitten half mir nicht, ich musste nackt aus dem eiskalten Wasser gehen. Großes Gelächter. Auf dem Weg zu meinen Klamotten am Gartenhaus stand plötzlich Henny Porten mit ihrer Begleiterin vor mir. Ich fühlte Herzstillstand, Atemnot und Erstarrung. Die Schauspielerin war weniger beeindruckt. Nach der Bemerkung, dass mein Kostüm nicht zur Jahreszeit passen würde, ging sie weiter. Die Sache hatte für mich ein Nachspiel. Einer von uns hatte geschwätzt. Auf der Kaderabteilung erhielt in eine Rüge wegen unsittlichen Betragens im Gästehaus.

Die Kommilitonen Roland Dressel und Günter Haubold unterstützten bei Direktor Wilkening meine Idee, an den vorgeschriebenen Selbststudiumsnachmittagen ein bis zwei der DEFA-Filme oder welche der sowjetischen Freunde anzusehen. Das wurde trotz des Aufwandes genehmigt. Filme existierten zu dieser Zeit nur als bis zu zweitausendfünfhundert Meter lange Theaterkopien im Format 35 mm. Die Filme waren aufgeteilt in sechshundert Meter lange Akte. Um sie ohne Pause vorzuführen, musste alle zwanzig Minuten auf einen zweiten Projektor überblendet werden. Es war nicht nötig, extra ein Kino anzumieten. Wir saßen an der Quelle. Im Filmschnitthaus gab es sechs kleine Kinos, Vorführungen genannt, mit Platz für bis zu fünfzehn Personen, in denen allabendlich die Arbeitsergebnisse der einzelnen Drehstäbe gesichtet und diskutiert werden konnten. Nachmittags fläzten sich jetzt die Internatsschüler in den Ledergarnituren aus UFAs Zeiten. Aus Dutzenden von Spielfilmen haben wir viel gelernt. Wenn ich an die Internatszeit denke, kommt mir außer meiner kleinen Liebelei mit Brigitte auch die von Deutschland gewonnene Fußballweltmeisterschaft 1954 in den Sinn. Im Schulgarten haben wir sie am Radio verfolgt. Es war für uns ratsam, nur leise zu jubeln. Der Klassenfeind Westdeutschland war der Sieger, nicht unser sozialistisches Bruderland Ungarn.

In diesen Juli 1954 fielen auch unsere Abschlussprüfungen. Einige meiner Mitschüler gingen in die DEFA-Studios für Dokumentar- oder populärwissenschaftlichen Film. Ich war unter den Glücklichen, die einen Assistentenvertrag für das DEFA-Studio für Spielfilme erhielten. Das Salär von monatlich zweihundertachtzig Ostmark war trotz der geringen Abzüge alles andere als fürstlich. Doch das war völlig egal. In Babelsberg bleiben zu dürfen, konnte mit keinem Geld der Welt aufgewogen werden.

Für mich, den knapp Achtzehnjährigen, waren diese alten Filmateliers, wie man damals sagte, nicht irgendein Arbeitsplatz, sondern im wahrsten Sinne des Wortes „die Bretter, die die Welt bedeuteten".

Die großen UFA-Ateliers
Nord-, Mittel- und Südhalle

Ich wusste, dass hier die Riesendekorationen für die Fritz Lang-Filme „Die Nibelungen" und „Metropolis" errichtet worden waren, Marlene Dietrich in „Der blaue Engel" das Lied der feschen Lola gesungen und Hans Albers für den „Münchhausen"-Film den legendären Ritt auf der Kanonenkugel absolviert hatte. Auch Marika Röcks „Frau meiner Träume" und Rühmanns „Feuerzangenbowle" – alles Filme, die 1954 bisweilen immer noch in den DDR-Kinos liefen – waren hier entstanden. Von Wolfgang Staudtes Märchenfilm „Der kleine Muck" standen noch Teile der Filmbauten im Freigelände hinter der Mittelhalle. Alle Ateliers waren Vorkriegsbauten, zum Teil noch aus den Stummfilmzeiten. Wenige Meter hinter dem Haupteingang hatte um 1938 Propagandaminister Dr. Goebbels für seine Filmhochschule zwei Ateliers errichten lassen. Wegen ihres geplanten Zwecks wurden Sie auch zu DEFAs Zeiten die „Nachwuchsateliers" genannt. Was Schallisolierung, Heizungs- und Klimatechnik betrifft, waren sie bis zum Ende der DDR das Modernste, was Babelsberg aufzuweisen hatte.

Die Nachwuchs-Ateliers, 1938 gebaut für die geplante Filmhochschule der Nazis

Das wichtigste Filmstudio, die Mittelhalle, war durch große Schiebetüren mit zwei weiteren Ateliers verbunden. Wurden sie geöffnet, entstand das größte Filmatelier Europas. Mitte der zwanziger Jahre erbaut, war es mitunter schwierig, in ihm saubere Tonaufzeichnungen zu erhalten. Störfaktoren waren nicht nur Flugzeug- oder seltene Hubschraubergeräusche, zur Winterzeit knackten und gurgelten auch die uralten Heizungsrohre. Keine Tonprobleme gab es in den vier Ateliers des Tonkreuzkomplexes, die wurden 1929 gebaut und geplant im Hinblick auf die gerade beginnende Tonfilmzeit.

Haupteingang der DEFA-Studios in der August-Bebel-Straße

Die devisenarme DEFA arbeitete noch in den fünfziger Jahren mit von UFA und Konsorten geerbten französischen Vorkriegskameras

Als Kameraassistent der Spielfilm-DEFA

Die ersten Schritte meiner Filmarbeits- und Lehrzeit fanden nicht in solchen heiligen Hallen statt, sondern am Rande irgendwelcher Dörfer in der Umgebung der Stadt Görlitz bei den Außenaufnahmen für den Martin Hellberg-Film „Der Ochse von Kulm" als zweiter Kameraassistent des renommierten Chefkameramanns Eugen Klagemann. Wie die meisten damaligen Filmleute der DEFA ein „Kind" der Vorkriegszeit. Seinen ersten Film als Chef drehte er 1943 für Paul Verhoeven nach dem gleichnamigen Bühnenstück von Hermann Bahr „Das Konzert".

Nach dem Krieg hatte er schon zwölf Filme für die DEFA gedreht, darunter die berühmten ersten deutschen Nachkriegsfilme „Die Mörder sind unter uns" und „Ehe im Schatten".

Erster Assistent Klagemanns war Gerhard Wandrey. Nach Klagemann als „Gott" war er für mich „Halbgott". Es herrschte strenge Hierarchie. Vom Drehstab wurde ich skeptisch bis feindselig aufgenommen, kam ich doch von der nach SED riechenden Filmschule. Also Vorsicht, eventuell hört Stasi mit. Um zu gefallen, hätte ich mir am liebsten beide Beine ausgerissen. Auf die vermeintlich freundliche Frage „Na, was habt Ihr denn auf dieser Schule so alles gelernt?" erwähnte ich stolz die Fächer Kunstgeschichte und Malerei, doch weiteres wurde gestoppt. „Man hätte Dir dort besser beibringen sollen, wie ein Netzkabel aufgerollt wird oder dass ein zweiter Assistent immer die Stativbeine zu säubern hat, damit der Chef sich nicht die Hosen beschmutzt!" Direkt an der Kamera sitzen immer vier Personen: der Kameramann, seine beiden Assistenten und als vierter im Bunde der Regisseur. Im Falle meiner ersten Begegnung mit der Aufnahmerealität war das die mit Professor Martin Hellberg, der mit Recht von sich sagen konnte, Film von der Pike auf gelernt zu haben. Zu Beginn der zwanziger Jahre arbeitete er als Kinotechniker in den Dresdner Ernemann-Werken, wurde Theaterkomparse und später erfolgreicher Schauspieler des Sächsischen Staatstheaters. Die Kulturaktivitäten der mitgliederstarken kommunistischen Partei mit Sängern wie Ernst Busch und Autoren wie Friedrich Wolf begeisterten Hellberg. Er wurde Mitglied der KPD und wirkte neben seiner offiziellen Theaterarbeit auch in linken Agitprop-Gruppen mit. 1933 haben ihn deshalb die neuen braunen Herren des Dresdner Theaters entlassen, aber nicht eingesperrt. Mehrere Jahre lang durfte er an verschiedenen Berliner und anderen deutschen Bühnen spielen und inszenieren, bis 1942 die Firma „Heldenklau" auf ihn aufmerksam wurde: er wurde Soldat der „noch siegreichen" deutschen Wehrmacht. Als Soldat überlebte er das Ende der „braunen" Herrschaft. Immer noch aus der Vorkriegszeit gut vernetzt, vermittelte ihn 1945 kein geringerer als Erich Kästner zu Radio München. Erste Nachkriegstätigkeit: Hörspielchef. Danach Regisseur und Schauspieler an verschiedenen Bühnen. Obwohl in den Westzonen lebend, vornehmlich in München, wurde er 1946 in Fortsetzung seiner KPD-Zeit Parteimitglied der SED. Folgerichtig zog er 1948 in die sowjetisch besetzte Zone. In der 1949 installierten DDR begann seine steile Karriere. Er wurde Generalintendant des Dresdener Schauspielhauses, inszenierte und spielte auch in Berlin. Als Schauspieler kam er in Kontakt mit der DEFA, die ihm die Regie in dem anti-westdeutschen Propagandafilm „Das verurteilte Dorf" anvertraute. Für Hellberg ein Bomben-

erfolg. Es hagelte Preise. Karlovy Vary, DDR-Nationalpreis und als Krönung noch der kommunistische Weltfriedenspreis. Obwohl immer politisch und künstlerisch umstritten, hat er bis 1964 sechzehn DEFA-Spielfilme inszeniert, danach geriet er kulturpolitisch in „Verschiss".

Arbeiten für den Film „Der Ochse von Kulm".
V.l.n.r.: Regisseur Martin Hellberg, Kamera-Assistent Gerhard Wandrey, Kameramann Eugen Klagemann und Assistent Manfred Romboy.

Der Bedienungsform der Kamera geschuldet saß ich als Assistent neben der Kamera. Der unbarmherzige Zeitdruck heutiger Spielfilmproduktionen war bei „DEFAs" unbekannt. Bei Außenaufnahmen sonniger Filmszenen wurde bei Wetterlagen „wolkig bis heiter" mitunter dreißig oder fünfzig Minuten auf das nächste Sonnenloch gewartet. In solchen Langweilzeiten saßen sie nun nebeneinander: der Starregisseur im Klappstuhl, das Drehbuch auf den Knien, neben ihm, auf einer Holzkiste sitzend, der so rangniedrigere zweite Kameraassistent. Hellberg, ein aufgeschlossener rede- und erzählfreudiger Mann, fragte den Siebzehnjährigen nach „woher und wohin". Ihn interessierte, was in der Internatsschule für Kamera und Schnitt gelernt und gelehrt wurde, er begrüßte die Fächer Literatur, Kunstgeschichte sowie Malerei und beklagte die Bildungsdefizite der meisten Kameraleute, mit denen er gearbeitet hatte. „Wie schön", sagte er, „dass die DEFA mit ihrer Schule dazu beitragen will, ihren

Arbeitsfoto. Von links nach rechts: Regisseur Hellberg, Standfotograf Klawikowski, Kamera-Assistent Romboy neben einer Debrie „Super-Parvo"-Kamera. Kameramann Eugen Klagemann und Assistent Manfred Romboy bei Aufnahmen mit dem berühmten „Pentovar" Zoom-Objektiv (rechts).

Nachwuchs an der Kamera künstlerisch auf ein höheres Niveau zu bringen."
Dann folgten Examinierfragen:
Was ich lesen würde und ob ich in Leipzig Oper und Theater besucht hätte.
Offensichtlich war er von meinen Antworten beeindruckt, erzählte vom Beginn seiner Laufbahn und seinen Schwierigkeiten als junger Schauspieler der zwanziger Jahre in Dresden. Der Ruf: „Sonne kommt!" unseres Oberbeleuchters unterbrach seine Erzählungen. Nun war er ganz Spielleiter. „Alles auf die Anfangsstellung!", „Ton ab!", „Kamera ab!" Sie wurde von mir eingeschaltet und mit „Kamera läuft!" quittiert. „Klappe! Einhundertsechzehn, die Dritte!" Unsere bildhübsche Hauptdarstellerin Lore Frisch führte unseren Titelgeber, den Ochsen von Kulm, auf die Weide. Kaum war die Szene im Kasten, schob sich zwischen uns und die Sonnenscheibe eine riesige Kumuluswolke, also erneut Drehpause.

Regisseur Martin Hellberg bei Probe-Versuchen mit besagtem Ochsen-Darsteller

Mir und seiner neben ihm sitzenden Assistentin Ree von Dahlen konnte Hellberg weitererzählen, wie er von der ersten Schauspielgage einen viel zu teuren Hut kaufte, auf den Kopf setzte und mit dem alten in der Tüte das Dresdener Geschäft verließ. Einige Regentropfen veranlassten ihn, den alten wieder aufzusetzen, der neue kam in die Tüte. Auf der Elbbrücke war er mit seinem Bruder verabredet, der ihn nach dem Inhalt der großen Tüte fragte. Als Antwort warf Hellberg die Tüte über das Brückengeländer, begleitet mit dem Ruf „Fort *mit alten Hüten".* Der erstaunte Blick des Bruders auf seine Kopfbedeckung belehrte ihn, dass auf der Elbe der teure neue Hut davon schwamm. Ohne Verlusttrauer hätten sie unter Absingen *"Wie gewonnen so zerronnen"* in der nächsten Kneipe das Missgeschick weggesoffen. *"Achtung, Sonne kommt!"* rief der Oberbeleuchter. Erneut begannen die Dreharbeiten. In den nächsten Herbsttagen war noch des Öfteren *"Sonnenfinsternis"* angesagt. Gespräche mit mir verkürzten ihm offensichtlich die nervigen Wartezeiten auf das richtige Filmlicht. Mein absolutes Schulversagen hatte ich seit meinem zwölften Lebensjahr durch wahre Leseorgien mehr als kompensiert. Der belesene Dresdener und die Leipziger Leseratte entdeckten gemeinsam Lieblingsautoren wie Arnold Zweig und Egon Erwin Kisch und plauderten über Zweigs Grischa-Zyklus oder eine mögliche Filmversion der Kisch-Erzählung *"Die Himmelfahrt der Galgentoni"*. Er, der Regiestar, und ich, der Nobody, waren begeistert von den Filmen Vittorio de Sicas: *"Fahrraddiebe"*, *"Umberto D"* und *"Das Wunder von Mailand"*. Wir summten das Schlusslied der Obdachlosen, die auf Reisigbesen über den Mailänder Dom in eine gerechtere Welt fliegen. Mitunter gesellte sich auch der erste Regieassistent Karl Ballhaus zu uns. Der mochte mich, seit ich ihn bei unserer ersten Begegnung als Schülerdarsteller des Films *"Der blaue Engel"* erkannte. Doch solche Plaudereien waren selten. Schließlich hatte uns die DEFA für einen Spielfilmdreh nach Görlitz geschickt. Als Regiequartier diente Hellberg ein alter Zirkuswagen, der vom Dreh *"Eine vom Zirkus"* übriggeblieben war. Irgendwann wurde ich vom Aufnahmeleiter in den Zirkuswagen beordert. *"Der Chef will dich sprechen"*: Hellberg stellte mich seiner Frau, der Dramaturgin Traute Richter, vor. Bei Kaffee und Pflaumenkuchen erklärten sie mir beide, für die Kamera wäre ich wegen meines künstlerischen Interesses zu schade und boten mir an, einer von Hellbergs Assistenten zu werden. Natürlich mit einem Parallelstudium an der neuen Babelsberger Filmhochschule, an der er lehrte. Meinen Spartenwechsel würde Hellberg über seinen Freund Hans Rodenberg, den DEFA-Chef, regeln. Bedenkzeit: eine Woche. Die nächsten Tage war an Schlaf nicht zu denken. Was für ein großzügiges Angebot muss ich ablehnen! Jahre, seit Kindertagen, hatte ich gekämpft, an die Kamera zu kommen. Mit großer Freude die Filmtechniken der Aufnahme und Wiedergabe studiert und erlernt, alles mit dem Ziel, hinter einer solchen *"Lebendbilder"* machenden Maschine zu stehen. Kameras liebte ich nicht nur wegen ihrer Fähigkeit, mit ihnen Filmbilder zu machen. Ich liebte sie als solche. Zum Kameramann ernannt zu werden sah ich damals als eine Krönung meines Lebens. Ich musste sein Angebot ablehnen. Er reagierte darauf mit anhaltendem unverständlichem Kopfschütteln. Einige Jahre später gehörte ich als Assistent des Kameramanns Günter Eisinger zu Hellbergs Stab, als er Lessings „Emilia Galotti" verfilmte. Wieder saßen wir nebeneinander und Hellberg fragte: „Na, immer noch zufrieden an deiner Kamera?" Das musste ich bejahen. Und Hellberg sagte:

Karin Hübner und Hans-Peter Thielen in der Kirchenszene des Films „Emilia Galotti"

Regisseur Hellberg, Kameramann Eisinger und Assistent Romboy bei Aufnahmen zum Film „Emilia Galotti"

Assistent Romboy und Regisseur Hellberg bei Motivsuche mit einer „Caméflex"-Kamera zum Film „Emilia Galotti"

„Dann hast du alles richtig gemacht." Der vertraute Umgang mit dem Regisseur, der sich beim „Ochsen" ergab und den ich nie gesucht hatte, war meiner Assistentenkarriere mehr als hinderlich. Im hierarchischen Denken der Filmleute waren Kontakte des zweiten Kameraassistenten zum Regisseur Anmaßung. Sobald sich Gelegenheiten boten, wurde ich getadelt oder schikaniert, gleich, ob es Kabelverbindungen zum Tonwagen, Abdeckplanen der Kameras oder Staub im Objektivkoffer betraf, dass ich, statt meine Aufgaben zu erfüllen, immer mit dem Regisseur quatschen würde. Noch in den nächsten Jahren wurde mir, dem immer bescheiden auftretenden Heranwachsenden, nachgesagt, ich wäre anmaßend und geltungsbedürftig. Im beiderseitigen Interesse wechselte ich den Kameramann und wurde Assistent von Ernst Wilhelm Fiedler. Obwohl erst fünfzig Jahre alt, hatte er schon vierzig Filme gedreht, davon viele in der Zeit vor 1945. In Personalunion Regisseur und Kameramann, inszenierte er eine Neuverfilmung der Strauß-Operette „Die Fledermaus" unter dem Titel „Rauschende Melodien". Neben dem Schwenker Otto Merz waren Helmut Borgmann und ich Fiedlers Assistenten. Er war ein freundlicher humorvoller Mann. Wegen seiner Fürsorglichkeit allen Kollegen gegenüber „Väterchen" genannt. „Rauschende Melodien" war für mich das erste große Filmerlebnis. Ein reiner Atelierfilm. In den Babelsberger Studios, besonders im Komplex Mittelhalle, wurden voluminöse Bauten errichtet wie der Ballsaal und die Schlossfassade des Prinzen Orlowski mit einem davor sprudelnden Springbrunnen, um den später die Ballerinas der Berliner Komischen Oper tanzen sollten. Im nächsten Atelier war zweistöckig das Fledermausgefängnis gebaut worden. Fiedlers Film war der achte Farbfilm der DEFA, aber der erste ohne Außenaufnahmen. Technisch eine Herausforderung. Gedreht wurde auf Agfacolor B-Filmmaterial. Das „B" stand für Bogenlicht und bedeutete, dass alle Scheinwerfer statt einer Glühlampe zwei Kohlestäbe enthielten, die zwischen sich einen blauen Lichtbogen bildeten, ähnlich dem, den wir vom Elektroschweißen kennen. Die Dinger waren zum Teil riesengroß, neigten zu Zischgeräuschen und mussten alle dreißig Minuten mit neuen Lichtkohlen versehen werden. Mitten in den letzten Proben zerstörte der Oberbeleuchter die Stimmung der Schauspieler durch das Kommando „Licht aus, bestecken!" Danach musste in Höhe der Schauspielerköpfe das Licht neu vermessen werden.

Kammersängerin Sonja Schöner von der Komischen Oper in Berlin

Meine Aufgabe. Mit dem Luxmeter in der Hand korrespondierte ich mit der hoch entfernten Beleuchterbrücke, teils durch Handzeichen, teils verbal. Die Kommandosprache bestand aus „härter" und „weicher". Mitunter stand ich minutenlang vor unseren Damen, Kammersängerin Sonja Schöner, damals sechsundzwanzig Jahre alt und Hella Jansen. Dabei musste ich erfahren, dass ihnen öfters die Damenhaftigkeit abhandengekommen war. Der gerade achtzehn gewordene Jüngling musste von der Frau Kammersängerin hören: „Nein, Manfred, nicht weicher, ich will es härter haben, ja, noch härter." „Schau an, Hella, er wird noch rot. Wie süß, richtig was zum „Vernaschen". Schade, schade, er ist zu jung!" Mit Blick auf ihre Dekolletés hätte ich zum „Vernaschen" gern zur Verfügung gestanden. Doch leider blieb alles im Verbalen stecken. Unser Farbfilm hatte die erbärmliche Empfindlichkeit von 13 DIN (16 ASA). Unsere notwendige Lichtmenge war für die Schauspieler eine Zumutung. Am Gesicht gemessen, dreitausend Lux Führungslicht und die entsprechende Aufhellung. Augenempfindlichen Spielern mussten zur Vermeidung von Blinzeln spezielle Tropfen verabreicht werden. Bei Hautempfindlichen trat schnell eine Rötung ein, die der Maskenbildner verdecken musste.

Das Ballett-Ensemble der Komischen Oper Berlin
in der Dekoration „Palais des Prinzen Orlowski" (links).
Sonja Schöner als singendes Stubenmädchen Adele (rechts).

Jeden Tag der Mitarbeit an diesem üppig ausgestatteten Musik- und Kostümfilm habe ich genossen. Achtzig Prozent der Einstellungen wurden als Playback gedreht. Nach der Klappe gab ich das Kommando „Playback ab!", hielt einen Lichtsignalkasten als Synchronzeichen vor die Kamera, den ich nach dem dritten Paukenton blitzschnell senken musste, denn vor unserer „Super Parvo"-Kamera sang und spielte Sonja Schöner die Fledermausarie der Adele: „Spiel' ich die Unschuld vom Lande, natürlich in kurzem Gewande, dann hüpf' ich ganz neckisch umher, als ob ich ein Eichkatzerl wär und zupf an meinem

Schürzenband. So fängt man Spatzen auf dem Land..." Drehtag für Drehtag Tanz- und Gesangsszenen in immerwährender Wiederholung,

Kamera-Team mit Schienenwagen in der großen Mittelhalle für die „Fledermaus"-Verfilmung „Rauschende Melodien"

von der ersten Probe bis zum fertigen Dreh. Mehr als fünfundsechzig Jahre sind inzwischen vergangen. Doch die Arien der Strauß'schen Fledermaus könnte ich noch jederzeit vorsingen. Pure Glückseligkeit für mich, der ich Spielfilme über alles liebte, als Mitarbeiter das Entstehen solcher Pseudowelten begleiten zu dürfen.

Die Weihnachtsfeiertage 1954 verbrachte ich mit Eltern, Freunden und Freundinnen in Leipzig. Außerhalb der DEFA war ich in Potsdam-Babelsberg noch nicht angekommen. Stolz erzählte ich von meinen Begegnungen und Erlebnissen in den Filmstudios. Auserwählten konnte ich eine West-Zigarette anbieten „Gelbe Sorte Reemtsma". Mein in Westberlin lebender Chef „Väterchen Fiedler" hatte mir davon fünfzig Stück in einer Geschenkdose als Weihnachtspräsent überreicht. Unter der roten Weihnachtsschleife seine Visitenkarte mit den Zeilen „Manfred als Dank für interessierte Mitarbeit. E. W. Fiedler". Was war ich stolz. Glücklich, wieder arbeiten zu dürfen, kehrte ich am 2. Januar 1955 in die Studios zurück. Mein Arbeitsalltag begann in Kameralager und Dunkelkammer. Zuerst öffnete ich meine geliebte „Super Parvo"-Kamera, hergestellt 1938 von der Firma André Debrie in Paris. Sie war ein Wunder französischer Feinmechanik und Optik. Zur Ausschnittbestimmung diente der eingelegte Film als Mattscheibe. Durch eine Fernrohrlupe erhielt der Kameramann ein aufrechtstehendes seitenrichtiges Bild im Sucher. Nach Kontrolle und Einfetten des Bildfensters überprüfte ich den Objektivkoffer auf Vollzählig- und Sauberkeit. Ab in die Dunkelkammer, vier Kassetten waren einzulegen, jeweils mit dreihundert Meter Film. Maximale Laufzeit: zehn Minuten. Kaum fertig, standen schon drei starke Männer, „Kamerabühne" genannt, mit einem luftbereiften Rollwagen im Lager. Sie hievten die achtzig Kilo wiegende Tonfilmkamera in die Kiste, luden Objektiv- und Kassettenkoffer auf und von mir begleitet ging es ins Aufnahmeatelier. Dort stand ein zentnerschweres hydraulisches Ölpumpstativ bereit. Es war Aufgabe der Bühnenarbeiter, unter meiner Aufsicht das achtzig Kilo schwere Ding auf den Stativkopf zu stellen und danach die Keilplatte der Kamera in den Stativkopf zu schieben, bis ein Klackgeräusch das Einrasten der Sicherungsfeder quittierte. Jeden Morgen und bei jedem Umbau im Studio das Gleiche. Reinschieben und Klack abwarten. So auch an diesem Januarmorgen. Vorarbeiter Emil sagte süffisant: „Manfred, es hat geschnackselt" und fragte, ob ich noch Hilfe bräuchte. Danach verließ er die Dekoration.

Ein Schicksalsschlag

Die von André Debrie in Paris 1937 hergestellte Tonfilm-Kamera „Super Parvo"

Zum komplizierten Filmeinfädeln pumpte ich das Stativ auf Augenhöhe, öffnete den Kamerakopf, dann die Türen und ging zum Kassettenkoffer. Es war still im leeren Atelier. Schon die Kassette in der Hand, hörte ich vom Stativ ein Schleifgeräusch, sah die Kamera langsam nach hinten rutschen, lief hin, um zu halten. Doch sie kippte schon. Unmöglich für mich, eineinhalb Zentner zu halten. Das Zeitlupenbild, wie sie sich langsam im Fallen dreht und mit dem optisch-mechanischen Kopf auf den Holzbohlen des Filmateliers landet, ist noch heute unlöschbar in mein Gehirn gebrannt. Kniend wühlte ich in den Trümmern, als wäre noch etwas zu retten. Es ging nicht um irgendein teures Aufnahmegerät. Ich war geschockt, als hätte ich eine Geliebte verloren. Wie ein Schlafwandler taumelte ich zur Unfallmeldung in die Kamerawerkstatt und fiel, nicht mehr ansprechbar, in eine Art Erstarrung. Irgendwer führte mich an den Tatort. Um die Trümmer standen jede Menge Besserwisser, die Vorsatz für möglich hielten und mich nach dem Motiv fragen wollten. Zum ersten und letzten Mal in meinem Leben wünschte ich sehnlichst, tot zu sein. Etwas Wertvolles mir Anvertrautes war zerstört worden. Ein schlechtes Gewissen hätte mich seelisch entlastet. Doch dafür fehlte jede Grundlage.

Die durch den Sturz schwer beschädigte französische Tonfilm-Kamera Debrie „Super Parvo"

Ich war ohne Schuld schuldig. Bis zur Entscheidung über mein Schicksal wurde ich zum Schraubensortieren in der Kamerawerkstatt geparkt. Ich erwartete die fristlose Entlassung und eine Rückkehr nach Leipzig, für mich in „Schimpf und Schande". Die Stativ-Verantwortlichen verneinten eine mögliche Fehlfunktion des Verriegelungsmechanismus. Trotz Versicherung der ausführenden Bühnenarbeiter, das Einschnappen gehört und mir bestätigt zu haben, wurde ich beschuldigt, diesen Vorgang nicht überwacht zu haben. Der Kameraverlust hatte für das Spielfilmstudio Folgen. Monatelang musste sich eine Produktion mit einer anderen durch Tag- und Nachtschichten eine Tonfilmkamera teilen, bis die devisenarme DDR die fünfzigtausend D-Mark aufbringen konnte, um bei Debrie in Paris eine neue zu kaufen. Karl Röwer, Chefingenieur, sollte über mein Schicksal entscheiden. Ich musste bei ihm antreten. Röwer erkannte meine Depression, ersparte mir Tadel und erzählte stattdessen von einem inzwischen bekannten Vorkriegskameramann, der in seiner Zeit als Assistent durch falsches Öffnen einer Kassette einen ganzen Drehtag vernichtet hätte und trotzdem später zu den großen deutschen Kameraleuten gekürt worden sei. Nach einer schriftlichen Abmahnung wurde ich für sechs Monate zu Hilfsarbeiten in der Werkstatt verurteilt. Vorweggenommen:

Vier Jahre später wurde bei einem abrupten Hochschwenk einem Kameramann fast das Auge rausgequetscht. Die Kamera auf meinem damaligen Stativ war rausgerutscht. Diagnose: Unter bestimmten Umständen verklemmte sich trotz Einschnappens die Sicherungsfeder. Doch nach so viel Jahren bestand für niemanden ein Anlass, den Fall Romboy neu aufzurollen. Nach einem Monat des Schraubenzählens stand ich wieder an der Kamera.

Der Autor vor der erst zerstörten und später reparierten „Super Parvo"-Kamera, seiner „Unglücks"-Kamera, die jetzt ihren Lebensabend im Filmmuseum Bitterfeld verbringt

Es geht weiter

Ein anspruchsvolles Kamerateam bestand darauf, den zweiten Assistenten zu wechseln. Gruppenleiter Maidorn nannte nacheinander fünf Namen, Kameramann Hasler lehnte alle ab. Danach scherzte Maidorn „Jetzt habe ich nur noch den Romboy, der die Super Parvo zertrümmert hat." Hasler: „Ehe ich mich weiter ärgere, geben Sie mir den Unglücksraben". Nach Probe- und Atelieraufnahmen drehten wir in Dörfern zwischen Pirna und Bautzen den Film „52 Wochen sind ein Jahr". Es ging um Liebe und Kollektivierung bei der gehätschelten Minderheit der DDR-Sorben. Meine tiefe Depression wurde durch

Otto Hanisch, Haslers ersten Assistenten, aufgemischt. Acht Jahre älter als ich, hatte er noch in Hitlers Kriegsmarine gedient. Er behandelte und kommandierte mich wie ein sadistischer Oberbootsmann seine Matrosen. Details dieser Schikanen will ich den Lesern ersparen. Mehrmals am Tag musste ich mir den Spruch anhören „Sie wissen, ein Wort von mir genügt, und die DEFA schickt Sie zurück nach Leipzig ins Labor zum Entwicklerumrühren." Ich wäre in diesem Film eingegangen wie eine Primel, doch die eindrucksvollen Muskeln des Chefs der „Kamerabühne" retteten mich. Als Hanisch wieder einmal seinen Bubi, so nannte er mich, anschnauzte, schob Paul ihn beiseite mit den Worten „Otto, wenn Du den Jungen nicht in Frieden lässt, hau' ich Dir einen in die Fresse, dass Dir die Zähne aus dem Arsch fliegen." Danach wurde ich nahezu höflich behandelt. Noch zwei weitere Hasler-Filme blieben Otto und ich zusammen, wurden keine Freunde, aber Kollegen. Für seine ersten beiden Kurzfilme nötig, für seinen Weg zum Kameramann wählte er mich zum ersten Assistenten. Zurück zum „Pirnadreh". Freundlich begrüßt wurde ich von der Hauptdarstellerin Lore Frisch. Wir kannten uns von den Drehs des „Ochsen von Kulm". Die Tage als zweites Team mit dem jungen Kameramann Erich Gusko waren Balsam für meine kaputte Seele. Insbesondere, wenn wir zu dritt mit seiner hübschen Geliebten, der Schauspielerin Ilse Bastubbe, bei Landschaftsaufnahmen picknickten. Interessant an diesem Film in der Lausitz war für mich die Bekanntschaft mit dem Regisseur Richard Groschopp. Als filmender Konditor kam er 1935 zum Berufsfilm und drehte im und nach dem Krieg Kurzfilme. 1950 durfte er bei der DEFA seinen ersten Spielfilm inszenieren. Seit den dreißiger Jahren schrieb er Bücher für Filmamateure. Sein Taschenbuch „Filmentwurf und Filmgestaltung" hatte ich schon als Vierzehnjähriger gekauft und gelesen. Jeder Filmamateur kannte die Abläufe der Filme, die Groschopp Ende der dreißiger Jahre über seine Tochter Bommerli drehte.

Die Kameraleute Erich Gusko, Joachim Hasler
am kleinen Dolly mit der „Super Parvo"-Kamera
bei Filmaufnahmen für „52 Wochen sind ein Jahr"

Hochzeitsszene mit Lore Frisch „52 Wochen sind ein Jahr"

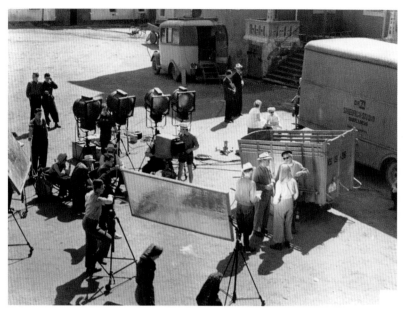

Arbeitsfoto bei „52 Wochen sind ein Jahr". Das Schwarz-Weiß-Filmmaterial verlangte bei starkem Sonnenlicht umfangreiche Aufhellung der Schatten durch Scheinwerfer und Silberblenden.

Assistent Romboy mit Kameramann Joachim Hasler an der „Super Parvo"-Kamera

Wunderbare Spielfilmjahre

Mein nächster Film als Hasler-Assistent war wieder ganz nach meinem Geschmack ein Kostüm-, Musik- und obendrein ein Farbfilm. Lortzings Oper „Zar und Zimmermann" sollte auf die Kinoleinwand kommen. Der Name des Regisseurs Hans Müller versprach Harmonie an den Drehorten. Im Freigelände waren ein holländischer Kleinstadtmarkt und ein Segelschiff aufgebaut worden. Vor ihrem ersten Auftritt gab mir Lore Frisch einen schwesterlichen Begrüßungskuss und scherzte, ob ich ihr nachsteigen würde. Es war unser dritter gemeinsamer Film. Als Marie war sie die Hauptdarstellerin. Absoluter Star des Films war Willy A. Kleinau in der Rolle des Bürgermeisters van Bett. Und wieder hieß es „Ton ab!", „Kamera ab!", „Klappe!", „Playback ab!", „Lichtklappe!" und „Bitte!" Wie bei den rauschenden Melodien wurden große Teile des Films nach vorgefertigten Gesangs- und Musikaufnahmen nachgespielt. Opernstars wie Heinrich Pflanzl, Josef Metternich und Ingeborg Wenglor, alle von der Staatsoper Berlin, sangen. Unsere Darsteller übten ihren Beruf aus. Sie spielten. Wieder hörte ich jeden Tontake dutzende Male, vom Holzschuhtanz bis zur Bürgermeisterarie: „Oh ich bin klug und weise und mich betrügt man nicht."

Szenenfotos aus dem Farbfilm „Zar und Zimmermann" nach Albert Lortzing. Schauspielerin Lore Frisch und Schauspieler Willy A. Kleinau.

Arbeitsfoto „Zar und Zimmermann". An der Kamera v.l.n.r.: Manfred Romboy, Joachim Hasler und Otto Hanisch. Vor der Kamera: Willy A. Kleinau (kostümiert) und Regisseur Hans Müller (mit Hut).

Arbeitsfotos „Zar und Zimmermann". V.l.n.r.: Romboy, Hasler, Harnisch (rechts).

Bei guter Laune singe ich es heute noch manchmal vor mich hin. Dann sagt meine Frau Vera ungerechterweise, dass diese Arie genau zu meinem dominanten Gehabe passe.

Ungetrübte Drehtage voller Sonnenschein, immer begleitet von Lortzings Musik. Tolle Filmbauten und herrliche Kostüme, in denen sehr oft süße junge Komparsinnen steckten, mit denen man sich verabreden konnte.

In den Filmstudios wurde ich mit etwas konfrontiert, das ich nur vom Hörensagen kannte, der Homosexualität. In der DDR nicht verboten, führte sie ein Schattendasein. Abgelehnt von der Mehrheit war sie unsichtbar. Davon ausgenommen das Künstlermilieu. Der hoch begabte sympathische Kostümbildner des Lortzing-Films erschien im Atelier in grellbunten bestickten Jacken und Hosen, meist aus Seide, stets sorgfältig geschminkt mit Make up und auffällig roten Bäckchen. Einige Ballettmeister, Sänger und Schauspieler waren durch feminines Gehabe als „175er" zu erkennen. So nannte man damals, bezogen auf den alten Strafbarkeitsparagraphen, Homosexuelle. Die Rolle des Admiral Lefort war in „Zar und Zimmermann" mit dem bekannten Schauspieler Walther Suessenguth besetzt. Offensichtlich war ich sein Typ. Kaum in der Dekoration, ging er zur Kamera, tätschelte meine Hände und stellte fest, dass ich heute noch besser als gestern aussähe. Wie peinlich für mich. Einige Kollegen frotzelten mich den ganzen Film als „Frau Suessenguth". Einige Male in meinen sechs DEFA-Jahren wurde ich von älteren Schauspielern oder Sängern zu Theater-, Filmpremieren oder zum Essen in teure Westberliner Lokale eingeladen. Mit eisiger Miene lehnte ich ab. Seit meinem zwölften Lebensjahr war ich auf Mädchen und Frauen fixiert. Sie waren für mich die bessere Sorte Mensch, schöner, klüger und mutiger als Männer. Darüber hinaus auch zunehmend sexuell begehrenswert. Liebschaften unter Männern – für mich eine groteske Vorstellung.

Für einen jungen Mann mit künstlerischen Ambitionen war Assistent an der Kamera der beste Platz, Filmkunst zu lernen. Das fotografische Handwerk, Beleuchten, Belichten, Objektive und Bildausschnittwahl lernte man von seinem Chefkameramann. Während der Inszenierungsarbeit und den mitunter langen Schauspielerproben in Wort und Widerwort saß der Kameraassistent neben Kamera und Regisseur. Bei Aufnahmen im Bereich Babelsberg wurde nach Drehschluss das Material im Musterkopierwerk abgegeben, entwickelt und kopiert. Jeden Abend wurden in einem der sechs Kleinkinos, „Vorführung" genannt, die Arbeitsergebnisse des Vortags gezeigt, diskutiert und bewertet. In den alten noch aus UFA's Zeiten stammenden Ledersesseln versammelte sich meist nur ein kleiner Kreis: der Regisseur nebst Assistenten, der Kameramann mit seinen Mitarbeitern, der Tonmeister und unverzichtbar, die Schnittmeisterin. Mein Platz war erhöht, an Steuerpult und Gegensprechanlage zum Vorführraum. „Hallo Kollegen, die Regie möchte nochmal die Rolle zwei sehen."

Neben der festen Zuweisung auf Produktionsdauer für einen bestimmten Film zu arbeiten, gab es Leerlaufzeiten und Bereitschaftsdienste, in denen Assistenten anderen in Produktion befindlichen Filmen auf Zeit zugeordnet wurden. Ich war voller Neugier, Film und die DEFA Mittelpunkt meines Lebens. Während „Zar und Zimmermann" begann im Nachbaratelier Wolfgang Staudte mit den Aufnahmen zu Brechts „Mutter Courage". Ein opulenter Film sollte entstehen, natürlich in Farbe und als erster DEFA-Film im neu auf den Markt gekommenen Breitwandverfahren „Cinemascope". Geld spielte keine Rolle. In Paris wurde bei der Firma Éclair eine breitwandfähige Kamera, die „Camé-Reflex 300" gekauft und der Filmstar Simone Signoret unter Vertrag genommen.

Regisseur Wolfgang Staudte bei Aufnahmen für „Mutter Courage" an der „Camé-Reflex-Camera" für Cinemascope-Aufnahmen

Natürlich blieb die Hauptrolle Mutter Courage Brechts Frau Helene Weigel vorbehalten. Doch bald wusste jeder, bei „Mutter Courage" gibt es Stunk. Wenn wir „Zar und Zimmermann"-Leute auf eine Zigarette vor die Tür der Mittelhalle gingen, stand dort mitunter seit über einer halben Stunde die „Courage"-Belegschaft und erzählte, Staudte streitet sich mit Helene Weigel. „Bert möchte das anders haben!" Einmal sah ich Bertolt Brecht und Wolfgang Staudte wild gestikulierend vor der Studiotür stehen. Bald darauf wurden die schönen Dekorationen abgerissen. Der „Courage"-Film, schon zu einem Drittel abgedreht, war gestorben, wie es in der Filmsprache hieß. In diesen fünfziger Jahren war ich befristet als Aushilfe vielen Projekten zugeteilt. Die kalten Nachtaufnahmen zu „Stärker als die Nacht" überlebte ich nur, weil die Hauptdarstellerin Helga Göring mich mit heißem Tee bewirtete. An „Thälmann – Führer seiner Klasse", ein Maetzig-Film, durfte ich mitarbeiten und den sensiblen Konrad Wolf bei seiner Regiearbeit mit der Hauptdarstellerin Sonja Sutter bewundern. Als in Babelsberg Jean-Paul Sartres „Hexen von Salem" verfilmt wurde, ließ ich es mir nicht nehmen, in deren Atelier zu gehen, um Simone Signoret von der Comédie-Française und Yves Montand zu sehen. Europäische Filmstars, deren Filme zu dieser Zeit auch in den DDR-Kinos gezeigt wurden. Gérard Philipe, damals Kinoliebling durch seinen Film „Fanfan, der Husar", lernte ich bei seinen Aufnahmen für „Till Ulenspiegel" kennen. Bei den Aufnahmen zu Erich Engels „Geschwader Fledermaus" war in der Mittelhalle ein Flugplatz gebaut worden. Mir imponierte ein dort stehendes Flugzeug. In der ČSSR hatte man eine amerikanische „DC 3" demontiert, nach Babelsberg transportiert und wieder aufgebaut.

Eine Begegnung mit imponierender Hollywood-Technik bescherten mir die Franzosen, als sie bei uns den Ausstattungsfilm „Die Elenden" nach Victor Hugo realisierten. Für ihr Farbverfahren „Technicolor" hatten sie eine Kamera mitgebracht, in der gleichzeitig zwei Filmstreifen liefen. Sie war dreimal so groß wie die unseren. Zum Schwenken mussten Kurbeln an einem Getriebe getätigt werden. Dass vor ihrem Objektiv Jean Gabin und Bernard Blier standen, war für mich zweitrangig. Die „Technicolor"-Kamera hat ihnen glatt die Schau gestohlen.

Zu Beginn des Jahres 1957 wartete auf den Kameramann Joachim Hasler und seine Assistenten Heinz Bohn, Otto Hanisch und Manfred Romboy eine schwierige Aufgabe. Als Koproduktion mit der schwedischen Pandora-Film wurde der Roman „Spielbankaffaire" zum Kinofilm. Natürlich in Farbe, natürlich im neuen Kinoformat „Cinemascope", wegen Patentschwierigkeiten im Ostblock

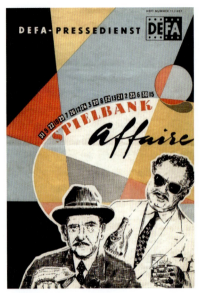

„*Totalvision*" genannt. Bei diesem Breitwandverfahren betrug das Seitenverhältnis auf der Kinoleinwand 21:9. Seit Einführung des Tonfilms um 1930 war das Seitenverhältnis 4:3, also ein fast quadratisches Bild. Mit anderen Objektiven im Vorführraum konnten 4:3-gedrehte Filme auch 16:9 vorgeführt werden. Diese Kompatibilität entfiel bei „*Cinemascope*". Da achtzig Prozent der Kinos nur die alten Formate vorführen konnten, musste jeder Breitwandfilm zusätzlich auch noch im alten Format aufgenommen werden. War die „*Cinemascope*"-Version einer Einstellung endlich im Kasten, kam das Kommando „*Umbau*". Es musste eine Normalfilm-Kamera aufgebaut und eingerichtet werden und der ganze Zirkus wiederholte sich.

Dreharbeiten bei Schloss Sanssouci für „Spielbankaffaire" mit der Kamera für das Normalformat. Kameraleute v.l.n.r.: Hanisch, Romboy, Bohn. Im Oldtimer die Schauspieler Jan Hendriks und Gertrud Kückelmann.

Ausgenommen weniger Drehtage in Italien ohne Ton mit kleinstem Stab wurde „Spielbankaffaire" in den Babelsberger und Johannistaler DEFA-Ateliers aufgenommen. Außenfassaden und Innenräume der Schloss-Sanssouci-Anlage vertraten den Drehbuchhandlungsort Baden-Baden. Unser Pandora-Partner öffnete sein Westgeld-Portemonnaie. Für die Spielsaal-Szenen wurden Croupiers aus Baden-Baden angeheuert, deren lautes „Rien ne va plus" mir noch heute in den Ohren nachklingt. Für die West-Kino-Auswertung bestanden die Schweden für die Hauptrollen auf West-Schauspielern. Besetzung: Gertrud Kückelmann, Jan Hendriks, Willy A. Kleinau, Rudolf Forster usw. usf. An Drehtagen mit Gertrud Kückelmann, sie wurde von allen zärtlich „Kücki" genannt, waren wir alle von ihrer Schönheit, ihrer Stimme und ihrer Begabung verzaubert. Filmpartner Jan Hendriks war ein ausgeprägter Macho-Typ mit tiefer Stimme, gekräuselter Haarpracht und wulstigen Lippen, in denen für seine Rolle meist eine Tabakspfeife steckte. Er war in dieser Aufmachung augenscheinlich ein hundertprozentiger Mann. Ich, der zwanzigjährige, gertenschlanke, etwas schüchterne zarte Jüngling dachte im Stillen, wie gern würde ich so aussehen. Was für tolle Mädchen würden mir dann geradezu nachlaufen.

Schloss Sanssouci statt Spielbank Baden-Baden.
Hintergrund für eine Liebesszene mit Jan Hendriks und Getrud Kückelmann.

Kurz nach einem Dreh mit diesem sympathischen Supermann las ich während einer S-Bahn-Fahrt durch West-Berlin in der Boulevardzeitung „BZ": „Der bekannte Filmschauspieler Jan Hendriks wurde gestern vom Amtsgericht Moabit zu ‚der und der Strafe' verurteilt. Begründung: Bei einer nächtlichen Verkehrskontrolle im Tiergarten – H. parkte mit seinem unbeleuchteten Fahrzeug im absoluten Halteverbot – wurde erst nach langem Klopfen an den von innen beschlagenen Scheiben das Fahrzeug geöffnet. Der kontrollierende Beamte ertappte den unbekleideten H. bei unsittlichen Handlungen mit einem ebenfalls unbekleideten arbeitslosen Achtzehnjährigen. Vergehen nach § 175." No Comment.

Für die DEFA wurde der mit so viel Mühen und Kosten hergestellte Spielbank-Film ein Riesenreinfall. Vor dem Kinostart wurde der Film als reaktionäre Propaganda für die kapitalistischen Lebensformen fast verboten. Dann entschieden die Zensurgremien der SED, dass er doch gezeigt werden durfte. Aber nur im Normalformat und in Schwarzweiß-Kopien. Die Darstellung des Lebens in Westdeutschland würde als Farbfilm wie eine Werbung für die BRD wirken.

Chefkameramann Joachim Hasler verfügte, dass in Vorspann und Programmheft weder sein noch die Namen seiner Assistenten genannt werden durften. Regisseur Arthur Pohl war so erbost, dass er nach sieben Filmen für die DEFA kündigte und nach Westberlin ging.

Im Schiffbauerdamm-Theater

Im August 1957 war Bertolt Brecht verstorben. Die DDR-Akademie der Künste hielt es für wichtig, die im Theater am Schiffbauerdamm laufende Inszenierung der „Mutter Courage und ihre Kinder" als Dokument festzuhalten. Erich Engel, Oberspielleiter des „Berliner Ensembles", drängte darauf. Sein Argument: was für einen kulturellen Reichtum es bedeuten würde, wenn über die Zeit die Originalinszenierungen von Erwin Piscator oder Gottfried Reinhardt erhalten geblieben wären. Die Vorbereitungen und die Entscheidung über die Aufnahmeform lagen, wenn ich mich recht erinnere, in den Händen dreier Regisseure: Erich Engel, Joris Ivens und Slatan Dudow. Ihre Vorschläge wurden begleitet von ständigen Einsprüchen Helene Weigels: „Bert hätte das aber anders gewünscht." Das DEFA-Spielfilmstudio erhielt den Auftrag der Realisierung und entschied sich für den Kameramann Joachim Hasler. Mit seinen Assistenten, zu denen auch ich gehörte, zog Hasler mit mehreren Kameras für ei-

nige Tage ins Schiffbauerdamm-Theater. Vorab entschied Helene Weigel, dass nichts an der laufenden Inszenierung, der Dekoration und dem Licht verändert werden dürfe. Nach Gängen durch die „Courage"-Kulissen und Ablesen der Luxmeterwerte entschied Hasler, alles muss neu ausgeleuchtet werden, sonst zeigen unsere Bilder nur den „Negerkampf" im Tunnel. So respektlos wurde vor sechzig Jahren gesprochen. Weigel protestierte, doch Spielleiter Engel, ein erfahrener Filmregisseur, entschied, es muss umgeleuchtet werden. Die DEFA-Scheinwerfer zerstörten das zarte Lichtspiel der Theaterinszenierung. Es war nicht mehr Brechts, sondern Haslers Lichtgestaltung. Weiter gings. Vor uns, den Kameraleuten stritten sich die Verantwortlichen einen halben Tag über die Form. Soll die Kamera in einer unveränderten Einstellung durchgehend das gesamte Bühnenbild zeigen oder sind Ransprünge für Nahaufnahmen erlaubt. Drehen wir in Farbe, in Schwarzweiß oder müssen wir im Cinemascope-Format filmen, dem möglichen Seitenverhältnis der Zukunft? Aber wie erreichen wir Brechts Verfremdung? Eine endgültige Entscheidung war nicht zu erwarten. Und so kam es, dass tagelang in allen Formaten, mal mit einer Kamera aber oft auch gleichzeitig mit mehreren Kameras, Totalen und Ausschnitte, mal in Farbe und mal in Schwarzweiß, aufgenommen wurden. Hinter einer dieser Kameras stand ich. Immer und immer wieder fotografierten wir das erste Bild der Schiffbauerdamm-Inszenierung. Der Vorhang geht hoch. Auf der Drehbühne rollt der Marketenderwagen und Helene Weigel singt ihr Auftaktlied. Bei vielen Unterbrechungen stand ich vor Helene Weigel auf der Deichsel des Wagens mit dem Luxmeter in der Hand, um durch meine Zeichen „härter" oder „weicher" von den Beleuchtern die richtige Lichtmenge zu erhalten. Stets unmittelbar vor Drehbeginn, immer vor aller Augen, also „erbittert" professionell. Ohne auf witzige Bemerkungen der Weigel einzugehen, konzentrierte ich mich auf meine Arbeit. Deshalb gab sie mir den Spitznamen „der Eremit" und so rief sie mitunter in den Saal: „Ich stehe jetzt woanders, mein Eremit muss nochmal auf die Bühne!" Wenn ich dann lächelte, sagte sie: „Ach, mein Eremit kann auch Mensch sein." „Playback ab, Kamera ab, Klappe, Eins, die Zwölfte!"

Manchmal, nachts allein auf der Autobahn, bedrängen mich Erinnerungen. Und ich singe, nur für mich, ihr Auftrittslied: „Das Frühjahr kommt, wach' auf, Du Christ, der Schnee schmilzt weg, die Toten ruhen und was noch nicht gestorben ist, das macht sich auf die Socken nun." Was aus unserem Probefilm geworden ist, weiß der Geier. Wir haben uns das Material in Babelsberg angesehen und für gut befunden. Dann wurde es an die Akademie der Künste weitergeleitet. Nie hörten wir Lob oder Tadel. Diese interessanten Filmdokumente über eine frühe von Brecht abgesegnete Inszenierung gelten heute als verschollen. In den Jahren 1959 bis 1961 wurde vom DEFA-Studio für Spielfilm diese alte Inszenierung als Theateradaption gefilmt. In Schwarzweiß und im klassischen alten Format 4:3. Regisseur war Manfred Wekwerth. Kameramann war Harry Bremer. Es entstand ein beachtliches Kunstwerk in einer Länge von einhunderteinundfünfzig Minuten.

Schauspielerin Helene Weigel vom Schiffbauerdamm-Theater mit ihrem Marketender-Wagen. Nach unseren Versuchsaufnahmen wurde in den Jahren 1959 bis 1961 als Produktion des DEFA-Studios für Spielfilme diese alte Inszenierung als Theater-Adaption aufgenommen. Komplett in Schwarzweiß und Normalformat. Kameramann: Harry Bremer.

Meine erste Auslandsreise

Ende 1957 wechselte ich das Team und wurde fester Assistent des Kameramanns Günter Eisinger. Sein Assistent Helmut Grewald hatte mich abgeworben. Er wollte in Erwartung einer baldigen Beförderung zum Kameramann öfters selber hinter der Kamera sitzen und brauchte deshalb einen tüchtigen „Schärfenzieher". Erster Film mit den sympathischen Kollegen war „Der junge Engländer", eine Tanzpantomime nach Wilhelm Hauff in abstrakten Dekorationen, die an den Stummfilm „Das Kabinett des Dr. Caligari" erinnerten.

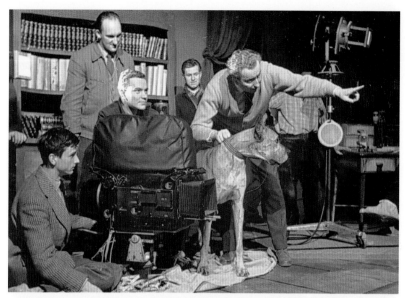

Film „Der junge Engländer". Von links nach rechts: Manfred Romboy, Helmut Grewald, Kameramann Günter Eisinger und Regisseur Gottfried Kolditz.

Szenenfoto „Der junge Engländer"

Regisseur: Gottfried Kolditz. Unser nächstes Projekt: die Verfilmung des Lessing-Schauspiels „Emilia Galotti". Wieder mit Professor Hellberg als Regisseur. Die Emilia spielte Karin Hübner, später gefeierter Star in Westdeutschland als Eliza Doolittle in „My Fair Lady". Mit im Spiel waren Hans-Peter Thielen und die ehemaligen Ufa-Stars Eduard von Winterstein und Gisela Uhlen. Unvergessen ihre Hendrickje Stoffels als Rembrandt-Geliebte an der Seite von Ewald Balser in dem 1942 gedrehten Hans Steinhoff-Film „Ewiger Rembrandt". Für Hellbergs „Galotti" waren in den Studios große Bauten errichtet worden, die Außenaufnahmen, wie so oft, im Sanssouci-Gelände. Der fertige Film ein DEFA-Skandal. Als Filmschluss war von Hellberg der Schwenk auf ein Wandgemälde vorgesehen, auf dem Engel mit Posaunen das Jüngste

Karin Hübner und Gerhard Bienert in „Emilia Galotti"

Gericht einleiten. Im Sinne des Lessing-Stücks sollen die Schuldigen nicht vom irdischen, sondern vom himmlischen Richter verurteilt werden. Nach der Rohschnittvorführung entschieden die SED-Zensoren: Geht nicht, Lessing hin, Lessing her, für den Himmelsrichter ist in der DDR kein Platz. Unter großem Gezeter Hellbergs musste er die Posaunenengel durch Posaunisten ohne Flügel ersetzen, als Signalgeber für die Französische Revolution. Wir drehten die Schlussszene neu.

Das reichte wieder nicht. Jetzt musste der Komponist noch einmal ran und seine himmlischen Posaunen durch Variationen der Marseillaise ersetzen. Aber auch das wurde politisch kritisiert. Ich war dabei, als Hellberg tobte und die engstirnigen Bürokraten seiner Partei verfluchte, denen er fehlenden Respekt vor dem nationalen Kulturerbe vorwarf. Schimpfend verließ er die Vorführung. Ein anderer Regisseur montierte die immer noch sichtbare Verstümmelung des Film-Endes. Nur in dieser Fassung ist er heute noch zu sehen. Der nächste Film, wieder mit Gottfried Kolditz, war „Simplontunnel". Alle waren froh, mich im Team zu haben. „Simplontunnel", ein Schwarzweiß-Film, sollte in „Cinemascope" und Normalformat gedreht werden. Es bestanden technische Berührungsängste. Es war gut, mich an der Kamera zu haben, mit immerhin einem Jahr „Cinemascope"-Erfahrung. Die wichtigen Außenaufnahmen wurden in den Bergen der slowakischen Hohen Tatra gemacht. Jeden Morgen um fünf fuhren wir in einer Sonderfahrt der Seilbahn, begleitet von slowakischen Bergführern, auf die zweitausendsechshundert Meter hohe Lomnický Štít, einen der höchsten Gipfel der Karpaten. Für mich ein Traum. Erste Auslandsreise, das erste Mal im Hochgebirge, das ich nur aus den Filmen Luis Trenkers kannte, dabei mehrere Übernachtungen im legendären Hotel Europa am Prager Wenzelsplatz, das mir aus zahlreichen Biographien der UFA-Stars bekannt war. Krönung der Dienstreise: mein erster Flug. Wegen einer defekten Kamera flog ich in einer „DC 3" von Poprad nach Prag, von dort weiter nach Berlin und zurück.

Die Cinemascope-Kamera für den Film „Simplontunnel"
V.l.n.r.: Manfred Romboy, Darstellerin, Regisseur Kolditz und Kameramann Günter Eisinger.

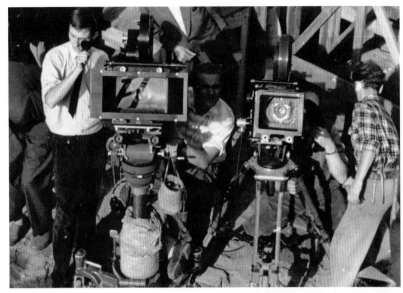

Der Film „Simplontunnel" wurde parallel
im Normal- und Breitwandformat aufgenommen

Szenenfoto „Simplontunnel"

Manfred Romboy mit zwei Kameras im Hochgebirge (oben)

Von links nach rechts: Grenzoffizier und die Kameraleute Helmut Grewald und Manfred Romboy (unten)

Begegnung mit der Stasi

War die DEFA inmitten der SED-Diktatur eine Insel der Glückseligkeit ohne Politdruck und Stasispitzel? Sicher nicht. Zwar war der Ton legerer und die Toleranzgrenze höher als in anderen Staatsbetrieben der DDR, nicht zuletzt der Tatsache geschuldet, dass über ein Drittel des künstlerischen Personals weiter in Westberlin wohnte. Doch im Alltagsgang galt das Motto: trau schau wem. Aus ihrer Präsenz machte die Stasi keinen Hehl. Bei Drehs in einem der Nachwuchsateliers passierte ich auf dem Weg zur Dunkelkammer mehrmals täglich eine Tür mit dem Messingschild „Büro des Beauftragten des Staatssicherheitsdienstes der DDR". Darunter die Bürozeiten. An Parteifeiertagen begegneten mir auch einige Male Uniformierte. Einmal wurde ich, mit zwei Kassetten unter dem Arm aus der Dunkelkammer kommend, angesprochen: „Hallo Jugendfreund, was machst Du eigentlich in unserer DEFA?" „Kameraassistent". „Was für ein interessanter Beruf. Davon würde ich gerne mehr hören. Besuch' mich doch mal im Büro. Bei einer Tasse Kaffee und einer Zigarette lässt sich besser plaudern." Von seinem Angebot habe ich keinen Gebrauch gemacht. Ich ging davon aus, der Kerl hat nur Ostzigaretten und Ostkaffee. Wochen später, ich war im Filmatelier gerade notwendig, verkündete der Aufnahmeleiter: „der Manfred soll sofort zur Kaderabteilung kommen".

Ein alter Bau neben dem Rückpro-Atelier, Sitz der Kaderabteilung

Mit zuckersüßem Lächeln im Gesicht begrüßte mich Kaderchefin Lea Grosse. „Darf ich euch den Manfred Romboy vorstellen. Ein Bergarbeiterkind. Hat bei uns die Filmschule besucht und assistiert an der Kamera. Bald machen wir ihn zum Kameramann. Vielleicht ein zukünftiger Nationalpreisträger für einen sozialistischen Film." Die beiden nach Stasi riechenden Genossen hatten es noch nicht einmal für nötig befunden, zu meiner Begrüßung aufzustehen. Der ältere von beiden blätterte in meiner Personalakte. Ohne sich vorzustellen, referierte der jüngere: „Du weißt doch, wie dankbar du unserem Arbeiter- und Bauernstaat sein musst, dass er dich, ein Arbeiterkind, zum Film gebracht hat. Sicher wirst Du im Rundfunk und den Zeitungen vernommen haben, dass die imperialistischen Schergen des Adenauer-Regimes durch ihre Spione, Diversanten und Saboteure versuchen, unsere DDR zu vernichten. Die tun alles, damit die alten Ausbeuter ihre Fabriken zurückbekommen und die adeligen Rittergutsbesitzer die jetzt freien Bauern wieder zu ihren Knechten machen können." Das konnte ich getrost abnicken. Genau so lautete es immer in den Medien. Seine Fortsetzung: "Dann würden auch die UFA-Gewaltigen ihre Studios zurückfordern. Die würden dich, ein sozialistisches Arbeiterkind, sofort feuern." Weiter im Monolog: "Auch bei der DEFA gibt es verborgene gut getarnte Kräfte, die an der Vernichtung der DDR arbeiten." Es kam die erwartete Frage. "Bist du bereit, in Zusammenarbeit mit uns diese Typen zu entlarven?" Nach dieser Ansprache, in Anwesenheit der Personalchefin, "nein" zu sagen, hätte das Ende meiner DEFA-Karriere bedeutet. Ich musste "ja" sagen, trotz aller roten Warnlichter im Kopf. Ich hoffte, mein "ja" würde ausreichen und sie würden mich nicht auffordern, irgendein Papier zu unterschreiben. Selbstverständlich hätte ich eine solche Unterschrift geleistet. In der nun bei Kaffee gelösten Atmosphäre warf mir der liebe Gott einen Rettungsring zu. Schuldbewusstsein spielend erwähnte ich Westverwandtschaft. Der ältere lachte. "Macht nichts, ich habe auch irgendeine alte Tante in Heidelberg. Wer ist es bei Dir?" Ich zählte auf: "Ein Bruder, eine Schwester und noch zwei weitere Geschwister. Wir waren fünf, nur ich bin in der DDR geblieben." Weitere Gespräche unterband Lea Grosse mit den Worten "Wir haben Dich sicher schon viel zu lange aufgehalten, Du wirst an Deiner Kamera gebraucht." Ich war noch einmal davongekommen. Zurück im Atelier wurde ich gefragt, was die von der Kaderabteilung von mir wollten. Ich antwortete: "Thema Westverwandtschaft." "Kein Problem, Manfred. Haben wir mehr oder weniger alle."

Ich werde Arbeiterkontrolleur

Monate später musste ich mir an anderer Stelle von anderer Seite einen fast wortgleichen Monolog über den westdeutschen Klassenfeind anhören. Ziel: die Kontrollaufgaben der Gewerkschaft. Redner: der Betriebsgewerkschaftsleiter der DEFA-Betriebe. Erneut bejahte ich meine Bereitschaft, gegen jeden Feind der DDR zu kämpfen. Am nächsten Wochenende wurde ich sechs Uhr morgens vom Hupen eines offenen LKWs geweckt. Johlend begrüßten mich bekannte und unbekannte DEFA-Kollegen. Nach einer Fahrstunde zum Bahnhof Schönefeld erhielten wir eine rote Armbinde mit der Beschriftung "Arbeiterkontrolle der Gewerkschaften". In einem Briefing durch Volkspolizei und

Zolloffiziere wurde unsere Aufgabe mit folgenden Worten erläutert: „Alle Züge aus Mitteldeutschland halten hier für eine Stunde. In den Zugabteilen werden die Reisenden überprüft, ob sie berechtigt sind, die Hauptstadt der DDR (Ostberlin) zu besuchen." Aus Ostberlin konnte man vor der Mauer problemlos in den Westen abhauen. Merkmale für die Zielgruppe der zu Kontrollierenden: komplette Familien, nervöse Jugendliche, große oder viele Gepäckstücke. Mit dem Schlachtruf „Arbeiterkontrolle der Gewerkschaften!" stürmten wir die Waggons und fixierten Stunde um Stunde die Reisenden, fragten nach deren Zielen und der Anzahl der Gepäckstücke. Das Prozedere war mir mehr als bekannt. Jahrelang musste ich es über mich ergehen lassen, wenn ich, aus Leipzig kommend, nach Hause fuhr. Wahrscheinlich würde ich es wieder am nächsten Wochenende erleben. Mein Köfferchen wurde nie kontrolliert. Der DEFA-Ausweis (Staatsfilm der DDR) genügte als Berechtigungsnachweis, die Hauptstadt der Deutschen Demokratischen Republik zu besuchen. Das gegenwärtige Wochenende verbrachte ich, gut versorgt mit Bockwurst und Kartoffelsuppe aus einer Gulaschkanone der Volksarmee, am Kontrollpunkt. Unser BGL-Vorsitzender musste enttäuscht zur Kenntnis nehmen, dass ich keine Volksfeinde entlarvt hatte. Mit dem erfolgreichen Mauerbau am 13. August 1961 wurden solche Kontrollpunkte überflüssig. Das letzte Schlupfloch in den Westen war versperrt. Der Mauerbau war letzter Akt der deutschen Teilung. Die Staatsgrenze zu Westdeutschland wurde schon 1950 verbarrikadiert.

Die Stasigespräche und die „Arbeiterkontrolle" waren für meine Weltanschauung ohne Bedeutung. Dass ich beim Empfang der Lohntüte des Öfteren genötigt wurde, Listen zu unterschreiben, die meinen Protest gegen die „westdeutsche Aufrüstung", die „Einkerkerung lateinamerikanischer Freiheitskämpfer" oder die „Atombombenversuche der Amerikaner" ausdrücken sollten, war für mich belanglos. Das war Alltag und notwendige Anpassung für alle, die in der DDR leben wollten. Anders die Zeit nach dem Ungarn-Aufstand 1956. Ähnlich wie bei uns am 17. Juni 1953 protestierten und demonstrierten Studenten und große Teile der Bevölkerung gegen das kommunistische Regime und forderten freie Wahlen. In Ungarn stationierte Sowjetpanzer rollten nach Budapest. Der kommunistische Ministerpräsident Imre Nagy ermächtigte die Volksarmee unter General Maléter, gegen die Russen zu kämpfen. Für die Freiheit Ungarns schossen in Russland hergestellte „T34"-Panzer der ungarischen Volksarmee auf sowjetische „T34"-Panzer. Beide als Waffenbrüder verbunden durch den Warschauer Pakt. Die Ungarn unterlagen der Übermacht. Tage und Nächte verfolgte ich mit heißem Herzen die Abläufe im Radio. Noch heute klingt mir der Hilferuf der Ungarn in den Ohren: „Hier spricht das freie Radio Kossuth

Budapest. Sowjetische Truppen okkupieren unser Land. Wir brauchen Hilfe!" Niemand half! Ministerpräsident Imre Nagy, General Maléter und ihr Stab gerieten in russische Gefangenschaft und wurden später hingerichtet. Die Theorien von Marx und Engels für eine gerechtere Welt wurden seit Lenins Revolution 1917 von ihm und seinen unzähligen Nachfolgern als Vorwand missbraucht, Schreckensregime zu errichten. Seit Ungarn gilt für mich weltanschaulich: Marxismus null Toleranz.

Einmal Privates

Nach den vielen Lobliedern auf die Traumstadt Babelsberg einiges über mein Privatleben. Die Anfangsjahre waren Notzeiten. Die Bezahlung erbärmlich. Zweihundertdreißig Ostmark netto, davon kassierte meine Hauswirtin sechzig Mark für das möblierte Zimmer, weil ich darauf bestand, darin allein zu wohnen. Vom Rest, hundertsiebzig Mark, mussten Kantinenessen, Rauchen und Einkäufe bezahlt werden. Zwar waren für ein Dreipfundbrot nur achtzig Pfennig fällig, doch der Mensch lebt nicht vom Brot allein. Eisenbahnfahrten nach Leipzig, Kinobesuche in Westberlin – dort war die Ostmark nur 25 Pfennig wert – musste ich mir vom Munde absparen. Hunger bekämpfte ich mit trockenen Brötchen, versüßt durch saure Drops. Als wir mit Curt Bois „Polterabend" drehten, rief Kameramann Robert Baberske eines Tages den Aufnahmeleiter: „Schick den bitte raus. Er macht mich verrückt. Der frisst Glas." Manchmal wartete ich den Geschäftsschluss ab, um mit dem Hinweis, ich bin nicht zum Einkauf gekommen, bei Nachbarn Brot und Marmelade zu erbetteln. Meine Eltern unterstützten mich bei Kleidungskäufen. Ich wäre sonst als „Lumpenheinrich" herumgelaufen. Von Jahr zu Jahr verbesserte sich meine Bezahlung durch Beförderung, viele Überstunden und eine Drehzulage. Aber meine Anfangszeit außerhalb des Elternhauses war schrecklich.

Mit den Jahren wurde für mich der ungehinderte Zugang zu Westberlin immer wichtiger. Als Ausgleich für den trostlosen dunklen DDR-Alltag. Bei S-Bahn-Fahrten durchs abendliche Berlin war der Wechsel in einen Westsektor schon an der bunten Lichterfülle erkennbar. Nach Verlassen des Bahnhofs schnupperte man Westluft. Es roch nach feinem Benzin statt wie im Osten nach Brikettheizung und Zweitaktermief. Obwohl sie mir für alle Zeiten unerreichbar schienen, entzückte mich die Vielzahl der Autos auf den Straßen oder hinter den großen Glasscheiben der Autohäuser am Kurfürstendamm. Noch überwältigender die Schaufenster der Fotogeschäfte mit ihren Leica-, Contax-, Bolex- und Linhof-Technica-Angeboten. Die angezeigten Preise rechnete ich sofort in Ostmark um, also eins zu vier, um festzustellen, dass ich für eine Bolex-Filmkamera zwei Jahre abzugsfrei arbeiten müsste. Die Westberliner Mädchen in bunten Petticoat-Kleidern, hochhackigen Schühchen und vergoldeten Kämmen in den Pferdeschwanzfrisuren waren für mich, den schäbig gekleideten Ostler, so unerreichbar wie die vergoldete Frau auf der Siegessäule. Man erfreut sich daran, ohne Aussicht, sie jemals erreichen zu können. Westberlin und seine Leute zu erleben, war wie ein Besuch bei den Löwen, Giraffen und Flamingos in der afrikanischen Serengeti. Hochinteressant, aber dort leben? – ausgeschlossen. Zu keiner Zeit habe ich in diesen Tagen Westberlinern ihren „Reichtum" geneidet. Nie mit dem Gedanken gespielt, in den Westen abzuhauen. Der konnte mir viel bieten, aber nicht meine DEFA.

1957 verbesserte ich meine Finanzlage durch erhebliche Nebeneinnahmen. Die zahlreichen in Potsdam stationierten Sowjetoffiziere hatten keinen Zugriff zu DDR-Geld, konnten aber gegen Rubel in einem Armeekaufhaus verbilligt russische Produkte erwerben. In der „aufblühenden DDR" wurde

vieles angeboten, was in Moskau, Leningrad und Kiew als Mangelware galt, zum Beispiel Kofferradios oder Tonbandgeräte. Russische Fabriken kopierten schraubengleich berühmte deutsche Fotokameras, die unter den Namen „Zorki" und „Kiev" vertrieben wurden. Diese „Russen-Leicas" und „Iwan-Contax" waren im Westen bei Fotoamateuren begehrt, denen das Geld für die Originale fehlte. Und so lief das Geschäft: Iwan Iwanowitsch Kustov und seine Offizierskameraden erwarben im Potsdamer Russenkaufhaus diese Fotokameras. Manfred Romboy zahlte dafür Ostgeld. Stück für Stück wanderten die Russenkameras zu einem Westberliner Fotohändler - gegen Westgeld. Dieses Westgeld tauschte Romboy in der Wechselstube zum Kurs „eine Westmark vier Ostmark". Damit brachte er das Geld zurück in den sozialistischen Zahlungsverkehr. Für alle Beteiligten eine Win-win-Situation. Nun konnte ich durch diesen Nebenverdienst ohne oder mit einem Ostmädchen Westberliner Kinos besuchen und am Kiosk eine Currywurst nebst Coca Cola spendieren. Noch wichtiger: Ich konnte, so oft ich wollte, das Kino am Steinplatz besuchen. Als Mitglied der Gilde deutscher

Filmkunsttheater spielte es vorwiegend Reprisen. Hier konnte ich Filmschätze wie „Im Westen nichts Neues", die „Dreigroschenoper", „Liebelei" und Jean Cocteaus „La Belle et la Bête" sehen.

Meine „Kinder-Ehe"

„Wenn es dem Esel zu gut geht, geht er aufs Eis tanzen."

Manfred im Alter von 20 Jahren

Beim Besuch meines Freundes Hans Elsner, Kameramann des DDR-Fernsehens, war mir flüchtig ein bildschönes Mädchen begegnet, in das ich mich sogleich vergaffte. Als „möblierte Frau" war sie Zimmernachbarin meines Freundes, der, wie sie, zur Untermiete bei einer Lehrerswitwe wohnte. „Manfred, lass die Finger weg. Die Puppe ist zickig. Hat nichts mit Männern und geht stattdessen in die Volkshochschule. Oder liegt schon um acht im Bett, und zwar allein. Mich hat sie beim ersten Versuch abgeschmettert." Dieses Mädchen erhielt von mir, überreicht durch Boten eines Blumengeschäfts, einen Rosenstrauß. Darin ein Kuvert, das neben einer Kinokarte folgende Zeilen enthielt: „Verehrtes Fräulein Hoffmann, ich würde mich freuen, wenn wir uns bei dieser Premiere im Westberliner „Gloria-Palast" am Kurfürstendamm begegnen würden. Ihr M. R." Hans Elsners Kommentar: „Rausgeschmissenes Geld, die kommt nicht." Meine Entgegnung: „Die kommt. Will wissen, wer M.R. ist." Während Vorprogramm und Wochenschau saß ich allein im ausverkauften Kino. Legte Trenchcoat und Fototasche auf den leeren Sitz und bedauerte, dass ich so viel Geld versemmelt hatte. Als auf der Leinwand der Filmtitel „Die Zürcher Verlobung" flimmerte, gab es in meiner Reihe empörte Unruhe. Alle mussten aufstehen. Während böse „Hinsetzen!" gerufen wurde, stand sie vor mir, sah mich mit großen Kinderaugen an und sagte: „Also Sie sind das!" Wir wurden ein Liebespaar. Obwohl gleichaltrig, wirkte sie so jung, dass Kollegen witzelten „Vorsicht, Romboy, da hat der Staatsanwalt noch die Hand drauf." Nur knapp einen Meter sechzig groß, wirkte sie wie eine Miniaturausgabe der französischen Schauspielerin Brigitte Bardot, angebetetes Sex-Idol ihrer Zeit. Im Gegensatz zur BB war Ruth in ihrem Auftreten bescheiden, hatte keine Stimme, sondern ein Stimmchen, war trotz ihrer zwanzig Lebensjahre keine Frau, sondern ein Mädchen. Bei ihr verlor ich den Verstand, war kopflos verliebt. Trotz hoher Intelligenz war ihre Bildung mittelmäßig bei einem ausgeprägten Wissensdrang. Aufmerksame Beobachter wollten bei ihr eine leichte Verhaltensstörung bemerkt haben. Für sie war ich nur eine Liebelei. Ich drängte besitzergreifend auf Heirat. Im August 1957 gaben wir uns das

Ja-Wort. Erst danach informierte ich Eltern und Freunde. Gründe, die gegen diese überstürzte Trauung sprachen, erkannte ich selbst. Wollte sie nicht auch noch von Fremden hören. Nicht sie, ich hoffte auf Nachwuchs, wollte „Vater, Mutter und Kind" spielen. Zu Beginn ihrer Schwangerschaft blühte sie auf, war nicht mehr Mädchen, wurde Frau und Tag für Tag schöner. Ihr Bildungsbedürfnis verebbte. Sie merkte, dass für Anerkennung und Beachtung ihr schönes

Gesicht und ihre sexy Figur ausreichten und entwickelte eine maßlose und peinliche Eitelkeit. Im April 1958 wurde mein Sohn Gerid geboren. Mutter Ruth zeigte sich absolut alltagsuntauglich. Jetzt hatte ich zwei Kinder. Nach und nach lebten wir uns, mal glücklich, doch meist unglücklich, auseinander. Für

mich zu verkraften. Mein Lebensmittelpunkt war nach wie vor die DEFA. Ruth entwickelte leichte Depressionen und blieb mit Weinanfällen tagelang im Bett. Glücklicherweise war zwischenzeitlich Ruths jüngere Schwester Gerda bei uns eingezogen, die sich um den Einjährigen kümmerte. Nach einer mehrwöchigen Dienstreise – wir drehten auf der Insel Rügen den Film „Ein Sommertag macht keine Liebe" – musste ich erfahren, dass meine geliebte Frau des Öfteren erst in den Morgenstunden von Berlin-Ausflügen heimgekehrt war. Sofort reichte ich die Scheidung ein, die am 27. Januar 1960 gerichtlich vollzogen wurde. „Vater öfters abwesend, Kind wird trotz Bedenken der Mutter zugesprochen" so der Gerichtsentscheid. An diese Frau, meine Jugendtorheit, blieb ich wegen meines Sohnes Gerid noch ein Jahrzehnt gebunden. Sie wurde später tablettensüchtig und ein Fall für die Psychiatrie. Für mich auch ein Fall von: „Ohne Schuld schuldig". Durch sie haben mein Sohn und ich viel mehr Leid als Freud' erfahren. Jetzt im Alter kann ich vieles verstehen und ihr vergeben. In diesen meinen Lebenserinnerungen will ich ihr keinen weiteren Platz einräumen.

Erste Arbeiten als Kameramann

Meine Freude an der Kamera war immer ungebrochen. Ich arbeitete unter vielen anderen Kameraleuten an Kurzfilmen der „Stacheltier"-Serie und betreute einige Tage die Filmarbeit einer Westproduktion, die für Aufnahmen mit

Ufa-Star Grete Weiser (links).
Die Kamera-Assitenten Heinz Bohn und Manfred Romboy (rechts).

unserer Rückprojektionsanlage in die Johannistaler Ateliers gekommen war. Besonderheit: Ich lernte die Hauptdarstellerin, UFA-Legende Grete Weiser, kennen. Der Film „Tante Wanda aus Uganda" war nicht erwähnenswert. In einem weiteren Film mit Günter Eisinger – „Kein Ärger mit Cleopatra" – einem Propagandastreifen, der freie Bauern und deren Pfarrer verspottete, weil sie nicht Mitglied einer sozialistischen LPG werden wollten, führte Helmut Schneider Regie. Für ihn, den langjährigen Chefredakteur der DDR-Wochenschau „Augenzeuge", war es die erste Spielfilmregie. Zur gleichen Zeit schnitt er, meist nachts, den Dokumentarfilm „Zehn Jahre DDR". Freimütig, natürlich im kleinen Kreis, erzählte er uns von seinen Schwierigkeiten. In den zehn Jahren der Regierungszeit des Staatschefs Walter Ulbricht waren viele seiner Kampfgefährten in Ungnade gefallen und durften nicht im Film erscheinen. Was nun? Schneider ließ vor neutralem Hintergrund große Mikrofone, Tischdekorationen oder Journalistenkameras aufnehmen, die er über die Gesichter der „Unerwünschten" kopierte. Als Günter Eisinger für einige Tage ausfiel – er musste für einen Film zu Nachaufnahmen – beauftragte er mich mit seiner Vertretung. Bei Atelieraufnahmen im „Tonkreuz" wurde ich Vertrauter Helmut Schneiders. Leider war er ständig angetrunken, ging nach einigen Proben in seine Garderobe, um ein wenig zu schlafen. Mit den Worten „Manfred, Du weißt ja, wie's weitergeht", ließ er mich mit den Schauspielern alleine, mitunter zwei Stunden. Warum ihn zu dieser Zeit kein Regieassistent unterstützte, ist mir nicht mehr erinnerlich. Wie stolz war ich, als erst Dreiundzwanzigjähriger, wenn auch nur für Tage, verantwortlicher Filmemacher zu sein. Nach Eisingers Rückkehr wurde ich zweites Team und drehte parallel zu den Atelieraufnahmen in einem Dorf Stimmungsbilder über Mensch und Tier. Nach zwei Dritteln wurde der Film, dessen Arbeitstitel „Der himmlische Wink" lautete, gestoppt.

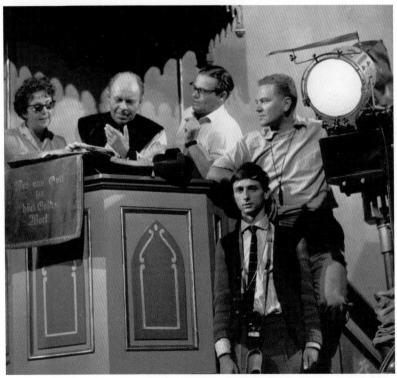

V.l.n.r.: Scriptgirl, Darsteller, Regisseur Schneider, Kamera-Assistent Romboy, Kameramann Günter Eisinger

Im Film der „Himmlische Wink" geht es um eine Sau, die schwarze Ferkel gebiert (gedeutet als Wink von Oben, nicht in die LPG einzutreten)

Kurzzeitig hatte sich die SED mit der Kirche ausgesöhnt und die Rolle des Dorfpfarrers musste umgeschrieben werden. Erst nach Monaten wurde weitergedreht, mit einem anderen Kamerateam unter Hans Hauptmann. Ein weiterer Film, den ich mit Eisinger machen sollte, wurde nach langwierigen Probeaufnahmen storniert. Titel: „Haus im Feuer". Regisseur Herbert Ballmann, Kameramann Günter Eisinger steht in meinem Archivdrehbuch aus dem Frühjahr 1959. Stoff: ein heißes Eisen. Protagonisten: Ein russischer und ein deutscher Offizier, dazwischen eine Frau bei Kämpfen um Ostpreußen zu Beginn des Jahres 1944. Erst im Oktober 59 gab es ein neues Drehbuch und einen neuen Stab. Regie: Carl Ballhaus, Kameramann Walter Fehdmer. Nach drei Monaten Drehzeit wurde „Haus im Feuer" endgültig aus politischen Gründen gestoppt. Das Material gilt als vernichtet. Eine DEFA der künstlerischen Freiräume? Nein. Die DEFA war immer im Schraubzwingengriff der SED. Einziger Unterschied: Mal wurde fester, mal lockerer angezogen. Als Krönung der Peinlichkeiten habe ich erlebt, dass Aufnahmen eines FDJ-Chores mit Jungen und Mädchen, die im Blauhemd ein sozialistisches Lied schmetterten, wiederholt werden mussten. Bei zwei der Jungen wurden „westliche Haarschnitte" reklamiert. „Die Partei, die Partei, die hat immer Recht", lautete ein Lied des kommunistischen Jugendverbandes.

Ende September 59 begannen unter der Regie von Herbert Ballmann, für die Jahreszeit viel zu spät, die Aufnahmen zu „Ein Sommertag macht keine Liebe". Wir filmten am Fuße der Kreidefelsen der Insel Rügen. Riesenaufwand. Mit Booten musste das Equipment - Lichtmaschine, Scheinwerfer, Kamerawagen, Schienen- und Tonwagen - an den Drehort gebracht werden. Und jeden Morgen der Stab und die Schauspieler. Mit unserem Filmliebespaar Christel Bodenstein und Willi Schrade hatte ich

Mitleid. Sobald die Sonne schien, jagte Ballmann sie zu Wasserspielen in die schon eiskalte Ostsee. Nach Warten endlich ein Sonnendrehtag! Mein Chef Günter Eisinger stolperte über einen Geröllstein und kam zu Fall. Folge: Ein immer größer werdender Bluterguss. Ab mit Boot und Auto ins Krankenhaus nach Bergen. Sonne: ja. Kameramann: nein. Ballmann verbarg verzweifelt den Kopf in seine Hände. Unser Script-Girl, das mich seit Jahren kannte, sprach mit ihm. Ballmann zu mir: „Manfred, können und wollen Sie weitermachen?" Von mir ein schlichtes Ja. „Achtung, wir drehen! Ton ab! Läuft! Klappe!" Telefonate gingen hin und her zwischen Ballmann, Eisinger, dem Produktionsleiter und der Direktion in Babelsberg. Ich wurde als Kameramann bestätigt. Nach einigen Tagen waren die Strandbilder im Kasten. In einem Stralsunder Kino sahen wir uns meine Aufnahmen an. Ich erhielt Lob. Für weitere Bilder fuhr ich mit Ballmann auf Motivsuche, legte Kamerastandpunkte fest und besprach mit dem Ausstatter Motivveränderungen. Ballmann entschuldigte sich für ein Wochenende, er hätte mit Babelsberg Ärger wegen seiner West-Frau Gisela Uhlen. Es wurde Montag, Dienstag und Mittwoch. Dann hatte jemand den RIAS abgehört. Ballmann war in den Westen abgehauen.

Christel Bodenstein und Willi Schrade in „Ein Sommertag macht keine Liebe"

Szenenfoto „Ein Sommertag macht keine Liebe"

Unsere Order aus Babelsberg lautete, das gesamte Team bleibt in Stralsund. Weiteres folgt. Drei Wochen Urlaub mit Spesen an der Ostsee. Dann erschien als neuer Regisseur Gerhard Klein mit seinem Kameramann Götz Neumann. Beide baten mich, als Ko-Kameramann und Assistent zu bleiben, aber respektierten meine Entscheidung, wieder mit Günter Eisinger zu arbeiten, der inzwischen einen neuen Film anfing. Unseren letzten gemeinsamen: „Ärzte".

An der Kamera v.l.n.r.: Manfred Romboy und Günter Eisinger für den Film „Ärzte"

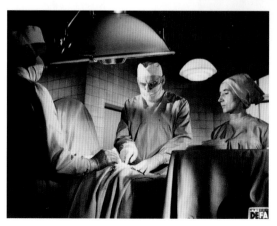

Als Chirurg Johannes Arpe

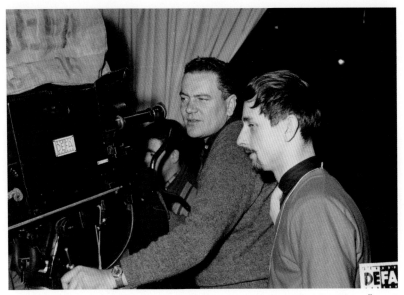

V.l.n.r.: Günter Eisinger und Manfred Romboy für den Film „Ärzte"

Die Fluchtbewegung über das Schlupfloch Berlin nahm für die DDR-Regierung immer bedrohlichere Formen an. Allein 1959 waren einhundertdreiundvierzigtausend Menschen in den Westen geflohen. Meist Jüngere, gut ausgebildete, die sahen im Westen bessere Aufstiegschancen. Einen großen Anteil bildeten ganze Bauernfamilien, die dem Druck der Enteignung durch die Zwangskollektivierung nichts entgegen zu setzen hatten. Auch ich wurde mit dieser Fluchtbewegung konfrontiert. Nach vergeblichem Klingeln beim Zahnarzt sagten Nachbarn: „Abgehauen". Der Fleischer an der Ecke war zu – abgehauen. Der wichtige Arbeitskollege erschien nicht – abgehauen. Freunde waren plötzlich unauffindbar – abgehauen. Unter Kollegen war öfters zu hören „So kann es nicht weitergehen. Die SED wird Westberlin zumachen." Andere dementierten. „Die wichtigsten Straßen, Kanäle und Eisenbahnlinien der DDR führen durch Westberlin. Unmöglich, diese Wege zu schließen." Aufmerksame Zeitungsleser wie ich wussten, dass zur Kapazitätserhöhung der Reichsbahnleistungen seit Jahren eine Eisenbahnstrecke um Westberlin gebaut wurde. Stolz wurden die Kilometerfortschritte durch fleißige FDJ-Brigaden in die Welt hinausposaunt, einschließlich der Skizzen, wie weit man schon gekommen sei. Mir war klar, 1960, spätestens 1961 können die zumachen. Im Westberliner Radio konnte man hören, dass seit 1949 schon zwei Millionen Bürger die DDR verlassen hatten. Dann folgte die Anzahl der Personen, die sich am Wochenende im Flüchtlingslager Berlin-Marienfelde gemeldet hätten. Es waren immer einige tausend. In der antifaschistischen DDR war in Zeitungen, Filmen und Büchern die Hitler-Diktatur ständiges Thema. Immer wieder wurde erwähnt, wie viele Verzweifelte sich nach Grenzschließung bei Kriegsbeginn fragten, warum bin ich nicht rechtzeitig weggegangen? Öfters träumte ich, Westberlin wäre zu und mir der Zugriff auf freie Presse, Westfilme und Theater und für immer die Entscheidungsfreiheit genommen, doch nach Westdeutschland zu gehen. Ich schlug meinen Kopf gegen die Wand und rief immerfort „Warum bin ich nicht gegangen? Warum bin ich nicht gegangen?" Ich erwachte. Gott sei Dank, es war nur ein Traum. Noch am gleichen Abend ging ich nach Westberlin, aber diesmal nur ins Kino. Allerdings war ich weiterhin mit meinem Leben in der DDR zufrieden. Hier hatte ich meine Eltern, meine Freunde, meine Frau, meinen Sohn und vor allem die DEFA.*

Zwischenzeitlich hatten mehrere Assistentenkollegen über Westberlin die DDR verlassen. Und bei mir wuchs Tag für Tag die Angst vor einer Mauer. Die Vorstellung, lebenslänglich ein Gefangener der engstirnigen, verlogenen und großmäuligen SED-Kommunisten zu sein, war für mich ein Albtraum. Als mir durch meine Ehescheidung das letzte Stück sicheren Bodens unter den Füßen weggezogen wurde, meldete ich mich am 25. Februar 1960 als Flüchtling im Lager Berlin-Marienfelde. Adieu liebe DEFA, adieu Deutsche Undemokratische Republik.

Flucht nach Westberlin

Meine Flucht war absolut unspektakulär. Mit Aktentasche in der Hand und umgehängter Fotokamera ging ich, wie so oft bei Berlinfahrten, durch das Wäldchen zum S-Bahnhof Griebnitzsee, der bis 1945 „UFA-Stadt" hieß und löste eine Fahrkarte. Ohne Taschenkontrolle – ich zeigte meinen DEFA-Ausweis – bestieg ich den aus Potsdam kommenden gelbroten Zug. Nächste Station: Wannsee, schon West-Berlin. Nach langer Fahrt durch den Grunewald verließ ich am Bahnhof Westkreuz den Zug. Der pausierende Fahrer eines schmucken Berliner Doppelstockbusses sollte mir den Weg nach Marienfelde erklären. Mit Blick auf meine Kleidung lachte er: „Ach, schon wieder einer. Na, bald hört das auf, dann ist die Ostzone leer." „O je, das ist schwierig. Dreimal umsteigen. Und die Kosten?" „Kostet dir gar nichts, Du sagst „Flüchtlingslager", zeigst den Ostausweis und die Sache ist geritzt."

Laufzettel des Flüchtlingslagers Berlin-Marienfelde
(hinter den Bezeichnungen Polizei, BI, BII, BIII verbargen sich
Vernehmungen beim Verfassungsschutz und den
Geheimdiensten der West-Alliierten)

Mein Westleben begann mit etwas, das ich zur genüge aus dem Osten kannte: Anstehen. Als letzter einer langen Schlange dauerte es fünfzig Minuten, bis ich vor einem Schalter stand. „Bitte Ihre Ostpapiere." Sie verschwanden in einem Kunststoffkuvert. Im Austausch erhielt ich den „Laufzettel für das Notaufnahmeverfahren". Ein Merkblatt erklärte den Laufzettel zum wichtigsten Papier meines Aufenthaltes. Dieser enthielt neun Positionen, die für mich in der bezifferten Reihenfolge abzuarbeiten seien, um zu Punkt zehn zu kommen: Abflugstelle. Station eins: Der ärztliche Dienst mit Schirmbildaufnahmen, damit ich keine Krankheiten der Ostzone im Westen verbreitete. Die Bedeutung einiger anderer Positionen wie Vorprüfung A oder Vorprüfung B I, B II oder B III war unklar.

Ein Betreuer der Lagerleitung begleitete mich zur ersten Wohnstätte im Westen: Baracke 3, Zimmer 4. Ein Männerwohnheim. Im Raum mit einem Tisch und vier Doppelstockbetten wurde mir eine Liegestelle zugewiesen. Letzter Hinweis: „Ketten Sie ihre Sachen ans Bettgestell, hier wird geklaut." Das Merkblatt informierte über Uhrzeiten und Umfang der Gemeinschaftsverpflegung. Morgens: Malzkaffee, Marmelade und ein Margarinebrot. Mittags: Eintopf mit Einlage. Abends: zwei Wurstscheiben, wieder Margarinebrot und gezuckerter Pfefferminztee. „Zwischen acht und zweiundzwanzig Uhr darf mit Ab- und Zurückmeldung das Lager verlassen werden. Vorsicht vor Menschenraub. Es ist mehrmals vorgekommen, dass Flüchtlinge auf offener Straße in Autos gezogen und zurück in die sowjetische Besatzungszone verschleppt wurden." Weiter, so das Merkblatt: „Jeder Flüchtling erhält pro Tag sechzig Pfennig Taschengeld, eine Woche im Voraus, also in Höhe von 4,20 DM ausgezahlt. Bei Bedarf an Ober- oder Unterbekleidung stellt der Fürsorgedienst gebrauchte sorgfältig gereinigte Stücke zur Verfügung. Ein abendlicher Besuch der Poststelle ist Pflicht. Dort liegen eventuell Anweisungen, bei welcher Verwaltungsstelle das Erscheinen am nächsten Tag obligatorisch ist." Meine Zimmergenossen, Männer zwischen zwanzig und vierzig Jahren, erklärten mir Sitten und Gebräuche des Flüchtlingslagers und die Geheimnisse des Laufzettels. Hinter Vorprüfung A verbirgt sich der Verfassungsschutz. Hinter Vorprüfung B I, B II und B III die Geheimdienste der Berliner Besatzungsmächte, Amerikas, der Briten und der Franzosen. In den nächsten Tagen klapperte ich Büro für Büro ab. Vieles war Routine. Klärung meiner Identität, Überprüfung meiner Angaben, Einleitung des Notaufnahmeverfahrens. Dazu Belehrung über meine Rechte und Pflichten und dass der Ausflug nach Westdeutschland erst erfolgen würde, wenn das Einverständnis aller beteiligten Behörden vorliegt. Fragen und Antworten beim Verfassungsschutz nicht erwähnenswert.

CIC statt Stasi

Hochinteressant der Kontakt mit den Amerikanern. Es begann mit einem Zettel: Morgen, 10.00 Uhr, Haupteingang. Sie werden für B II abgeholt. Mich erwartete ein freundlicher Chauffeur, der im Gegensatz zu mir nur englisch sprach. Durch seinen Zettel, auf dem mein Name stand, konnte er sich überzeugen, dass er dem Richtigen die Tür zu seinem olivgrünen Amischlitten mit gelbem US-Kennzeichen aufgehalten hatte. Nach einer Fahrt, gefühlt durch halb Berlin, hielten wir vor einem kleinen Villengebäude in der Clay-Allee 224. Mich übernahm eine deutsch sprechende Dame. Mit einer Tasse Nescafé und Schokoladenkeksen wurde mir zum Parken ein Polstersessel angeboten nebst einem Stapel amerikanischer Illustrierten für die Wartezeit. Zehn Minuten später lieferte mich ein anderes Fräulein im ersten Stock ab. Dort saßen zwei leger Uniformierte vor einem Leipziger Stadtplan. Denen musste ich zeigen, wo der Mendebrunnen, die Thomaskirche und das Reichsgericht zu finden waren. Auch sollte ich zeigen, wo sich im Stadtplan die Härtelstraße 7, das Wohnhaus meiner Eltern befindet. Zur Zufriedenheit der Geheimdienstleute erledigte ich diese Aufgaben. Bei Kaffee und Zigaretten wurde mir das Foto eines Versicherungsgebäudes vis-à-vis der Leipziger Hauptfeuerwache gezeigt. Von dem wusste ich nur, dass der Eingang immer von zwei Vopos bewacht wurde. Ihre Frage nach der Innenarchitektur des Foyers konnte ich nicht beantworten. Ich war nie drin. Es ging um die Leipziger Stasi-Zentrale, die „Runde Ecke". Nach einem Dankeschön und der Mitteilung, dass mich heute Nachmittag noch andere Kollegen sprechen möchten, erhielt ich den Passierschein für das nahegelegene US-Hauptquartier nebst eines Essensbons im Wert von sieben Dollar (achtundzwanzig DM). Außerdem zwei Schachteln Camel-Zigaretten.

Das US-Hauptquartier war ein riesiger Gebäudekomplex. In der Nazi-Zeit geplant und gebaut als Sitz des Luftkommandos III. Im Bombenkrieg nur wenig zerstört, hatten es sich die Amerikaner unter den Nagel gerissen. Ohne Englischkenntnisse – mein russisch wäre unpassend gewesen – war es schwierig, das Kantinengebäude zu finden. Nachdem ich einigen Soldaten meinen Essensbon unter die Nase gehalten hatte, nahm einer mich mit. Zum ersten Mal in meinem Leben sah ich Selbstbedienung und verstand den Ablauf. Was für feine Sachen aßen die Amis, und so billig! Trotz übervoll gefüllten Tabletts gab mir die Kasse Plastikmarken zurück und ich konnte mich noch einmal anstellen und zwei Dosen Coca Cola-mitnehmen. Der Nachmittagsoffizier, muttersprachlich deutsch, gab sich mir als emigrierter Jude mit Berliner Abitur zu erkennen. Flugs zog er aus seiner Schreibtischschublade meinen DDR-Reisepass hervor und fragte, welchem Umstand ich seinen Besitz verdanke.

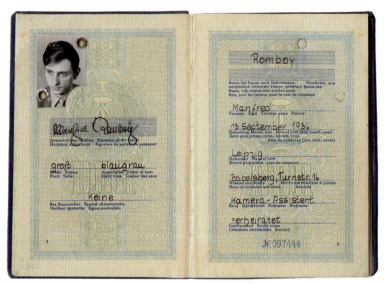

Der damals selten vergebene Reisepass der DDR

DDR-Bürger hatten kein Anrecht auf einen Reisepass. Es war die ČSSR-Reise für den Simplontunnel-Film. Dann unterhielten wir uns über mich, meinen Beruf, die Nazi-Zeit und die DDR. Zum Abschied erhielt ich einen Scheck über fünfzig DM, einen Block mit zwanzig Fahrscheinen für die Berliner Verkehrsbetriebe und den Hinweis: „Morgen unterhalten wir uns weiter. Um zehn Uhr holt Sie unser Wagen ab." Am zweiten CIC-Tag wurde mir unverblümt gesagt: „Sie sind für uns interessant wegen Ihres DDR-Passes." Als Mittelloser werden Sie in Westdeutschland einen schweren Start haben. Mit Geld von uns werde der leichter. Arbeitslose Kameramänner hat der Westen genug. Wir haben im Hauptquartier Wiesbaden eine große Filmabteilung. Dort wäre für Sie sofort ein Platz frei. „Das deutsche Sprichwort „Eine Hand wäscht die andere" kennen Sie? Na also!" Hier unser Wunsch: „Wir fliegen Sie nach Prag. Von Prag fliegen Sie mit ihrer Fotoausrüstung als DDR-Fotograf für Außenaufnahmen des Kulturpalastes nach Warschau. In Ihrem Hotel besucht Sie ein deutschsprachiger Pole, dem Sie ein Kuvert überreichen. Das ist unverschlossen und enthält nur legitime DDR-Fotos, denn es kann sein, dass der polnische Zoll

Ihre Reisetasche kontrolliert. Am nächsten Tag fliegen Sie zurück nach Prag. Von dort bringen wir Sie zurück nach Westberlin. Alles, vom Flugticket über Hotel bis zum polnischen Geld wird von uns geregelt. In Ihrem Pass wird ein gültiges Visum für Polen liegen. Ein Risiko besteht für Sie nicht. Es dauet vier bis sechs Wochen, bis die DDR ihre Fahndungslisten und Passsperren an die anderen Ostblockstaaten weitergibt. Nein, nein, nein, heute bitte keine Antwort. Sie müssen doch erst einmal darüber schlafen. Lass' uns erstmal einen Kaffee trinken, für Sie auch einen? Whiskey? Zigarette?"

In meinem Kopf leuchteten die gleichen roten Warnlichter wie beim Werbeversuch der Stasi in der DEFA-Kaderabteilung. Gegen Mittag meine Verabschiedung mit Essensbon und BVG-Fahrscheinblock. Einziger Unterschied: Die CIC-Männer gingen mit mir gemeinsam zur Kantine. „Also, wie heute, um zehn Uhr wartet der Wagen." Meine Entscheidung war sofort gefallen. Einen Agenten zu spielen, wäre eine Riesendummheit. Also nein. Ich wusste auch gleich eine kooperative Antwort. Am nächsten Morgen erfragte ein CIC-Agent meine Entscheidung. „Keinesfalls, in Leipzig leben meine Eltern. Wenn etwas schief geht, wären die gefährdet." Nach kurzer Pause schaute er mir in die Augen und sagte: „Deine Entscheidung, mein Junge, ist richtig. Ich hätte das auch nicht gemacht." Er gab mir meinen DDR-Pass zurück. Für meinen Zeitaufwand erhielt ich wieder einen fünfzig DM-Scheck und den obligaten Block mit den BVG-Fahrscheinen, den ich sehr gut gebrauchen konnte.

Die Pflichtbesuche bei den Geheimdiensten der Engländer und der Franzosen verliefen weniger aufregend. Aus den Stempeln meines Laufzettels konnten sie ersehen, dass ich drei Tage bei den CIC-Leuten war. Nun versuchten Sie, mich auszuquetschen, was die denn von mir wollten. Ich sagte: „Filmfragen."

Die Dame beim Verfassungsschutz äußerte privates Interesse, mal kurz in ein Filmdrehbuch zu sehen. Sowas habe sie noch nie in den Händen gehabt. Der Dame konnte ich helfen. Es war verabredet, dass es am nächsten Tag wieder in meinem Zimmer liegen würde. Ein Jahr später erhielt ich es per Post zurück. Absender: das Ministerium für gesamtdeutsche Fragen in Bonn. Darin lag ein Laufzettel mit den Vermerken, wer es wann gesehen oder kopiert hatte.

In den nächsten Wochen konnte ich jeden Tag kreuz und quer durch Westberlin fahren, ins Kino gehen, eine Liebelei mit einem Flüchtlingsmädchen erleben, wieder rauchen und mal eine Currywurst nebst Coca Cola genießen. Vielen Dank den Männern der CIC. Vermittelt durch die Pressestelle des Flüchtlings-

lagers bat mich ein Journalist um Informationen für sein Buch „Das Filmwesen in der sowjetischen Besatzungszone". Dann der SFB (Sender Freies Berlin) für ein Rundfunkinterview über Filmherstellung und Kino im Osten. Dafür betrat ich zum ersten Mal den Großbau des 1932 eröffneten „Haus des Rundfunks".

Das „Haus des Rundfunks". Domizil des SFB – Sender Freies Berlin.

Der allein wäre schon eine Reise wert gewesen. „Auf Arbeitssuche" erhielt ich einen Termin beim SFB-Chefkameramann Arndt von Rautenfeld. Wie alle, die sich mit Kameras auskannten, war er vor 1945 für die Deutsche Wochenschau als Soldat bei einer Propagandakompanie gewesen. Er fragte, wie es seinen ehemaligen Kameraden, die inzwischen bei der DEFA arbeiteten, ergangen wäre. „Arbeitssuche in Westberlin? Aussichtslos. Ich könnte Sie bestenfalls als „Stativkutscher" an der elektronischen Kamera beschäftigen. Aber dafür sind Sie überqualifiziert. Gehen Sie zum Westdeutschen Rundfunk nach Köln. Die sind im Aufbau und brauchen Leute über Leute!"

Im Speisesaal des Marienfelder Lagers begegnete ich einer Bauernfamilie, die mit einem Rucksack und zwei Kindern ihren dreihundert Jahre alten Hof verlassen musste. Mehrere Nächte war die FDJ mit einem Lautsprecherwagen vor ihr Haus gefahren, hätte sie als Ausbeuter beschimpft und zum Eintritt in die LPG aufgefordert. Die Eltern weinten um ihre Tiere, die Kinder um ihren Spielgefährten, den Hofhund Caro.

Es geht nach Westdeutschland

Mein Flüchtlingsausweis „C". Meine Anerkennung als politischer Flüchtling.

Zum Abschied waren meine Eltern nach Westberlin gekommen. Im Tiergarten umarmte ich sie ein letztes Mal. Mit mir war ihr letztes Kind in den Westen gegangen. Erst sechs Jahre später, kurz vor dem Tod meines Vaters, konnten wir uns in Köln wiedersehen. Die Eltern waren inzwischen Rentner. Die DDR hätte es gern gesehen, wenn sie ihre Rentenkasse nicht weiter belastet hätten.

Am 25 März 1960 flog ich in einer Maschine der „British Airways" nach Westdeutschland - einem ungewissen Schicksal entgegen. Auf dem Flug nach Düsseldorf erfüllte mich eine tiefe Dankbarkeit gegenüber der Bundesrepublik. Ich war kein Asylant, sondern als Deutscher in Deutschland aufenthaltsberechtigt. Aber diese Bundesrepublik hatte mir in Westberlin sofort ein Dach über dem Kopf, ein Bett, Gemeinschaftsverpflegung und pro Tag sechzig Pfennig Taschengeld geboten. Auch gebrauchte Kleidung hätte ich empfangen können. Mir fehlt jedes Verständnis für heutige „Gutmenschen" und deren Organisationen, die solche bescheidenen Leistungen für Flüchtlinge, die bei uns Asyl suchen, als Angriff auf deren Menschenwürde tadeln und stattdessen *mittelhohe Geldbeträge einfordern.*

Zusammen mit meinem Flugschein hatte man mir eine Bundesbahnfahrkarte in die Hand gedrückt, die zur Weiterfahrt ins nordrhein-westfälische Flüchtlingslager Wickrath in der Nähe von Mönchengladbach berechtigte. Nach kurzem Aufenthalt suchte ich Kontakt zu meinem Bruder Wolfgang, der als Bergmann unter Tage im Aachener Revier seit 1948 zuhause war. Wenig später durfte ich bei ihm einziehen. Die Stimmung in seiner kleinen Merksteiner Bergarbeiterwohnung war trostlos. Er, frisch geschieden, nur noch teilmöbliert, war arm wie eine Kirchenmaus. Die Verflossene hatte selbst Gardinen, Vorhänge und Kochtöpfe mitgenommen. Und jetzt kam noch ein zusätzlicher „Fresser". Gesetzlich stand mir Arbeitslosengeld zu. Das wurde mir vom Arbeitsamt verweigert. Nach meiner schriftlichen Selbstauskunft wäre ich weder blind, taub, halb- oder vollamputiert und kein Epileptiker. Mit meinen obendrein jugendlichen vierundzwanzig Jahren könnte man mich sofort vermitteln. Zur Auswahl standen Bergarbeiter, Fabrikarbeiter, Straßenbauarbeiter, Müllmann oder Hilfskellner. Etwas anderes hätten sie nicht anzubieten. Ich wäre ungelernter Arbeiter, da mir ein Facharbeiterbrief fehle. Kameramann sei kein anerkannter Beruf, sondern wie Komiker eine Tätigkeit. Nach zahllosen Bittgängen bis zum Leiter des Aachener Arbeitsamtes wurden mir eine Woche Arbeitslosengeld in Höhe von vierzig DM zugebilligt, zur Kontaktaufnahme mit Filmgesellschaften. Danach wäre aber Schluss.

Über den SFB hatte ich Kontakt mit dem Westdeutschen Rundfunk aufgenommen und erhielt einen Termin bei Chefkameramann Walter H. Schmitt. So fuhr ich mit dem Bus, den Fahrschein musste mein armer Bruder bezahlen, ins sechzig Kilometer entfernte Köln. Freundliche Begrüßung: „Ja, der Rautenfeld hat mir erzählt, Sie wären bei der DEFA gewesen. Wie geht es meinen ehemaligen Kameraden Erwin Anders, Walter Fehdmer und Götz Neumann?

Walter H. Schmitt mit seiner „Arriflex"-Kamera als „Kriegsberichter Luftwaffe", um 1942

Wir waren ja alle bei der „PK" (Propagandakompanie). Die beim Heer, ich bei der Luftwaffe. Und was macht der Werner Bergmann, dem armen Kerl haben die Russen glatt den Arm samt der „Arriflex"-Kamera abgeschossen, als er mit einem Sturmgeschütz an der Front war." Ich erzählte und fragte. „Herr Romboy, Männer Ihrer Ausbildung, zum Beispiel der Filmschule, so was gibt es in Westdeutschland überhaupt nicht. Und dann noch sechs Jahre Spielfilmerfahrung. Genau solche Leute braucht unser junges Fernsehen. Außer zwei, drei ehemaligen ‚PK'-Leuten musste ich Zeitungsreporter, Fotografen und Fotoverkäufer als Kameramänner nehmen. Doch im Moment habe ich absolute Einstellungssperre. In Erwartung, dass die ARD das Zweite Deutsche Fernsehen produzieren wird, habe ich viel zu viel Kamerapersonal eingekauft. Und jetzt wurde politisch anders entschieden. Lassen Sie bei Frau Mehnert Ihre Adresse. Ich will Sie auf jeden Fall haben. Aber erst 1961 oder 62, vorher darf ich nicht. Schauen Sie sich doch erst einmal in Westdeutschland um. Das kann doch nicht schaden. Auf Wiedersehen!" Alle theoretisch möglichen Arbeitgeber - es waren eh' nur wenige - hatten inzwischen per Post oder nach einer Telefonanfrage abgesagt. Was nun?

Ein schwerer Anfang

Punkt eins: Ich musste sofort Geld verdienen. Punkt zwei: Ein Quartier in Köln, falls der WDR, meine letzte Hoffnung, sich früher als erwähnt melden würde. Also her mit den Stellenangeboten der Kölner Zeitungen. Schnell wurde ich fündig. Stahlbau Albert Liesegang in Köln-Kalk sucht dringend Autogenbrenner. Möblierte Zimmer werden bei Bedarf gestellt. Glücklicherweise hatte ich 1950 in der Schlosserlehre Autogenschweißen und -brennen gelernt. Also nichts wie hin. Mit Bruder Wolfgangs Moped fuhr ich nach Köln und erfreute die Personalabteilung der Stahlbau-Firma durch mein Vorsprechen. Keine Frage nach Zeugnissen oder anderen Papieren, nur die eine: „Können Sie schon morgen anfangen?" „Kein Problem. Aber, ich brauche ein Zimmer." „Das vermittelt Ihnen morgen unser Sozialbeauftragter." Pünktlich um sieben Uhr meldete ich mich zum Dienst. Vom Meister erhielt ich Blaumann, Lederschürze, Stulpenhandschuhe, Helm und die blaue Schweißerbrille. Der Vorarbeiter erklärte mir den Arbeitsablauf und wo ich welches Werkzeug finden würde. In der Mittagspause erwischte ich den Sozialbeauftragten. „Du suchst ein möbliertes Zimmer? Wie schön! Und woher soll ich das nehmen?" „Aber laut Inserat sollte ich das durch die Firma kriegen." „Die inserieren viel, wenn der Tag lang ist." Meine Antwort: „Wenn ich heute Abend unter den Rheinbrücken schlafen muss, höre ich auf zu arbeiten." Am Nachmittag schickte er mir einen Zettel mit der Adresse Café Schmitz, Keupstraße. Dort erwartete mich ein Strohsack auf dem Dachboden. Mit mir nächtigten fünf weitere Männer, die in Köln Arbeit, aber keine Wohnung gefunden hatten. Die geldgierige Wirtin verlangte sogar Vorkasse für die erste Woche.

Als Schweißbrenner bei Stahlbau Liesegang, 1960

An meinem Arbeitsplatz standen vier Stahlböcke. Auf Handzeichen für den Kranführer an der Hallendecke wurde vor mir ein fünfmal drei Meter großes Stahlblech abgelegt, das mit weißen Linien und Kreisen die Trennstellen anzeigte. Teilstücke für Autobahnbrücken. Das vier Zentimeter dicke Blech wurde von der kleinen blauen Gasflamme zum Schmelzen gebracht und durch den hohen Druck eines Sauerstoffstrahls unter Funkenregen zertrennt. Gearbeitet wurde im Akkord, bezahlt nach Meterlängen der Trennstellen. Den routinierten Schneidbrennern war ich hoffnungslos unterlegen. Wollte ich dem Kranführer das Zeichen zum Wechseln des Werkstücks geben, guckte er demonstrativ in die andere Richtung. So verlor ich mitunter zehn Minuten Zeit und damit Geld. Niemand hatte mich darüber informiert, dass meine Kollegen dem Kranführer Schmiergelder für einen schnellen Wechsel zahlten. Untereinander wurde Kölsch gesprochen, ein Dialekt, den ich nicht immer verstand. Als Beispiel: Trecken hieß auf Kölsch ziehen, bei Gemeinschaftsarbeiten drückte ich kräftig, während alle anderen zogen. Flüchtlinge waren für die Rheinländer Parias, der Dialekt hatte dafür ein besonderes Wort: Mit „Hör ens, Pimock", wurde ich angesprochen. Gutsituierte wie Betriebsingenieure oder Konstrukteure stellten mir durchaus wohlwollend die Frage: „Und, wie gefällt es Ihnen in Deutschland?" Galt in Köln doch immer noch der alte Spießbürgerspruch: „Auf der anderen Rheinseite fängt Sibirien an." Dem Akkordtempo war ich nicht gewachsen. Verdiente nur siebzig DM die Woche. LKW-Fahrer, die bei Liesegang Schrott holten, erzählten mir, dass ihr Betrieb seine Brenner besser bezahlen würde und so wechselte ich zur Schrott- und Eisengroßhandlung Gebrüder Huppertz in Köln-Poll. Zwischenzeitlich hatte ich den Dachboden in der Keupstraße verlassen. Ich zog in die Kölner Südstadt. Im Erdgeschoss des

Hauses Darmstädter Straße 7 ergatterte ich einen zwanzig Quadratmeter großen möblierten Raum mit Mülltonnen vor den Hoffenstern. Wasser und Toilette im Flur musste ich mir mit den Mitarbeitern einer Schusterwerkstatt teilen. In Köln gab es unsägliche Wohnungsnot. Quartiere verteilte das Wohnungsamt. Selbst Familien mit Kindern mussten Jahre warten, bis sie einigermaßen untergebracht waren. Einen freien Wohnungsmarkt gab es nicht. Die Mieten waren niedrig. Zu niedrig. Und wurden streng überwacht. Es galt der Mietzinsstopp aus dem Jahre 1939. Mietwucher war unbekannt. Zu diesen Spottmieten konnte und wollte niemand Häuser bauen. Außer der Stadt. Und der fehlte das Geld. Erst als zwischen 1960 und 70 peu à peu die Mieten dem Markt überlassen wurden, fand die Wohnungsnot im kriegszerstörten Köln ein Ende.

Als Schweißbrenner mit italienischen Gastarbeitern
bei Huppertz in Köln-Poll, 1960

In den vergangenen fünfzig Jahren hat sich die Wortbedeutung verändert. Bei Wohnungsnot ging es damals um ein Dach über dem Kopf und beheizbare Räume. Heute wird dieses Wort dafür benutzt, der Schwierigkeit, bezahlbaren Wohnraum in Nähe des Arbeitsplatzes zu finden, einen Namen zu geben.

Mein neuer Arbeitsplatz war ein Freigelände am Rheinufer, das meterhoch mit Schrott bedeckt war. Von Eisenträgern über Maschinenteile bis hin zu großen

Chemiekesseln war alles zu finden. Zwischen diesen Eisenbergen fuhr auf Schienen ein Dampfkran hin und her. Mit seinen Riesenmagneten verteilte er ungetrennte und geschnittene Teile auf vorgegebene Plätze. Um zusätzlich zwanzig DM zu verdienen, meldete ich mich freiwillig, jeden Samstag diese Dampfmaschine blitzblank zu putzen. Aufgabe der Brenner war es, den Schrott auf die vorgeschriebene Hochofengröße zu bringen. Dabei wurde zwischen Kupolschrott sechzig Zentimeter lang und Langschrott ein Meter zwanzig lang unterschieden. Tag für Tag, bei Wind und Wetter, trug ich morgens meine Gas- und Sauerstoffflaschen an den Schrottberg und suchte nach geeigneten Teilen.

Stop! Die Erzählung kann so nicht weitergehen. Da zog doch einer vor vielen Jahren aus, ein Kameramann zu werden und zu sein. Und wie lief die Sache mit dem Westdeutschen Rundfunk oder möglicher anderer Wege?

Nach drei Monaten Stahlbau Liesegang nahm ich mir einen freien Tag, lief zum Friseur, reinigte und feilte meine geschwärzten Fingernägel. Außerdem musste noch mein dunkelblauer DDR-Anzug aufgebügelt werden. WDR-Chefkameramann Schmitt war erfreut. „Frau Mehnert, kochen Sie uns einen Kaffee. Wir haben Besuch von Herrn Romboy. Na, Herr Romboy, was machen Sie gerade?" „Ich bin in der Industrie." „Ach, Industriefilm, ein interessantes Gebiet. Gut, dass Sie da mal reinschauen. Ja, bei mir alles unverändert.

Inserate des gescheiterten „Adenauer-Fernsehens", 1960

Keine offene Stelle, aber, wie gesagt, ich würde Sie gerne haben. Auf Wiedersehen." In immer größer werdenden Abständen wurde im Jahr 1960 der DDR-Anzug umsonst gebügelt. „Im Moment leider kein Bedarf." Doch was war mit einem möglichen zweiten Kanal? Den Zeitungen war zu entnehmen, dass der

CDU- geführten Bundesregierung die ARD zu sozialdemokratisch war. Der WDR wurde in Bonn als „Westdeutscher Rotfunk" persifliert. Die Konservativen präsentierten eine „Freies Fernsehen-GmbH". Sendestart: 1. Januar 1961. Sofort habe ich mich schriftlich beworben, erhielt aber die Antwort „Ihre Bewerbung haben wir zuständigerweise an die Fernsehkommission der Bundesländer in Mainz weitergeleitet." Der Bundesgerichtshof hatte dem „Adenauer-Fernsehen", wie es häufig genannt wurde, die Senderechte verweigert. Die ständen nur den Bundesländern zu. Hier folgt ein Lob auf die deutsche Bürokratie: meine Mitte 1960 erfolgte Bewerbung beim „Adenauer-Fernsehen" ging nicht verloren, sondern wurde mit einer Einladung zum Personalgespräch beim ZDF im Oktober 1962 beantwortet.

Zurück zum Rheinufer. Ohne Groll zerschnitt ich weiter Schrott. Meine vier Kollegen, wie ich Unterschichtleute, hatten keine Geheimnisse voreinander. Einer war früher bei der Fremdenlegion, ein anderer vorbestrafter Gestapobeamter, der dritte ein amnestierter SS-Offizier. Nur ich log. In der DDR hätte ich in der Potsdamer Lokomotivfabrik Orenstein & Koppel gearbeitet. Film und Kameramann passten nicht zum Schweißerkollegen Manfred. Wir waren arme Teufel. In den Pausen teilten wir uns im wahrsten Sinne des Wortes die Zigaretten, die wurden in der Mitte durchgerissen. Wir vier hatten uns mit unserem Schicksal abgefunden, waren uns einig, es hätte schlimmer kommen können und sprachen vom Krieg.

Meine ungeliebte Tätigkeit war nicht ohne Lustgewinn. Die kleine blaue Flamme an die widerborstigen Stahlteile anzusetzen, um sie im Funkenregen zu besiegen, war männliches Tun und befriedigte die in allen Menschen mehr oder weniger vorhandene Freude an der Zerstörung.

Meine Flucht aus der DDR habe ich nie bereut. In der freien Welt zu leben und wählen zu dürfen, empfand ich nach wie vor als ein hohes Gut. Für meine bescheidene Karriere in der DDR hatte ich mich ständig verbiegen und verlogene Lippenkenntnisse ablegen müssen. In die Bundesrepublik hatten mich zwar Hoffnungen aber keine Erwartungen getrieben. Weder beruflich noch wirtschaftlich. Wer keine Erwartungen hat, kann keine Enttäuschungen erleben. Das Jahr 1961 war angebrochen. Beim Schein der kleinen blauen Flamme, umgeben von einem wahren Funkenfeuerwerk, hörte ich äußerlich das laute Zischen des Sauerstoffstrahls, der den Stahl brechen musste. Doch innerlich fühlte ich eine seltsame Stille. Ständig die von mir geführte blaue Flamme vor Augen, zog ich Bilanz: Meine Kinderehe – vorbei, meine Filmzeit – vorbei. Es blieb nur die Hoffnung auf ein bisschen mehr Verdienst für meine Teilhabe am Wirtschaftswunder und die meiner Eltern und meines Sohnes. Tage, Wochen und Monate vergingen, während ich weiter die blaue Flamme am Stahl vorbeizog und den Funkenregen auslöste.

Beginn und Karriere beim WDR

„Eins, zwei, drei! Im Sauseschritt läuft die Zeit; wir laufen mit." (W. Busch) Schon wieder war ein halbes Jahr ereignislos vergangen. Der Kalender zeigte den 12. Juni 1961. Ein arbeitsfreier Tag animierte mich, noch einmal den DDR-Anzug aufzubügeln und die tief verschmutzten Arbeiterhände sauber zu bürsten. Es war ein Sonntag und so ging ich zu Fuß durch die Severin- und die Hohe Straße zum Kölner Funkhaus am Dom. Walter Schmitt empfing mich mit den Worten: „Wo haben Sie bloß gesteckt? Ich brauche Sie dringend! Sie hatten vergessen, uns Ihre Telefonnummer zu geben. Auch über die Auskunft waren Sie nicht zu ermitteln." Woher sollte ich, ein Schrottarbeiter, ein Telefon haben? Der Chefkameramann kam zur Sache: Am nächsten Montag müsse er der Kölner Tagesschau-Redaktion ein neues Kamerateam zur Verfügung stellen, ohne dass er eine Planstelle hätte. Er könne mir aber folgendes Angebot machen: Gegen ein Tageshonorar von fünfundvierzig DM würde ich vorerst mit einem erfahrenen News-Kollegen für die Nachrichten filmen. Später, als allein verantwortlicher Kameramann, würde sich das Honorar auf fünfundsiebzig DM erhöhen. Sobald er eine Möglichkeit sähe, würde ich zu szenischen Produktionen im Bereich Fernsehfilm oder Fernsehspiel versetzt. Einen Vertrag könne er mir nicht geben. Das Ganze liefe unter „freier Mitarbeit". Zweiundzwanzig Arbeitstage pro Monat würde er mir garantieren. Keinesfalls schriftlich, aber auf Ehrenwort. Die gesamte technische Ausrüstung wie Kamera, Objektive, Stativ, Lampenkoffer, Tongerät und Mikrofone kämen vom WDR. Außerdem würde mir die Tagesschauredaktion einen ihrer vier Mercedes-Dienstwagen mit eingebautem Telefon zur Verfügung stellen. Mit Fahrer, versteht sich. Natürlich sagte ich zu.

Im Schein der Mittagssonne saß ich an einem Brunnen auf der Domplattform. Schockiert von diesem Angebot. Lieber Gott, lass das bloß keinen Traum sein!

Bei Gebrüder Huppertz outete ich mich als Kameramann und durfte ohne Kündigungsfrist am nächsten Tag gehen. Erster Film für die 20.00 Uhr-Ausgabe der Tagesschau war ein Bericht über die Entdeckung einer neuen Tropfsteinhöhle im Sauerland.

1961 gab es im Fernsehprogramm der Bundesrepublik nur eine weltweite Nachrichtensendung, die Tagesschau der ARD. Sie wurde um 20.00 Uhr und als Spätausgabe gegen 22.30 Uhr ausgestrahlt. Die Redaktion dieser Gemeinschaftssendung residierte in Hamburg, als eine Art Tochter des Norddeutschen Rundfunks. Eingehende Filme wurden in Hamburg entwickelt, gesichtet, geschnitten und betextet gesendet. Die verschiedenen Sender wie SFB, HR, SDR, SFB usw. filmten Tagesschauberichte für die Hamburger. Der größte und finanzstärkste Sender war der WDR. Der unterhielt eine eigene Tagesschau-Redaktion. Sie bestand aus einem Redakteur und vier Kamerateams. Dieser Redakteur schickte Tag für Tag seine Kameramänner für Filmberichte ins Land, mitunter ins Ausland und manchmal in die Welt. Diese Teams verschickten ihre Filmrollen und Tonbänder mit dem Flugzeug oder bei Aufnahmen nach Redaktionsschluss der Tagesschau mit dem Nachtzug nach Hamburg. Selten wurde in Köln entwickelt und geschnitten und nach Hamburg gesendet. Um Filme über ihre Senderketten zu übermitteln, zum Beispiel nach Hamburg, verlangte die Bundespost fünf- bis zehntausend DM. Die mit Qualitätsverlust bei den Hamburgern ankommenden Bilder wurden vom Monitor mit einer 16 mm-Kamera abgefilmt und entwickelt. Dieses Verfahren nannte sich „FAZ" (Filmaufzeichnung). Bevor es genügend Satelliten und magnetische Bildaufzeichnungsgeräte gab, war dieses Verfahren Fernsehstandard.

Wirtschaftsminister Ludwig Erhard bei der GATT-Konferenz in Genf

Inmitten der Ehrenkompanie vor dem Élysée-Palast in Paris

Der 1. FC Köln wird Meister in der jungen Bundesliga, gefilmt von der „Tagesschau", links im Bild

Ein Ehrenpolizist grüßt für mein „Tagesschau"-Schnittbild vor dem Bundespräsidenten-Sitz „Villa Hammerschmidt", Bonn

Mein langjähriger „Tagesschau"-Kollege Hans Moll mit seiner „Bolex"-Kamera und der späteren „Arriflex"-Ausrüstung

Europaweit unterwegs: mein Team-Wagen der „Tagesschau"-Köln. Rechts: Fahrer und Tonmann Neumann.

Wir, die Kameramänner, standen damals in der Tradition der seit den zwanziger Jahren existierenden Kinowochenschauen, waren keine Fernsehreporter, sondern Filmberichter, also Bildjournalisten. Ereignisse reduzierten wir auf die Bilder. Synchrone Töne wurden selten mitgeschnitten, meist nur ein Geräuschband. Filmberichte in der Tagesschau sind kurz. Zwischen dreißig Sekunden bis maximal zwei Minuten. Wir arbeiteten mit unseren Kameras nach der Devise: Und bist Du noch so fleißig, die senden nur „einsdreißig". Nach kurzer Zeit durfte ich selbständig arbeiten und konnte mich über fünfundsiebzig DM Tageshonorar freuen. Für Männer, die diesen Beruf so liebten wie ich, gab es viel zu tun. Auch an den Wochenenden war ich unterwegs. Filmenswertes an Sonn- und Feiertagen waren Ausstellungseröffnungen, Kundgebungen, Brücken- oder Autobahnstreckenfreigaben. Und natürlich der Sport. Von Fußballspielen über Pferderennen bis zu Fecht- oder Schwimmwettkämpfen. Endlich, nach so langer Pause, durfte ich wieder jeden Tag filmen. Und obendrein Geld verdienen. Es gab Monate, in denen ich dreißig Drehtage abrechnen konnte.

Stolz und glücklich fuhr ich in den nächsten Jahren durch die Lande, Belgien, Holland und Frankreich eingeschlossen. Mein Äußeres musste ich aber verändern. Der bescheidene Künstlerbart, den ich mir bei der DEFA zugelegt hatte, fiel dem Rasiermesser zum Opfer. Hochanständige Kleidung war vorgeschrieben, selbstverständlich mit Krawatte. Sonst gab es Rügen. „So können Sie nicht rumlaufen. Sie repräsentieren den Westdeutschen Rundfunk!" Für bestimmte festliche Ereignisse wie den Neujahrsempfang des Diplomatischen Corps in der Bonner „Redoute" oder EWG-Empfänge auf „Hertoginnenhof" bei Brüssel war für Journalisten Smoking vorgeschrieben. Den holten wir uns unter lästerlichen Worten bei einem Kostümverleih am Kölner Neumarkt.

Manfred Romboy für die „Tagesschau" (links).
Bundeskanzler Ludwig Erhard,
Flugplatz Köln-Bonn, militärischer Teil (rechts).

An der „Arriflex"-Kamera das 600 mm-Tele-Objektiv
für extreme Fernaufnahmen

Für jeden Einsatz erhielten wir von unserer Redaktion einen schriftlichen Auftrag, Disposition genannt. Häufig mit dem Vermerk: „Kleidervorschrift: dunkler Anzug". Das galt dann auch für meinen Assistenten und den Fahrer, der häufig Hilfsbeleuchter war. Der Status eines Fernsehteams der Tagesschau war, heute unvorstellbar, hoch, denn es gab nur eine Handvoll. Was von uns aufgenommen und von Hamburg gesendet wurde, sah jeder Fernsehzuschauer. Wir, die ARD, waren Monopolisten. Wenn, was selten vorkam, es waren dann Sonderberichte, wurde mein Name von der Ansagerin genannt oder im Nachspann erwähnt, dann erreichten mich über die WDR-Poststelle Briefe von alten Schulkameraden, ehemaligen Geliebten und entfernten Verwandten. Selbst aus den USA schrieb mir eine Elisabeth Romboy aus Florida, dass sie eine weitläufige Verwandte sei. Nach einer Aufnahmeerlaubnis wurde nie gefragt. Die Tagesschau war immer willkommen. Viele Politiker kannten ihren Tagesschau-Kameramann. Es waren ja immer dieselben. Sie pflegten vertraulichen Umgang und äußerten Wünsche wie „Bitte nicht drehen, wenn ich rauche" oder „denken Sie an mein Doppelkinn, sonst schimpft meine Frau". Der höchste Europapolitiker seinerzeit als Präsident der EWG-Kommission,

Professor Hallstein, war für mich schwer aufzunehmen. Während ich ihn filmte, erkannte er mich, kam auf mich zu, um mich per Handschlag zu begrüßen. Damit war meine Aufnahme im Eimer. Kennengelernt hatten wir uns bei einem langen Interview in seiner Wohnung, das ich für unseren Benelux-Korrespondenten Dieter Strupp filmte. Über viele Jahre waren meine WDR-Tagesschaukollegen oder ich mindestens eine Woche in Brüssel für die EWG-Berichterstattung. Unsere Kameras waren die einzigen, die ihn in Deutschland auf den Fernsehschirm brachten.

EWG-Präsident Professor Hallstein

Es waren die goldenen Jahre, bevor die Terroranschläge der RAF Deutschland auf vielen Ebenen zum Polizeistaat machten. Ein Beispiel: Wenn ich für ein kleines Ereignis – der neue Botschafter Uruguays machte seinen Antrittsbesuch beim Bundeskanzler - angemeldet war, passierte ich mit meinem Assistenten mit dem Ruf „die Tagesschau!" unkontrolliert das Hauptportal zum „Bonner Palais Schaumburg". Meine Legitimation: die Kamera auf der Schulter. Der Bundesgrenzschutzmann am Palais-Eingang mit „Wehrmachtsstahlhelm" und „Knobelbechern" salutierte kurz und wir gingen ins Sekretariat. Ich bat, früher in den Raum zu dürfen, um Steckdosen zu finden. Des Kanzlers Sekretärin klopfte an einer Tür, um zu fragen. Es war Dr. Adenauer, der am Schreibtisch saß und uns begrüßte. Er fragte, ob er beim Lichtaufbau an seinem Schreibtisch stören würde, was wir mit einem überhöflichen „nein, nein, nein" beantworteten. Die Aufnahme dauerte dann gerade mal eine Minute.

Bonner Sitz des Bundeskanzlers, „Palais Schaumburg"

Orts- und Zeitwechsel. September 1962. Tagung der Sozialistischen Internationale in Amsterdam. Am Rednerpult der SPD-Vorsitzende Erich Ollenhauer. Fünfzehn Meter vor ihm meine Kamera, es war die einzige im Saal. Wie üblich, hatte ich vorher sein Redemanuskript erhalten. Hamburg hatte entschieden, nur den Teil „Jugend und Europa" zu senden. Auflage: Unser Bild- und Tonmaterial erreicht die 14.00 Uhr-Maschine Schiphol-Hamburg. Mein Problem: Ollenhauers Rede fing erheblich später an. Mir lief die Zeit weg.

Der SPD-Vorsitzende Erich Ollenhauer

Verzweifelt wandte ich mich an den Pressemann der SPD, doch der zuckte nur mit den Schultern. Meine Verzweiflung steigerte sich zur Not. Auf die Rückseite meines Berichtsblocks schrieb ich ganz groß mit Filzschreiber „Herr Ollenhauer, wenn Sie nicht innerhalb der nächsten Viertelstunde über Jugend in Europa sprechen, können wir Ihre Rede nicht senden. Unterschrift: Tagesschau Hamburg." Langsam ging ich ungehindert zum Rednerpult und legte meinen Zettel oberhalb seines Manuskriptes ab. Nach zehn Sekunden unterbrach Ollenhauer seine Rede und sagte den sicher tausend Delegierten. „Das Deutsche Fernsehen bittet mich, meine Gedanken zur Jugend in Europa vorzuziehen. Sind Sie einverstanden?" Leichter Applaus goutierte seinen Wunsch. Ich konnte drehen und Hamburg um 20.00 Uhr senden.

Meine von der Reichspolizei ausgestellten Sonderausweise für die verschiedenen Schauplätze der Silberhochzeitsfeierlichkeiten der niederländischen Königin Juliana

Gruppenfoto der „Silberhochzeiter". V.l.n.r.: Königin Elizabeth II., Schah von Persien, Königin Juliana und Prinz Bernhard der Niederlande. Rechts außen Farah Diba von Persien.

Orts- und Zeitwechsel. Mai 1962. Ein Großereignis. Königin Juliane der Niederlande und Prinz Bernhard zur Lippe-Biesterfeld feiern in Amsterdam ihre Silberhochzeit. Wenig zu tun für die Filmkamera der Tagesschau. Alle wichtigen Ereignisse werden von dutzenden Videokameras weltweit übertragen. Illustre Gäste waren gekommen: Elisabeth II. mit ihrem Gemahl Prinz Philip, der Schah von Persien mit seiner Frau Farah Diba, König Baudouin mit Frau Fabiola und andere Vertreter des Hochadels. All' die Figuren, die ständig die Farbseiten der Yellow Press bereicherten, konnten hier in natura bewundert werden. Verschont von Live-Kameras hatten sich alle bei warmem Mai-Wetter im Garten des Hotels Keukenhof zum Smalltalk versammelt. Endlich lohnende Motive für die wenigen handverlesenen Filmkameras der Kinowochenschauen und des ausländischen Fernsehens. Vor Ort verkündete der Pressemann des Königshauses: „Auf Befehl der Königin dürfen keine Journalisten den Garten betreten." Wir wurden hinter eine kniehohe Mauer verbannt, viel zu weit weg für brauchbare Bilder. Obendrein war es nicht gestattet, Stative aufzustellen. Was half's, es war ein Befehl der Königin. Unser einziger Bewacher: der Pressesprecher. Langsam füllte sich der Garten mit den hochkarätigen Gästen und wir füllten uns mit Frust. Dann sahen wir zwischen den Gästen einen Kameramann des niederländischen Fernsehens bei der Arbeit. Exklusiv.

Es ergab sich nach Minuten, dass Prinz Bernhard in Rufweite kam. Ich schrie: „Prinz Bernhard, Deutsches Fernsehen!" Als er sich zu mir umwandte lief ich, verfolgt von dem Pressesprecher, zu ihm und stellte mich als Tagesschau-Mann vor und beklagte die Exklusivverlaubnis für die Holländer. Fünf Meter von uns entfernt hielt der Pressesprecher respektvollen Abstand. Die Königin kam zu uns, Prinz Bernhard stellte mich und mein Anliegen vor. Sie genehmigte unsere Anwesenheit und sagte zu mir: „Aber pass auf, dass Deine Jungs keinen Unsinn machen." Der Pressemann beeilte sich, die anderen zu holen. Zehn Jahre später hätten mich Sicherheitsleute spätestens nach dem Sprung von der Mauer zu Boden geworfen. Sicher wäre meine Kamera zu Bruch gegangen. Doch es waren andere Zeiten. Man vertraute einander. Nach dem Gespräch mit dem Königspaar war ich zutiefst über meine Initiative verwundert. Privat neigte ich dazu, Widerständen aus dem Weg zu gehen statt hartnäckig meine Interessen zu vertreten. Mitunter war ich schüchtern, fast bescheiden. Bis ich begriff, dieser Bravourritt kam nicht von Manfred Romboy. Ich handelte als „Herr Tagesschau".

Die Reste meiner Bescheidenheit, die ich über die Jahre retten konnte, veranlassen mich, die Kirche im Dorf zu lassen. Arbeit für die Tagesschau bedeutete nicht, von Großereignis zu Großereignis zu eilen; der Alltag eines Nachrichtenfilmers sah anders aus. Über Jahrzehnte filmte ich dutzende von Hausrat-, Möbel-, Fahrrad-, Foto- und Modemessen. Dutzende von Ausstellungen, Parteitagen, Wahlkämpfen, Gewerkschaftstagen, Streiks, Zechenöffnungen und deren späteren Abriss. Außerdem Pressekonferenzen, Staatsbesuche, Demonstrationen und alle nur möglichen Sportarten. Die Reihe der Alltagsthemen ließe

sich beliebig fortsetzen. Das möchte ich vorausschicken. Weil ich mich auf den nachfolgenden Seiten auf das Besondere beschränken muss. Zeit, über meine WDR-Kollegen zu sprechen. Dienstältester war Theo Rausch. Bis Kriegsende bei einer Propagandakompanie in Italien. Der hatte noch Ende der fünfziger Jahre mit Redakteur Mühlbauer in Köln für Hamburg gedreht. Hans Gersonde, vormals Beleuchter bei der Düsseldorfer Lichtfirma Kronemann, der über eine Tätigkeit als Assistent zum Kameramann avanciert war. Noch zu erwähnen wäre unser Mann im Ruhrgebiet mit besten Kontakten zu Kohle und Stahl: Hans Moll. Als freier Mitarbeiter arbeitete er seit 1948 für das Radio. Als das Fernsehen kam, wollte er auch daran verdienen. Doch die wollten statt Nachrichten Filme. Also kaufte er sich eine 16 mm-Kamera mit Federwerksantrieb und erklärte sich zum Kameramann. Ein sympathischer Kollege, dessen Bilder von Jahr zu Jahr besser wurden. Doch die schillernde Figur war der Baron Freiherr Thilo von Reibnitz. Ein Mann mit Vergangenheit. Als PK-Mann gehörte er zum Stab von Feldmarschall Erwin Rommel, filmte ihn in Afrika und am Westwall. Als am 20. Juli 44 das Stauffenberg-Attentat auf Hitler verübt wurde, befand sich Reibnitz zufällig in der Fernschreibzentrale des Oberkommandos des Heeres im Berliner Bendler-Block. Wegen seiner vermeintlichen Nähe zu den Attentätern wurde er verhaftet, überlebte das Kriegsende und wurde Kameramann für die „Fox Tönende Wochenschau". Dann holte ihn sich die NBC New York als Kamerakorrespondenten für Nahost und Beirut. Von dort kam er zum WDR. Legende: Seine blumigen Erzählungen, die immer mit den Worten begannen: „Als ich noch in Beirut war..." Für unsere Nachgeborenen: Die Propagandakompanien der Wehrmacht waren keine Hochburgen des Nationalsozialismus. Zu den verschiedenen PKs wurde man einberufen. Zu ihr abgeordnet wurden Zeitungsredakteure, Rundfunkreporter, Filmregisseure, Kameraleute, Fotografen, Schriftsteller, Graphiker und Kunstmaler. Bedeutende Persönlichkeiten der Nachkriegszeit in Ost und West hatten eine PK-Vergangenheit. Der Stern-Verleger Henry Nannen, der ZDF-Intendant Karl Holzamer, der zeitgeschichtliche Erfolgsautor Jürgen Thorwald und viele andere Journalisten. Das galt auch für die DDR, zum Beispiel für den mehrfachen Nationalpreisträger, den DEFA-Starkameramann Werner Bergmann. Die Generation unserer demokratischen Wohlstandsenkel belehrt uns. Jeder, der in seinem Beruf weitergearbeitet hatte, stützte das Regime von Diktatoren, von der Diätköchin bis zum Klaviervirtuosen. Um sich einer Zusammenarbeit mit Massenmördern wie Adolf Hitler, Josef Stalin oder Mao Tse Tung zu entziehen, hätten sich achtzig Millionen Deutsche, zweihundert Millionen Sowjetbürger und in China eine Milliarde Menschen in Bewegung setzen müssen, um zu emigrieren. Was für eine Völkerwanderung!

j-meinungsfreudig

richten   G 5177 A – Ausgabe K

Freitag, 24. Juni 1966
15. Jahrg. Nr. 144 Preis 30 Pf

Die große Stunde des kleinen Bergarbeiterfunktionärs

Auf einmal kniet einer vor ihm, reißt die Kamera an das eine und kneift das andere Auge zu, stellt scharf ein, macht ihn zum Mittelpunkt, hebt ihn surrend aus der Masse — und am Abend wird dieses eine Gesicht unter Hunderten dann von der Mattscheibe flimmern: Bergarbeiter-Funktionärskonferenz in Dortmund.
Foto: dpa

Die Anwesenheit der „Tagesschau", berichtenswert für die Printmedien

Ende 1962 übernahm Rundfunk-Urgestein Hans Jesse die Kölner Tagesschau-Redaktion. Nach dem Abgang seines Vorgängers Mühlbauer hatten wir monatelang mit unserer Disponentin Gisela Volkenborn alleine gewurschtelt. Jesse erkannte Erneuerungsbedarf und engagierte im Verlauf des Jahres 1963 zwei neue junge Reporter. Als ersten Heiko Engelkes, der kam vom Rundfunk, als zweiten Fritz Pleitgen, vorher Volontär und Lokalreporter bei der Freien Presse in Bielefeld. Für beide war es von Vorteil, mit mir zu arbeiten, einem Kameramann mit sechs Jahren Film- und zwei Jahren Tagesschau-Erfahrung. Mein Vorteil: Sie brachten frischen Wind in die Redaktion. Ihnen verdanke ich viele interessante Auslandsreisen der nächsten Jahre.

Zu den besonderen Erlebnissen der letzten Wochen im Jahr 1962 gehörte eine Begegnung der besonderen Art mit Dr. Adenauer. Mir war genehmigt, den Beginn einer Kabinettssitzung im Palais Schaumburg zu filmen. Dafür waren maximal fünf Minuten vorgesehen. Mit bösem Gesicht mahnte der Pressereferent, aufzuhören. Im Schließen der Tür sah ich eine vom Assistenten vergessene Lampentasche, sprintete nochmal in den Raum und fiel prompt über eine Teppichkante. Nun lag ich vor den Füßen des Kanzlers. Reaktionslos, mit einem dummen Gesicht. Erst als Adenauer aufstand und mir hoch half, löste sich der Überraschungskrampf. Adenauer sah meine rote Krawatte und witzelte: „Auch noch ein Sozi. Ob das deine Genossen freut, dass du dich mir zu Füßen gelegt hast?"

Kulturschock Paris

Am 26. Oktober 1962 wurde ich für eine Woche nach Paris geschickt. Es ging um das Referendum de Gaulle. Schon die Anfahrt ein Abenteuer, das zwölf Stunden dauerte. Ab Aachen gab es bis Paris keine Autobahn. Wir fuhren auf Landstraßen, die mit „Route nationale" gekennzeichnet waren. Zweimal mussten wir unsere Film- und Tonausrüstung ausladen. Erst beim belgischen, dann beim französischen Zoll. Jede Objektivnummer wurde mit unseren deutschen Zolllisten verglichen.

Mein langjähriger Fahrer und Tonmann Hans Neumann, der mich zwölf Jahre lang mit dem „Tagesschau"-Mercedes durch halb Europa chauffierte

Das „Tagesschau"-Team: Kameramann Romboy und Assistent Yazdi 1963 in Paris

Von mir fotografiert: „mein Paris" zu Beginn der sechziger Jahre

Am Steuer unseres Dienst-Mercedes mein Fahrer Hans Neumann, genannt „der Schnäuzer", weil unter seiner Nase ein kleines Bärtchen gewachsen war. Auf dem Rücksitz, meist fotografierend, mein persischer Assistent Mansour Yazdi. Neben Neumann saß ich. Auf dem Schoß Straßenkarten und Autoatlanten. Nirgends war Paris beschildert, immer nur die nächste größere Stadt. Stunden um Stunden ging die Fahrt durch ödes Flachland und heruntergekommene Dörfer. Glücklicherweise war nur wenig Verkehr. Dann, immer mehr Autos, der Stadtrand von Paris. Es ist mir heute noch ein Rätsel, wie ich es geschafft habe, unseren Wagen mit Hilfe des Stadtplans von Paris zu unserem Hotel zu lotsen. Der Abend, ein Kulturschock. Vor dem Abendhimmel die Silhouette des Eiffelturms, vor dem Arc de Triomphe mit der großen wehenden Trikolore ein Lichtermeer von Autos und Neonwerbung. Nur langsam dämmerte mir: Der Manfred aus der Ostzone steht tatsächlich mitten in der Weltstadt Paris, während seine Eltern, Freunde und Kollegen seit 1961 hinter einer Mauer eingesperrt waren. An Schlaf war nicht zu denken. Jedes Geschäft, jedes Kino und jede Gasse musste inspiziert werden. Am nächsten Vormittag Aufnahmen einer wahren Flut von Wahlplakaten. Es ging um den Wunsch de Gaulles, das Präsidentenamt durch Direktwahl zu bestimmen. Zur Volksstimmung interviewte mein Assistent Franz Wagenbach auf den Champs Élysées Straßenpassanten. Nachmittags Stadtbilder. Für den späten

Abend eine Verabredung mit Kollegen des Pariser Studios. Die wollten dem Paris-Neuling, der obendrein auch noch aus der Ostzone kam, Besonderes zeigen. Sozusagen als Überraschung. Mit der Metro gings zum Boulevard St. Denis. Danach bogen wir in die Rue St. Denis ein. Tagsüber war das eine lange schmale Straße mit kleinen, etwas schäbigen Häusern. Die meisten enthielten Geschäfte. Vom Fleischer über Bäcker bis zum Gemüsehändler waren alle Gewerbe vertreten. Die wenigen Etagen über den Geschäften wirkten unbewohnt. Kein Blumenkasten zierte die Simse, keine Katze lugte durch die Scheiben und keine Oma schaute nach dem bunten Treiben. Auch spielende Straßenkinder fehlten. Nach Geschäftsschluss achtzehn Uhr wurden die Läden verrammelt. Bald darauf waren viele Fenster und alle Hauseingänge erleuchtet. Es kam Leben in die Bude. Bevor Sie weiterlesen, bitte ich Jugendliche unter achtzehn Jahren und Feministinnen, das Buch wegzulegen. An die Moralisten: „Bitte erwarten Sie von mir keine sozial distanzierenden Erklärungen. Als Kameramann bin ich ein Mann des Abbildens, nicht ein Mann des Abänderns."

Die etwas schnuddelige Straße erwachte nun zu einem neuen, ihrem Nachtleben als Zentrum der Pariser Straßenprostitution. Auf sicher achthundert Metern Straße standen links und rechts vor den Hauseingängen und Schaufenstern der geschlossenen Geschäfte dicht an dicht junge bis sehr junge Mädchen und Frauen aller Hautfarben. Ein bestechend buntes Bild. Als hätte ein großes Modehaus sie aufgestellt, um die Vielfalt der Frühjahrskollektionen vorzustellen. Alle waren sorgfältig frisiert, geschminkt und vor allem schick gekleidet. Bei den Frisuren dominierte der Pferdeschwanz. Er wurde ermöglicht durch ein verknotetes buntes Tuch oder eine breite goldene Spange. Offenes Dekolleté war out. Kleider am Hals geschlossen. Blusen oder Pullover waren offenbar ein bis zwei Nummern zu klein gekauft worden, denn sie wirkten sehr straff gespannt über gewissen zarten Wölbungen. Die Zeit-Mode diktierte schmale Taille. Die wurde meist durch handbreite schwarze oder farbige Gürtel erreicht, die durch ihre Gummierung extrem verengt werden konnten. Zur Taillenbetonung trugen auch Petticoats bei. Mehrschichtige bauschige Unterröcke, die mit Rüschen oder Spitzen verziert unter den Rocksäumen hervorlugten. Damals endeten die Röcke deutlich unterhalb des Knies. In der Rue St. Denis waren viele Mädchen, eine spätere Mode vorwegnehmend, in Mini-Röcken zu sehen. Die Füße kamen nicht zu kurz. Sie wurden durch meist farbige Lederschuhe mit hohen Absätzen, Pumps genannt, bedeckt. Die Stimmung in diesem „Sündenbabel" war locker. Die „Freudenmädchen" plauderten und lachten miteinander, auch von Straßenseite zu Straßenseite, wobei Scherzworte verwendet wurden, die, so habe ich es mir sagen lassen, meist obszön besetzt waren. Französische Männer, darunter viele Soldaten aller Waffengattungen, liefen auf den Bürgersteigen dicht an den Frauen vorbei, blieben nach manchem „Allo Chérie" für einen Moment lachend stehen, um von einer Kusshand begleitet die Straßenseite zu wechseln. Anders die Touristen. Eine Minderheit. Den Schutz ihrer Gruppe suchend, gingen sie in der Straßenmitte, um verstohlen mal nach rechts und mal nach links zu starren. Sie wirkten wie ängstliche junge Hunde mit eingeklemmtem Schwanz. Wenn sich im Schutz einer Touristengruppe eine Frau in die Straße gewagt hatte, wurde sie von den Liebesdienerinnen sofort böse beschimpft. „Hey, blöde Kuh, stell' dich mit hin oder machst du's nur umsonst?" Mir bot sich ein verlogenes aber sehr reizvolles farbenprächtiges Bild. Was wäre ich beim Anblick mancher dieser Mädchen stolz gewesen, hätte ich sie als meine Freundin oder Geliebte anderen bei einem Spaziergang durch den „Bois de Boulogne" vorstellen dürfen. Es war für mich ein Rätsel, weshalb so schöne Menschenkinder in so einer Straße stehen. Viel später musste ich zur Kenntnis nehmen, dass der Nachtverdienst solcher „Bordsteinschwälbchen" dem Vierzehntageverdienst einer Fabrikarbeiterin entspricht. Für einen jungen Mann war es damals häufig eine schwierige Angelegenheit, eine Partnerin oder gar eine Sexualpartnerin zu finden. Es war kein schlechtes Gefühl, als Voyeur durch die sündige Straße zu laufen mit dem Bewusstsein, mit jeder dieser Schönen für dreißig DM aufs Zimmer gehen zu dürfen. Im Normalfall befriedigte diese Vorstellung. Natürlich befragte ich meine Pariser Kollegen, die sich so weltmännisch gaben, ob sie denn schon einmal in einer schwachen Stunde…. Alle verneinten das entrüstet. Wie auch alle anderen Bekannten und Freunde, denen ich in meinem langen Leben begegnet bin. Ein anständiger Mann tut so etwas nicht. Hat es auch gar nicht nötig. Für wen stehen dann diese armen „Freudenmädchen" immerfort nachts auf dieser Straße? Kann es sein, dass nachts UFOs landen mit kleinen grünen Männern, die sich mit diesen Frauen paaren wollen? Wer weiß?

In den nächsten zehn Jahren meiner vergehenden Jugend bin ich bei meinen Paris-Besuchen öfters durch diese bunte Vielvölkerstraße gegangen. Selbstverständlich immer nur als Voyeur. War ich doch ein anständiger Mann.

Heute würden die Mädchen der Rue St. Denis vergeblich auf Freier warten. Zwei tapferen Feministinnen ist es 2018 gelungen, durch das Parlament Geldstrafen in Höhe von eintausendfünfhundert Euro festzulegen für Männer, die zu Prostituierten gehen. Prostituierende Frauen zu bestrafen, wurde vom Gesetzgeber nicht vorgesehen. Denn „mein Körper gehört mir".

Beruf als Abenteuer

Am 13. September 1962 hatte ich mein 26. Lebensjahr vollendet. Begleitet von Erlebnissen und Ereignissen des Glücks und des Unglücks, für die manch einer fünf Jahrzehnte seiner Lebenszeit bräuchte, um gleich zu ziehen. In meiner rechten Schreibtischschublade liegt mein Berufsleben. Vierzig Taschenkalender, die Auskunft geben, was wann wo. Gestützt durch diese Eintragungen möchte ich chronologisch weiterschreiben. Nach meinen Maßstäben die Spreu vom Weizen trennen. Nur Erzählenswertes vermerken und Unwichtiges weglassen. Dabei hilft mir ein verlässliches Tagebuch. Das steht nicht schwarz auf weiß in irgendeiner Kladde, sondern ist in Bild und Ton in meinem Kopf festgeschrieben und archiviert. Nicht für alle, nur für meine Lebenszeit.

Mein Geschriebenes wird auch die Sehnsucht nach fremden Ländern und meine Affinität zu Flugzeugen und dem Fliegen widerspiegeln. Ich wollte sehen und erleben, was mir bis dahin nur aus Büchern bekannt war. Aus mir, einem ehemals feinsinnigen Jüngling, der davon träumte, durch seine gestalteten Bilder den Scheinwelten von Kinofilmen Leben einzuhauchen, war als Filmberichter ein Bildjournalist geworden.

Deutschlandflug 1963. Mitte der fünfziger Jahre hatte der deutsche Aeroclub zum ersten Mal nach dem Krieg wieder einen Deutschlandrundflug als Wettbewerb für Amateurpiloten ins Leben gerufen. Damit wurde eine alte Tradition fortgesetzt, den ersten Deutschlandflug gab es 1911. Startort war für die teilnehmenden zweihundert Sportflugzeuge Braunschweig, Zielort Nürnberg. Viele festgelegte Plätze mussten berührt werden, bis hoch zu den Nordseeinseln, erst dann ging es zurück zum Zielort Nürnberg. Zeitraum: 20. – 23. Juni. Prominentester Teilnehmer: das Fliegerass Adolf Galland. Im Rang eines Generalleutnants der Luftwaffe hatte er 1944/45

Unsere „Dornier"-Maschine „Do 27" mit dem Sonderkennzeichen „F" für Film. Die Lizenz, andere Teilnehmer zu umkreisen.

V.l.n.r.: Kameramann Romboy, Pilot Hauptmann Kölsch

mit einigen wenigen Piloten den ersten Düsenjäger der Welt, die legendäre „Messerschmitt 262" geflogen. Ich hatte das Vergnügen, in meiner Eigenschaft als „Fliegerkamerad" einige Male mit diesem sympathischen bescheidenen Mann zu sprechen.

Für die Tagesschau durfte ich den gesamten Flug begleiten. Die Bundeswehr hatte uns dafür einen Hochdecker zur Verfügung gestellt, die „Do 27". Mein Pilot war Hauptmann Kölsch, der sonst Flugkapitän eines großen Transporters war und an dieser Maschine und unseren Flugtagen genau so viel Vergnügen hatte wie ich. Für Filmaufnahmen war die „Do 27" ideal. Sie konnte in der Luft bei Gegenwind wie ein Hubschrauber stehen und auf nahezu jedem Gelände landen. Bekannt wurde die „DO 27", zebra-artig bemalt, durch Bernhard und Michael Grzimeks Film „Serengeti darf nicht sterben".
Natürlich flogen wir außer Konkurrenz. Was wir anflogen, war unsere Sache. Das große „F" an unserer Maschine stand für Film. An bestimmten Flugplätzen erwarteten mein Material Kurierfahrzeuge der Tagesschau. Der Pilot und ich waren die einzigen Insassen. Mein Assistent hatte sich nach der ersten Proberunde verabschiedet. Fliegen war nicht seine Sache. Auf dem Kopiloten-Platz war ich Navigator oder, wie es in der Fliegersprache heißt, „Franz" (sich verfranzen...). Nach einem Nato-Handbuch stellte ich die Frequenzen der Funkfeuer ein, hatte aber auch Straßenkarten zur Verfügung und so konnten wir bei Unklarheiten über unsere Position „Fahrkarten" lösen. Zuerst suchten wir Eisenbahngleise, denen wir zum nächsten Bahnhof folgten. Im Tiefflug las ich das Stationsschild, dann war der Ort im Autoatlas nachzuschlagen.

Flüsse, Schienen oder Bahnhöfe als Navigationshilfen

Trotz schlechten Wetters, Windböen, Regen und Hagel ein großes Flugabenteuer mit dramatischem Ende. Bei untergehender Sonne versperrte uns plötzlich eine Gewitterfront den Weiterflug nach Nürnberg. Wir versuchten erfolglos, sie links und rechts zu umfliegen. Gewitter mit Blitzen unterbrachen unseren Funkverkehr. Langsam wurde es dunkel, aber es war uns nicht möglich, den auf einer Karte vermerkten Notflughafen zu finden. Hauptmann Kölsch flog in Spiralen immer höher und gemeinsam suchten wir das Blinklicht des Platzes. Langsam wurde es kritisch. Viel Sprit stand uns nicht mehr zur Verfügung. Doch da, links gleich hinter dem Wald, ein deutliches Blinklicht. Nichts wie hin. Eine große beleuchtete Landebahn erwartete uns. Mit „Mayday"-Rufen über Funk baten wir den stockdunklen Tower um Landeerlaubnis. Keine Antwort. Mit der Signalpistole schoss ich ein Notfallzeichen in Richtung Tower. Wieder ohne Antwort. Kölsch musste landen. Im beginnenden Regen stellten wir uns neben eine geparkte viermotorige „Herkules", die außer ihrer Tarnfarbe den weißen Stern zeigte. Während wir wegen zu erwartender Gewitterböen unsere „Do" an vorhandenen Stahlringen festzurrten, kam ein Jeep. Ein freundlicher afroamerikanischer Heeressergeant half uns dabei. Sehr wortkarg akzeptierte er unseren militärischen Notfall, denn das Eiserne Kreuz an unserer „Do" zeigte ihm die Waffenbrüderschaft der NATO. Er fuhr uns zum Kaffeeautomaten, stellte Kekse hin und wies uns einen Schlafraum zu. Er verweigerte uns jeden Kontakt zu seinen Vorgesetzten mit den Worten: „Only tomorrow morning." Beim Frühstück mit dem Kommandanten erfuhren wir folgendes: Unser Notlandeplatz gehörte nicht zur Air Force, sondern zum Heer. Der Tower war nur besetzt, wenn eine Heeresmaschine ins Haus stand. Eine erwartete Maschine wurde aber wegen des Gewitters nach Frankfurt umgeleitet. Also gingen die Tower-Leute in ihre Quartiere, sorry, dabei hatten die vergessen, die Pistenlichter auszuschalten.

Auf dem Weg nach Afrika

Noch in der DDR, 1959, hatte ich sie gesehen: Grzimeks abendfüllende Dokumentarfilme „Serengeti darf nicht sterben" und „Kein Platz für wilde Tiere". Die Wahrscheinlichkeit, jemals den „dunklen Kontinent" zu betreten, lag bei null. Meine Neugier auf Afrika bei hundert. Nun, am 1.Oktober 1963, saß ich in einer „Boeing 707" der Lufthansa auf dem Flug über Athen nach Kairo und weiter mit der BOAC über Khartum nach Nairobi. Heiko Engelkes, einer der beiden jungen Reporter, die zu uns in die Tagesschau gekommen waren, hatte diese abenteuerliche Afrika-Reise organisiert. Außer ihm war noch mein Assistent und Tontechniker Mansour Yazdi an Bord.

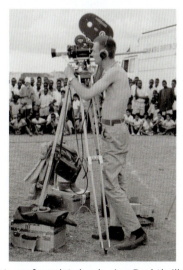

Vor der Kamera: Ein Bettelmusikant, verfremdet durch eine Drahtbrille

Reporter Heiko Engelkes vor einem
Ausstellungswagen der Wanderausstellung

Unser Hauptauftrag: ein Bericht über die vom Wirtschaftsministerium arrangierte „German Mobil Exhibition Ost-Afrika". Eine Wanderausstellung, die nicht von Pappe war. Um die fünfzig weiß gestrichene Henschel-LKW fuhren von Stadt zu Stadt, begleitet von circa hundert ausgebildeten Studenten, um die Bundesrepublik, ihre politische Haltung und die Leistungsfähigkeit ihrer Wirtschaft in aufklappbaren Ausstellungswagen vorzustellen. Kenia, britische Kronkolonie, stand zwei Monate vor seiner Unabhängigkeit. Es war geboten, sich rechtzeitig einen Platz im Bewusstsein der Afrikaner zu sichern. Der Lindwurm von LKW bestand aus Tankwagen, Wasserwagen, Wäschereiwagen, Duschwagen, Schlafwagen und Küchenwagen. In der Minderzahl die eigentlichen Ausstellungswagen. Für die Fahrt tausender Kilometer über Ost-Afrikas Straßen und Pisten musste die Ausstellung autark sein. Mitunter erkundete ein Vorkommando die Tragfähigkeit von Brücken oder die Leistungsfähigkeit der wenigen Tankstellen. Wenn wir als nicht enden wollende Kolonne durch Kenia fuhren, groß den Bundesadler an den Fahrertüren, kam es häufig zu Missverständnissen. Zuschauergruppen am Straßenrand winkten begeistert. Gut für unseren Film. Weniger gut, dass viele von ihnen „Rommel, Rommel" skandierten. Uns half, dass wir ohne Ton filmten. Als die Kolonne auf der Fahrt von Kisumu nach Kitale eine Pause einlegte, waren wir plötzlich von Bewohnern eines nahen Dorfes umringt. Sofort filmte ich, was das Zeug hielt, bis ein Medizinmann alles stoppte. Meine Kamera, machte er allen klar, würde den Dörflern die Kraft aus den Knochen saugen.

Polaroid-Fotos als vertrauensbildende Maßnahme

Aufruhr! Bis ich meiner Polaroid-Kamera ein Foto des Medizinmanns entlockte und ihm überreichte. Mein Zauber hatte seinen gebrochen. Er segnete mich und alle lachten. Ich wurde ermuntert, weiter zu filmen. Pustekuchen. Nach der fünften Einstellung zerrten die Gefilmten an mir herum und verlangten, dass ich die Bilder rausrücke.

Für hunderte Kilometer auf roter Piste muss alles sorgfältig verpackt und gesichert werden

Mit unserem VW-Bus haben wir störungsfrei auf wilden Pisten über tausend Kilometer zurückgelegt

Giraffenherden neben der Nationalstraße Kenias – keine Seltenheit

Hungrige Dorfbewohner haben trotz Verbots eine Giraffe erlegt. Die Fleischgewinnung dürfen wir nur filmen, weil wir uns durch den deutschen Reisepass von der noch herrschenden englischen Kolonialpolizei distanzieren.

Die Ausstellungsmacher hatten uns für Fahrten durchs Land einen VW-Bus zur Verfügung gestellt. Jeder Tag ein Abenteuer. Im Busch des Kakamega-Nationalparks überraschten wir Wilderer, die zum Fleischverkauf mit Pfeil und Bogen eine Giraffe erlegt hatten. Da mein Reisepass, den ich zeigen musste, belegte, dass ich nicht zur Kolonialmacht England gehörte, durfte ich filmen.

Wegen der horrenden Kosten unserer Reise mussten wir viele Berichte für Tagesschau und Weltspiegel sowie fürs WDR-Radio liefern. Unser Material karrten wir über fürstlich zu bezahlende Fahrer einheimischer Schrottbuslinien zu den Flughäfen Kisumu, Kitale und Nairobi. Ein Ausstellungskurier brachte uns ein Fernschreiben, in dem meine Bilder getadelt wurden. Der Redaktion fehlten Palmen, Kakteen und die für Afrika typischen Affenbrotbäume. Bilder wie meine hätte man auch im Sauerland aufnehmen können. Die verlangte Flora war auf unserer Route nicht vorhanden. Also kaufte ich bei einem englischen Gärtner eine Riesen-Agave, die uns fürderhin auf dem Dach des VW-Busses begleitete. Bei Aufnahmen stellten wir sie hinter Heiko Engelkes auf einen Felsen und in weiteren Bildern war sie im Anschnitt im Vorder- oder Hintergrund zu sehen. Die Antwort aus Köln und Hamburg war: „Na bitte, geht doch!" Von mir, dem Filmberichter, wurde im ganzen Berufsleben immer erwartet, dass ich auch Klischees bediene.

Auf der Straße von Kisumu nach Kakamega passieren wir zum ersten Mal die Äquatorlinie

Auf unserer Fahrt in die „White Highlands" werden wir bei jedem Halt von neugierigen Dorfbewohnern umringt

Vor unserer Kamera sprechen weiße Farmer über grausame Erfahrungen mit der „Mau-Mau"-Bewegung und ihre Sorge um einen Platz im bald unabhängigen Kenia

Für Interviews und Bilder besuchten wir die „White Highlands", um mit den weißen Farmern zu sprechen, die mit sehr gemischten Gefühlen und nicht ohne Ängste dem Ende der Kolonialzeit entgegensahen. Um 1952 war in Kenia die Unabhängigkeitsbewegung „Mau Mau" entstanden. Die Untergrundkämpfer überfielen Plantagen, Farmen, Krankenhäuser und Elektrizitätsstationen des Hochlandes. Sie töteten und zerstörten alles, was die verhassten Weißen errichtet hatten. Später wurden auch alle Schwarzen ermordet, die mit und für die Weißen arbeiteten. Daraus entstand fast ein Bürgerkrieg, der erst gegen 1960 endete. Die englische Kolonialarmee antwortete mit unbarmherziger Härte, Anführer erwartete der Strang.

Abends am Kamin, von Farmern eingeladen, hörten wir fürchterliche Berichte von Siedlern, die ihre Nachbarn zerstückelt wiederfanden. Ereignisse, die mitunter fünf Jahre aber auch fünf Monate zurücklagen. Die Zukunft der nicht Geflüchteten war ungewiss.

Im Nachbarland Uganda filmten wir Kampalas neue Universität und am 9. Oktober die Vereidigung des ersten Präsidenten Obote. Zurück durch Kenia nach Nairobi, von dort mit dem Flugzeug in die Serengeti für einen Tourismus-Film.

Mit einer „DC 3" der African Airways fliegen wir zur Landepiste der Serengeti

Den König der Tiere filme ich sicherheitshalber von der Landrover-Plattform aus. Man weiß nie, wie er gerade gelaunt is.t

Mit Film- und Fotokamera auf den Spuren Dr. Grzimeks bei den wilden Tieren in der Serengeti

„Simba" - so heißt in Suaheli der Löwe - offensichtlich nicht in Fotolaune

Eine Löwin posiert an einer Wasserstelle vor meiner Kamera

Unbeschreiblich mein Glücksgefühl, dass ich drei Jahre nach meiner Flucht aus der DDR hier filmen durfte. Der Frankfurter Zoodirektor Dr. Bernhard Grzimek hatte hier 1958 seine Oscar-gekrönten Filme gedreht. Im Kino hatte mich das ungewisse Schicksal der afrikanischen Wildtiere berührt, auch der Fliegertod des Kameramanns Michael Grzimek. Er starb, als sein „Do 27" Flugzeug mit einem Gänsegeier kollidierte.

Weiter per Flugzeug nach Khartum. Die ARD hatte den Sudanesen einen Fernsehsender geschenkt. Dann nach Kairo. Die Lufthansa, mit der wir auf ihren Routen fliegen mussten, konnte erst für den übernächsten Tag einen Rückflug anbieten. So konnten wir privat die Sphinx und die Pyramiden besuchen. Hinter uns lagen Tage voller Erlebnisse und Abenteuer, gefühlt waren es Jahre. Solche Reisen waren für Normalbürger eine Seltenheit. Für den Hin- und Rückflugpreis hätte ich mir einen Volkswagen kaufen können. Unter der Überschrift „Kamera-Arbeit bei vierzig Grad im Schatten" war über unsere Reise auch in deutschen Zeitungen zu lesen.

Am Ende meiner ersten Afrika-Reise ging ein Kindheitstraum in Erfüllung: Ein an „Bakschisch" interessierter Aufseher zeigte mir nahe Kairo die Pyramiden von Gizeh, unbelästigt von anderen Touristen. Der Massentourismus begann erst Jahre später.

Unterwegs mit Heiko Engelkes und Fritz Pleitgen

Durch seinen Rücktritt als Bundeskanzler beendete Dr. Konrad Adenauer am 15. Oktober 63 die nach ihm benannte Ära Adenauer. Bundeswirtschaftsminister Ludwig Erhard wurde sein Nachfolger.

Es war wieder Reporter Heiko Engelkes, den ich am 19. November in Paris traf, um über den Antrittsbesuch des neuen Kanzlers beim französischen Staatspräsidenten de Gaulle zu berichten. Angesagt waren die üblichen Bilder. Kanzlerankunft im Hof des Élysée-Palastes und Shakehands mit de Gaulle am Eingang. Dann ging es weiter zum Quai d'Orsay, Außenminister Gerhard Schröder traf seinen französischen Kollegen. Am nächsten Tag Bilder von weiteren Konsultationen usw. Letzter Akt: Erhard zieht Bilanz seiner Gespräche und fliegt zurück. Für unseren „wieder einmal" Abschied von Paris wusste Engelkes ein gutes Restaurant nahe La Madeleine. Der Kellner, ein Elsässer, freute sich, mit uns deutsch zu sprechen und erzählte in den Pausen zwischen den Gängen die neuesten de Gaulle-Witze. Beim Auftragen des Hauptgangs flüsterte er „In Texas wurde Kennedy erschossen". Wir ließen es uns schmecken und warteten auf die Pointe dieses neuen Kellner-Witzes. Es gab keine. Kennedy war tatsächlich tot. Der Restaurantkalender zeigte den 22. November 1963. Nach dem ersten Schock hatten wir das Bedürfnis, journalistisch zu reagieren. An den Rotationsmaschinen der großen französischen Zeitungen drehten wir den Andruck der nächtlichen Sonderausgaben und baten Taxifahrer, Straßenpassanten und Zeitungsverkäufer um einen Kommentar. Besucher einer gerade beendeten Kinovorstellung erfuhren erst durch die Engelkes-Fragen von Kennedys Ermordung. Der gewaltsame Tod des populären Amerikaners, der als Hoffnungsträger galt, löste überall tiefe Betroffenheit aus. Vor wenigen Monaten - 2021 - stellte eine große Zeitung ihren Lesern die Frage: "Unter welchen Umständen erfuhren Sie von Kennedys Tod?" Fünfundneunzig Prozent konnten antworten. Meine Antwort hätte lauten müssen: bei einem Steak au poivre in Paris.

Das ereignisreiche 1963 zeigte in meinem Kalender noch einen wichtigen Eintrag. 19. Dezember: Staatsbegräbnis Erich Ollenhauer. Nach meiner Unterbrechung seiner Rede vor der Sozialistischen Internationale in Amsterdam hatten wir uns bei weiteren Begegnungen als alte Bekannte zugenickt.

Der neu zu uns gekommene Reporter Fritz Pleitgen. Gemeinsam mit ihm filmte ich in den nächsten Jahren für interessante Reportagen.

Fritz Pleitgen im Interview vor unserem gemeinsamen Liebling, dem „Starfighter"

1964. Zeit, über den zweiten Reporter der Tagesschau zu sprechen: Fritz Pleitgen. Uns verband Weltsehnsucht und die Liebe zur Fliegerei. Vor der Weltkarte in der Kölner Redaktion zeigten wir uns gegenseitig unsere Traumorte und berieten, mit welchem Thema wir „die Hamburger" veranlassen könnten, uns dahin zu schicken. In den nächsten Jahrzehnten konnte Pleitgen sich die halbe Welt „zu Füßen" legen, wurde für Jahre Auslandskorrespondent in Moskau, in Washington und realisierte Dokumentationen rund um die Welt. Im Verlauf der Jahre und Jahrzehnte hat „sein Affe" viel Zucker bekommen. Seine letzte WDR-Tätigkeit vor der Pensionierung: Er war Intendant.

Flugzeuge filmen, meine Leidenschaft

An der Startbahn bei der Luftfahrtschau in Farnborough beim Start der britischen Kunstflug-Staffel

Zurück zur Fliegerei. Pleitgen organisierte Begegnungen mit unseren Lieblingen. Im April konnten wir bei einer NATO-Übergabe die silberglänzenden

„Starfighter" bewundern. Am 6. September ging es für einige Tage in das fünfzig Kilometer von London entfernte Farnborough in die britische Grafschaft Hampshire. Auf einem großen Flugfeld in der Nähe dieser Kleinstadt trafen sich alle zwei Jahre Flugzeuginteressierte aus aller Welt bei der Internationalen Air-Show.

Eine unserer Pflichtübungen: das Statement mit dem deutschen Verteidigungsminister von Hassel. Zu sehen und bestaunen waren hundert Fluggeräte, vom Überschalljäger über Passagierflugzeuge und Hubschrauber bis zum Hovercraft-Luftkissenboot. Ich staunte Bauklötze. Star der Show war die „Vickers Super VC 10", das erste britische strahlgetriebene Passagierflugzeug für 212 Passagiere, das eine Höchstgeschwindigkeit von neunhundertdreiunddreißig Stundenkilometern erreichen konnte. Mein Liebling war die Lightning, ein britischer Überschalljäger. Damals ahnte ich noch nicht, dass ich Jahre später auf dem Kopiloten-Sitz einer Lightning der Royal Air Force über Deutschland fliegen durfte. Im Oktober ging es ins britische Bournemouth.

Der erste Raketenjäger der Welt, die „Me 163". Eine der letzten „Wunderwaffen" des untergehenden Dritten Reiches.

Die Britische Aircraft-Corporation stellte ihr neues Passagierflugzeug vor, die „BAC 1-11", eine Maschine, die später durch ihre zahlreichen Abstürze von sich reden machte. Weiter ging's nach Bristol. Dort war ein Modell des Überschallflugzeuges „Concorde" zu sehen. Im November begleiteten wir ein Raketenflugzeug „Messerschmidt 163" auf seinem Weg ins Münchener Museum. Die Royal Air Force hatte es im Zweiten Weltkrieg erbeutet und nun an Deutschland zurückgegeben. Gelegenheit, mit dem letzten überlebenden Piloten zu sprechen, der mir später auch sein Buch schickte: Mano Ziegler.

In den nächsten Jahren waren Pleitgen und ich Stammgäste der britischen „International Air Show" und des Pariser „Aéro Salon" in Le Bourget. Meine vielen Luftfahrterlebnisse verdanke ich den Initiativen des Reporters Fritz Pleitgen. Uns verband in diesen Jahren eine distanzierte Freundschaft. Über ihn hatte ich auch bei der Luftwaffe in Fürstenfeldbruck an einem „Jet-Passenger-Lehrgang" teilnehmen dürfen. Neben fliegerärztlichen Untersuchungen und Druckkammerbelastungen erhielt ich dort auch Trainingsstunden an den verschiedenen Schleudersitzen und eine Cockpit-Instrumentenunterweisung. Mein Ausbilder war Feldwebel Dachs, der bildhaft erläuterte, welche Schwerverletzungen bei einer Fehlbedienung des Lockheed-Schleudersitzes vor dem sicheren Tod entstehen können. Ziel der Ausbildung: der Erwerb der „Jet Passenger Licence". Ohne diesen Ausweis kein Mitflug in einem Kampfflugzeug. Bis 1970 war ich Inhaber dieses wichtigen Papiers, das alle zwei Jahre erneuert werden musste. Nahezu ein Jahrzehnt habe ich mit Pleitgen für die Tagesschau, den Weltspiegel und den Dokumentarbereich erfolgreich gefilmt. Seine Verbindung zu mir war nicht selbstlos. Ohne einen guten Kameramann können Fernsehreporter keine Meriten erwerben.

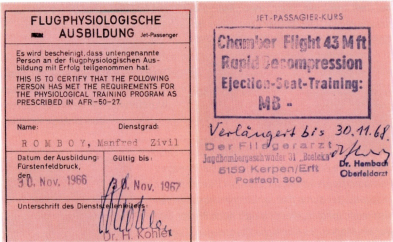

Auf der Fliegerschule der Bundeswehr in Fürstenfeldbruck durfte ich 1964 meine erste Jet Passenger Licence erwerben. Da sich im Verlaufe der Zeit die Cockpits und die Schleudersitze veränderten, musste die Ausbildung alle zwei Jahre erneuert werden.

Europastraße 6

Aus dem Filmstreifen kopiert: unser Henschel-LKW. Für Werbung war Geld vorhanden. Wir durften mit dem teuren Farbfilmmaterial drehen.

1964 bin ich das erste Mal fremdgegangen, der WDR war damit einverstanden. Der junge Regisseur Peter Kerstan hatte einen interessanten Filmauftrag an Land gezogen. Die Henschel-Werke, einer der namhaftesten Hersteller von Groß-LKW, wollten in einem Film ihr neues Modell „HS 19 TS" vorstellen. Unter dem Titel „Europastraße 6" sollte die Kamera einen solchen Wagen über dreitausend Kilometer begleiten, vom am Polarkreis gelegenen Rovaniemi in Finnland bis nach Rom. Der Streifen war als PR-Film für die Kinos gedacht, also bedurfte es einer Rahmenhandlung: Ein junger Engländer reist per Anhalter durch Europa und begegnet immer wieder dem Henschel-LKW. Das Projekt war ein Industriefilm, also war Geld vorhanden. Viel Geld. Es durfte in Farbe gedreht werden. Peter Kerstan, vorher im WDR, wusste von meiner DEFA-Vergangenheit und dass ich als einziger WDR-Kameramann jahrelange Erfahrung mit 35 mm-Farbfilm hatte.

Am 21. August starteten wir mit zwei 1500er Volkswagen in Köln. Der LKW erwartete uns in Finnland. Wir, das waren als Regisseur Peter Kerstan mit seiner Freundin, die zugleich Regie-Assistentin und Cutterin war, und ich mit

Auch Werbung muss Klischees bedienen, wie die Kopenhagener Meerjungfrau

Am Kopenhagener Schloss die Regie-Assistentin und Regisseur Peter Kerstan neben meiner Kamera

An der Kamera mein Assistent Gerd Weiß. Für die Kopieranstalt mussten Farbtafeln gefilmt werden.

Ein Radfahrer bestaunt den historisch kostümierten Posten vor dem Kopenhagener Schloss

meinem tüchtigen Assistenten Gerd Weiss. In unserem Wagen die umfangreiche Filmausrüstung, bestehend aus einer 35mm „Arriflex"-Kamera nebst Objektivkoffer, Kassetten und zwei Stativen. Zuerst ging es nach Puttgarden

In der Nähe der finnischen Stadt Rovaniemi passierte unser LKW den Polarkreis

Doppelt Lichtmessen hält besser.
Unser Schauspieler als Tramp wird per Anhalter zum Passagier.

Regiebesprechung vor unserem Prachtstück, dem Henschel-Lastzug „HS 19 TS"

zur Autofähre, die uns nach Rødby in Dänemark brachte. Von da ging es weiter nach Kopenhagen. Dort begannen unsere Aufnahmen mit Bildern der Altstadt, des Schlosses Amalienborg und natürlich der kleinen Meerjungfrau. Am 25. August Weiterfahrt in das sechshundert Kilometer entfernte Stockholm. Trotz kerzengerader Straßen in bestem Zustand und spärlichem Verkehrsaufkommen waren nur Geschwindigkeiten zwischen siebzig und hundert Stundenkilometern erlaubt. Die Gegend war dünn besiedelt, Tankstellen selten, das Fahren mit Reservekanister vorgeschrieben. Der Wettergott war nicht auf unserer Seite. Regen und Wind wechselten sich ab. Außerdem war es auch noch kalt. Wir fuhren bis Einbruch der Dunkelheit, ohne die geplante Ortschaft zu erreichen. Es blieb nur die Möglichkeit, trotz der Saukälte im Auto zu übernachten. Sobald es hell wurde, ging die Fahrt weiter. Stockholm berührten wir nur kurz. Unser Ziel war das am Polarkreis gelegene Rovaniemi in Finnland, eintausendzweihundert Kilometer von Stockholm entfernt. Stunde um Stunde langweiliges Flachland. Manchmal unterbrochen von einem kleinen Birkenwäldchen. Endlich Haparanda, Grenze und Zollstation. Unsere letzte Übernachtung in Schweden. Nun waren es nur noch einhundertzehn Kilometer bis zum Ziel. Angekommen, ging die Filmerei los: Unser Anhalter am Polarkreis, unser LKW am Polarkreis, unser Anhalter trifft auf ein Rentier, unser LKW passiert eine Brücke, unser Anhalter wohnt in einer Straßenhütte, unser LKW trifft auf Anhalter und so weiter und so fort... Gleichgültig, ob die Sonne lachte oder der Himmel weinte, es galt, das Pensum zu erfüllen. Der Umgang mit den Finnen war schwierig. Kaum zu glauben, in diesem Land sprachen alle finnisch außer uns Deppen. Doch es gab auch Gemeinsamkeiten: Die Landeswährung hieß Finnmark. Der Umgang mit den Geschlechtern war in Finnland merkwürdig. Eine Nachmittagsbesprechung in meinem Hotelzimmer – vier Männer, eine Frau – wurde vom Hotelier abgebrochen. Männer und Frauen in einem Hotelzimmer gestatte der Gesetzgeber nur Ehepaaren. Am nächsten Abend wurde für uns Männer die finnische Sauna aufgeheizt. Auf die Frage unserer Cutterin, wann sie in die Sauna könne, erwiderte der Hotelier: „Natürlich mit den Männern. Die finnische Saune kennt keine Geschlechtertren-

nung." Leider hat unsere Hübsche darauf verzichtet. Für uns, fünf junge Leute – mit meinen achtundzwanzig war ich der Älteste – war diese Filmreise pures Vergnügen. Leider musste ich die Gruppe am 5. September in Stockholm verlassen und zurück nach Deutschland fliegen. Für den 6.9. war ich für die Luftfahrtschau im englischen Farnborough akkreditiert.

Weiter für die Tagesschau

Eine togolesische Bäuerin hat Feuerholz für das Mittagessen gesammelt

„Kopflast". Offensichtlich eine Erleichterung beim Transport.

Mit dem Ruderboot zum Fischfang. Harter Einsatz für das tägliche Brot.

1965 war für mich sowohl beruflich als auch privat reich an besonderen Ereignissen. Zum Thema Entwicklungshilfe flog ich am 20.2. nach Rom und von dort über Accra und Lagos nach Lomé, der togolesischen Hauptstadt. Wieder mit Heiko Engelkes. Neben den Standardbildern von Land und Leuten zeigten unsere Aufnahmen den alten und neuen Hafen, ein Musterdorf in Palimé und eine pflanzenüberwucherte Dampfmaschine aus Togos kolonialer Verbindung mit dem Deutschen Kaiserreich. Mit dieser Kolonialzeit wurden wir täglich konfrontiert. Jeder Gullideckel und viele technische Einrichtungen waren deutsch beschriftet, ebenso die Eisenbahnschienen des unter der französischen Herrschaft nicht vergrößerten Schienennetzes. Ein alter Lehrer, in der Kolonialzeit ausgebildet, pflegte sein Deutsch über Jahrzehnte und Generationen. Seine Kinder, die Enkel und die Urenkel versammelten sich in seinem Hof und sangen für unsere Kamera „O Tannenbaum, O Tannenbaum" und „Ännchen von Tharau". Es war für mich schwer, Rührungstränen zurück zu halten. Ein alter Mann auf Lomés Straßen hörte uns deutsch sprechen und bat um fünf Minuten Wartezeit. Nach der Entfernung eines halben Dutzends Umhüllungen zeigte er stolz seine letzte Dienstmütze, beschriftet „Kaiserlich togolesische Eisenbahn". Für Engelkes und mich waren solche Begegnungen bedeutungsvoll. Hatten wir doch in Kindertagen Zigarettenbilderalben mit dem Titel „Die deutschen Kolonien" gewälzt und die ersten Afrika-Eindrücke in Büchern über deutsche Kolonialpioniere erhalten. Noch in den fünfziger Jahren stand über den Tante-Emma-Läden „Kolonialwarengeschäft". Mutter und Großmutter sagten „Kameruner", wenn von Erdnüssen die Rede war.

Früh übt sich, wer ein Fischer werden will

Heiko Engelkes im Gespräch mit einem Lehrer, der noch in der deutschen Kolonialzeit ausgebildet wurde. Seine Kinder und Enkel, etwa fünfzehn an der Zahl, sangen anschließend bei vierzig Grad Hitze für meine „Weltspiegel"-Kamera „O Tannenbaum, o Tannenbaum".

Die männlichen „Entscheider" eines Dorfes hören auf dem mitgebrachten Radio das Programm der Deutschen Welle Köln

In Togo wurde ein neuer Relais-Sender der Deutschen Welle eingeweiht, und wir arrangierten ein Gemeinschaftshören unter einer Palmengruppe. Das von uns mitgebrachte große Kofferradio haben wir selbstverständlich den Dörflern geschenkt. Weiter ging es zu den „Kamerunern" nach Jaunde. Ein Treffen mit deutschen Entwicklungsexperten war angesagt. Mich erwartete eine mittlere Katastrophe. Auf dem Flug nach Kamerun war meine Alukiste mit dem Ladegerät verschwunden. Mein Umhängeakku hatte nur noch Saft für zwei Minuten Film. „Rien ne va plus" – nichts geht mehr. Zur Verwunderung meines Kollegen brachte ich von Jaundes Wochenmarkt eine prall gefüllt Einkaufstasche mit. Inhalt: Flache Taschenlampenbatterien 4,5 Volt und blanker Kupferdraht. In Reihe beziehungsweise Parallelverbund lieferten sie für den weiteren Aufenthalt Stromstärke und Spannung für meine Kamera. Filmberichte über geplante Ziegeleibauten und den Ausbau der transkamerunischen

Reporter Heiko Engelkes und ich mit Dorfschulkindern in Kamerun

Eisenbahnen wurden doch noch möglich. Am 5. März der Rückflug in Etappen, mit innerafrikanischen Linien von Jaunde über Doula nach Lagos. Ab dort gab es Lufthansa.

Mein Kalender zeigt, dass ich am 20. März auf dem Rücksitz eines Motorrades das gesamte Radrennen Gent – Wevelgam begleitete. Zwischendurch Regen und ich im Straßenanzug. Am Ziel war ich so verfroren, dass mich Streckenhelfer ins Hotelbett tragen mussten. Abends in der Sportschau wurde getextet: „Unser Reporter Paul Müller war für Sie dabei." Richtig, der hatte mir per Telex die Startnummern der Favoriten durchgegeben.

Der „Canberra-Bomber" der Royal Airforce Germany war in der Trainer-Version mit zwei nebeneinander liegenden Schleudersitzen ausgestattet. Das Einsteigen in voller Montur nicht einfach !

Nur die „Arriflex 16 ST" war niedrig genug, um aus dem Cockpit filmen zu können. Größere Kameras kollidierten mit dem Kabinendach.

Ein turbulentes Jahr. Mitte Mai durfte ich bei Brüggen vom Copilotensitz eines „Canberra-Bombers" der Royal Air Force Aufklärungsflüge der NATO filmen.

Dann erwartete die Kameraleute der Kölner Tagesschau eine besondere Aufgabe: Vom 18. 5. bis zum 22.5. begleiteten sie den Staatsbesuch des britischen Königspaares für die Reihe „Sonderbericht Elisabeth II. in Nordrhein-Westfalen". Vor meiner Kamera standen die Royalen bei ihrer Ankunft am Kölner Flughafen, im Rathaus Bonn, im Kölner Dom und bei ihrem Besuch der Royal Air Force-Base in Gütersloh.

Am 16. Juni hatte ich wieder einmal das große Vergnügen, den Air-Salon in Paris zu besuchen. Vom 28.6. bis 3.7. wurde ich Hofberichterstatter. Auf Schloss Soestdijk wurden als frisch Verlobte Beatrix, Prinzessin der Niederlande und Claus von Amsberg, ein deutscher Diplomat, den Film- und Fotojournalisten vorgestellt. Danach mussten sie am 29. in Den Haag der Ersten und Zweiten Kammer des niederländischen Parlamentes Rede und Antwort stehen. Amsberg war umstritten. Von ihm, Jahrgang 26, gab es Fotos in Wehrmachtsuniform. Bei der Rundfahrt der Verlobten durch Amsterdam war mitunter der Ruf „Heil Hitler" zu hören und einige kritische Amsterdamer hoben den rechten Arm zum „Deutschen Gruß".

Bei der umstrittenen Verlobung der Prinzessin Beatrix der Niederlande mit dem Deutschen Claus von Amsberg durfte ich auf Schloss Soestdijk das junge Paar filmen

Die Anzahl der Pressevertreter war streng limitiert

Ein alter deutscher Spielfilm hatte den Titel "Es fing so harmlos an". Am 16. Juni fuhr ich mit Fritz Pleitgen geschniegelt und gebügelt im dunklen Anzug und passender Krawatte nach Minden zu einem festlichen Ereignis. Ein berühmter amerikanischer Mädchenchor stand auf der Bühne. In der großen Pause ein Anruf aus Köln. "Wolkenbruch und Hochwasser im Raum Paderborn. Katastrophenalarm! Gut, dass ihr schon dort seid!" Wir verließen die schmucken Kalifornierinnen, unser Teamwagen karrte uns bis zu einer Dorfstraße, die halb unter Wasser stand. "Ende der Fahnenstange." Trotz der Dunkelheit sahen wir Dörfler aus den Fenstern um Hilfe winken. Es war für uns Chronistenpflicht, weiter zu machen. Langsam gingen wir in Richtung Dorf. Er, die Akkulampe, ich die Kamera über den Kopf haltend. Als wir zu filmen anfingen, stand uns das glücklicherweise warme Wasser bis zur Brust. Wir drehten die Bergung Gefährdeter aus ihren Häusern und die Befreiung von Kühen aus dem überfluteten Stall. Als der Morgen dämmerte, setzte uns ein Schlauchboot des Technischen Hilfswerks irgendwo an Land. Ein Wegweiser zeigte uns ein nahes Dorf. Pleitgen, der Ostwestfale, wusste, wo wir waren. Und dass in diesem Kaff eine ehemalige Freundin wohnte. Fünf Uhr morgens standen zwei Männer in nassen verdreckten Anzügen vor ihrer Tür. Die Gute kochte uns Tee und während wir in Unterhosen auf ihrer Couch saßen, trocknete sie die Anzüge. Bald stand unser Teamwagen vor der Tür. Schließlich war die "Tagesschau" mit Autotelefonen versehen.

Die englische Königin Elizabeth II. und Prinz Philip
auf ihrem Deutschlandbesuch im Mai 1965

Was für ein wunderbares Jahr. Der „kleine Manfred" aus der Ostzone war endgültig im Westen angekommen und hatte nach bestandener Prüfung ein todschickes Auto gekauft. Elftausend DM, damals sehr viel Geld, hatte der 1500er Karmann Ghia, ein Zweitürer, gekostet. 146 Kilometer Spitze zeigte sein Tachometer. Die Farbe: ein zu Türkis neigendes Blau. Das Dach glänzte in Elfenbein. „Miezenaufreißer" nannten wir Flegel schöne und seltene Autos.

Obwohl Fahranfänger, musste mein erstes Auto fabrikneu sein. Der 1965 von VW vorgestellte Karmann-Ghia 1500 galt mit 150 km Spitzengeschwindigkeit damals als Sportwagen. Für die Mitfahrt meines schnell wachsenden Sohnes wurde er bald zu eng. Mein Trennungsschmerz war groß.

Durchaus erwähnenswert: Am 10. und 11. September durfte ich für die Tagesschau in Westfalens Hauptstadt Münster den Auftritt der Rolling Stones filmen. Am 19. September stand vor meiner Kamera Bundeskanzler Erhard bei der Stimmabgabe zur Bundestagswahl. Ich gehe davon aus, dass er CDU angekreuzt hatte, bevor er, von vielen Fotografen begleitet, seinen Stimmzettel in die Urne warf. Das Ergebnis: CDU und SPD mit über zwölf Millionen Wählerstimmen Kopf an Kopf. Die CSU schaffte über drei Millionen, die FDP erhielt knapp zweieinhalb Millionen.

Zum ersten Mal in Amerika

Von den einen geliebt, von den anderen verflucht:
der Lockheed F 104 G „Starfighter", um 1964

Als Gäste der Bundeswehr: Luftfahrtjournalisten beim Hersteller und den
Ausbildungsplätzen in den USA, 1965

Im Februar 1960 hatte die Bundeswehr ein neues Kampfflugzeug in Dienst gestellt, die Lockheed F 104 G, „Starfighter". Eine als Abfangjäger konstruierte Maschine, die eine doppelte Schallgeschwindigkeit erreichen konnte. Schon die Anschaffung war umstritten. Verteidigungsminister Franz-Josef Strauß wurde heftig kritisiert. Als 1962 durch einen Pilotenfehler vier Maschinen einer Kunstflugstaffel und ihre Piloten verlustig gingen, war das ein böses Omen. Als Ergebnis vieler Fehlentscheidungen kam es zu weiteren Abstürzen, Zeitungen erfanden für die F 104 die Bezeichnung „Witwenmacher". Höhepunkt der Misere: 1965 waren siebenundzwanzig Abstürze mit siebzehn toten Piloten zu beklagen. Was waren die Gründe? Der Maschinentyp, die Verwendung oder die in den USA stattfindende Ausbildung? Die Medien warteten auf Antworten. Das Verteidigungsministerium saß in der Klemme. Anfang Oktober 65 erging an Luftfahrtjournalisten der großen Zeitungen und Magazine, verschiedene Industrievertreter und Militärs die Einladung zu einer Informationsreise in die USA. Termin: 6. – 22.11. Vorgesehenes Programm: Besuch von Produktionsstätten der amerikanischen Luftfahrtindustrie, vor allem der Lockheed-Werke, Hersteller des „Starfighters". Außerdem war vorgesehen, die in den USA liegenden Flugplätze zu besichtigen, auf denen die Ausbildung deutscher Piloten stattfand. Für uns, die einzigen TV-Leute, die an der Reise teilnahmen, hatte Fritz Pleitgen vereinbart, dass wir nicht am gesamten Programm teilnehmen mussten, damit uns Freiräume für andere Reportagen blieben.

Damals schon nicht mehr taufrisch: die viermotorige Bundeswehr-Maschine „DC 6"

Schon der Hinflug ein Abenteuer. Startpunkt: der militärische Teil des Flughafens Frankfurt am Main. Unser Flugzeug: eine viermotorige Douglas „DC-6B" aus den späten fünfziger Jahren. Kein Gedanke an Nonstop Frankfurt-New York. Wir flogen die alte klassische Route. Zuerst zum Flugplatz Shannon in Irland. Dort wurde noch einmal aufgetankt für den Flug zum legendären Flugplatz Gander auf der kanadischen Insel Neufundland. Dreitausend Kilometer, also neun Stunden Flug über den nordatlantischen Ozean. Im Cockpit saßen vier Personen: zwei Piloten, ein Flugingenieur und der Navigator. Oberhalb seines Platzes war eine kleine Plastikkuppel. Über dem Atlantik gab es irgendwann keine Funkfeuer mehr. Der Navigator musste „Besteck" machen, wie die Seeleute sagen. Mit einem Sextanten stand er in der Kuppel und ermittelte nach den Sternen den Standort unserer Maschine. Die Bundeswehr war nicht knausrig. Bier und Sekt wurde pausenlos angeboten. Nach Mitternacht stand ein harter Kern von Journalisten und Offizieren mit Gläsern in der Hand an der geöffneten Cockpit-Tür. Anekdoten machten die Runde. Mein Beitrag: Als ich wegen eines Verkehrsstaus den Besuch Gerhard Schröders im Quai d'Orsay verpasst hatte, fuhr ich nachmittags in sein Hotel und kam unkontrolliert bis zur Zimmertür. Ich störte beim Mittagsschlaf. Um in der Tagesschau zu erscheinen, folgte er meinem Vorschlag, im Hotelgarten Brustbilder aufzunehmen, die, mit Bildern vom französischen Außenministerium kombiniert, seine Paris-Präsenz auch filmisch belegen würden. Trotz dreißig Zentimeter Schneehöhe und nasser Hosen ging er für meine Kamera mehrmals durch die Gartenwege. Alle lachten, auch ich.

Das Lachen verging mir, als ich Ende November zum WDR-Intendanten bestellt wurde. Dort präsentierte mir Schröders Referent ein Exemplar der Boulevard-Zeitung „Mittag". Unter der Überschrift „Für das Fernsehen tut er alles" war meine Anekdote als eine Schröder-Glosse gedruckt worden. Einer der anwesenden Journalisten hatte nicht den kollegialen Anstand gewahrt. Als der CDU-Mann beleidigt das Zimmer verließ, fand Herr von Bismarck die Story lustig. Doch wenn ich weiterhin Internes ausplaudern würde, wäre mein Rausschmiss sicher.

Als wir in unserer „DC 6" genug getrunken und erzählt hatten, landeten wir gegen fünf Uhr morgens zum Frühstück in Gander. Nun waren wir nur noch eintausendachthundert Kilometer vom Zielflughafen McGuire in Lakehurst entfernt. Auf der Fahrt ins hundert Kilometer entfernte New York sprachen wir natürlich über die Lakehurst-Katastrophe. Am 7. Mai 1937 war hier der Stolz deutscher Luftfahrenthusiasten, das Luftschiff Hindenburg, explodiert und verbrannt.

Manfred Romboy und Reporter Fritz Pleitgen
1965 am Times Square in New York

Jayne Mansfield, in den sechziger Jahren
ein Broadway- und Filmstar, heute vergessen

Das erste Mal in New York. Ein Erlebnis der besonderen Art. Für das Eintauchen in diese Weltmetropole standen uns nur zehn Stunden zur Verfügung. Trotzdem schafften wir das Wichtigste: eine Fahrt mit der Fähre zur Freiheitsstatue, die Besichtigung der wichtigsten Wolkenkratzer, einen Gang durch den Central Park und das obligate Broadway-Foto. Shopping war nicht vorgesehen. Eine DM war in New York gerade mal 25 Cent wert. 18.30 Uhr startete unsere Maschine nach Dallas in Texas.

Kameramann Romboy und Reporter Pleitgen in Dallas (Texas)

Ungesichert, wie hier im Bild, fuhr der US-Präsident auch durch Dallas. Leichtes Ziel für einen Scharfschützen.

Der Texas-Schulbuchverlag in Dallas.
Hinter seinen Fenstern lauerte der Kennedy-Mörder Oswald.

Kurz vor Erreichen dieser schützenden Brücke trafen die tödlichen Schüsse
den US-Präsidenten John F. Kennedy 1963

Für den nächsten Tag waren Aufnahmen in den Bell-Hubschrauberwerken vorgesehen. Durch den zwei Jahre vorher verübten Mord an John F. Kennedy war der Name dieser Stadt negativ besetzt. Zur Wiederkehr dieses Tages filmten wir für die Sendung Weltspiegel noch einmal die Schauplätze. Am Gebäude des Texas-Schulbuchverlags war das Fenster markiert, aus dem Lee Harvey Oswald über ein Gewehr mit Zielfernrohr die tödlichen Schüsse abgegeben hatte, kurz bevor Kennedys Wagen unter einer Brücke in Sicherheit gewesen wäre. Wir folgten seinem letzten Weg ins Park Land Hospital und drehten in der Ambulanz, dem Sterbeort des Präsidenten.

Es folgten verschiedene Filmaufnahmen in Los Angeles und San Francisco.

Das 1927 erbaute Graumans
Chinese Theatre am
Hollywood-Boulevard in Los Angeles

Vor diesem Kino entstanden die ersten Fußabdrücke
der Filmstars des Walk of Fame

Wie schon erwähnt, im Dollar-Paradies Amerika waren wir DM-Leute arme Teufel. Unsere Übernachtungen in Mittelklassehotels erstattete anstandslos der WDR. Als Aufwandsentschädigung für die notwendigen Restaurantbesuche auf einer Auslandsdienstreise zahlte der WDR pro Tag eine Pauschale von vierzig DM. In Europa ausreichend, doch in den USA wurden daraus zehn Dollar. Genau diesen Betrag verlangten die Hotels für ihr schlichtes Frühstück. Für uns viel zu teuer. Eines unserer Hotels bot eine preisgünstigere Lösung. Vis-à-vis war ein Coffeeshop mit dem Angebot, Hefeteilchen nebst Kaffee ein Dollar. Morgens um sieben wurden die Rollos hochgezogen. Wir waren einige Tage die ersten Gäste der drei jungen hübschen Afro-Amerikanerinnen. Als wir nach der Bestellung miteinander Deutsch sprachen, amüsierte die Mädchen offensichtlich das fremde Idiom. Anlass für uns, mit den Mädchen Deutsch zu scherzen, was erneute Lachsalven auslöste. Keine Zeit für Sprachspiele – wir mussten zum Dreh. Am nächsten Morgen das gleiche Spiel. Wir waren junge Männer und keine Pastorensöhne, also warben wir unter Erwähnung der Breite unserer Hotelbetten um die Mädchen und sagten, dass wir nachts zu allem bereit wären. Erneut steckten sie die Köpfe zusammen und lachten sich scheckig. Als mein Assistent mit seinem deutschen Angebot begann, unter die Gürtellinie zu gehen, bat ich ihn, seine Sprachscherze auf den Busen zu beschränken. Plötzlich flüsterte die Älteste lachend in mein Ohr „Lass' ihn bitte weiterreden. Er spricht so interessant und ich verstehe jedes Wort". Nach Drehschluss verabredet, haben wir einige schöne Stunden miteinander verbracht. Agnes, eine kaffeebraune Schönheit mit schwarzem Kraushaar, lebte erst seit einem Jahr in den Staaten. Ihre Mutter, ein blondes bayerisches Mädchen aus der Gegend von Rosenheim, hatte vor achtzehn Jahren einen Sergeanten der US-Army geheiratet, dem sie sechs Kinder schenkte. Agnes, die Älteste, hatte in einer bayerischen Schule die Mittlere Reife bestanden. Die Familie wäre gern in Deutschland geblieben, als der Vater zurück in die USA musste. Doch Kindergeld, es ging um eintausendfünfhundert Dollar, zahlte die Army nur, wenn die Kinder mit ihrem Vater in den USA lebten. Deshalb wurde aus dem Bayernmädchen Agnes ein US-Girl.

Trotz der hohen Kopierkosten war die Glitzerwelt von Las Vegas einen Farbfilm wert

„The Mint", das berühmteste Spielcasino Las Vegas', wurde 1988 geschlossen

Für das Wochenende 13./14. November hatte unser Gastgeber, die Bundeswehr, Touristisches vorgesehen: einen kurzen Aufenthalt in der Spielerstadt Las Vegas und in Los Angeles den Besuch des Disney-Lands und der Universal-Filmstudios in Hollywood.

Auf Williams Air Force Base vor aufregenden Flügen in der „Northrop T 38"

Letzte Gespräche mit Reporter Pleitgen vor meinem Flug mit der „T 38"

Das schwierige Einsteigemanöver

Alles fertig, warum starten wir nicht?

Reporter Pleitgen fragt nach meinen Bildergebnissen

Am Montag begann der Ernst des Reporterlebens. Besichtigung und Drehs des Air Force-Flughafens „Edward Air Base", weiter zu einem Interview mit dem Konstrukteur der F 104, Kelly Johnson, und danach zur Williams-Air Force Base. Hier, im heißen wolkenlosen Arizona, erfolgte die Grundausbildung der zukünftigen deutschen Starfighter-Piloten. Nur wer alle Trainingshürden auf der zweistrahligen Northrop „T38", die es auf immerhin eintausenddreihundert Stundenkilometer schaffte, absolviert hatte, durfte eine Station weiter. Zu filmen gab es das Leben und Treiben unserer Jungs von der Luftwaffe, nicht nur der Piloten, auch des deutschen Bodenpersonals. Nachdem ich genügend Starts und Landungen im Kasten hatte, durfte ich selber ran, dank meiner „Jet Passenger Licence". Dreißig Minuten Einweisung, vor allem in die Sauerstoffmechanismen und die Bedienungsfolgen des Schleudersitzes. Start! Mein Pilot, ein amerikanischer Fluglehrer, zeigte mir die Schönheiten Arizonas, indem er im Affenzahn durch Schluchten bis zum Lake Theodore Roosevelt und zurückflog. Flugaufnahmen meiner Maschine über dem Lake verdanke ich einem Stern-Fotografen, der wie ich die Lizenz besaß und zur gleichen Zeit mit einer „T38" unterwegs war. Die nächsten Tage waren der Luke Air Force Base vorbehalten. Hier erfolgte auf einer F 104 G-T die Schulung unserer zukünftigen Starfighter-Piloten. Pleitgen und ich hatten viel zu tun. Außer den üblichen Bildern für Tagesschau und Weltspiegel erwarteten die Lokalredaktionen einiger ARD-Sender Berichte und Interviews mit ihren Piloten und Angehörigen, die aus Hessen oder Nordrhein-Westfalen kamen. Nachdem ich mich mit Starts und Landungen an der Piste ausgetobt hatte, durfte ich selber den Silbervogel besteigen. Selten und nur mit Sondergenehmigung des Verteidigungsministeriums der USA durften Zivilisten in einem Kampfflugzeug fliegen. Natürlich nur Lizenzinhaber. Für meinen US-Piloten USAF Major Durst war ich also VIP. Wie in einem super Fahrstuhl ging es blitzschnell immer höher und höher. Ich wurde in den Schleudersitz geradezu gepresst. Schnell zeigte das Instrument im Armaturenbrett fünfzehntausend Meter Höhe. Wieder in der Waagerechten, der Druck hatte nachgelassen, bewegte der Pilot zweimal hart den Steuerknüppel zwischen meinen Beinen und übergab mir mit den Worten „Sir, this is your flight" unseren „Starfighter". Was für ein Gefühl, in so einer Maschine zu sitzen, die zum größten Teil nur aus dem Triebwerk einer Art Rakete bestand. Mir war, als säße ich wie Baron Münchhausen auf der Kanonenkugel. Der Pilot genehmigte mir, eine Rolle zu fliegen. Also Steuerknüppel hart rechts, und der Silbervogel drehte sich einmal um die eigene Achse. Bei bestimmten Flugfiguren entstand für Sekunden Schwerelosigkeit. Meine dreißig Meter-Filmbüchse machte sich selbständig und schwebte vor meinen Augen in der Luft. Viel zu schnell musste ich ihm den schönen „Sternenkämpfer" zurückgeben. Meine Order war zu filmen.

Vor einem zweisitzigen Trainer-„Starfighter"
interviewt Fritz Pleitgen deutsche F104-Piloten

Startfreigabe für meinen Überschallflug

Der „Starfighter", Gegenstand heftiger Kontroversen in der Politik, ständig im kritischen Kreuzfeuer der Print- und TV-Medien - war für uns erstaunlich - Liebling derer, die ihn flogen und häufig mit ihm abstürzten: der Piloten.

Nach erfolgreichem Flug überreicht mir mein Pilot, Aircraft Commander Major Durst, die Bestätigungsurkunde

Tactical Air Command

presents

MANFRED ROMBOY

THIS CERTIFICATE IN RECOGNITION OF HIS FLIGHT WITH A
TACTICAL AIR COMMAND TF-104 G COMBAT CREW

at Luke Air Force Base, Ariz. 18. Nov. 1965

Aircraft Commander
DURST
Maj. USAF

TAC FORM 68, FEB 62

Unsere Piloten waren glücklich, statt der „lahmen Ente Fiat G 91" das edle „Rennpferd Starfighter" fliegen zu dürfen. Als Belohnung für ihre erfolgreichen Flüge erhalten unsere Piloten vom Hersteller ein Modell des Flugzeugs.

Wir, die Journalisten, waren ihre Feinde und würden nur „ständig querschießen". Für sie galt die F 104 alternativlos als bestes Kampfflugzeug der Welt und die vielen Abstürze als Pilotenfehler. „Wenn wir viel mehr fliegen dürften, würde es kaum noch Abstürze geben. Unser „Starfighter" ist wie ein edles Rennpferd, das Fehler des Reiters mit Abwerfen beantwortet."

Die letzte Nacht verbrachten wir genussvoll in New York. Dann saßen wir schon in unserer „DC 6" für die erste Etappe Lakehurst nach Neufundland. Wieder mussten die dreitausend Kilometer über dem Nordatlantik überwunden werden, bis wir im irischen Shannon zum Tanken einflogen. Von dort ging es zum Ende der interessanten Reise nach Frankfurt.

Der Zollbeamte im militärischen Teil sah sich morgens um vier Uhr nicht in der Lage, das Gepäck von fünfzig Leuten zollamtlich zu kontrollieren. Er wusste einen Ausweg. „Mir würde die schriftliche Bestätigung eines Offiziers genügen, dass nichts Zollpflichtiges im Gepäck ist." Unsere Bundeswehroffiziere passten. Ein Industrievertreter aus unserer Gruppe fragte: „Kann es auch ein General sein?" Der Zollmann salutierte: „Jawohl, Herr General" und erhielt eine persönliche Unterschrift mit dem Zusatz „General Electric USA".

Staatsbegräbnis für Bundeskanzler Adenauer

Der Berg meiner Taschenkalender fordert mich auf: „Fasse Dich kurz. Schreib' nicht über jedes Jahr, es wiederholt sich alles. Selbst große Auslandsreisen." Also 1966 weglassen? Geht nicht. Unter 19.4. steht „Adenauer tot!" Viele Stunden hatten wir am Fuße seines Hauses in Rhöndorf, einander ablösend, Tag und Nacht auf neue Nachrichten über den Einundneunzigjährigen gewartet. Dann ging seine Bundesflagge auf Halbmast und seine Ärztin bestätigte den Tod. Die Tagesschau Köln plante ihre Berichterstattung gemeinsam mit den

Kamerakollegen des Studios Bonn. Am 21.4. hatte unser Fernsehdirektor die Idee, parallel zu Schwarz-Weiß auch in Farbe zu filmen. Der Start des deutschen Farbfernsehens war zwar erst für 1967 geplant, doch der Abschied von Adenauer ein Jahrhundertereignis. Kein Problem, Romboy hat Farberfahrung. Doch ein Problem. Er hat keinen Farbfilm. Weder Agfa noch Kodak konnten sofort liefern. Rettung war die Kölner DuMont-Filmproduktion, die uns Farbfilm pumpte. Als Fernsehereignis des Jahrzehnts waren für die nächsten Tage stundenlange Live-Übertragungen geplant, wozu der WDR in halb Europa Übertragungswagen ausleihen musste. Doch aufgenommen und gesendet wurde nach wie vor schwarz-weiß. Die wichtigsten Vorgänge wurden von mir zuerst in Schwarz-Weiß und dann in Farbe aufgenommen. Vom Umfang das größte Ereignis, das ich mit meiner Kamera von Anfang bis Ende begleiten durfte. Am 22. filmte ich an Adenauers Haus in Rhöndorf. Am 23. seine Überführung in den Kölner Dom.

Flankiert von sechs Offizieren der Bundeswehr, wechselnd die Waffengattungen, stand Adenauers Sarg bedeckt mit der Bundesflagge vor dem Hochaltar. Meine Kamera filmte im ständigen Wechsel von Schwarzweiß auf Farbe die Wachablösungen und das stundenlange Defilee der Bevölkerung. Sie dankte ihm für das klare Westbündnis, das die freie Bundesrepublik stabilisiert hatte. Ihm verdankte sie die Heimkehr der letzten zehntausend Deutschen, die bis 1955 in der Sowjetunion festgehalten wurden. Auch war es Adenauers

Verdienst, eine Rückkehr der Deutschen in die Völkerfamilie erreicht zu haben. Eine schwierige Aufgabe nach zwölf Jahren Gesichtsverlustes der Deutschen, die einer verbrecherischen Regierung Völkermord und die Anzettelung eines zweiten Weltkrieges gestattet hatten. Mein Fahrer Hans Neumann hat an Adenauers Sarg Tränen vergossen. Ab 1944 war er, ein Sanitätssoldat, bis zur Befreiung durch Adenauer unter unmenschlichen Bedingungen, an denen die meisten seiner Kameraden starben, Kriegsgefangener der Sowjetunion hinter dem Polarkreis.

Tausende erwiesen im Kölner Dom dem beliebten Bundeskanzler die letzte Ehre

Vor einigen Jahren suchte ich vergeblich nach meinen Farbaufnahmen im WDR-Archiv. Niemand wusste davon und erst recht nicht wo. Glücklicherweise hat auch das Bundespresseamt dieses Ereignis in Farbe drehen lassen.

Nach Adenauer begleitete meine Kamera eine weitere Trauerfeier. Diesmal in Essen in der Villa Hügel. Dort war der am 30. Juli 67 verstorbene Alfried Krupp von Bohlen und Halbach aufgebahrt. Der letzte agierende Nachkomme des legendären Kanonenkönigs. Sechs Bergleute in ihren Traditionsuniformen hielten am offenen Sarg die Ehrenwache. Am 3. August war die Trauerfeier mit prominenten Vertretern aus Politik und Wirtschaft, an der Spitze Berthold Beitz.

1967 war ich noch zweimal mit Heiko Engelkes auf Reisen. Zuerst in Bath Maine, USA, zum Stapellauf des Bundeswehrzerstörers „Lütjens" und im November für zwei Wochen in Ankara und Istanbul, als ein Krieg zwischen den Nato-Mitgliedern Türkei und Griechenland drohte. Wegen möglicher Bombardierung Ankaras herrschte Kriegsverdunkelung. Nato-Generalsekretär Brosio, der als Schlichter nach Ankara gereist war und den Engelkes interviewte, erfuhr erst von uns den aktuellen Stand der Dinge. Die Türken hatten ihm die Telefonleitung gekappt.

NATO-Krise Griechenland – Türkei
Heiko Engelkes gibt ein Statement
über den aktuellen Stand in Ankara

Heiko Engelkes im Gespräch
mit dem türkischen Ex-Präsidenten
Ismet Inönü. Hinter ihm
das Bild seines Mentors, des
Staatspräsidenten Kemal Atatürk.

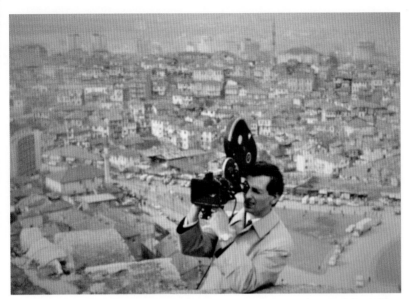

Der „Tagesschau" liegt die türkische Hauptstadt zu Füßen

Nach solchen beschriebenen Highlights gab es keine Auszeiten. Schon der nächste Tag war wieder Drehtag. Außer der monatlichen Benelux-Woche für den Korrespondenten Dieter Strupp in Brüssel war ich fast jeden Tag für abwechslungsreiche Themen in NRW unterwegs. Natürlich auch an den ereignisreichen Wochenenden und Feiertagen. Es gab Jahre, in denen ich über dreihundertvierzig Arbeitstage abrechnen konnte. Zugegeben, es ging auch ums Geldverdienen. Nach erfolgreicher Filmarbeit beim Besuch der englischen Königin beförderte mich Produktionschefin Lu Schlage zum 1. Kameramann, neue Tagesgage einhundert DM. Bei einer solchen Anzahl von Arbeitstagen gab es kaum Freiräume für Privates. Mein Leben war WDR.

Meine Freundin Karna

Das änderte sich in 1965. In unserem Brüsseler Büro hatte ich die siebzehnjährige Volontärin Karna kennengelernt, Tochter eines in Brüssel akkreditierten schwedischen Journalistenehepaars. Mich trennte noch ein Jahr vom 30. Geburtstag. Karna und ich, das passte nicht. Meine Zuneigung konnte ich solange verdrängen, bis ich merkte, sie wurde erwidert. Wir wurden ein

Liebespaar und unternahmen alles Mögliche, um für Tage oder auch nur Stunden die räumliche Trennung zu überwinden. Abends nach Drehschluss fuhr ich bei jedem Wetter nach Brüssel. Die Autostraße war dreispurig. Man überholte mittig. Autofahrer persiflierten „wer als erster bei Gegenverkehr rechts einschert, ist ein Feigling". Wie oft habe ich meine Entscheidung verflucht, zu fahren. Zumal, wenn ich am nächsten Morgen einen Dreh hatte. Jedes Mal, wenn wir uns trennten, sagte meine kleine zierliche Geliebte zum Abschied „Romboy, das mit uns, das passt nicht" verbunden mit der Frage „Wann kannst Du wiederkommen?" Das ungeliebte Brussel wurde zu meiner Lieblingsstadt. Ich sah es durch die rosarote Brille des Verliebten. Wir erlebten zwei wundervolle Jahre, in denen ich das Trauma meiner ersten Ehe kurierte. Öfters konnte Karna mich auf Dienstreisen begleiten oder umgekehrt ich sie. Inzwischen beim japanischen Fernsehen NHK beschäftigt, wählte sie mich als Kameramann für zwei Farbfilme, einmal über Luxemburg und einen zweiten über Dänemark. Trotz aller Verliebtheit sahen wir wegen der Altersdifferenz für unsere Verbindung keine Zukunft. Karna sagte zu mir „Du bist schon ein Erwachsener, aber ich will erst anfangen zu leben". Nach einer letzten Nacht haben wir auf einer Bank am Kölner Zeughaus tränenreich Abschied genommen. Sie fuhr endgültig mit dem Zug nach Brüssel. Warum fühlte ich statt Trauer, dass mir ein Stein der Entlastung von der Seele rollte? Die fürchterlichen nächtlichen Autofahrten nach Brüssel waren vorbei. Karna wurde Presseattaché an der schwedischen Botschaft in Rom, heiratete einen Italiener und bekam viele Bambini. Und wenn sie nicht gestorben ist, dann lebt sie noch heute. Vor allem in meinem Herzen.

Das Deutsche Fernsehen entdeckt die Farbe

Bundeskanzler Willy Brandt beim symbolischen Knopfdruck zum Start des Farbfernsehens, Mitte August 1967

Farbfernseher wie dieser kosteten dreimal soviel wie ein Schwarzweiß-Gerät

Das WDR-Farbstudio in Köln-Marienburg experimentierte schon Jahre vor der Einführung mit der neuen Aufnahmetechnik, links WDR-Ansagerin Sonja Kurowsky

Seit einem Jahr wurde es erwartet. Und das Für und Wider in den Zeitungen diskutiert: das Farbfernsehen. Auf der Berliner Funkausstellung im August 67 drückte Bundeskanzler Willy Brandt symbolisch auf einen roten Knopf und die deutschen Fernsehbildschirme erstrahlten in leuchtenden Farben? Natürlich nicht. Auf eine Million Fernsehzuschauer kamen gerade einmal sechstausend verkaufte Farbgeräte. Erst Ende 1967 wurden an die hunderttausend verkaufte Farbgeräte aufgelistet. Immer noch konnte nur jeder Zehnte zuhause in Farbe sehen. Grund: der Preis. Um zweitausendfünfhundert DM für ein solches

Gerät. Zum Vergleich: Der einfachste Volkswagen war für fünftausend DM zu haben. Einfache Schwarzweiß-Geräte gab es ab sechshundert DM. Anfänglich beschränkte sich das Farbprogramm auf wenige große Shows oder Live-Übertragungen. Nach dem offiziellen Programmschluss gegen Mitternacht konnten ab August 67 Besitzer eines Farbfernsehers ihr Gerät testen und abgleichen. Der WDR sendete aus seinem Farblabor in Köln-Marienburg die sich drehende Schale, in der ein Apfel, eine Birne und eine Banane in voller Farbenpracht erstrahlten. Es brauchte viele Jahre bis zum Vollprogramm in Farbe. Letztes ständiges Schwarzweiß-Programm waren die Übertragungen aus dem Deutschen Bundestag. Für Farbkameras wurde mehr Licht gebraucht und einer Verdopplung der Scheinwerfer wollte das Hohe Haus vorerst nicht zustimmen. Dass der Weg zum farbigen Tagesprogramm weit und steinig war, lag nicht an der Technik, sondern dem unqualifizierten „Herumeiern" der Entscheidungsträger. Ende der 66er auf einer WDR-Pressekonferenz hörte ich, dass jede Farbsendung besonderen farbdramaturgischen Gesetzten unterliegen würde, was von vornherein für viele Sendungen einen Ausschluss der Farbe bedeutete. Eine Tagesschau mit Filmbeiträgen in Farbe wurde für immer ausgeschlossen, auch Politmagazinen wie Monitor oder Panorama aus dramaturgischen Gründen die Farbausstrahlung abgesprochen. Ich, seit Jahren mit Farbfilm vertraut, konnte damals nur den Kopf schütteln. Voller Unverständnis, warum so viele Eierköpfe Schwierigkeiten darin sahen, unsere farbige Welt farbig ins Wohnzimmer zu bringen.

Kommunismus – eine Alternative?

Am 24. Februar 1964 verstarb mein Vater an Lungenkrebs, Folge seiner Zwangsarbeit im Uran-Bergbau der Russen im Erzgebirge. Nachdem ich im Bonner Ministerium für gesamtdeutsche Fragen erfahren hatte, dass ich auf keiner Fahndungsliste zu finden war, wagte ich die Fahrt nach Leipzig zu Papas Beerdigung. Mein Auto musste ich in Wolfsburg zurücklassen, West-Autos waren 1967 in der DDR unerwünscht. Der Personenzug nach Leipzig war nur von wenigen Personengruppen besetzt. Fast alle waren in Trauerkleidung, ein erschreckendes Bild. Ein Land, in das man nur fuhr, um Tote zu beerdigen. Viele führten Kränze mit sich. Der DDR-Zoll in Marienborn war darauf vorbereitet. Alle mussten aussteigen. Im Bahnhof stand ein Zöllner mit der Gartenschere neben einem anderen, dessen Kunststoffhandschuhe bis zur Schulter reichten. Ein Schnitt trennte den Kranz an der Oberkannte und die Arme des Handschuhträgers verschwanden in beiden Kranzhälften. Eine Frau protes-

tierte. Die Erwiderung des Zolls: „Noch ein Wort, und wir schicken Sie im Gegenzug zurück." Durch den Einschnitt hatten die Trauerkränze ihre Stabilität verloren. Mühsam brachten ihre Besitzer sie zurück in den Zug. In Leipzig bedauerte ich, ohne Kranz gekommen zu sein. Die Blumengeschäfte waren bis auf rote Plastiknelken leer. Bei Blumen-Hanisch, inzwischen enteignet, wurde mir erklärt, bei Vorlage des Totenscheines könnte man Blumenschmuck besorgen, aber nicht in zwei Tagen. In den sieben Jahren meiner Abwesenheit war meine Heimatstadt noch schmutziger und verwahrloster geworden. So leere Schaufenster gab es 1960 noch nicht. Als ich im HO-Fotoladen in der Hainstraße einen Kleinbildfilm kaufen wollte, wurde ich auf das nächste Quartal vertröstet. Nichts wie schnell zurück! Als ich in Wolfsburg in meinem Karmann Ghia saß, atmete ich durch und dankte meinem Gott, dass ich weiter im Westen leben durfte.

Für und Wider

In linksliberalen Medien wie dem Spiegel oder dem Westdeutschen Rundfunk, von den Konservativen damals „Westdeutscher Rotfunk" genannt, hatte es sich schon 1967 angedeutet: Unsere satten freien Intellektuellen hatten endlich Zeit, über alternative Gesellschaftsordnungen nachzudenken. Naheliegend: der Vergleich mit der DDR. In Ostdeutschland war die Macht der Banken und der kapitalistischen Konzerne mit sozialistischer Faust gebrochen worden. Im Gegensatz zur maroden Bundesrepublik, wo deren Einfluss immer stärker zu spüren war. Unsere „Salon-Sozialisten" fanden, die Warenknappheit in den sozialistischen Ländern wäre eine echte Alternative zum Konsumterror im Westen. Ihr Argument: Im Sozialismus wird nicht gehungert und nicht gefroren. Mehr sei nicht unbedingt notwendig. Müssen sich unsere Arbeiter wirklich verschulden, um im eigenen Volkswagen nach Italien zu fahren? Es reicht doch ein Ferienplatz im Harz oder an der Ostsee, den für kleines Geld die DDR-Gewerkschaften verteilen. Und das alles ohne Sorge um die Kinder, die ohne größere Kosten im Pionierlager sind. Schön, im Osten gibt es auch Negatives. Aber nur solange, wie diese junge Arbeiter- und Bauernmacht vom Kapitalismus bedroht wird.

In Südvietnam hatten sich die Amerikaner auf einen unglücklich geführten Krieg eingelassen. Ihr Kriegsgrund: bis hierher und nicht weiter. Ein kommunistisches Regime für Südvietnam muss verhindert werden. Die Vietkong, eine von China und der Sowjetunion ausgerüstete Untergrundarmee, versuchte, aus Südvietnam einen kommunistischen Staat zu machen. Unsere „Aktivisten" erklärten die Amerikaner zu Okkupanten und die Vietkong zu Befreiern des vietnamesischen Volkes.

Die „tapferen" 68er

Stolz trugen Demonstranten in Deutschland Bilder Lenins und Mao Tse-tungs, die Millionen Menschen auf dem Gewissen hatten, durch die Straßen. Ihr Theoretiker Karl Marx durfte auch nicht fehlen.

Wie kommt es, dass ich plötzlich über Zeitpolitik schreiben muss? Mein 68er-Kalender zeigt an fünfzehn Tagen den Vermerk „Studenten-Demo". Erster Eintrag: 1.2. Köln, letzter 18.10. Köln. Dazwischen finden sich auch Ortsvermerke wie Düsseldorf, Bochum, Münster usw. Es geht mir nicht um die Auflistung meiner Tätigkeit als filmischer Zeitzeuge. Nie freiwillig, immer geschickt von der Redaktion. Es geht um mein Entsetzen, Demonstranten zu begegnen, die voller Stolz rote Fahnen und Bilder Lenins, Liebknechts und Rosa Luxemburgs tragen. Personen, die 1919 davon träumten, aus Deutschland eine Sowjetrepublik zu machen. Überwiegend waren allerdings Porträts von Ho Chi Minh, der als Anführer der Kommunisten Nordvietnams aus der freien Hälfte Vietnams einen kommunistischen Staat errichten wollte und Bilder des chinesischen Kommunistenführers Mao Tse-tung, eines Massenmörders, der Millionen seiner Landsleute, vorwiegend der älteren, durch seine roten Garden demütigen, misshandeln und ermorden ließ. Das waren also

die geistigen Vorbilder der tapferen 68er- Studenten, deren Anführer ein politischer Wirrkopf namens Rudi Dutschke war. Ihn hatte das Pistolenattentat, ausgeführt von einem Verhaltensgestörten, in den „linken Adel" erhoben. In dieser Zeit musste ich bei den Oberhausener Kurzfilmtagen, es wurde ein sowjetischer Kurzfilm über Land und Leute gezeigt, erleben, dass die Mehrzahl der Zuschauer plötzlich klatschend aufstand. Auf der Leinwand rollten dutzende von sowjetischen Panzern mit wehenden roten Fahnen an den Kanonentürmen.

Als Flüchtling aus einer kommunistischen Diktatur konnte ich nur zitieren „Herr, vergib ihnen, denn sie wissen nicht, was sie tun". Glücklicherweise waren Verständnis und Sympathie in der arbeitenden Bevölkerung für diese Generationsaufständler gleich null. In Westberlin, das durch die Amerikaner vorm Kommunismus bewahrt blieb, warfen Straßenpassanten faule Eier und Tomaten auf diese kleine aber gefährliche Minderheit. Liest man heute über die verklärten 68er, könnte man denken, es waren viele. Nehmen wir Zahlen: Auf sechzig Millionen Bundesbürger kamen dreihundertdreißigtausend Studenten, höchstens zehn Prozent machten den Zauber mit. Bleiben dreißigtausend. Die linksliberalen Medien erweckten einen anderen Eindruck. In der Tagesschau waren bevorzugt Bilder zu sehen, in denen Wasserwerfer und Polizeiknüppel friedliche Studenten kujonierten. Der häufige Zuruf Berliner Passanten „Dann geht doch nach drüben" wurde neonazistisch interpretiert.

Als 1969 gewählt wurde, erhielten CDU/CSU fünfzehn Millionen und die SPD vierzehn Millionen Stimmen. Überwältigende Mehrheitsmeinung gegen den Kommunismus. Es gab eine nicht zufällig in Berlin herausgegebene Boulevardzeitung, die im Springer-Verlag erscheinende BILD-Zeitung, die parteilich gegen diese Studentenbewegung und ihre politischen Ziele berichtete. Die 68er antworteten mit brachialer Gewalt. Druckereien wurden verbarrikadiert und Auslieferungsfahrzeuge angezündet, gelegentlich sogar Zeitungsverkäufer geschlagen. Wir wissen um das Ende dieser deutschen „Kulturrevolution". Auf der Straße erfolglos ging der Kern in den Untergrund, ermordete Andersdenkende und finanzierte sich durch Banküberfälle: die Baader-Meinhof-Bande. Heute, nach dem weltweiten Bankrott der real-sozialistischen Systeme, ist häufig zu lesen, dass die 68er vor allem und erstmalig die Auseinandersetzung mit der nationalsozialistischen Generation ihrer Väter und der in ihrem

Namen verübten Verbrechen gesucht hätten. Keine stimmige Rechtfertigung. Mehr als ein Dutzend großer Prozesse gegen Nazi-Mörder, an der Spitze der Frankfurter Auschwitz-Prozess, hatten vor 1968 stattgefunden.

Pariser Demonstranten solidarisierten sich mit Fahnen und Transparenten mit dem kommunistischen Vietkong-Regime. Linken-Idol Che Guevara wurde allen vorangetragen.

Vielschichtiger war das Erscheinungsbild der Studentenunruhen in Paris. Reporter Heiko Engelkes, Kameramann Manfred Romboy und Assistent Hartmut Pitsch waren vom 21.5. bis 4.6. für die Tagesschau in der französischen Hauptstadt dabei. Für uns fast immer Zwölfstundentage. Vormittags An- und Abfahrt der vietnamesischen und amerikanischen Delegationen zu den in Paris stattfindenden Friedensverhandlungen. Nachmittags Großdemonstrationen der kommunistischen Gewerkschaft CGT für höhere Löhne und bessere Lebensverhältnisse. Oder Studentendemonstrationen, geführt von dem fragwürdigen Cohn-Bendit, den Engelkes des Öfteren interviewte. Wir filmten in bestreikten Automobilwerken und der von den Studenten besetzten Sorbonne-Universität. Ein für mich erschütterndes Bild: überall rote Fahnen, auch mit Hammer und Sichel, Bilder Maos und Ho Chi Minhs und der herumliegenden Mao-Bibel. Das sollen Zeichen einer Generation gewesen sein, die gegen ihre reaktionären Väter aufgestanden ist?

Nach dem Abendessen gingen wir zu bestimmten Seine-Brücken. Dort zog mit Einbruch der Dunkelheit jede Menge Polizei auf, um zu verhindern, dass Demonstranten vom Quartier Latin in die Innenstadt kamen. Verhalten der Polizei mit ihren Wagen: ganz klar defensiv. Verhalten der Demonstranten: ganz klar offensiv. Ich filmte, wie Straßenpflaster aufgerissen wurde und Pflastersteine auf Polizisten und ihre Fahrzeuge flogen. Je dunkler es wurde, um so mehr. Ich drehte einen Studenten, der hinter einer Plakatsäule hervorstürmte und mit einem Molotow-Cocktail Polizeiwagen in Brand setzte. Solche und ähnliche Bilder gelangen mir an vielen Tagen. Auch das Ende wiederholte sich gleichförmig. Gegen Mitternacht, die Provokationen hatten ihren Höhepunkt erreicht, erstürmten Polizisten die Barrikaden, ausgerüstet mit Schildern und langen Gummiknüppeln. Jeden Tag hat Engelkes unsere Bilder der Hamburger Tagesschau angeboten. Nie wurden unsere Filme gesendet. Hamburgs Interesse galt Bildern, auf denen Polizisten wehrlose Demonstranten zusammenschlagen. Es gab genügend Filmagenturen, die solches Material Abend für Abend anboten.

Abenteuer Freiballon

Die Freiballone Stuttgart und Bernina warten auf die Startfreigabe

Freiballon-Starts nach stundenlangem Gas tanken. Ein Zuschauermagnet.

Am 13. September 1964 als Gast der Ballon-Mannschaft Stuttgart zur Fahrt über Westfalen. Bundeswehrsoldaten versuchen, den Korb zu stabilisieren.

Im Freiballon in tausend Meter Höhe über dem Münsterland

Schon als Kind hatte ich von ihren abenteuerlichen Fahrten gelesen: den Ballonfahrern. In einem großen Weidenkorb stehend, an dem dutzende Sandsäcke hingen, fuhren sie im wahrsten Sinne des Wortes in den Himmel. Nicht direkt zu Petrus, aber durchaus in Höhen bis zu dreitausend Metern. In den Himmel gehoben wurde ihr Korb von einem bis zu zwanzig Meter umfänglichen Stoffballon, der mit Wasserstoffgas gefüllt war. Ballonfahrer wie der Ingenieur Berliner erstellten Rekorde. Im Frühjahr 1914 startete er in Bitterfeld bei Leipzig mit seinem Ballon „Siemens Schuckert" und fuhr nonstop Tag und Nacht in vier Tagen bis nach Kirkischan in Russland, über dreitausend Kilometer. Das Schlimmste, schrieben er und seine zwei Flugkameraden, sei die nächtliche Kälte gewesen. Die russischen Dörfler haben gewiss an Außerirdische gedacht, als nachts die unter dem Korb leuchtende Petroleumlampe über ihre Häuser zog. Einmal Ballonfahren! Diesen Kindheitswunsch konnte ich mir durch meinen wunderbaren Beruf Kameramann zwischen 1961 und 1971 mehr als einmal erfüllen. Nach meiner ersten Teilnahme an der „Eimermacher-Gedächtnisfahrt" am 8. Oktober 61 wurde ich immer wieder von Ballonkameraden zu Wettfahrten eingeladen, natürlich mit dem Wunsch, dass ihr Sport in der Tagesschau erwähnt werde.

12. Juli 1970. Die „Tagesschau" im Ballon Hanseat unterwegs von Ibbenbüren nach Uffeln. Für die 148 Kilometer benötigten wir vier wunderschöne Stunden bei Kaiserwetter.

Der Mannschaftskorb kann erst nach dem Volltanken befestigt werden

Gleich in welcher Höhe, Romboys Kamera ist immer dabei

„Morgenstunde hat Gold im Munde". Gasgefüllte Ballons müssen in den kühlen Morgenstunden befüllt werden.

England 27.8.69, 5 Uhr morgens, bei trübem Wetter aber guten Winden: Start unseres Ballons zur Fahrt nach Frankreich

Kurz nach der Landung an den französischen Kreidefelsen: unsere Notlandung im Ärmelkanal in Strandnähe. Im Vordergrund der gaslose Ballon.

Unser Kampf mit den Wellen lockte immer mehr neugierige Zuschauer an

Unser Ballonpilot erklärt, wie es nach guter Fahrt kurz vor Frankreich zu unserer Notlandung kam

Auf einer Wettfahrt, Startort Ennigerloh in Westfalen, feierte ich mit Pilot und Besatzung des Ballons „Stuttgart" am 13. September 1964 meinen 28. Geburtstag. Natürlich in tausend Meter Höhe. Die erhaltene Urkunde, dass ich aus diesem Anlass, getauft mit Sekt und Sand, zum" Grafen von Wettendorf" ernannt wurde, zeugt davon. Gasballonfahren ist ein wunderbares Erlebnis, schon durch seine Stille. Im Korb hören man in ländlichem Gebiet auch in größerer Höhe das Gackern der Hühner und das Bellen des Hofhundes. Tiefer fahrend wird man von Ruhrgebietlern mit einem „Glückauf" gegrüßt. Auch bei kräftigen Winden, das ist an Büschen und Bäumen zu sehen, herrscht im Ballonkorb Windstille. Wir gehören zu ihm. Er treibt uns vorwärts. Die Fahrtrichtung ist immer gleich der Windrichtung. Doch erfahrene Piloten wissen, dass höher oder tiefer andere Winde wehen können. Die zu benutzen kann zu einer anderen Fahrtrichtung führen. Bei Wettfahrten werden mit dem Feldstecher die Konkurrenten beobachtet. Fahren andere schneller oder in bessere Richtung, dann nichts wie hin. In deren Flughöhe ist günstiger Wind. Absolutes Rauchverbot im Ballonkorb. Aber volle Trinkfreiheit für lustige Männergesellschaften. Nach einigen Stunden kommt das Bedürfnis nach Wassererleichterung. Kein Problem. Dafür gibt es einen Trichter, dessen Schlauch unter dem Korb endet. Jeder Liter, der von Bord geht, lässt den Ballon ein wenig steigen. Vom Piloten stets begrüßt. Fahren ist leicht. Landen eine Kunst, erst recht, wenn Landwind weht. Dosiertes Gasablassen führt zum Abstieg. Doch wieviel und wann? In jedem Fall Kopf einziehen und festhalten, nicht zu früh aber auch nicht zu spät den Korb verlassen, um das Halteseil zu packen. Bei einer Fahrt in Richtung Hannover erwischten uns über dem Teutoburger Wald kalte Böen. Um Höhe zu halten, warfen wir Sandsack um Sandsack. Endlich sahen wir Flachland mit einem Dorf. Wir waren zu tief. Der Korb kappte einen Schornstein und den gleichhohen Apfelbaum. Auf einer Wiese kamen wir zum Stehen. Jemand verletzt? Alle verneinten. Ich spürte Nässe am Gesäß. Wie peinlich, habe ich mir in die Hosen gemacht? Doch die kontrollierende Hand zeigte Blutpuren. Ein Ast des Apfelbaums hatte mir ein Loch in den Hintern gerammt. Aber: Bagatellverletzung. Dramatischer meine Teilnahme an einer rekordverdächtigen Fahrt von Englands Küste nach Frankreichs Kreidefelsen. Das hatte zuletzt ein Ballon vor fünfzig Jahren geschafft. Der Grund: Nicht die Entfernung, sondern die Tatsache, dass der Wind zu neunzig Prozent von Frankreich nach Großbritannien weht. Deutsche Piloten hatten eine Idee und ich war am 27.8.69 fünf Uhr morgens an Bord. Zu Beginn eine normale Ballonfahrt für schöne Bilder. Alles ging gut. Im Anblick der französischen Kreidefelsen zwang ein kalter Wind zum Sandsackleeren. Wir landeten zu früh, tausend Meter vom Strand entfernt mit dem Korb in die Nordsee. Vom Korb durch den

Fall in die See entlastet, spannten sich erneut die Ballonseile. Hundert Meter fuhren wir weiter, dann wieder bis zu den Schultern im Wasser. Zehn Minuten lang "touch and go" bis zum Strand. Zwei Schlauchboote des Rettungsdienstes versuchten, uns zu helfen. Erfolglos. Doch dann, ein harter Aufschlag im Sand, und Ruhe. Niemand war verletzt. Meine Ballonkameraden wurden ins nächste Hotel zum Relaxen gebracht. Ich telefonierte mit unserem Paris-Studio, um meine Fahrt nach Köln zu organisieren. Die Tagesschau will mein Material. Französische Polizisten brachten mich zum Zug für eine Fahrt nach Paris. Dort wechselte ich, vorbereitet vom Studio Paris, den Bahnhof und fuhr 1. Klasse im TEE nach Brüssel. Dort wartete auf mich ein Motorradkurier, der die Filme nach Köln brachte. Wir konnten am selben Abend senden. Ein Wunder, dass man mich in Paris in den Zug gelassen hatte. Dreimal kontrollierte der Zugbegleiter mein TEE-Ticket. Im Abteil bemühten sich andere Passagiere um meinen Rausschmiss. Nach wie vor trug ich die Ballonkleidung, mit der ich bis zu den Schultern in der Nordsee gelandet war. Meine Hose und Schuhe zeigten erhebliche Sandspuren und Algenreste. Wahrscheinlich ging von mir ein deftiger Seemannsgeruch aus.

Mein Konflikt mit Herbert Wehner

Herbert Wehner im Gespräch mit WDR-Reporter Ernst-Dieter Lueg

Eine der charismatischsten Figuren der Politszene war der SPD-Abgeordnete und stellvertretende SPD-Vorsitzende Herbert Wehner. Der 1906 Geborene war ein Mann mit Vergangenheit. In der Vorkriegszeit Mitglied und Abgeordneter der kommunistischen Partei Deutschlands distanzierte er sich 1946 vom Marxismus und trat der SPD bei. Seine Gedanken und sein Einfluss führten dazu, dass aus der linken Oppositionspartei SPD eine für große Teile der Bevölkerung wählbare Volkspartei wurde. Mit Beginn der sechziger Jahre übertrug das noch junge Fernsehen Stunden über Stunden die Debatten des Deutschen Bundestages. Höhepunkte waren die Reden und Erklärungen Herbert Wehners. Der etwas skurrile kämpferische und voll engagierte SPD-Mann stand für eine Streitkultur, die es vor ihm und danach nie wieder in einem deutschen Parlament gegeben hat. Häufig musste der Bundestagspräsident Wehners Reden unterbrechen, um seine Kraftausdrücke zu rügen. So machte er aus dem Geschäftsführer der CDU flugs einen „Geschwätzführer". Der CDU-Mann Todenhöfer wurde zum „Hodentöter" ernannt und aus dem CDU-Abgeordneten Wohlrabe machte er eine „Übelkrähe". Mit großem Hör- und Sehvergnügen hatten alle, auch ich, entweder im Bundestag oder am Bildschirm die Reden des zornigen SPD-Manns verfolgt, ohne zu ahnen, dass ich eines Tages, stellvertretend für alle Journalisten, Gegenstand einer Wehner-Attacke werden würde. 1966, im Kabinett Kiesinger, wurde Herbert Wehner Bundesminister für gesamtdeutsche Fragen. Irgendwann forderte die DDR-Post einige Millionen Ausgleich für die vielen West-Pakete gen Osten, die sie vor allem um die Weihnachtszeit mit großem Aufwand zustellen musste. Der Gegenverkehr war winzig. Außer selbstgebackenem Christstollen und einigen Räuchermännchen aus dem Erzgebirge hatten die DDR-Leute nicht viel zu verschicken. Wehner hielt die Forderung für rechtmäßig, aber seine Entscheidung wurde in den Medien hart kritisiert. Tagesschau-Reporter Harald Brand, Kameramann Manfred Romboy und Assistent Hartmut Pitsch trafen zu dieser Zeit im Ministerium auf einen wortkargen, schlecht gelaunten Hausherrn. „Ton ab, Kamera ab, Klappe." Harald Brand stellte seine Frage. Als Wehner antwortete, sah ich unter meinem Stativ den Kamerastecker der Synchronverbindung zum Tongerät liegen. Mit einem deutlichen „Aus" und den Worten „Entschuldigung, Herr Minister, kurze technische Störung. Wir müssen mit der Frage neu anfangen" unterbrach ich die Aufnahmen. Wehner stand auf, um meine Augenhöhe zu erreichen. Dann attackierte er mich wütend: „Ihre Entschuldigung nehme ich nicht an, Herr WDR. Sie machen mich zum Affen, der immer wieder reden soll. Und dann, einfach Entschuldigung." Ich: „Herr Minister, es war nur..." „Wenn ich rede, haben Sie zu schweigen und gefälligst zuzuhören! Alle sagen, wir, die Politiker, haben die Macht. Aber das ist gelogen. Die Macht liegt in Ihren und den Händen, die Ihren gleichen. Sie, mit der Macht der Presse, behandeln mich wie einen Popanz, eine Marionette, die sie nur an den Fäden ziehen müssen." Ich: „Herr Minister, ich möchte Sie bitten..." „Bitten? Sie müssen nicht bitten. Sie können verlangen. Machs noch einmal, zweimal, dreimal, viermal und ich mach' das. Warum? Weil Sie und Ihresgleichen die Macht haben. Nicht ich." Wehner setzte sich wieder auf seinen Interviewplatz und sagte leise: „Schalten Sie wieder ein, ich mach' ja alles, was Sie wollen, einmal, zweimal, dreimal. Herr Brand, wie war die Frage?" Trotz meines Herzklopfens fühlte ich mich durch die Worte des zornigen alten Mannes geehrt.

Kriminalität der Zukunft

„Die große Angst" war der Sendetitel unseres Zweiteilers über die Kriminalitätserwartung für Deutschland

Um die Mitte der sechziger Jahre veröffentlichte Kriminalrat Bernhard Wehner, seit 1954 Chef der Düsseldorfer Kriminalpolizei, Prognosen zu wahrscheinlich möglichen Entwicklungsformen der Kriminalität in der Bundesrepublik. Titel: Die Kriminalität gestern, heute und vielleicht morgen. Wehner ging davon aus, dass früher oder später Kriminalitätsformen zum Beispiel der USA wie Drogen, Banden und Schusswaffengebrauch auch in der Bundesrepublik zum Problem werden könnten. Journalist Fritz Pleitgen, mit besten Kontakten zum NRW-Innenminister Willi Weyer, erkannte in Wehners Veröffentlichungen ein wichtiges und interessantes Dokumentarfilmthema. Mit seinem WDR-Kollegen Heiko Engelkes entwickelte er einen Drehbuchrahmen. Was für einen solchen neunzig Minuten-Film für Bilder nötig wären und wie man sie realisieren könnte, wurde in Gesprächen mit mir abgeklärt. Noch ahnte ich nicht, dass mich dieses Thema von Dezember 1968 bis August 1969 permanent beschäftigen und auch meinen Alltag bestimmen würde. Das liberale Schweden hatte als erstes Land in Europa große Probleme mit Drogen. Am 12. Dezember 68 flogen Heiko Engelkes, Assistent Hartmut Pitsch und ich zum Thema „Kriminalität der Zukunft" nach Stockholm, um zu hören, zu sehen und wenn möglich, abzubilden, wie die Schweden mit ihrer Drogenkriminalität umgingen. Neben einem Interview mit Stockholms Polizeipräsident filmten wir an Tatorten wie dem damals berüchtigten „Club 4", einem der Umschlagplätze für Rauschgifte. Trotz einer für 1968 sensationell modernen Fernsehanlage zur Überwachung des Bahnhofs war er nach wie vor Dealer-Treffplatz. Um dort unentdeckt filmen zu können, kaufte ich eine große Einkaufstasche, in die meine „Éclair"-Kamera reinpasste, um jeweils zehn Minuten lang arbeiten zu können. Ein in die Tasche geschnittenes Loch ermöglichte meinem Objektiv, Bilder einzufangen. Zur Abbildung der Drogentragödien drehten wir in einer Entzugsklinik.

Reporter Heiko Engelkes interviewt in einer Stockholmer Suchtklinik eine achtzehnjährige Drogenabhängige

Auf der Kriminalwache des Kölner Polizeipräsidiums saßen wir unzählige Nächte in Bereitschaft. Griffbereit vor uns die „Arriflex"-Kamera.

Mit einer geräuscharmen Filmkamera in der Einkaufstasche auf der Jagd nach Drogendealern im Stockholmer Hauptbahnhof. Nur ein kleines Loch für das Objektiv hätte uns verraten können (roter Kreis).

Neben dem Alltagsgeschäft für die Tagesschau verbrachten wir vierzig bis fünfzig Nächte eingebunden in den Bereitschaftsdienst der Kriminalwache des Kölner Polizeipräsidiums. Bei Alarm fuhren wir, mein Assistent und ich, zu den möglichen Tatorten. Viele viele „Drehnächte" voller Langeweile. Entweder hatte den Alarm in Banken, Kaufhäusern oder Apotheken eine streunende Katze ausgelöst oder - bevorzugt in der Morgendämmerung - die Putzfrauen. Hartmut Pitsch und ich waren froh, wenn Kameramann Hans Gersonde, unser zweites Team für Köln, ab und an für zehn Tage den Nachtdienst übernahm. Zwei dramatische Ereignisse konnte ich in diesen Nächten erleben, aber nicht filmen. Ertappte Mitglieder einer Einbrecherbande, die wir mit Kamera und Akkuleuchte verfolgten, versuchten, mich von einem Hausdach zu stoßen, konnten aber durch den Warnschuss eines Polizisten gestoppt werden. Noch dramatischer der Vorfall während eines Ehestreites. Streifenpolizisten hatten den Kriminaldauerdienst in eine Wohnung zur Protokollierung einer Anzeige gerufen. Es ging um den Gewaltkonflikt „Frau gegen Mann". Er sprach von einem Mordversuch, sie von einem Missverständnis. Wir vertrauten der Hausfrau, die versprach, einen Kaffee aus der Küche zu holen, um die Gemüter zu beruhigen. Doch sie erschien mit einer Axt die, nur um Zentimeter den Kopf ihres Manns verfehlend, die Tischplatte spaltete. In unserem Bundesland gab es außerdem Kaufhausdiebe, Moped-Banden und Zuchthäuser wie das in Werl zu filmen. Symbolisch für das Anbrechen einer neuen Zeit drehten wir die Sprengung des hundertdreißig Jahre alten Kölner Innenstadtgefängnisses „Klingelpütz". Bilder von der Arbeit der Erkennungsdienste und Polizisten auf dem Schießstand waren ebenfalls notwendig. Dann folgte eine Woche Frankfurt am Main mit dem Schwerpunkt Prostitutionskriminalität in der berüchtigten Moselstraße.

Und wieder USA

Vom 30. März bis 20. April versuchten Fritz Pleitgen, mein tüchtiger Assistent Gerd Weiß und ich Kriminalität und ihre Bekämpfung in den USA abzulichten. Unsere Drehorte waren Los Angeles, New York, Washington, Baltimore, Maryland, San Francisco und Chicago. Neben den obligaten Stadtbildern drehten wir auch in den Polizeirevieren der sozialen Brennpunkte und fuhren mit auf Streife. Anders als bei uns stoppten Fahrzeuge sofort, wenn der Streifenwagen Rotlicht und Signalton gab. Der zuerst ausgestiegene Polizist wahrte Abstand und sicherte mit gezogenem Revolver schussbereit seinen kontrollierenden Kollegen. Fahrzeuginsassen wurden nacheinander auf Waffen abgetastet, *zum Ausladen des Kofferraums aufgefordert oder wieder zurück in den Wagen geschickt. Mit den Kontrollierten gibt es dabei keinerlei Diskussionen. Sie durften nur antworten. Straßenpassanten hielten sich prinzipiell raus und gingen einfach weiter. So unter anderem sonntags vormittags mitten in Hollywood erlebt. Kontrolliert wurden gut gekleidete junge Männer in einem Hochpreisauto. Für Kontrollen in „high crime areas" galten andere Regeln. Immer drei Streifenwagen und eine andere Bewaffnung der sichernden Polizisten. Statt des Revolvers trugen sie eine gewehrartige Shotgun mit einem großen Laufdurchmesser, die eine Art Schrotkörner verschießen konnte. Die Anzahl getöteter Polizisten in den USA war beachtlich. Im Vorraum jeder Stadtwache war eine Tafel mit vielen Namen installiert, darüber die Inschrift: „Killed in the line of duty." Bei nächtlichen Gesprächen im Polizeiwagen, „wofür, für wen, woher" war Köln als Stadt unbekannt. Erwähnten wir für die Zuordnung den „Rhine River", wussten alle Bescheid und sagten: like Rüdesheim. Ausgenommen ein Reviervorsteher, der zeichnete an die Tafel den Rheinverlauf mit seinen Krümmungen und die zwei Kölner Stadthälften. „Sorry, I only saw Cologne form the air. I was a pilot in the Air Force bomber squad." In Gesprächen mit Sozialarbeitern, Wissenschaftlern und Slum-Bewohnern versuchte Pleitgen zu ermitteln, was eventuell auf die Bonner Republik zukommt. Mit Mordkommission und Drogenfahndern, die mit Vorschlaghämmern und Rammböcken Türen öffneten, fuhren wir zu Tatorten. Außerdem filmten wir in Gefängnissen, die in der Realität schlimmer wirkten als in den einschlägigen Hollywoodfilmen. Pleitgen interviewte einen Massenmörder, der im Auto mittags durch eine Stadt gefahren war, nur um Menschen zu töten.*

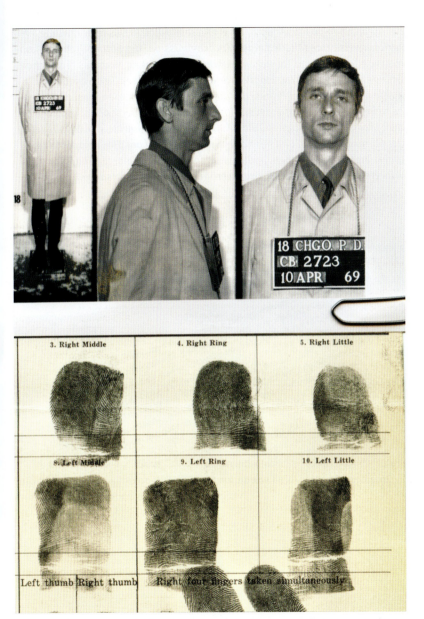

Als Abschiedsgeschenk wurde ich von den Chicagoer Polizisten, mit denen ich viele Nächte unterwegs war, „erkennungsdienstlich" behandelt

Bei Aufnahmen im Januar 69 zu einem Raubmordfall in Düsseldorf wurde ich kurioserweise zum Mitglied einer Mordkommission. Um authentische Aufnahmen von Tatorten und Tat-Rekonstruktionen zu erhalten, war, aus rechtlichen Gründen, nur dieser Weg möglich. Nach einer Schweigepflichtserklärung durfte ich unter lautem Protest der auf der Straße wartenden Pressekollegen gemeinsam mit der Mordkommission an den Tatort, zuerst ohne, später mit dem inzwischen ermittelten Täter. Außer dem Staatsanwalt, den Mitgliedern der Mordkommission und mir hatte niemand Zugriff auf die Filmaufnahmen und keiner dufte sie sehen. Später wurden kleine Teile meiner Bilder für den WDR freigegeben, achtzig Prozent verblieben bei der Staatsanwaltschaft.

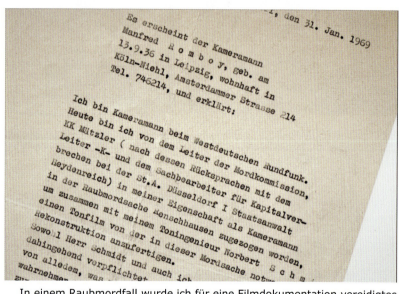

In einem Raubmordfall wurde ich für eine Filmdokumentation vereidigtes Mitglied einer Düsseldorfer Mordkommission

Festnahme eines Mannes, der drei Polizisten getötet hatte, als diese seine Wohnung nach Waffen durchsuchen wollten. Für „Die große Angst" gefilmt vom Team Romboy. Oben links im Bild mein Assistent Hartmut Pitsch mit seiner „Arriflex-Kamera".

Mein Freund Hartmut Pitsch

Es wird Zeit, über einen Mann zu schreiben, der mein Berufsleben und darüber hinaus auch mein Privatleben weit über ein Jahrzehnt begleitet hat: Hartmut Pitsch. Der 1944 Geborene, also acht Jahre Jüngere, wurde 1964 mein fester Assistent. Pitsch hatte nach seiner Schulzeit eine Fotografenlehre abgeschlossen und seiner Bundeswehrpflicht genügt, als er zum WDR kam. Bekannt wurde ich mit ihm über seinen Vater Wilhelm Pitsch, Chefsprecher des WDR, der bisweilen als Sprecher für

Sonderberichte der Tagesschau tätig war. Basis unserer so langen Zusammenarbeit war neben seiner soliden Fotoausbildung und der dadurch gegebenen Möglichkeit, ihn mitunter als Ko-Kameramann einzusetzen, auch die Tatsache, dass wir uns deutlich im Temperament unterschieden. Während ich kontakt- und redefreudig war, zählte er zu den Stillen, den so leicht niemand aus dem Gleichgewicht bringen konnte. Auch ich nicht. Innerlich war er ausgewogen, sich selbst der beste Freund und auf Außenkontakte nicht angewiesen. Die Aufgaben eines Assistenten an der Filmkamera im Bereich der aktuellen Berichterstattung und des Dokumentarfilms beschränkten sich nicht auf die Einsatzbereitschaft der Ausrüstung und das Einlegen der Filmrollen in die Kassetten.
In vielen Situationen war er auch verantwortlicher Tontechniker. Zu unserer Standardausrüstung gehörten zwei 16mm „Arriflex"-Kameras. Bei parallelen Ereignissen wurde der Assistent zum zweiten Kameramann.

Gelehrige Assistenten waren nach wenigen Jahren qualifiziert genug, ihren Kameramann zu ersetzen, vorausgesetzt, es bestünde Bedarf. Viele Assistenten mussten frustriert bis zu zehn Jahre auf ihre Beförderung zum Kameramann warten. Dass ich acht Jahre älter war als Pitsch dämpfte später sein Gefühl, benachteiligt zu sein. Er war ohne Frustrationsanzeichen bereit, an meiner Seite auf seine Beförderung zu warten. In den ersten Jahren mit Hartmut Pitsch war ich väterlicher Freund, der einem jüngeren Mann tagtäglich zur Seite stand, auf den ständigen Dienstreisen nach Brüssel oder Paris auch über den Arbeitstag hinaus. Viele Filmteams gingen abends zu Skat oder Billard in die nächste Kneipe. Meine Eigenheit war es, abends oder nachts – wann sonst – Städte zu erkunden. Hartmut schloss sich mir aus freien Stücken an. Zuerst suchten wir ein passendes Restaurant zum Abendessen, danach erliefen wir uns mit und ohne Stadtplan die jeweiligen Sehenswürdigkeiten. Die Seine-Brücken, Notre Dame, den Eiffelturm oder Sacré-Cœur haben wir bei Erstbesuchen ohne Touristen erlebt. Gegen 23.00 Uhr oder später lagen diese schon in den Hotelbetten oder feierten in Nachtlokalen. Unvergessen die gemeinsame Eroberung des nächtlichen Roms. Dienstlich hatten wir von der Ewigen Stadt,

Bei der NATO-Konferenz in Island filmt Pitsch die Begegnung Willy Brandts mit dem amerikanischen Staatssekretär Dean Rusk

wir filmten vom 23.5. bis 30.5.70 eine Nato-Konferenz, nichts gesehen. Aus Sicherheitsgründen war die Konferenz in ein Messegelände am Stadtrand verlegt worden. 9.00 Uhr morgens filmten wir den Konferenzbeginn, spätabends Bilder und Interviews der Tagesergebnisse. Tagsüber in Bereitschaftsdienst, so eine Konferenz konnte ja auch mal platzen, hockten wir gelangweilt in irgendeinem Pressezimmer. Am dritten Tag war uns das zu bunt. Nach dem Abendessen, gegen 22.00 Uhr, riefen wir eine Taxe und fuhren ins Zentrum. In einer gut temperierten Nacht erliefen wir uns ein menschenleeres Rom, saßen ohne Touristen auf der Spanischen Treppe, gingen weiter zum Forum Romanum und dem Kolosseum, natürlich auch zum Trevi-Brunnen. Alles zu Fuß. Als der Morgen graute, standen wir, von der Engelsburg kommend, in der Vatikanstadt unter den Arkaden vor dem Petersdom. Das Verhältnis Romboy/Pitsch hat sich im Verlauf der Jahre verändert. Vom väterlichen Freund war ich zum Freund geworden. Nahezu täglich zusammen, teilten wir mitunter Freuden und Sorgen. Ich erzählte von meinen, er von seinen Liebschaften. Meine Freundin

Karna begleitete uns zu verschiedenen Drehorten, seine hübsche kleine Freundin Christa nahmen wir mit nach Paris. Bald darauf hat er sie geheiratet. Im Verlauf der Jahre saß dann meine hübsche kleine Vera mit im Teamwagen, die ich wiederum bald darauf heiratete. In den frühen achtziger Jahren trennten sich unsere Wege. Hartmut Pitsch ging als Kameramann ins Studio Bonn und ich ins ARD-Studio nach Moskau. Aber das ist eine andere Geschichte. Unsere Freundschaft blieb bis zu seinem Tod im Sommer 2020 erhalten.

Hartmut Pitsch 1990 als Kameramann des Bonner WDR-Studios vor dem Bundeshaus

Zum Erdbeben in die Türkei

Ostersonntag 1970 hörte ich in den Morgennachrichten von einer Erdbebenkatastrophe in der Türkei. Betroffen war die Provinz Kütahya in Ost-Anatolien. Ein Erdbeben der Stärke sieben hatte Städte, Dörfer und Eisenbahnlinien zerstört. Mit einer hohen Zahl von Opfern sei zu rechnen. Privat rief ich Fritz Pleitgen an. Auch er war der Meinung: Da müssen wir hin. Der gut vernetzte Pleitgen telefonierte am heiligen Ostersonntag mit Verteidigungsminister Helmut Schmidt,

Ostern 1970. Ein schweres Erdbeben vernichtet ganze Dörfer in Ost-Anatolien.

Vor den Trümmern ihres Hauses versucht eine Mutter, Kinderkleider zu waschen

der mobilisierte das Transportgeschwader der Bundeswehr in Uetersen. Auf dem Flug in die Türkei landete am Ostermontag eine „Transall"-Maschine der Bundeswehr mit einem Notlazarett an Bord auf dem Militärteil des Flughafens Köln-Bonn. Grund: Ein Team der Fernsehtagesschau wird zusteigen. Kaum an Bord, startete der große Vogel und flog über Griechenland in die Türkei. Die „Transall"-Passagiere waren Fritz Pleitgen, Manfred Romboy und Assistent Hartmut Pitsch. Außer seiner Bild- und Tonausrüstung verfügte das Tagesschau-Team über Bargeld in Höhe von eintausendfünfhundert DM. Dabei handelte es sich um die gesamten Ersparnisse der Rentnerin Gertrud Romboy. Meine Mutter hat diesen Tagesschau-Einsatz vorfinanziert. Ostermontag war nicht nur die WDR-Kasse geschlossen, sondern auch alle Banken und Sparkassen. Die heute selbstverständlichen Geldautomaten waren noch nicht erfunden. Ohne Geld in die Türkei zu reisen, war selbstverständlich ausgeschlossen. Mutter hatte ihre Altersersparnisse auf einem Postsparbuch und das Postamt im Kölner Bahnhof auch feiertags geöffnet. Montagabend landeten wir in der Provinzstadt Eskisehir. Nähere Flugplätze hatte das Erdbeben zerstört. Keiner der zahlreichen Taxifahrer war bereit, uns in das zweihundert Kilometer entfernte Erdbebengebiet zu fahren. Erst als Fritz Pleitgen anfing, mit blauen Hundertmarkscheinen zu wedeln, fand sich der Besitzer eines schrottreifen Mercedes 170 bereit, die Risikofahrt einzugehen. Natürlich gegen Vorkasse. Die ersten drei Stunden auf den türkischen Landstraßen kamen wir zügig voran. Dann zwangen die ersten zerstörten Brücken zu riesigen Umwegen. Mehrmals musste Pleitgen Fünfzigmarkscheine nachlegen, um den Fahrer zur Weiterfahrt zu bewegen. Als der erste Straßenriss, circa 10 cm breit, zu sehen war, halfen keine Geldscheine mehr. Wir mussten ausladen und ihn ziehen lassen. Für die nächsten zwei Kilometer fand sich ein Bauer mit Eselskarren, der uns samt Stativ, Kamerakoffern und Tongerät in sein teilzerstörtes Dorf mitnahm. Während ich erste Bilder zerstörter Häuser und notdürftig verbundener Menschen drehte, feilte Fritz Pleitgen am Text seines Erdbebenstatements. Gegen acht Uhr morgens verließ uns Pleitgen mit zwei belichteten dreißig Meter-Rollen Film und einem Tonband in der Umhängetasche, um sich nach Eskisehir durchzuschlagen. Sein Ehrgeiz: Als erster Erdbebenbilder in die Tagesschau und ins europäische Fernsehen zu bringen. Nach dem Motto „nur wer zuerst Material hat, sendet". Als wir später hörten, dass er die abenteuerliche Reise gegen die Zeit gewonnen hatte, waren wir stolz auf unsere gemeinsame Reportageleistung. Pitsch und ich blieben vor Ort und gelangten mit Hilfe von Fahrzeugen der türkischen Armee weiter nach Gediz, der am schlimmsten betroffenen Stadt, und filmten, was das Zeug hielt. Waren immer unter Zeitdruck. Nachrichtenfilme vertragen keine Liegezeit, müssen zeitnah zum Sender. Mit unserer Ausbeute, dreihundert Meter 16mm Film, schlugen wir uns mit Hilfe von Armee und Fahrzeugen des Roten Halbmondes zum nächsten Flugplatz durch. Am Donnerstag, den 2. April, vier Uhr morgens, landeten wir in Köln. Unsere Filme waren immer noch aktuell. Um 1970 erreichte die 20.00 Uhr-Ausgabe der Tagesschau durchschnittlich fünfundzwanzig Millionen Zuschauer.

Wir waren Begleiter einer Bundeswehr-Transportmaschine, die Hilfsgüter in die Erdbebenzone brachte

Kameramann Romboy und Reporter Fritz Pleitgen, die ersten Filmjournalisten vor Ort

Erdbebenopfer, notdürftig in Zelten untergebracht, bemühen sich um Trinkwasser aus einem Behelfstank

Mitarbeiter des Technischen Hilfswerks aus Deutschland suchen nach verschütteten Dorfbewohnern

Die „Tagesschau" filmt Bergungsarbeiten an einer Dorfmoschee

Am 7.4. flogen wir erneut ins Erdbebengebiet. Pleitgen hatte inzwischen den Auftrag für einen Sonderbericht erhalten. Wieder starteten wir mit einer „Transall". Diesmal voll beladen mit Rettungsgeräten des Technischen Hilfswerkes. Uns begleitete Eberhard Aug, ein Fotograf der Zeitung „HörZu", der eine Reportage über die Arbeit der Tagesschau-Teams plante. Wir drehten Bergungs- und Rettungsmaßnahmen in den Orten Gediz und Emet und in entlegenen Dörfern, die das erste Mal von Helfern erreicht wurden. Gezählt wurden später weit über tausend Tote und achttausend Obdachlose. Auf einer Dorfwiese erhielten Pitsch und ich unsere erste Erdbeben-Feuertaufe. Von türkischen Soldaten hatten wir Brotfladen erbettelt und Wasser aus einem Bach geschöpft. Nun saßen wir zum Picknick auf unseren Kamerakoffern. Leise grollte die Erde. Unsere Sitzgelegenheiten bewegten sich kreisförmig hin und her, als säßen wir auf einem überdimensionalen Wackelpudding. Ein starkes Nachbeben hatte uns erwischt. Für uns gefahrlos. Auf dem Rasen sitzend, ohne Häuser oder Bäume, die uns bedrohten, konnten wir dieses Naturschauspiel erleben. Den stundenlangen Rückflug in der „Transall" verbrachte ich unter der Vorderachse eines THW-Fahrzeuges. Der Nachtflug war kalt. Unter dem LKW hatte ich einen warmen Luftstrom gefunden. So ging mein erster Erdbebendreh zu Ende. Einige Jahre später habe ich Ähnliches noch einmal in Italien erlebt. Als Ergebnis der Arbeit unseres Fotografenkollegen Eberhard Aug erschien unter dem Titel „24 Stunden Arbeit für eine Minute Film" in einer der Mai-Ausgaben der Zeitschrift „HörZu" eine reich bebilderte Farbseite über unsere Filmarbeit in Ostanatolien.

Wieder nach Paris

Mit Beginn der siebziger Jahre hatte sich auch in der Tagesschau-Redaktion Köln einiges verändert. Mein langjähriger Reportage-Kollege Fritz Pleitgen wechselte als Russland-Korrespondent nach Moskau. Meine neuen Drehpartner wurden Harald Brand, er kam wie Pleitgen aus der ostwestfälischen Zeitungslandschaft und Dr. Peter Bauer, der vorher bei WDR 3 für die Sendung „Zum Tage" tätig war. Es gab auch technische Veränderungen. Fünf Jahre nach der Markteinführung standen in Hamburg genügend Videoaufzeichnungsgeräte „Ampex" zwei Zoll zur Verfügung. Nun konnten wir öfters in Köln entwickeln, schneiden, vertonen und nach Hamburg überspielen und ohne Qualitätsverluste senden. Flugzeugversand nach Hamburg verlor damit an Bedeutung. Ab 1970 filmten wir auch für die Tagesschau in Farbe. Für viele Kameramänner eine große Herausforderung. Mit Messgeräten für Farbtemperatur mussten Farbfilter bestimmt werden, um sie vor das Aufnahmeobjektiv zu setzen. Fehlentscheidungen führten zu „Tomatenköpfen" oder wasserleichenähnlichen Hautfarben unserer Protagonisten. Bei solchen Ausreißern spötteleten wir über das Kollegenmaterial: „Das stammt sicher aus der blauen Periode des Meisters." Nach Pleitgens Weggang stand der frankophile Heiko Engelkes in den Startlöchern nach Paris. Mit ihm begleitete ich Bundeskanzler Willy Brandt am 25.1.71 nach Colombey-les-Deux-Églises. Vor der Weiterfahrt nach Paris ehrte Brandt durch eine Kranzniederlegung den im November 70 verstorbenen Charles de Gaulle.

Am 24.10.71 ging es wieder mit Engelkes nach Paris, diesmal begleiteten wir den Generalsekretär der Sowjetunion, Leonid Breschnew, bei seinem Staatsbesuch in Paris und Frankreich. Die üblichen Bilder im Élysée-Palast bei Staatspräsident Pompidou, Empfänge und Besichtigungen. Beim Besuch der Renault-Werke wurde Breschnew, dem Autofan, eine 16TS-Limousine geschenkt.

1971. Für die „Tagesschau" begleiten wir den sowjetischen Staatschef Breschnew bei seinem Paris-Besuch. Auf dem Bild mit Staatspräsident Pompidou.

1972. Reise der englischen Königin durch die französischen Provinzen. Hier in Marseille.

Hier mein Sonderausweis für den Flug in der Sondermaschine für die Presse, die die Königin auf ihrer Reise begleitete

Ein Jahr später, 1972, gab es den nächsten Staatsbesuch, den ich mit Engelkes filmte. Es war die Begleitung der englischen Königin in Paris und die anschließende Reise Elisabeth II. nach Avignon und Marseille. Die übliche Hofberichterstattung zwischen dem 14. Und 19. Mai in Frankreich. Wir Journalisten flogen parallel und landeten jeweils vor der Königin, um deren Ankunftsbegrüßung zu filmen. Die Air France ließ sich auch für die Journalisten nicht lumpen. An Bord war Erster Klasse-Service. Eine Rose in Silbervase und ein Silberbesteck mit der Gravur „Air France" und einem Flugzeug versehen zierte jeden Platz. Als Mittagessen ein Menu mit allen Gängen feinster französischer Luft-Küche. Dazu wurde natürlich Champagner gereicht. Es war nur eine kurze Strecke und schon wurde der Landeanflug auf Avignon angekündigt. Als Andenken liebäugelte ich mit dem silbernen Teelöffel, wegen des Air France-Zeichens. Als ich darüber mit Engelkes redete, setzte der sein Gouvernanten-Gesicht auf und erinnerte an unser Image als Repräsentanten des Deutschen Fernsehens. Ein französischer Fotograf, der bei der Landung an unserem Sitz vorbeidrängelte, zeigt auf unsere Silberbestecke mit der Frage, ob wir die noch brauchten. Nach unserer Verneinung verschwanden sie samt der Air France-Servietten in seiner Fototasche.

Der letzte gemeinsame Staatsbesuch in der Kombination Engelkes-Romboy-Pitsch begann am 20.1.73, als wir Bundeskanzler Willy Brandt nach Paris begleiteten. In dieser Zeit endete meine Zusammenarbeit mit dem von mir geschätzten kultivierten Heiko Engelkes, der 1974 als Frankreich-Korrespondent nach Paris ging. Seine Frankreich-Affinität wurde letztendlich von den Franzosen erkannt und belohnt: 1987 wurde er verdienterweise Ritter der Ehrenlegion.

USA- und Afrika-Reportagen

Erfreulich auch für mich war die Reisefreudigkeit der beiden neuen Reporterkollegen Harald Brand und Peter Bauer. Auch sie nutzten jede Gelegenheit, dem Arbeitsalltag – Berichterstattung aus Nordrhein-Westfalen – zu entkommen. Mit Harald Brand flog ich am 26. Juli 71 über London und Grönland nach Los Angeles und Long Beach zur Besichtigung der McDonnell Douglas-Flugzeugwerke. Einlader dieser Pressereise war die Lufthansa. Sie hatte zwei Großflugzeuge „DC10" bestellt. Angesagt war auch ein Weiterflug nach Arizona. Dort wurden die Lufthansa-Piloten für den neuen Maschinentyp geschult.

1973 war das Jahr der bis dahin größten Dürre-Katastrophe in der Sahelzone. Schon Ende der sechziger Jahre hatten die ersten Bauern in Obervolta, dem Tschad und Niger ihre Dörfer verlassen müssen, weil die jährliche Regenzeit ausblieb. Inzwischen war das Leben von fünfzig Millionen dort lebender Menschen bedroht. Es waren vor allem Bilder der Fotografen und Kameraleute, die halb verhungerte Männer, Frauen und spindeldürre Kinder zeigten, die weltweite Hilfsaktionen auslösten. Die einsetzende Spendenflut ermöglichte es, Mais, Milchpulver und Saatgut zu kaufen. Den Transport zu den Betroffenen übernahmen die Geschwader des europäischen und amerikanischen Militärs. Peter Bauer und ich flogen zuerst nach Paris und von dort nach Niamey, der Hauptstadt von Niger. Am 25. August 1973, vier Uhr morgens, landete unsere Maschine in Afrika. Schon am Sonntag saßen wir in einem Armeelastwagen, der mit Hilfsgütern beladen auf der Fahrt nach Oullam, einem großen Verteilerzentrum, war. Von dort war es möglich, viele Flüchtlingslager zu erreichen. Unvergessen die von mir gefilmten Elendsgestalten, noch ergreifender die unzähligen Kindergräber Hügelchen an Hügelchen im Wüstensand rund um die Flüchtlingsunterkünfte.

Nicht nur die Menschen, auch die Kamele verhungerten im Sommer 1973 wegen der Dürre in der Sahel-Zone

Nomadenzelte der Tuareg in der Nähe von Niamey, der Hauptstadt von Niger

In Niger war vor allem das Nomadenvolk der Tuareg betroffen, stolze groß gewachsene Männer mit ihren Frauen, die in normalen Zeiten gehüllt in tiefblaue Gewänder, das Schwert an der Seite, mit ihren Rinderherden von Wasser- zu Futterstellen durch die Wüstenregionen zogen. Ihre Tiere mussten sie Stück für Stück ausgehungert und verdurstet als Kadaver zurücklassen. Nun waren diese stolzen Afrikaner, reduziert auf die Rettung ihres eigenen Lebens, auf fremde Überlebenshilfe angewiesen. Viele Tuareg-Lager haben wir besucht in der Hoffnung, dass auch unsere Filme dazu beitragen, die Hilfsbereitschaft in Europa aufrecht zu erhalten. Am 28. August flogen wir mit einer Transportmaschine der belgischen Luftwaffe in das zweitausend Kilometer entfernte Agadez. Beeindruckend die große Moschee, errichtet aus Lehm, Stroh und Holz, wie die meisten Bauten, die wir in dieser Stadt 1973 sahen. Vieles wird sich inzwischen verändert haben. Aus den damals zwanzigtausend Einwohnern sind hundertzwanzigtausend geworden. Auch in Agadez waren Verteilerstellen und Flüchtlingslager errichtet worden. Die Flüchtlinge der Sahelzone hatten ihre Regionen verlassen, um dem Hungertod zu entkommen. Heutiges Flüchtlingselend hat vielschichtigere Gründe wie religiöse, rassistische oder Kriegshandlungen als Fluchtmotiv. Oder die Hoffnung, in Europa, besonders in Deutschland, bessere Lebensverhältnisse zu finden. Als wir in der Altstadt von Agadez filmten, wurden wir gegen unseren Willen stets von einer immer größer werdenden Gruppe von Kindern begleitet; für die waren die zwei Männer mit ihren Kameras eine Attraktion. Ein Jugendlicher - er hatte herausgefunden, dass wir Deutsche waren - gab uns das Zeichen, ihm zu folgen. An einer der Lehmhütten stand ein Bronzeschild: „Hier wohnte vom 9. bis 30. August 1850 der deutsche Afrikaforscher Heinrich Barth auf seiner Reise nach Timbuktu." Auf dem Wüstenflugplatz Agadez trafen wir auf Soldaten der Bundeswehr, die mit ihren „Transall"-Maschinen Hilfsgüter in entfernte Orte lieferten. Meist Getreidesäcke aus den USA. Natürlich flogen wir mit. Auch das musste gefilmt werden. Im Deutschland der Nachkriegszeit war das Wort Neger umgangssprachlich nicht diskriminierend besetzt. Anders das englische „Nigger". Um das ähnlich klingende Neger zu vermeiden, hatten unsere Luftwaffensoldaten eine eigene Sprachregelung gefunden. Männliche Afrikaner nannten sie „Briketts", die Frauen „Eierkohlen" und die Kinder wurden zu „Eierköhlchen". Es klang für uns befremdlich, wenn nach der Belieferung einer bedürftigen Dorfgemeinschaft der Feldwebel mit diesen Bezeichnungen Meldung machte. Der fürsorgliche Umgang unserer Soldaten mit den Afrikanern und im Besonderen mit den „Eierköhlchen" zerstreute unsere Bedenken. Ich bezweifle allerdings, dass diese interne Sprachregelung in Absprache mit dem Bonner Verteidigungsministerium zustande kam.

Unsere Bundeswehr-„Transall" nach der Landung in der Wüste bei Agadez

Peter Bauer inspiziert die aus Deutschland mitgebrachten Mais-Säcke

Einheimische Verladearbeiter in der Mittagspause

Mensch und Tier leiden seit Monaten unter dem Wassermangel

Im Cockpit unserer „Transall"-Maschine: Pilot, Co-Pilot und Funker

Trotz des offiziellen Verbots gestattete unser freundlicher Pilot den Mitflug dieser zwei Mädchen, die in eine vierhundert Kilometer entfernte Stadt zu ihren Großeltern wollten

Kamerascheue Nomaden lassen sich nur aus dem Cockpit unserer „Transall" filmen

Nomadenhütten in der Nähe von Agadez

Über der Wüste Nigers gab es im Sichtflugbereich keine Radarüberwachung oder Fluglotsen. Die Piloten genossen und nutzten diese seltene Bewegungsfreiheit ihrer großen schönen Vögel. Eines Morgens sagte der Pilot: „Heute wird nicht geflogen, wir fahren." Gemeint war absoluter Tiefflug über den mittelhohen Sanddünen; für uns alle ein nicht gekanntes Flugvergnügen. Als ich dem Piloten mitteilte, wir hätten durch unseren Luftstrom einige Hüttendächer beschädigt, beschloss er die sofortige Wiedergutmachung. Nach einer Wendeschleife flogen wir noch tiefer und öffneten in gebührendem Abstand zu den Hütten die große Heckklappe und warfen zwanzig Maissäcke und Pakete mit Wolldecken ab. Fröhliches Winken dutzender Hände quittierte diese Entschädigung. Als Antwort wippten wir mit den Flügeln. Mit der „Transall" flogen wir auch ins nigerianische Kano und in Versorgungsgebiete bei Arlitt. Weiter ging es nach Telua. Zurück in Agadez, flogen wir nach Niamey und nach einem Besuch der Deutschen Botschaft in zwei weitere Flüchtlingslager der Tuareg. Am 3. September 73 unser Rückflug über Paris nach Köln.

Es war meine erste Dienstreise mit dem neu zur Tagesschau gekommenen Peter Bauer. Der gleichaltrige Reporter zeigte sich erfreut neugierig auf fremde Länder, fremde Kulturen und fremde Menschen. Seine Freude an Neuem teilte sich mir mit und bereicherte diese und viele andere Reportage-Reisen, die wir in insgesamt fünfzehn Jahren unternahmen. Irgendwann witzelte ich, falls mir die „Märchenfee" eine Weltreise schenken würde, müsste ich Peter Bauer mitnehmen. Seine Freude an einer solchen Reise würde die meine verdoppeln.

Sonntagsfahrverbot

Mein Kalender für 1973 enthält viele Eintragungen mit dem Vermerk Ölkrise und Sonntagsfahrverbot. Wieso, warum? Am 6. Oktober hatten ägyptische und syrische Truppen den Staat Israel überfallen. Israel gelang die vollständige Abwehr und darüber hinaus ein glanzvoller Sieg. Nach dem Waffenstillstand am 25. Oktober fühlten sich die arabischen Staaten zutiefst gedemütigt. Die in der OPEC organisierten arabischen Ölförderländer erließen als Strafe für die westliche Welt und ihre Sympathien für Israel ein Rohöl-Embargo. Es wurden nicht nur die Liefermengen gedrosselt, auch die Ölpreise erhöhten sich drastisch. Hauptbetroffene waren die Staaten in Mitteleuropa. Um die geringen Ölreserven zu strecken, erließen Westdeutschland, Belgien, Holland, Italien und Frankreich Fahrverbote. Jedweder private Fahrzeugverkehr wurde an Sonn- und Feiertagen mit drastischen Geldstrafen belegt. Einmalige Bilder konnten in der Tagesschau gezeigt werden. Brennpunkte der Innenstädte überflutet von fröhlichen Fußgängern, Autobahnen ohne Fahrzeuge, abgesehen von Radfahrern oder Bauern, die verbotenerweise mit Pferd und Wagen Autobahnen benutzten. Um das zu zeigen, hatten wenige Presseleute, darunter auch ich, eine rote Sonderfahrerlaubnis, die auch für meine Fahrten ins zwanzig Kilometer entfernte Köln und zurück gültig war. In Dörfern oder Städten wurde ich als Privilegierter bespuckt oder mit geballten Fäusten gegrüßt. Einmal flogen sogar Steine. Letzteres zu Recht. Ich hatte meinen vierzehnjährigen Sohn an Bord, der auf der Rückbank sitzend Straßenpassanten eine lange Nase gezeigt hatte. Nach wenigen Wochen war der Spuk vorbei. Die Sonntagsfahrverbote wurden erst von Tempo 100 abgelöst und im Frühjahr 74 normalisierte sich die Lage. Trotzdem verminderte sich der Privatverkehr, denn der Benzinpreis stieg in unerwartete Höhen.

Wieder Afrika

Am 29. Mai 74 war ich mit Peter Bauer erneut in Afrika unterwegs. Ausgehend von Ouagadougou, der Hauptstadt Obervoltas, berichteten wir über weitergehende Hilfen für die dürregeplagte Sahelzone. Von Brunnenbohrungen, der Gründung einer Baumschule bis zur Verteilung von Lebensmitteln und auch Saatgut an Bauernfamilien. Weiterflug nach Gouroum und von dort nach Markoyel. Um Hilfe für Hilfsbedürftige zu personifizieren, führte Bauer mit Hilfe eines Dolmetschers Gespräche mit dem Oberhaupt einer Bauernfamilie. Für uns verwirrend: die Vielzahl der Frauen und Kinder im Bauernhof. Einziger Mann: Peter Bauers Interviewpartner. Offensichtlich waren viele Köpfe und Köpfchen zu ernähren, also fragte der Reporter als erstes, wer zu wem gehört. Auch im fernen Obervolta gab es keine heile Familienwelt. Die Frauen und ihre Kinder waren zum Teil seine eigenen oder seine Töchter, denen die Männer abhandengekommen waren. Bei anderen handelte es sich um seine Schwiegertöchter samt ihrer Kinder, die seine Söhne ihm überlassen hatten. Er selbst, ein Muslim, stellte uns seine derzeitige Hauptfrau vor: Eine blutjunge Fünfzehnjährige, die ihm gerade einen weiteren Sohn geschenkt hatte. Für einen fünfzigjährigen Bauern keine leichte Aufgabe, durch Ackerbau und Viehzucht so viele Mäuler zu stopfen. Weiterflug nach Niger. Schon ein Jahr vorher hatten wir Tuareg-Lager um Niamey besucht. Eine Verbesserung der Lage konnten wir nicht feststellen. Am 7. Juni ging es zurück nach Köln.

Für Modebilder in Paris

1974. Ein hervorragender Aufnahmestandpunkt: unsere Mannequins auf den Champs Elysees. Im Hintergrund der Arc de Triomphe.

Eine nicht alltägliche Aufgabe: Vorstellung der neuen Kollektion eines Düsseldorfer Modehauses in Paris. V.l.n.r.: WDR-Moderedakteurin Ursula Vossen und französische Mannequins auf der Treppe zu Sacré-Cœur.

Als Besonderheit in 1974 wäre noch zu erwähnen, dass ich einige Tage in Paris zum Mode-Fotografen respektive Mode-Kameramann avancierte. Eine neue Aufgabe, an der ich viel Spaß hatte und die ich, wie mir später gesagt wurde, gut bewältigt habe. Auf Einladung eines großen Pariser Modehauses flog ich mit der im WDR für Modefragen zuständigen Kollegin Ursula Vossen nach Frankreich. In Paris wurde eine neue Kollektion vorgestellt. Mit sechs französischen Mannequins zogen wir durch die Stadt zu Motiven unserer Wahl. Unter meiner Regie drehten wir im Bois de Boulogne, auf den Champs Élysées und an den Treppen zu Sacré-Cœur. Für einen Nachrichtenmann eine andere Welt.

Mein Prozess gegen den WDR

Um 1973/1974 kollidierte die Personalpolitik des WDR mit dem veränderten Arbeitsrecht. Um niedrige Personalkosten vorzuspiegeln, waren über ein-einhalb Jahrzehnte hinweg Hunderte von Journalisten, Kameraleuten und Sprechern auf der Basis von Tageshonoraren beschäftigt worden. Honorare zählten in der Jahresbilanz zu den nicht durchschaubaren Produktionskosten. Den Öffentlich-Rechtlichen wurden ja permanent zu hohe Personalkosten vorgeworfen. Höchstrichterliche Urteile der Arbeitsgerichte erklärten diese Praxis 1973 für illegal. Wir, die Honorarempfänger, mussten um unsere berufliche Zukunft fürchten. Mit Unterstützung der Rundfunkgewerkschaft überzogen wir den WDR, der mit uns keine Kompromisse eingehen wollte, mit Feststellungsklagen. Mir, einem der ersten Kläger, wurde per Urteil bescheinigt, dass ich rückwirkend seit Juli 1961 kein freier Mitarbeiter, sondern Angestellter des WDR war. Der WDR ging in Berufung. Auch die zweite Instanz bestätigte mein Urteil. Es folgten Klagen unzähliger Mitarbeiter. Alle Prozesse hat der WDR mit Pauken und Trompeten verloren. Die Beschreibung, wie listig und unfair die WDR-Juristen versuchten, diese berechtigten Ansprüche abzuweisen, würde Bände füllen. Begnügen wir uns mit einem „Ende gut, alles gut". Mein Umgang mit dem WDR änderte sich. Ab jetzt galt der Acht-Stunden-Tag, Arbeit an Sonn- und Feiertagen wurde nicht mehr vergütet, sondern durch freie Tage ausgeglichen. Meine Arbeitsstunden im Vergleich zum Vorjahr verminderten sich damit um dreißig bis vierzig Prozent. Davon profitierte mein Privatleben. Endlich hatte ich auch mehr Zeit für meinen Sohn. Meine Mutter, 1968 altershalber aus der Staatsbürgerschaft der DDR entlassen, kümmerte sich um ihn.

Mein Sohn Gerid, geboren 1958

Im Alter von vier Jahren

Im Alter von sechs Jahren

Im Alter von elf Jahren

Im Alter von vierzehn Jahren

Beim ORF in Wien

Mit Hartmut Pitsch in meinem Opel Commodore als Gast-Kameramann für das Österreichische Fernsehen unterwegs

Ab 1974 arbeitete ich nur noch sporadisch für die Tagesschau. Zwischenzeitlich war ich für Dokumentar- oder Kulturfilme anderer Redaktionen tätig, filmte auch für die Sendungen Weltspiegel und Monitor.

Zu den Besonderheiten meiner WDR-Arbeit gehören auch meine vier Wochen als Kameramann des Österreichischen Fernsehens ORF in Wien (29.6. – 27.7.1975). WDR-Produktionsdirektor Töldte und sein ORF-Kollege hatten die Idee, durch einen Tausch von Kamerateams und Cutterinnen einen Erfahrungsaustausch zu erreichen. Mit meinem Assistenten Hartmut Pitsch, der technischen Ausrüstung des WDR, bestehend aus 16mm-Kameras, Lampen und Tongerät, fuhr ich, mein Privatwagen Opel Commodore wurde zum Teamwagen, gen Österreich und meldete mich im Wiener Fernsehzentrum am Küniglberg zum Dienst. Mit uns kam zum ORF auch WDR-Cutterin Margot Löhlein. Zur gleichen Zeit hat in Köln ein Kameramann des ORF seinen Dienst aufgenommen. In Wien wartete gleich viel Arbeit auf uns. Teile der Stadt und des Umlandes wurden von einem Donau-Hochwasser bedroht. Ein Hub-

schrauber der Gendarmerie brachte uns zu den jeweiligen Drehorten. Nach dem Kopierwerk wurden uns die Filme im wahrsten Sinne des Worts aus den Händen gerissen. Ein Redakteur der „Zeit im Bild" (ZiB), der Nachrichtensendung des ORF, wartete schon im Schneideraum. Um 19.30 Uhr begann ZiB mit dem Gastspiel eines Klaviervirtuosen, gefolgt von der Eröffnung einer Kunstausstellung. Erst dann wurden meine Bilder vom Donau-Hochwasser gesendet. Großes Erstaunen meinerseits. Die Tagesschau hätte sich als erstes mit dem Hochwasser und seinen Auswirkungen befasst. Die ORF-Kollegen belehrten mich, in Wien stehe Kultur an erster Stelle. Als die ersten WDR-Leute in Zusammenarbeit mit dem ORF waren wir auch ein wenig VIP. Der Fernsehintendant hat uns für ein Kontaktgespräch zum Abendessen eingeladen. Unser zweiter Film betraf die Eröffnung einer Kunstausstellung mit Werken von Franz Lerch. Die freundlichen Wiener Kollegen der Zentraldisposition beauftragten uns mit Arbeiten für alle Programme, von „Zeit im Bild" über „Sport am Montag" bis zu „Wissenschaft aktuell". Unser Hauptdrehort war natürlich die alte Kaiserstadt Wien, in der war immer was los. Damit wir die Schönheit und Größe Österreichs kennenlernten, wurden wir quer durch die Lande geschickt, drehten in Zell am See das „Austria-Ski-Team" und in Schallaburg bei Melk eine Dichterlesung. Pitsch und ich fühlten uns in Österreich wie zuhause. Die Österreicher sahen das allerdings anders. Überall großes Erstaunen, dass wir als Ausländer für das Fernsehen in Wien arbeiten dürfen. Für alle ORF-Redaktionen haben wir in der gewohnten Kölner Qualität gearbeitet und, wenn nötig, den Lichtkoffer und das Stativ ausgepackt, Gesprächspartnern wurden Lavalier-Mikrofone umgehängt. Wir waren verwundert, dass unsere Arbeitsergebnisse und unser Auftreten über den grünen Klee gelobt wurden, bis wir die Gründe erfuhren. Den österreichischen Kollegen hatte man im Jahr zuvor Personal- (Beleuchter), Stativ- und andere Zulagen gestrichen. Ihr Protest fand keine Unterstützung durch die Redaktionen. Also schalteten die Kamerateams auf minimalen Aufwand um. Ob Porzellan- oder Gemäldeausstellung, die Reporter trafen am Drehort auf übel gelaunte Teams. Nur mit Handkamera und Akkuleuchte ausgerüstet, fragten sie, was hier abzunudeln wäre. Nicht ohne vorher anzukündigen: „Um 13.00 Uhr ist Schluss, Mittagspause." Im Vergleich zu solchen Rabauken wären Romboy und Pitsch sensible Filmkünstler, wurde uns erklärt. Es war unser erster Wien-Besuch, also schlenderten wir an den Wochenenden durch die Stadt, vom berühmten „Naschmarkt-Flohmarkt" bis zum Schloss Schönbrunn. Zum Heurigen ging ich einige Male mit einer charmanten Begleiterin. Wir hatten uns im ORF kennengelernt. Die vier Wochen Österreich wurden mir also durch eine Liebschaft versüßt.

Zurück im WDR verlangte mein Produktionsdirektor Töldte einen umfangreichen schriftlichen Bericht. Zum Schreibmaschinendiktat stellte mir Chefkameramann Walter H. Schmitt seine Sekretärin vor. „Das ist Fräulein Krüper, die tippt das für Sie." Die kleine schüchterne Neunzehnjährige war neu im WDR. Diese Aushilfe war ihr erster Arbeitsplatz. Den Namen hätte ich längst vergessen, wenn sie mir nicht ein Jahr später noch einmal über den WDR-Weg gelaufen wäre. 1980 haben wir geheiratet. „Aber das ist eine andere Geschichte" würde Michael Ende sagen.

Verschollen in Eritrea

Ende August 1975 erzählte mir Peter Bauer, inzwischen Chef der Kölner Tagesschau, dass er ein Eisen im Feuer hätte. Es ginge um eine Afrika-Reise im September, verbunden mit der Frage, ob ich mit von der Partie wäre. Der gut vernetzte Bauer hatte Kontakt zur Hilfsorganisation „Medico International". Die plante, ein ausgemustertes Feldlazarett der Bundeswehr einer Befreiungsarmee in Eritrea zu spenden. Hilfsorganisationen brauchen Public Relations. Für Peter Bauer und sein Team bestand die Einladung, den Transport zu begleiten und die Übergabe zu filmen. Aus dem harmlosen Sachverhalt wurde eine Räubergeschichte und das größte Abenteuer meines Berufslebens.

Nach langem Zögern, Eritrea war im Auswärtigen Amt als Kriegs-Krisengebiet gelistet, erreichte Bauer beim WDR die Genehmigung für die einwöchige Dienstreise. Medico teilte uns mit, erstes Reiseziel sei Dschidda, also brauchten wir ein Visum für Saudi-Arabien. Das würden sie besorgen, vorausgesetzt, dass wir uns im Antrag als Röntgenteam bezeichneten. Journalisten wären dort unerwünscht. Dr. Peter Bauer wurde zum Röntgenarzt, Manfred Romboy und Hartmut Pitsch seine Assistenten. Unsere Filmausrüstung deklarierten wir für den saudi-arabischen Zoll als Röntgen-Equipment. Kaum zu glauben, wir - zwei Enddreißiger - waren abenteuerlustig genug, uns darauf einzulassen. Das Röntgen-Team akzeptierten die Saudis, doch die Visa-Behörde verlangte Belege für unsere Gottgläubigkeit. Also Taufscheine. Die Register der Leipziger Peterskirche, dort wurde ich getauft, waren im Bombenkrieg verbrannt. Doch man glaubte mir und schickte zum Selbstausfüllen einen Blanko-Taufschein. Am Flughafen Frankfurt lernten wir die Begleiter der Spende kennen, zwei junge Leute: die Studentin Erika Märke aus Marburg und Kaspar Schläpfer, einen Schweizer mit dem Hintergrund Internationales Rotes Kreuz. Fluggesellschaft für den Transport war eine Firma namens „Pearl-Air".

Unser Flugzeug, eine zwanzig bis dreißig Jahre alte „DC 3" war keine Perle. Hätte es sich um ein Schiff gehandelt, wäre die Bezeichnung „Seelenverkäufer" zutreffend gewesen. Die zwei deutschen Piloten waren vertrauenswürdiger. Altershalber bei der Bundeswehr ausgemustert, wollten sie weiterfliegen, notfalls auch für „Pearl-Air". Am 13. September 1975, meinem neununddreißigsten Geburtstag um 23.00 Uhr, startete unser „Seelenverkäufer" Richtung Griechenland. Erste Schwierigkeiten beim Tankstopp in Athen. „Pearl-Air" war nicht kreditwürdig. Der Tankwart verlangte Vorkasse in bar. Nach zwei Stunden kamen die Piloten mit einer prall gefüllten Dollartasche zurück und der Vogel wurde betankt. Beim Nachtflug über dem Mittelmeer Richtung Kairo entdeckte Bauer rieselndes Öl an der Tragfläche. Auf meiner Seite spuckte der Motor unregelmäßig Funken. Besorgt gingen wir ins Cockpit. Die Piloten blieben cool: „Keine Angst, wir kennen unseren Vogel. Das macht der immer." Zwölf Uhr mittags, dreizehn Stunden nach unserem Start in Frankfurt, landeten wir in Kairo. Nach kurzem Tankstopp Weiterflug nach Dschidda in Saudi-Arabien. Die Saudis verweigerten uns die Landung, entgegen der Versicherung der Medico-Leute hatte unsere Maschine keine Landerechte. Nur der Hinweis, das unser Spritkontingent keinen Kairo-Rückflug gestatte, ermöglichte gegen 15.00 Uhr die Landung. Dreimal mussten wir in Dschidda übernachten. Dschidda war heilige Stadt, von größeren Ausflügen wurde abgeraten. Auffällige Nicht-Muslime galten als unerwünschte Eindringlinge. Egal, wer das wie organisiert hatte, am 17. September, 13.00 Uhr, flogen wir nach Port Sudan. Nach der Ankunft besuchte uns im Hotel ein Mann mit Charisma: Dr. Bereket Habte Selassie. Der 1932 in Eritrea Geborene, damals eine Provinz Äthiopiens, war die führende Figur einer Befreiungsbewegung, die gegen die Armee Äthiopiens für einen unabhängigen Staat Eritrea kämpfte. Über ihn wussten wir nur, dass er in Harvard studiert hatte und nach einer Tätigkeit für die Weltbank bei der UNO die Interessen Eritreas vertrat. Nach einer überschäumend herzlichen Begrüßung bat er um Entschuldigung für unsere in Dschidda verplemperten drei Tage, jetzt wäre alles organisiert. Morgen früh würden wir abgeholt, über die Grenze nach Eritrea gebracht, um das Feldlazarett zu übergeben. Danach stünde unserem Rückflug nichts im Wege. Nach dieser Ansprache war er wieder weg. Als Kontaktmann hinterließ er einen kaum Englisch sprechenden Eritreer. Schon am Abend faselte der vom Hochwasser eines Sudan-Flusses und dass die Fahrt morgen ungewiss sei. Den gleichen Spruch hörten wir auch am nächsten Tag.

Mit einer „DC 3" der Saudi-Arabier von Dschidda nach Port Sudan

Um unseren Aufenthalt zu verlängern, eine Woche hatte uns der WDR zugestanden, wollte Peter Bauer Köln anrufen. Das war technisch nicht möglich. Eine Reederei gleich um die Ecke gestattete ihm, ein Fernschreiben nach Köln abzusetzen. Die Antwort: Er als Person wäre sofort in Köln erforderlich. Bauer buchte sofort drei Tickets nach Dschidda, von dort wollten wir nach Köln fliegen. Eine blamable Rückkehr. Außer Spesen nichts gewesen. Kurzer Abschied von den Reisegefährten Erika Märke und Kaspar Schläpfer. 19. September, 22.00 Uhr Abflug, stand in den Flugscheinen. Während wir unsere Koffer packten, stürmte der eritreische Kontaktmann ins Hotel: „Morgen früh sechs Uhr fahren wir nach Eritrea!" Bauer sagte klipp und klar: „Ohne uns." Am Abend stellte er mir die Frage, ob wir, das Kamerateam, doch noch zwei Tage bleiben könnten, damit er und wir nicht ohne einen belichteten Filmmeter in Köln dastünden. Natürlich sagte ich zu. Anders mein Assistent Hartmut Pitsch. Ihm war Weiteres zu abenteuerlich. „Ich fliege mit Peter Bauer." Als mein Motiv, länger zu bleiben, unterstellte er mir, dass ich scharf auf Erika sei, mit der ich seit Tagen heftig flirtete. Also verkleinerten wir die Ausrüstung auf das Notwendigste.

Noch gut gelaunt nach der Landung in Port Sudan

Straße vor den Markthallen von Port Sudan

Kaum zu glauben, am nächsten Tag erschien unser Kontaktmann, entnahm seiner Tasche arabische Gewänder und bestand darauf, dass wir uns verkleiden. Bis zur Grenze würden wir im offenen LKW sitzen, optisch als Sudanesen. Auf dem Weg nach Tokar über Suakin saßen wir auf Säcken, Kisten und Fässern. Mir flatterte die ungewohnte Kopfbedeckung um die Ohren. Der Luftzug des Fahrtwindes bewegte meinen Burnus und brachte angenehme Kühlung. Vom Roten Meer wehte ein starker Wind herüber und wirbelte Tausende gelbe Sandkörner auf den LKW, die seinen Insassen in Ohren, Nase und Augen gelangten. Aber was noch schlimmer war: ganze Sandschwaden bahnten sich ständig einen Weg in die beiden großen Ledertaschen zu Filmkamera, Objektiven, Tonbandgerät und Mikrofonen. Besser geeignete Alukoffer waren für Träger und Kamele ungeeignet. Stundenlang schaukelte unser Fahrzeug hin und her, musste angewehten Sanddünen ausweichen und um große Schlaglöcher fahren. Diese desolate Piste war damals der einzige Verbindungsweg über Tokar und Marafit nach Äthiopien und Eritrea, unserem Ziel. Offiziell sollte hinter der Grenze Sudan-Äthiopien die Übergabezeremonie stattfinden. Was aus diesem Feldlazarett, Grund unseres Wüstenabenteuers, geworden ist, weiß der Teufel. Auf einen anderen LKW verladen, ist es uns nie wieder begegnet. Um alle folgenden Irrungen und Wirrungen zu verstehen, hier die Bestandsaufnahme unserer Situation: Mit der Abfahrt des LKW waren wir auf Gedeih und Verderb den Kämpfern der Befreiungsarmee ausgeliefert. Im Sudan bewegten die sich illegal. Also galt, mitgegangen, mitgefangen, mitgehangen. Telefonate oder andere Nachrichten abzusetzen, war ausgeschlossen. Wir wurden Bestandteil dieser Armee, immer umgeben von Soldaten, die nur arabisch oder amharisch sprachen. Im Verlauf unseres Aufenthaltes begegneten uns drei Kämpfer, die ein wenig englisch radebrechten. Vollen Sprachkontakt gab es nur mit Dr. Selassie. Doch der war über alle Berge und sein Name erwies sich nicht als „Sesam-öffne-dich". Später erfuhren wir von drei Fraktionen unterschiedlicher Weltanschauung unserer PLF-Leute (People's Liberation Front), die sich gegenseitig nicht über den Weg trauten. Wir waren zwischen die Fronten geraten. Ganz zu schweigen von der muslimischen Befreiungsarmee Eritreas, ELF (Eritrean Liberation Front). Die bekriegte nicht nur die äthiopische Armee, sondern auch unsere PLF. Kurz und gut: Wir drei Europäer saßen voll in der Kacke.

Zurück in den Sudan. Gegen 22.00 Uhr verließ uns der LKW. Wir stärkten uns mit Fladenbrot und süßem Tee, krochen in unsere Schlafsäcke und schliefen unter freiem Himmel in einer Karawanserei. Nach wenigen Stunden weckte uns lautes Geschrei und Blöken der Kamele, von denen wir umringt waren. Mit großem Stimmaufwand versuchten unsere Begleiter beharrlich, ihre Preisvorstellungen gegen die zeternden Wüstenschiffbesitzer durchzusetzen. Danach wurden die Kamele beladen. Jeden Sack, jede Kiste, jede Tasche, die in die Tragegurte gelegt wurden, quittierte das Tier mit Kopfumdrehen und missbilligendem Blöken. 10.30 Uhr startete unsere Karawane in Tokar mit dem Ziel Marafit. Am Ortsende hieß es Aufsitzen. Unser Ziel war sieben Kamelstunden entfernt. Das Reiten war eine Qual. Ich brauchte eine Stunde, bevor ich meinen Körper mit den Kamelbewegungen synchronisiert hatte. Unter der gegen Mittag zunehmenden sengenden Hitze trabten wir durch knietiefes Wasser. Irgendein Fluss war über die Ufer getreten. Nach zwei Stunden nur noch trockene Wüste. Das größte Kamel der Karawane war ich! Hätte ich doch nein gesagt! Dann säße ich, wie Bauer und Pitsch, in Erwartung des Weiterflugs bei kühlem Bier auf der Terrasse eines Airports. Unvermittelt galoppierten unsere Kamele nach links. Kein Stöckchenschlag, kein Zügelruck half. Sie waren nicht mehr zu halten. Die Tiere hatten ein Wasserloch gerochen, das hinter einer Düne lag. Alle tankten ausgiebig die braune Brühe. Kameltreiber, Soldaten, aber vor allem die Kamele. Wir leerten unsere Feldflaschen. In der Karawanserei gab es gutes Trinkwasser. Die Einheimischen füllten große Ledersäcke mit dieser Brühe und forderten uns auf, die Feldflaschen nachzufüllen. „Lieber vertrocknen als das zu trinken" sagte Erika. Sie ahnte nicht, was uns erwartete. Eine Wolkendecke und feiner Regen erleichterten den Nachmittagsritt. Kameltreiber und Soldaten machten es uns vor. Drei kurze Schläge mit dem Dirigierstöckchen auf den Kamelhintern und der Befehl „Muschmusch, Muschmusch" und schon begann nach tadelndem Blöken das Wüstenschiff zu traben. Kaspar und ich wagten sogar ein kleines Kamelrennen. Bei Sonnenuntergang hatte die Karawane Marafit erreicht. Runter vom Kamel und herumtaumeln, bis der Kopf begreift, dass unter dem Fuß fester Boden ist. Kurze Teepause, weiter mit einem LKW nach Kerora. Beim Umladen vom Kamel auf LKW sahen wir die Fracht: Handgranaten, Kalaschnikows und Munition. Am 22. September gegen Mitternacht konnten wir endlich in die Schlafsäcke kriechen. Wir erwachten in einem etwa dreißig Quadratmeter großen Bau, halb Zelt, halb Lehmhütte, mit drei Feldbetten und einem Tisch. Einer der Kämpfer servierte uns Fladenbrot und Tee und verwies auf drei Kisten Mineralwasser, die unter dem Tisch standen. Wir wollten die Gegend erkunden, doch am Ausgang machten uns zwei weiß Bekleidete klar, dass wir nicht raus dürften. Bis dahin hielten wir uns für Gäste, doch wir waren Gefangene. Mit Fingerzeichen in Richtung Hosenschlitz machte ich mein Pipi-Bedürfnis klar. Durch Gesten wurde uns die Regelung mitgeteilt: immer nur eine Person, immer mit Burnus getarnt und nur hinter der roten Düne links.

Ohne Peter Bauer mit dem LKW zur äthiopischen Grenze
In den kamelgeeigneten Ledertaschen meine Filmausrüstung

Wir, die Ausländer, werden Mitglieder einer Karawane

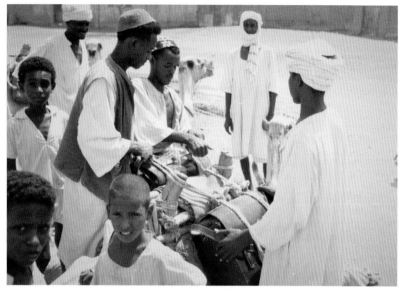

Meine Taschen mit der Filmausrüstung werden
auf meinem Reitkamel festgebunden

Kamerad Kaspar Schläpfer mit einem der Kameltreiber in der Karawane

Bei sengender Hitze zieht unsere Karawane durch die Wüste

Mensch und Tier trinken die gelbe Brühe einer Wasserstelle

Unser „Gefangenenlager" in einer Strauchhütte

Für unsere Rundgänge hinter einer Sanddühne, fünfzig Meter von der Hütte entfernt, mussten wir uns jeweils als Araber verkleiden, damit die Grenzwächter nicht durch die Dorfbewohner über die Anwesenheit von Ausländern informiert wurden

Kaspar Schläpfer und ich versuchen während unserer „Gefangenschaft" seine Wasserreinigungspumpe zu verstehen

In unserer Hütte gab es nur eine Zerstreuungsmöglichkeit - Schlafen

Als Erste ging Erika. Der Türbewacher öffnete seinen Rucksack und überreichte ihr eine Rolle Toilettenpapier. Man hatte sich auf unseren Aufenthalt vorbereitet. Unsere Begleiter, wir später auch, benutzten Wüstensand nach den „Hintern-Geschäften". Mittags gabs Reis, als Abendessen Brotfladen und Tee. Mit Anbruch der Nacht, gerade wollten wir völlig frustriert in die Schlafsäcke, wurden wir mit Sack und Pack von einem Landrover abgeholt. Erika durfte mit ins Führerhaus, Kaspar und ich wurden auf der Ladefläche kräftig durchgeschüttelt. Mehrstündige Fahrt ohne Beleuchtung in einem wasserlosen Flussbett. Im Hintergrund erscheinen Berge, Lichtsignale blitzen. Viele Männer tauchen auf. Der Wagen stoppt. Unsere Soldaten und die eines uns gefolgten LKWs springen ab, Turbane und sudanesische Gewänder werden abgeworfen und geben die grüne Uniform der PLF-Kämpfer frei. Krummstäbe werden gegen Maschinenpistolen vertauscht, alle umarmen sich und uns. Es wurde in die Luft geschossen und ein englischkundiger Offizier sagt uns voller Stolz: „Willkommen im Camp Mirba und dem befreiten Eritrea!" Wir sitzen mit am Lagerfeuer, trinken Tee, exotische Früchte werden gereicht, alles getrübt durch einen Wermutstropfen: absolutes Foto- und Filmverbot. Gegen Mitternacht erschien unser Landrover. Nach stundenlanger Fahrt, langsam wurde es hell, stoppte der Wagen vor der Zelthütte in Kerora (Sudan). Das Oberkommando hatte uns als unerwünschte Ausländer abgeschoben. Ohne Kommunikationsmöglichkeit saßen wir in der Hütte. Morgens Tee, mittags Reis und pünktlich 14.00 Uhr Beginn eines Sandsturmes, vor dem wir trotz Hütte in den Schlafsack flüchten mussten. Gegen 16.00 Uhr wieder Windstille. Danach durften wir täglich in einer Art Hof mit Lehmmauer für eine Stunde zum Rundgang antreten. Rat- und Hoffnungslosigkeit breiteten sich aus. Am 27. September, kurz nach dem Sandsturm, hörten wir ein Fahrzeug, wurden von Dr. Selassie umarmt und mit den Worten „Sorry, too much mistakes!" samt Gepäck in einen zweiten Landrover komplimentiert zu einer neuerlichen Nachtfahrt über die Grenze nach Camp Mirba. Von dort weiter ins Hauptquartier nach Blechat. Ankunft am Sonntag, den 28. September, fünf Uhr morgens. Also rein in den Schlafsack. Zum Frühstück Tee in einer feindlich erscheinenden Umgebung. Auf Nachfrage die Mitteilung, Dr. Selassie sei wieder weg. Uns, inzwischen voller Flöhe und übersät mit Mückenstichen, hatte er zurückgelassen. Es folgten Verhöre. Wir standen unter Spionageverdacht. Unser Vernehmer sprach kaum englisch und verlangte von uns Passfotos, die wir nicht hatten. Später tauchte eine alte Polaroid-Kamera auf, die außer mir niemand bedienen konnte. Nach den Steckbrieffotos kam ein Englisch sprechender Kommandeur. Er beendete den ganzen Spuk mit den so oft gehörten Worten „Sorry, too much mistakes!" 19.00 Uhr, wieder im Landrover, Beginn einer zwölfstündigen Nachtfahrt über Stock und Stein in Richtung Asmara zur Hauptkampflinie. Das dauerte drei Tage. Nachts fahren, bei Helligkeit Fahrzeug mit Zweigen tarnen, bis in die Dunkelheit schlafen, dann das gleiche Spiel. Am Tag hörten wir und sahen des Öfteren die Flugzeuge der Äthiopier, die nach Stellungen der PLF suchten. Gleich, wer unser jeweiliger Partner war, immer wurde nicht von uns, sondern über uns entschieden. Wir wollten zurück nach Deutschland, hatten die Nase gestrichen voll. Auf die Frage, wann wir zurück in den Sudan könnten, hörten wir immer „I don't know". In Weki an der Asmara-Front erhielt ich Film- und Fotoerlaubnis, aber immer mit Einschränkungen verbunden. Wir folgen meinem Notizbuch: Frontdreh in Weki, Marsch nach Adidjan. Dreh: Soldaten helfen Landarbeitern, Quandeleba: Dreh Schulunterricht für Soldaten, Haielo: Dreh bombardierte Häuser, verbrannte Felder, Gräber ermordeter Dorfbewohner. Weitere Drehs: Verwundeten-Lager in Kaffeeplantage, exerzierende Jugendliche, ein Frauen-Bataillon. Das als Ausbeute von zwölf Drehtagen. Dabei ließ ich auch Betroffene zu Wort kommen, ohne deren amharische Schilderungen über die Grausamkeiten der Äthiopier zu verstehen. Inmitten dieser Ortswechsel gab es ein Schlüsselerlebnis. Während einer Rast im Gebirge hatte ich eine fast tätliche Auseinandersetzung mit einem Offizier, der mir die Kamera vom Auge gerissen hatte. Ich schnauzte ihn an. Er zurück. Erika und Kaspar schlossen sich mir an. Vor dem Höhepunkt schlichtete ein anderer Offizier den Streit. Die PLF-Leute waren sauer. Uns wurde ohne Abendbrot ein abseitiger Schlafplatz zugewiesen. Wir krochen in die Säcke und genossen das einmalige Sternenkino des Himmels. Leichte Gewehrkolbenstöße und Fußtritte holten uns aus den Schlafsäcken. Durch klare Gesten wurden wir aufgefordert, zu folgen. Ohne unsere Taschen oder weiteres Gepäck. Zwei Schwerbewaffnete voran, dann wir. Uns folgten zwei weitere Soldaten. Hinter dem Militärlager begann ein schmaler Feldweg. Erika fragte schlaftrunken: „Kann es sein, dass die uns erschießen wollen?" Kaspar und ich hielten das auch für möglich. Er guckte in die Talsohle und sagte: „Ein guter Platz dafür. Hier findet uns niemand." Doch weiter ging es zu Tal und über Berg etwa eine Stunde lang. Hinter einer Felswand öffnete sich eine Schlucht, mehrere Lehmhütten waren im Sternenlicht zu erkennen. Vor einer der Hütten stoppten unsere Bewacher, blieben stehen und forderten uns auf, einen kleinen Eingang zu betreten. Zaghaft öffneten wir die Tür und wurden vom lachenden Dr. Selassie umarmt mit den Worten „Welcome in the house of my parents". Er wollte uns sein Elternhaus zeigen. Den Raum erleuchtete ein offenes Feuer. In der Ecke standen Esel, Ochs und Kuh. Ein Kleinkind lag auf einem Tuch, unter ihm Heu und Stroh. Mir wurde auf einmal klar: Die Bibel lügt. Von wegen, Jesu Geburt im Stall. Alles Schwindel. Maria und Josef waren auf ihrer Flucht Gast einer Familie. Dr. Selassies Eltern begrüßten uns durch leichtes Verneigen. Beide und einige schöne jüngere Frauen und Mädchen bewirteten uns. Zum Abschluss gab es mit Pfeffer gewürzten übersüßen Kaffee. Als wir abgeholt wurden, sah ich in einer Nische eine fremdartige Ikone. Unsere Gastgeber waren koptische Christen.

Tagelanger Rastplatz auf einem Felsplateau
in der Nähe des Hauptquartiers der Befreiungsarmee

Bei tagelangen Aufenthalten an der Hauptkampflinie Eritrea - Äthiopien musste ich
auch eine Selbstverteidigungswaffe tragen. Meine Kämpfer bestanden darau.f
Jeder muss sich verteidigen können. Die Äthiopier machen keine Gefangenen.

Zurück im Hauptquartier begegneten wir zwei abgerissenen Kameraleuten. Sie nannten sich „Frontline-Team" und waren für NBC New York unterwegs. Nette Kollegen, die mich aufforderten, am Abend mitzufilmen. Gegen ein Bündel Dollarscheine arrangierten PLF-Leute einen gefakten Sturmangriff auf nicht vorhandene Stellungen der Äthiopier. Meine Kamera war nicht dabei. Was hätte der WDR gesagt, wenn ich ihm gefaktes Material untergeschoben hätte! Wie immer wurden wir am nächsten Abend abgeholt und ohne Zielangabe irgendwo hingefahren. So auch am 10. Oktober. In der Morgendämmerung standen wir wieder vor unserem ersten „Gefängnis", der Zelthütte in Kerora. Wieder hatte man uns abgeschoben. Meine Armbanduhr zeigte den 11. September. Doch diesmal ging alles schnell. Ein LKW fuhr uns acht Stunden nach Marafit, von dort weiter auf dem Kamelrücken nach Tokar und am nächsten Morgen sieben Busstunden bis Port Sudan. Von dort Flug nach Khartoum. Dort hatte Medico ein Verbindungsbüro und ich, der zweiundzwanzig Tage Verschollene, konnte dem WDR meine Rückkehr ankündigen. In Raten, erst nach Rom, dann nach Frankfurt, flog ich gen Heimat. Am 15. Oktober um 23.30 Uhr betrat ich wieder rheinische Heimaterde. Am nächsten Morgen übergab ich dem Kopierwerk tausend Meter Film.

Im WDR wurde ich nicht als verlorener Sohn begrüßt. Mir wurde vorgehalten, mein Auftrag, laut Peter Bauer, beträfe nur zwei Tage verlängerten Aufenthalt in Afrika. Danach hätte ich sofort meinen Dienst in Köln antreten müssen. Ohne Anweisung drei Wochen länger in Afrika zu bleiben, könnte für mich zur fristlosen Entlassung führen. Nach Telefonaten mit den Medico-Leuten in Frankfurt und einem neuen Gespräch mit Peter Bauer erhielt ich die Absolution. Die Personalabteilung verweigerte mir einen Freizeitausgleich für die in Afrika verbrachten Wochenenden. Die würden nicht als Arbeitszeit gelten. Empört, verbunden mit der Mitteilung, ich würde die Tagespresse um Hilfe bitten, schrieb ich an den Intendanten. Als Antwort folgte eine Zahlungsanweisung über eintausendfünfhundert D-Mark für in Äthiopien erbrachte Sonderleistungen mit dem Vermerk: ohne Rechtsanspruch. Das gefakte Material des „Frontliner-Teams" wurde über eine Agentur dem WDR angeboten und trotz meiner Warnung als authentisch gesendet. Der zuständige Redakteur unterstellte mir Neid auf die so aktiveren Filmbilder meiner Kollegen. Die WDR-Hauszeitung „Fünkchen" ermunterte mich zu einem Zweispalter für die Dezember-Ausgabe. Meine Überschrift „Irrungen um einen Eritrea-Auftrag" wurde durch den dümmlichen Titel „Romboys neue Abenteuer" abgewertet.

Mir begegnet das Glück

Meine Frau Vera

1976 kam, von mir anfänglich unbemerkt, das Glück in mein weiteres Leben. Nach einer Sondersendung, Peter Bauer schrieb den Text, ich übernahm die Schnittüberwachung, wollten wir unsere tüchtigen Kolleginnen, Cutterin Ute Geilenkeuser, ihre Assistentin und die blutjunge Tagesschau-Sekretärin Fräulein Krüper als kleines Dankeschön zu einem Abendimbiss einladen. Als die WDR-Räume geordnet und abgeschlossen waren, zeigte die Uhr 22.00 Uhr. Kein Problem, meinten wir. Unser Filmhaus war Innenstadt. Aber Köln ist nicht Berlin. Das erste Restaurant sagte „Keine Speisen nach 22.00 Uhr", das zweite „Wir schließen gleich" und im dritten wurden schon die Stühle hochgestellt. Nun fing es auch noch an zu regnen. Also aus der Traum. Die anderen, außer Fräulein Krüper, waren motorisiert. Obwohl sie auf eine gute Bahnverbindung hinwies, stieg sie in mein feines Opel Commodore- Coupé. Auf mein „Wohin soll's denn gehen" sagte sie „Porz". Kein erfreulicher Zielort, auf der anderen Seite des Rheins und exakt entgegensetzt meiner Wohnung in Bergheim. Zur Verabschiedung der Kleinen stieg ich, ganz Kavalier, aus. „Schade, dass alle so früh schließen, zu einer günstigeren Zeit treffen wir uns mal zum Essen."
An einem Samstag, Wochen später, zwei Freundinnen hatten mir gerade abgesagt, beschloss ich, solo Essen zu gehen. Da fiel mir die noch offene Einladung an Fräulein Krüper ein. Immer noch besser, als allein am Tisch zu sitzen. Im WDR-Telefonbuch stand auch ihre Privatnummer. Wie ich bemerkte, sagte sie erfreut zu. Bei mir wird geplant. Essen nahe ihrer Wohnung gegen 19.30 Uhr, Essensdauer bis 20.30 Uhr, aber weiter? Unhöflich, sie nach einer Stunde wieder bei der Mutter abzusetzen. Kein Problem, in Porz gab es ein Autokino. Vorstellungsbeginn 21.00 Uhr. Hoffentlich zeigen die keinen Wildwest- oder Kriegsfilm. Der Filmtitel „Butterfly" gefiel mir. Es wäre ein Liebesfilm, sagte am Telefon die ältlich klingende Kassiererin. Ich dachte, passt. Bei der Nachspeise angekommen, fragte ich die Kleine, ob sie schon mal im Autokino gewesen wäre. Die Antwort: „Zuletzt in meiner Schulzeit." Nach meinem Hinweis: „Da soll heute ein netter Liebesfilm laufen" kam von ihr erfreut die Zusage. Am Kinostandort musste das Auto verkabelt werden. Ins Rückfenster kam ein Heizgebläse, zwischen die Hintersitze ein großer Lautsprecher. Während der Werbedias brachte ich Pappbecher mit Sprite und Cola. Zu Filmbeginn, wie damals üblich, ein langer Vorspann mit den Namen der Beteiligten. Hintergrundbild: eine Alpenlandschaft, dazu zarte Begleitmusik. Nach dem letzten Titel blieb, ohne Musik, die Blumenwiese als Bild. Eine weibliche Stimme rief „Jetzt bitte auch noch von hinten!" Dann das Bild einer Sennerin, die sich über ein Geländer lehnte. Ihr waren, vielleicht durch den Wind, die Röcke über den Kopf geflogen. Dem hinter ihr stehenden Holzfäller waren offensichtlich die Hosenträger gerissen. Seine Lederbuxen schlabberten unterhalb der Kniekehlen.

Unser „erstes Kind", Kater Mulle

Nächstes Bild: Zarte Frauenhände hantieren an Kuheutern. Danach lupfte eine Sennerin ihren Dirndlrock. Für den nächsten Stadtbesuch hatte sie rote Spitzenschlüpfer gekauft. Um Gottes Himmels willen! Ich hatte meine kleine naive vielleicht noch unschuldige Kollegin zu einem Softpornofilm eingeladen. Gleich stellte ich mir das Gerede im WDR vor: „Der Romboy, dieser alte Bock, ich glaube der ist vierzig, hat das junge Fräulein Krüper, die könnte seine Tochter sein, zum Anmachen in ein Pornokino geschleppt." Der Film lief weiter und ich stammelte Entschuldigung um Entschuldigung. „Fräulein Krüper, glauben Sie mir, hätte ich gewusst, dass dieser Film... Niemals hätte ich Sie gefragt..." Als ich mich ihrem hübschen errötetem Gesicht zuwandte, sagte sie: „Ich glaube Ihnen, sowas ist nicht Ihr Stil." Einer sofortigen Wegfahrt standen die Verkabelungen und die massive Störung der Vorstellung im Wege. Wir entschlossen uns zu bleiben und mal ehrlich, ein ganz kleines bisschen reizvoll waren die harmlosen „Ferkeleien" auf der Leinwand doch... Nach dem Kino plauderten wir noch etwas im abgestellten Auto. Ab jetzt verband uns ein Geheimnis. Kein Wort im WDR. Wochen später, ich war viel unterwegs, verabredeten wir uns erneut zum Abendessen. Ausdrücklich ohne Pornofilm. Im Restaurant, sie saß mir gegenüber, entdeckte ich, wie reizvoll dieses junge Mädchen vom Gesicht bis zur Figur war. Ein ungeschliffener Diamant. Außerdem verrieten mir ihre Augen, dass ich für sie nicht nur ein beliebiger älterer Kollege war. Könnte es sein, dass sie in einen so alten Mann verliebt ist? Der nächste Treff, wieder mit Wochen Abstand, war sorgfältig vorbereitet. Abendessen in einem hübschen Hotelrestaurant am Moselufer. Nie vorher war ich so stolz auf meine ziegelrotes Opel Commodore-Coupé und seine Musikanlage. Für die Anfahrt hatte ich eine Kassette „Musik zum Träumen" erworben. Im Kofferraum lag ein Kassettenspieler, falls das Band außerhalb des Autos abgespielt werden soll. In einer großen Tasche wartete eine Flasche Asti Spumante nebst zwei Gläsern auf das Anstoßen vor dem Einschlafen. Auch ein Rosenstrauß mit Vase als Begrüßung zum Aufwachen war vorhanden.

Nach einem herrlichen Abendessen mit Moselwein landeten wir dort, wo Liebespaare hingehören. Zu unserer Verwunderung erkannten wir, dass aus uns ein Paar geworden war. Anfangs kam Vera nur übers Wochenende zu mir. Der Kalender zeigte das Jahr 1978, als sie endgültig zu mir zog. Abmachung: Heirat wegen der Altersdifferenz von 20 Jahren nicht im Plan. Solange es uns beiden gefällt, bleiben wir glücklich zusammen. Bei längeren Dienstreisen, drei Wochen Berlin, München oder Italien, besuchte sie mich. Zwei weitere Jahre vergingen. Jetzt waren wir zu dritt. Kater Mulle war eingezogen und wir waren nicht mehr „kinderlos". Anfang 1980, wir sahen einen alten amerikanischen Spielfilm mit einer Hochzeit als Happy End. Die Rührung meiner kleinen Geliebten veranlasste mich zu sagen: „Vera, wenn es Dir für die WDR-Kollegen oder Deine Familie wichtig ist, Frau Romboy zu werden, können wir, wenn Du willst, heiraten." Sie errötete und Freudentränen kullerten über ihre Wangen. Danach umarmten wir uns. Ich denke, gegen alle Beteuerungen hatte sie auf meinen Antrag gewartet. Im August 1980 wurde geheiratet. Das Abenteuer Leben bewältigen wir bis heute, 2021, seit nunmehr 45 Jahren gemeinsam. Und wenn wir noch nicht gestorben sind, dann leben wir noch heute!

Unser Hochzeitsbild, August 1980

Die Ermordung Hanns Martin Schleyers

Der 5. September 1977 begann mit langweiligem Bereitschaftsdienst für die Kölner Tagesschau-Redaktion. Gegen 16.30 Uhr fuhr ich nach Hause in Richtung Bergheim. Seit langem, wegen der ständigen Staus auf der Aachener Straße, benutzte ich als Schleichweg die Friedrich-Schmidt-Straße. Dort, am Stadtwald, begann die Raschdorffstraße. Die war Einbahn und nur über die Vincenz-Statz-Straße zu erreichen. Ein mir bekannter Weg. In der Raschdorfstraße 10 wohnte bei seinem Köln-Aufenthalt der Arbeitgeberpräsident Hanns Martin Schleyer. Wurde irgendwo gestreikt, riefen die Tagesschau-Redakteure Schleyer an, um vor laufender Kamera eine Stellungnahme zu erhalten. Zweimal war ich für solche Statements in seiner Wohnung. Gegen 17.30 Uhr, gerade wollte ich zu Abend essen, ein Anruf: „Sofort zurück nach Köln, Schleyer ist entführt worden!" Gegen 20.00 Uhr versuchten wir mit dem Teleobjektiv vom Stadtwald aus erste Einblicke in die Vincenz-Statz-Straße zu bekommen. Alles war weitläufig abgesperrt, Polizeischeinwerfer beleuchteten den Tatort. Zu erkennen waren Schleyers Mercedes 450 und ein weiteres Fahrzeug. Daneben abgedeckte Leichen. Was war passiert? Als Schleyers Wagen in die Straße bog, hatten Gangster vor das Begleitfahrzeug einen Kinderwagen gerollt. Notbremsung des Polizeifahrzeugs. Schüsse aus mehreren Maschinenpistolen töteten drei junge Polizisten, auch Schleyers Fahrer wurde ermordet.

Der Tatort der Entführung des Arbeitgeberpräsidenten in Köln

Aus dem Fonds des Wagens, unverletzt, wurde der Arbeitgeberpräsident gezogen und entführt. In ganz Nordrhein-Westfalen wurden Straßenzüge und Autobahnauffahrten gesperrt. Großfahndung in der gesamten Republik. Diese Fahndungsmaßnahmen wurden von mir begleitet, zum Teil durch Abhören des Polizeifunks, aber vor allem durch Hinweise der Redaktion. Für sowas hatten wir Autotelefon. Filmen konnten wir nur Polizeiwagen aller Kaliber oder die Fahrzeuge anderer Journalisten, die wie wir Schleyer oder seine Entführer suchten. Das war nicht ungefährlich. Auch wir wurden öfters gestoppt und blickten in die Läufe entsicherter Maschinenpistolen. Glücklicherweise in die der Polizei. Irgendwann gaben wir auf. 24.00 Uhr Dienstschluss steht für den 5. September in meinem Kalender. Am 6.9. drehte ich bis in die Dunkelheit am Tatort und in seiner Umgebung. In Zäunen, Häusern und Bäumen steckten noch Geschosse. Anwohner und Polizeisprecher wurden von Peter Bauer und anderen interviewt. Der WDR brauchte Material für seine Sondersendung „Brennpunkt".

Die nächsten fünf Tage und Nächte waren vier Kamerateams der Tagesschau in Dauerbereitschaft. Mein Kalender zeigt Dienstzeiten von 2.00 Uhr nachts bis

11.00 Uhr morgens, 16.00 – 24.00 Uhr und 00.00 – 10.00 Uhr an. Unser Schlaf in WDR-Räumen oder im Dienstwagen wurde jede Nacht unterbrochen. Irgendwo gab es Verdächtiges zu filmen. Die Polizei durchsuchte Häuser oder Autos. Dramatische Verfolgung eines Ford Mustang. In dem saß aber nur ein Besoffener, der aus Angst um seinen Führerschein eine Polizeisperre durchbrochen hatte. Alle Bemühungen umsonst. Keine Resultate.

Am 12. Oktober, sieben Tage nach dem Überfall, wurde unter meiner Leitung die Kölner Kirche St. Engelbert ausgeleuchtet. Für Filmaufnahmen und eine Live-Übertragung am nächsten Tag. Es ging um die Trauerfeier für den durch die RAF-Gangster ermordeten Heinz Marcisz, den Fahrer Martin Schleyers. Am 18.10. fand man im Kofferraum eines Autos den ermordeten Arbeitgeberpräsidenten. Schon vor der Schleyer-Entführung hatten die roten Verbrecher im April und Juli den Generalbundesanwalt Buback nebst Fahrer und Jürgen Ponto, den Vorstandssprecher der Dresdner Bank, erschossen.

Für die Jüngeren kurz die Hintergründe: 1968 fanden in Berlin und anderen großen Städten unter Führung eines gewissen Rudi Dutschke Studentendemonstrationen statt. Angriffsziele waren die USA wegen ihres Krieges gegen die kommunistischen Kräfte in Nordvietnam und die kapitalistische, imperialistische bürgerliche Ordnung der Bundesrepublik. Außer Beifall vieler Linksliberaler erhielten die Demonstranten kein positives Echo in der Bevölkerung der Bundesrepublik. Die Bewegung verpuffte. Einige dieser politischen Wirrköpfe gingen als linke Terrorgruppe in den Untergrund. Damit klar war, wohin der Hase laufen soll, nannten sie sich „Rote Armee Fraktion" – RAF. Finanziert wurde ihr Kampf für eine „bessere Gesellschaft" durch Banküberfälle. Ihre ersten Anführer Ulrike Meinhof und Andreas Baader und einige andere wurden nach und nach festgenommen. Im April 1977 wurden die noch lebenden, einige hatten Selbstmord begangen, wegen Bankraubs, Sprengstoffanschlägen und vier Morden in Stuttgart verurteilt. Hanns Martin Schleyer wurde als Geisel genommen, um verurteilte und festgenommene RAF-Leute freizupressen. Als das scheiterte, hat man ihn, nunmehr nutzlos, ermordet. Nach Schleyers Tod gingen die heimtückischen Banküberfälle, Sprengstoffanschläge und Attentate noch zwanzig Jahre weiter. Bis zum Zeitpunkt ihrer Selbstauflösung 1998 hatten die RAF-Leute 34 Menschen getötet. Der größte Teil ihrer Opfer waren Führungspersönlichkeiten aus Diplomatie, Wirtschaft und Politik.

Großdemo gegen das Atomkraftwerk Kalkar. Die „Tagesschau" ist vor Ort.

Schutzhelme gegen Steinwürfe der Demonstranten waren notwendig, Filmer nicht immer erwünscht. Helme schützen auch gegen Polizeiknüppel.

In Sachen Kultur in Berlin. Wir drehen einen Film über den Dirigenten Ferenc Fricsay.

Meine Arbeit als „Medienpädagoge"

Wichtiger Teil meines Berufslebens wurden im Verlauf der Jahre zunehmend Lehrtätigkeiten. Es begann Mitte der siebziger Jahre. In Zusammenarbeit mit meinem Kameramann-Kollegen Appeldorn versuchte ich, WDR-Kameraleute in Kursen „Richtiges Beleuchten" zu qualifizieren. Appeldorn und ich waren die einzigen, die vor ihrem WDR-Eintritt zu Beginn der sechziger Jahre in der Filmindustrie gearbeitet hatten. Er im Kulturfilmbereich, ich in den DEFA-Spielfilmstudios. Die richtige Platzierung von Scheinwerfern hatten wir in der Arbeit mit 35 mm-Farbfilmmaterial gelernt.

Seit 1976 war ich mehrmals im Jahr Gastdozent an der Schule für Rundfunktechnik in Nürnberg. Mein Kurs-Thema: „Besondere Aufnahmeverfahren". Die SRT Nürnberg war für die Aus- und Weiterbildung der Rundfunk- und Fernsehmitarbeiter der Bundesrepublik, Österreichs und der Schweiz zuständig.

Kamera-Volontäre des Westdeutschen Rundfunks. Mit der Handkurbel einer Filmkamera von 1920 wird verdeutlicht, warum es heißt, Filme „drehen".

Im WDR, einem Unternehmen mit fünftausend Mitarbeitern, war ständig Fort- und Weiterbildung angesagt. Volontäre, Reporter, Redakteure und Regisseure besuchten meine Kurse „Die Objektivität der Objektive" und „Bildgestaltung durch Abbildungsgrößen und Linienführung". Darüber hinaus bereitete ich Redaktionsvolontäre auf ihre spätere Zusammenarbeit mit Kamerateams vor. Vorrangig war die Betreuung der Kameravolontäre unserer Abteilung Filmaufnahme. 1976 hatte die Staatliche Kunstakademie in Düsseldorf ihr Ausbil-

dungsspektrum durch eine Filmklasse erweitert. Außer Vorlesungen zu lauschen wollten diese Hörer das Filmen lernen, am besten von einem, der täglich mit der Kamera unterwegs war. Mit dieser Vorgabe bat der Unirektor den WDR-Intendanten um Hilfe. Produktionsdirektor Töldte erinnerte sich an meine Dozententätigkeiten in Nürnberg, denn er musste sie jedes Mal genehmigen.

Mit einer „Wundertrommel" und einem „Praxinoskop" erklärt sich, wie Zeichentrickfilme entstehen

Neben notwendiger Theorie meine Hauptaufgabe als Lehrbeauftragter: der Umgang mit Filmkamera und Licht

In Personalunion Lehrer, Regisseur und Hauptdarsteller als Detektiv in einem Studentenspielfilm

Mein Lieblingsstudent Kay Kaul, hier an einer 35mm-„Arriflex-Kamera", war viele Jahre erfolgreicher Kameramann und arbeitet heute als Fotokünstler

Kurzum, ich wurde gefragt, zeigte Interesse, sprach mit der Akademieleitung und wurde berufen. Im Herbst 1977 begann meine Tätigkeit als Lehrbeauftragter für Kamera und Film der Staatlichen Kunstakademie in Düsseldorf. Bis April 1983 lehrte ich dort Filmen in Praxis und Theorie. Meine Lehrveranstaltungen waren ganztägige Blockseminare, jeweils an bis zu zehn aufeinanderfolgenden Tagen, zweimal pro Semester, also bis zu vierzig Tage pro Jahr. Es war mir, dem Volksschulabgänger von 1950, Ehre und Vergnügen, als Lehrender durch ein Portal zu gehen, über dem die Namen Anselm Feuerbach, Caspar David Friedrich, Wilhelm von Schadow und Schnorr von Carolsfeld zu lesen waren. Wichtigste Begegnung in Düsseldorf: die mit Joseph Beuys, der nach einem früheren Rausschmiss in einem Seitenflügel seine „Free University" unterhielt. Einige Male, zuletzt bei einem Professorenrundgang durch die Klassen, habe ich mit ihm, dem Liebenswürdigen, kurze interessante Gespräche führen können. Offizieller Professor und Leiter der Film- und Videoklasse war der preisgekrönte Koreaner Nam June Paik. Er, der freundliche Multikünstler, lebte in den USA und erschien ein-, zweimal im Jahr mit Pressefotografen, die ihn im Kreise meiner Studenten fotografierten. Lehrveranstaltungen führte er nicht durch. Der Düsseldorfer Akademie diente er als Galionsfigur. Mir empfahl er, für die Studenten die neuesten Videokameras und Mischpulte aus Japan zu kaufen. Schon mit zweihunderttausend DM wäre man dabei. Sehr lustig. Die Kunstakademie verweigerte mir den Kauf von Filmmaterial in Höhe von fünfhundert DM, das sei mehr, als jährlich für Gips ausgegeben würde. Meine bescheidenen Bezüge als Lehrbeauftragter flossen in Filmpartys, zu denen ich nach Semesterschluss unsere Studenten einlud. Meine Wohnung war groß genug für zwanzig Gäste und einen großen 35mm Filmprojektor. Ab Nachmittag zeigte ich bis in die Morgenstunden berühmte Spielfilme aus meiner Filmkopien-Sammlung. Dabei wurde permanent gegessen und getrunken, bis in unseren Küchenschränken nur noch Katzenfutter zu finden war. Sechs Jahre lang begleiteten solche Filmpartys meine Arbeit an der Kunstakademie. Ohne meine tüchtige Frau hätten solche Veranstaltungen nicht stattgefunden. Als Verbindung zu meiner Akademietätigkeit blieb die Freundschaft zu einem meiner ehemaligen Studenten, Kay Uwe Kaul, den ich nicht nur ausgebildet habe. Durch meine Kontakte zur Fernsehwelt konnte er erfolgreich als Kameramann arbeiten. Später wurde er Fotokünstler und präsentierte seine Arbeiten im In- und Ausland. Als Brotberuf qualifizierte er sich für die Hard- und Softwarewelt der Computer. Für meinen ungeliebten aber notwendigen Umgang mit der digitalen Welt ist er mein Betreuer und Lehrer.

1981 zog der WDR die Konsequenzen aus meinen Lehrtätigkeiten. Weil der Bedarf an Aus-, Fort- und Weiterbildung anstieg, wurde, auf mich zugeschnitten, eine neue Planstelle geschaffen. Als 1. Kameramann wurde die Ausbildung der Kameravolontäre, die Weiterbildung der Kameraleute und später ihre Umschulung von Film- zu Video-Kameramännern meine Hauptaufgabe. Um meine Glaubwürdigkeit als Ausbilder zu erhalten, wurde vereinbart, dass ich für zwei Filme pro Jahr die Bürotätigkeiten unterbrechen darf.

Es folgte ein interessantes Jahr. Zu meiner Fort- und Weiterbildung wurde ich vier Wochen zur Bavaria-Film nach München entsandt. In Köln musste ich viele Stunden in langweiligen Sitzungen verbringen. Es gab Besseres. Auf internationalen Tagungen in Paris und Genf durfte ich die kamerabezüglichen Interessen der ARD verteidigen. Es ging um die in Europa in Gang befindliche Umstellung der Reportage-Teams vom 16 mm-Film auf Video-ENG (Electronic News Gathering).

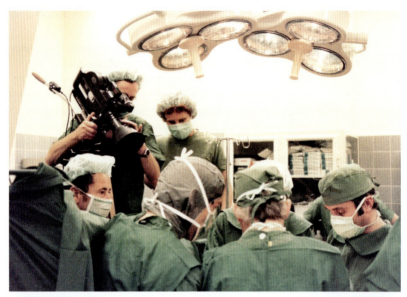
Mit der Filmkamera im Operationssaal für die WDR-Produktion „Herzzentrum Köln"

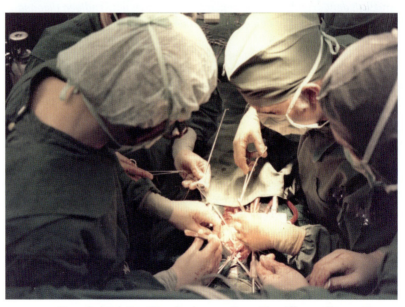
Damals höchster Standard: operativer Eingriff am offenen Herzen

Als Ausbilder im Baskenland

Nach dem Tod des spanischen Diktators Franco erreichten nach jahrelangen Kämpfen die Basken, bis dahin eine spanische Provinz, eine Art Teil-Souveränität als „Autonome Gemeinschaft Baskenland". Vitoria, auf baskisch Gasteiz, wurde die neue Hauptstadt und Sitz einer baskischen Regierung. Auf dem Regierungsbau wehte stolz die Baskenfahne, an Gedenktagen ertönte eine Baskenhymne. Eins grämte die Basken: Das empfangbare Fernsehprogramm, ein halbstaatliches, war spanisch und kam aus Madrid. Die Regierung beschloss die Gründung eines eigenen baskischen Fernsehens. Keinesfalls in Zusammenarbeit mit den verhassten Spaniern. Die Basken beauftragten Studio Hamburg, Deutschlands größten Dienstleister für Film und Fernsehen, alle nötigen technischen und gestaltungstechnischen Voraussetzungen in Vitoria zu schaffen.

Im Mai 82 klingelte mein Büro-Telefon. Chefkameramann Walter H. Schmitt fragte, ob ich Lust auf vier Wochen Spanien hätte. Dort müssten Journalisten den Umgang mit Video-Kameras und dem neuen Aufzeichnungsverfahren U-matic highband-System lernen. Einen Monat unbezahlten Urlaub würde er genehmigen. Mein Honorar müsste ich mit Studio Hamburg aushandeln. Mit denen einigte ich mich schnell. Rückfragen bezüglich meiner Tätigkeit im Baskenland könnten sie aber nicht beantworten. Ihr Studioleiter, ein Österreicher, sei seit Monaten vor Ort. Der sei mein Partner. Nach der Landung auf dem Flugplatz in Vitoria erwartete und begrüßte mich dieser Studio-Hamburg-Mann. Er war schlecht gelaunt. Ich käme zu spät. Zeit wäre keine mehr. In zwanzig Minuten müsse er in die Maschine nach Wien steigen. Längst sei er urlaubsreif. Auf die Frage, wer sein Nachfolger sei, sagte er „Natürlich Sie". „Und die sprachliche Verständigung?" „Keine Angst, Herr Romboy, alle Basken sprechen auch spanisch." Von mir kam „Aber ich nicht!" Er sagte, schlecht, aber das sei mein Problem. Er hätte als eine der Voraussetzungen für seinen Nachfolger fließende Spanischkenntnisse verlangt. Irgendwo, ob in Wort oder Schrift, war das auf dem Weg von Vitoria über Hamburg nach Köln verloren gegangen. Gerätebedienung müsse ich nicht schulen. Das hätte vierzehn Tage lang ein Techniker von Sony gemacht. Formlose Übergabe. „Hier der Schlüsselbund für die Studioräume. Zeigen Sie im Büro im Regierungsbau dem Pförtner den Schlüsselbund. Der zeigt Ihnen den Weg. Beinahe hätte ich vergessen, Ihnen Autopapiere und Schlüssel zu geben. Als Dienstwagen wartet auf Sie eine schwarze Renault-Limousine. Die steht drüben auf dem

Parkplatz. Sie haben ja das Kennzeichen. Ach so, die Studio-Adresse. Hier habe ich sie aufgeschrieben. Lassen Sie sich von einem Taxi gegen Vorkasse den Weg zeigen. Sie fahren einfach hinterher. Sorry, mein Flieger wird aufgerufen. Auf Wiedersehen!"

Es war Samstag. In den Studioräumen erwartete mich zur Begrüßung ein Regierungsbeamter. Der erkannte meine Sprachdefizite und vereinbarte einen Treff am Montag mit deutschem Dolmetscher. Im Hotel angekommen, konnte ich weder essen noch trinken. Meine Hände zitterten. Mir brach der kalte Schweiß aus. Was soll ich hier? Wem soll ich was beibringen? Und das alles, ohne meine blumige Sprache verwenden zu können. Nach dem Abendessen und einigen Gläsern süßen Negros kam ich zu der Erkenntnis: Mich kann nur noch Vera retten. In einem langen Nachtgespräch vergatterte ich die Tüchtige, mir per Luftfracht mein gesamtes Lehrmaterial zu schicken. Das bestand aus zehn unvertonten von mir hergestellten 16mm-Filmen mit den Titeln: „Die Objektivität der Objektive", „Bildentwurf und Bildgestaltung", „Richtiges Beleuchten und Belichten", „Wirkung von Weichzeichnern und Effektfiltern" und „Besondere Aufnahmeverfahren" usw.. Außerdem benötigte ich zwei Ordner mit Schriftstücken. Vor jeder Vorlesung verfasste ich ein Manuskript, das alle wichtigen Inhalte der Veranstaltung enthielt. Am Schluss verteilte ich Fotokopien meiner Vorträge. Ich wollte Zuhörer, keine Mitschreiber. Schon am Montag konnte ich den baskischen Kontaktmann darum bitten, den Inhalt meiner Ordner einem Übersetzungsbüro zu übergeben. Als ich am Montag meinen Kursanten vorgestellt wurde, hatte ich wieder normalen Blutdruck und Herzschlag. Über den Dolmetscher erläuterte ich das Ausbildungsprogramm: die Qualifizierung von Video-Journalisten in Bildgestaltung, Personenausleuchtung. Außerdem würde es um qualifiziertes Reportage-Arbeiten auch ohne Stativ gehen und schnittreifes Drehen. Es folgte begeisterte Zustimmung. Mein fehlendes Spanisch würde durch spanische Manuskripte ausgeglichen werden. Ansonsten könnte ich mit der Kamera auf der Schulter alles vormachen. Es wäre live oder als Aufzeichnung sofort auf dem Monitor sicht- und diskutierbar. In den nachfolgenden vier Wochen musste ich selten um einen Dolmetscher bitten. Was ich lehrte, hatte ich als Filmjournalist und Reportage-Kameramann von der Pike auf in zwanzig Jahren Tagesschau-Arbeit gelernt.

Gleich zu Beginn lag vor jedem Kursanten ein mit Ordnungszahlen versehenes spanisches Schriftstück. Wenn ich aufrief: „Prueba de Muestra uno, dos, quato oder cinco" konnte jeder nachlesen, um was es ging. Darüber hinaus gab es den Monitor und meine 16mm-Filme. Meine Hörer waren elf Männer und eine Frau im Alter zwischen zwanzig und dreißig Jahren. Als tätige Zeitungsjournalisten oder Pressefotografen waren sie über ein Inserat der Regierung zum Fernsehen gekommen. Unsere Zusammenarbeit war ein Vergnügen. Sie wollten alles wissen und ausprobieren. Als ich nach zweieinhalb Wochen mit meinem „Grundlatein" am Ende war, schlug ich meiner Mannschaft eine Abschlussarbeit vor: „Für eingeladene Regierungsmitglieder fahren wir live eine zwanzig Minuten lange Nachrichtensendung mit Wetterbericht und fiktiven Lottozahlen." Alle waren begeistert. Ich ließ Teams bilden und schickte sie nach einer morgendlichen Redaktionskonferenz zu Themen und Drehorten, die wir baskischen Zeitungen entnahmen. Ich war in Personalunion Chefredakteur, Disponent, Cutter und Ablaufregisseur. Zu wenig. Ich wurde zum „Intendanten" der ersten Sendung des baskischen Fernsehens, die zwar aufgezeichnet, aber nie gesendet wurde.

Meine Schüler in Vitoria. Männer und Frauen der ersten Stunde eines baskischen Fernsehens.

Meine Abschlussarbeit. Als Chefredakteur und Regisseur inszenierte ich für Mitglieder der neuen baskischen Regierung im Juni 1982 eine aktuelle Regionalsendung.

Zwanzig Regierungsmitglieder, die im kleinen Konferenzsaal vor den von uns aufgestellten Monitoren saßen, applaudierten uns „Programm-Pionieren". Außer uns Männern und einer Frau der ersten Stunde gab es noch keine Mitarbeiter des baskischen Fernsehens. Für meine letzte Spanienwoche hatte Vera zehn Tage Jahresurlaub geopfert und war ins Baskenland gekommen, auch um mir zu helfen. Es war Wunsch der Regierungsleute, auch dafür hatte ich das Auto und einen Stapel Benzingutscheine erhalten, damit ich in meiner Freizeit das schöne Baskenland kennenlerne. Wir fuhren nach Bilbao und in andere Städte und bewunderten vor allem die schönen Jugendstilbauten. Wir waren inzwischen ein verheiratetes Liebespaar. Für Vera und mich arrangierten die Kursanten eine opulente Abschiedsfeier. Alle standen auf dem Bahnsteig, als wir den Zug nach Madrid bestiegen. Im WDR wollte niemand meine Baskengeschichte hören. „Natürlich, Romboys neue Abenteuer!" Wenige Monate später wollte Studio Hamburg mich noch einmal für länger nach Vitoria schicken. Die Basken hätten nach mir verlangt. Aber zu diesem Zeitpunkt war klar, ich würde demnächst für den WDR nach Moskau gehen. Doch das ist wieder eine andere Geschichte.

Kapverden und Florenz

V.r.n.l.: Autor Peter Bauer, Kameramann Romboy und Assistent Pitsch in der sengenden Sonne einer der Kapverdischen Inseln

Die Kapverden, als Inseln im Atlantischen Ozean, wurden bei Stürmen schon manchem Schiff zum Verhängnis

Nicht alle Drehorte waren mit dem Jeep erreichbar. Ab und zu waren lange und heiße Fußmärsche nötig.

Bei jeder unserer Aktionen finden sich schnell neugierige Inselbewohner

Assistent Hartmut Pitsch bei Geräuschaufnahmen

Vom 4. – 24. Mai 78 arbeiteten Hartmut Pitsch und ich mit und für Peter Bauer an einem Film über die unlängst unabhängig gewordenen Kapverden, einer Inselgruppe im Atlantischen Ozean, sechshundert Kilometer vor der Küste Westafrikas. Geplanter Titel: „Ein Land im Jahre drei." Mit großem Interesse sahen und erlebten wir die so unterschiedlichen Eilande. Die Insel Sal, fast nur eine flache Wüste, die Insel Santo Antoa mit exotischen Bergwelten bis zweitausend Meter hoch und Fogo, übersetzt Feuer, die Insel mit einem noch aktiven Vulkan. Unser größtes Abenteuer: Auf der Fähre unterwegs zu einer anderen Kapverden-Insel versagten die Maschinen unseres Schiffs. Im stürmischen Atlantischen Ozean waren wir über Stunden den Wellen ausgesetzt. Auch die Funkanlage war gestört. Der Kapitän setzte die SOS-Flagge und suchte mit meinem Fernglas, seines war defekt, den Horizont nach möglichen Rettern ab. Die Passagiere standen an der Reling und opferten Neptun. Endlich erschienen zwei Schlepper, die uns in den rettenden Hafen zogen.

An den Ufern des Arno: das Kunstjuwel Florenz

Das „Florenz-Team" vor einem alten Festungsbau

Für „living pictures" eine Kutschfahrt durch die Altstadt von Florenz

Filmemachen – nicht immer konfliktlos

1979 folgten zwanzig Tage in Florenz. Thema: der Ciompi-Aufstand der Weber und Wollarbeiter im vierzehnten Jahrhundert. Außer dem Rathaus, der Kathedrale und der berühmten Steinbrücke über den Arno gab es keine Altstadtbauen aus dieser Zeit. Doch wir filmten Michelangelos David, das Palazzo Pitti und in den Uffizien Botticellis „Geburt der Venus" und Da Vincis „Verkündigung". In Bologna galt es, die „Geschlechtertürme" abzulichten. Mein Autor, ein Geschichtswissenschaftler, hatte bisher nur Dia-Vorträge gehalten. Am Palazzo Vecchio sagte er mir: „Dieses Gebäude brauche ich als Ganz-Bild eine Minute." Als ich nach dieser Totalen anfing, Gebäude-Details aufzunehmen, war er empört und warf mir vor, ich würde den Palazzo zerstückeln. Gegen seinen Willen arbeitete ich für seine Redaktion und die Cutterinnen im Schneideraum. Einen Dia-Vortrag hätte man mir, nicht ihm, vor die Füße geworfen.

Diese Florenz-Reise wurde aus einem trivialen Grund Meilenstein meines Lebens. Von einem Tag auf den anderen musste ich meine Raucher-Orgien einstellen. Vier Tage vor der Rückreise war meine letzte Stange „Dunhill" aufgebraucht. Meine Zigaretten-Sorte war in Florenzer Läden nicht vertreten. Ich entschied, erst in Köln, wenn „Dunhill" verfügbar ist, wird wieder geraucht. Angst vor der Rückfahrt. Eintausenddreihundert Kilometer Wegstrecke bis Köln am Steuer ohne Zigaretten, werde ich das überleben? Es gab keine Probleme. Im Gegenteil, zum ersten Mal eine lange Fahrt ohne Müdigkeitsanfälle und Kopfschmerzen. Ich beschloss, meine Nichtraucherzeit zu verlängern, zur Freude meiner Partnerin, die Zigarettenrauch hasste. Wenn ich die „Zigarette danach" anzündete, floh sie aus meinen Armen. Als Gesandte des Teufels erschien am Tage der Rückkehr meine liebe Mutter mit sechs Stangen „Dunhill" in der Einkaufstasche. „Als Du weg warst, wurden, wie angekündigt, die Zigarettenpreise erheblich erhöht. Diese Packen konnte ich noch zum alten Preis ergattern. Zu meiner Beruhigung lagen sie ab da im Schrank. Ich wusste, die Entscheidung, wieder anzufangen, liegt bei mir. Ein Jahr später habe ich die „Dunhills" mit ihren schönen rotgoldenen Schachteln verschenkt. Das war vor über vierzig Jahren. Als Rückfälliger wäre ich, jetzt im fünfundachtzigsten Lebensjahr stehend, kaum in der Lage gewesen, diese „Dunhill-Geschichte" aufzuschreiben.

Konzentrationslager

Amerikanische Soldaten befreien am 11. April 1945
die Häftlinge des KZ Buchenwald

Am 29. April 1945 können die Häftlinge des KZ Dachau
ihre Befreiung durch US-Truppen feiern

Hätte man mich als Zwölfjährigen danach gefragt, alle hätte ich sie aufzählen können, die Konzentrationslager der Nazis. Auschwitz, Buchenwald, Bergen-Belsen, Dachau, Mauthausen, Sachsenhausen und so fort. In der DDR aufgewachsen, wurde ich nahezu täglich damit konfrontiert. Ob in der Schulklasse, den Schaufenstern vom Bäcker bis zum Gemüseladen, überall hingen Bilder oder standen Büsten des Kommunistenführers Ernst Thälmann mit dem Hinweis: ermordet im KZ Buchenwald. WDR-Redakteur Dr. Ernst Klinnert plante einen Film unter dem Arbeitstitel „Bewältigte Vergangenheit? – KZ-Gedenkstätten heute". Voller Interesse, an diesen geschichtsträchtigen Plätzen filmen zu dürfen, fuhr ich im Mai 1980 nach Bergen-Belsen. Natürlich mit meinem Assistenten Hartmut Pitsch. Diesmal war auch ein Tontechniker dabei. Vorgesehen waren zwanzig Drehtage. Vor dem Eingang der Gedenkstätte lernte ich den Autor Ernst Klinnert kennen. Nach der Begrüßung erkannten wir lächelnd einen ersten gemeinsamen Nenner: Er und ich waren Bartträger. Später erkannten wir, dass uns Wichtigeres verband. Ohne lange Vorbesprechung ließ ich mir Kamera und Stativ geben und fing an, selbstverständlich Notwendiges zu drehen. Das Eingangsgebäude total und halbnah, mit und ohne Personen. Einen ankommenden Bus und das Gedenkstättenschild. Alles war sonnenbeleuchtet, noch dazu im richtigen Winkel. Schon am Nachmittag wäre Regen möglich. Mein Autor war etwas konsterniert. Er war gewohnt, in längeren Vorgesprächen seine Bildvorstellungen vorzutragen. Bei vielen meiner Kollegen war das auch notwendig. Was für Bilder einem vorgegebenen Thema gerecht würden, wusste ich, wartete keinesfalls, bis ein Reporter mir sagte, die Kamera soll hier stehen, sondern fragte: „Was wollen Sie mit den Bildern aussagen?" Im weiteren Verlauf unserer Dreharbeiten haben wir natürlich Vorgespräche geführt, es sei denn, es ging um den Sonnenwinkel, dann lief ich ihm mit der Kamera davon und drehte. Erst danach erfuhr er, was ich aufgenommen hatte, verbunden mit der Frage, was er noch zusätzlich bräuchte. Im Lager Bergen-Belsen starben und ruhen sechzigtausend Menschen aller Nationen, unter vielen anderen die durch ihr Tagebuch berühmt gewordene Anne Frank. Das Gelände wirkte damals wie eine Heidelandschaft, umsäumt von idyllischen Birkenwäldern. Würden nicht ab und zu bescheidene Gedenksteine verkünden: „Hier ruhen 1400 Menschen, hier 800, da 1200", könnte es ein beliebiger Stadtpark sein. Sehr im Hintergrund ein Obelisk und eine Bruchsteinmauer mit Gedenkstättenbeschriftung. Die Baracken der KZ-Zeit hatten die befreienden Engländer wegen Seuchengefahr mit Flammenwerfern angezündet. Natürlich gibt es ein Eingangsgebäude mit Ausstellungsfotos, aber die will nicht jeder Besucher sehen. LKW voller Leichen, die von den ehemaligen SS-Bewachern in Massengräber geworfen wurden. Durch die Heidelandschaft schoben Frauen unter Vogelgezwitscher ihre Kinderwagen. Ich verstand Klinnerts Frage nach der bewältigten Vergangenheit!

Eindrucksvoller: Flossenbürg. Viele Gebäude aus der NS-Zeit waren erhalten geblieben: der Sezierraum, die Gaskammer und das Krematorium. Hier starben am Galgen oder durch Genickschuss die Widerstandskämpfer Generalmajor Hans Oster, Admiral Canaris, Pastor Dietrich Bonhoeffer und der Hitler-Attentäter von 1939, Georg Elser. Erst wenige Tage vorher hatte man diese Häftlinge aus anderen Konzentrationslagern nach Flossenbürg verlegt. Außer ihnen starben hier 21.000 Menschen.

Die KZ-Gedenkstätte Dachau wirkte nicht sehr eindrucksvoll. Außer dem schmiedeeisernen Eingangstor mit den Buchstaben „Arbeit macht frei" gab es aus der NS-Zeit wenig Lagergebäude. Auch wir wollten, wie viele Journalisten vor uns, die Gaskammer filmen. Unser Kontaktmann zur Gedenkstätte riet ab. Hier wäre nie ein Mensch gestorben. „Wieso, weshalb, warum?" Er zuckte mit den Schultern. Später erzählten uns Einheimische, dass diese Gaskammer deutsche Kriegsgefangene nach dem Einmarsch der Amerikaner bauen mussten, weil Film- und Fotojournalisten aus aller Welt eine sehen und zeigen wollten. Die Leichenberge, später Fotos von ihnen, reichten nicht. Eine mögliche Erklärung. Doch von uns nicht überprüfbar. Auch in Dachau wurden die Baracken wegen Baufälligkeit abgerissen. Wir fanden gut, vielen Schulklassen zu begegnen. Nach Besichtigung der eindrucksvollen Ausstellung stürmte eine Gruppe Schüler über den „mörderischen" Appellplatz mit dem Ruf: „Deutschland vor, noch ein Tor!" Für sie, in den sechziger Jahren geboren, war die Hitler-Zeit so weit entfernt wie die Napoleons oder der Friedrich des Großen. Als Gefängnis im Gefängnis diente in Dachau der sogenannte Zellenbau, von den KZ-lern Bunker genannt. Unzählige Gefangene wurden hier gefoltert und getötet. Bis viele Jahre nach Kriegsende nutzten die Amerikaner diese Zellen als Militärgefängnis für US-Soldaten. „Es ist nicht nur Geld, das nicht stinkt!" So kommentierte diesen Sachverhalt Klinnert in unserem Film. In Dachau starben 41.000 Menschen.

Mich beeindruckte besonders die österreichische Gedenkstätte Mauthausen. Die meisten NS-Gebäude waren erhalten, vom Lagerbordell über die Galgen bis zum Krematorium. Auch den Steinbruch mit seiner Todestreppe konnte man besichtigen. Bei meinen Aufnahmen in der Gaskammer fühlte ich mich pietätlos. Beim Einleuchten wurde ich unterbrochen. Obligatorisch mussten alle Maturanten vor dem Schulabschluss Mauthausen besuchen. Siebzehn- bis neunzehnjährige Jungen und Mädchen betraten den Raum. Als sie „Gaskammer" lasen, begannen sie einen „lustigen Gas-Tanz" mit Röcheln und Erstickungsanzeichen. Gegenseitig drückten sie sich die Hälse zu. Einige Mädchen erzeugten Kaugummiblasen. Wenn die platzten, skandierten alle „Gas, Gas, Gas". Meine grenzenlose Empörung musste ich dem sie begleitenden älteren Hofrat mitteilen. Der wiegelte ab. „Schaun's, für die Schüler ist das so, als würden sie eine mittelalterliche Folterkammer besichtigen. Sie meinen, mit ihrem Leben und Denken hätte das alles nichts zu tun." In Mauthausen starben 90.000 Menschen.

DDR-Gedenkstätte Buchenwald

Die DDR-KZ-Gedenkstätte mit bombastischem Glockenturm und Antifa-Kämpferdenkmal

Statt Aufforderung, unschuldiger Opfer zu gedenken, eine Darstellung kommunistischer Untergrundkämpfer

Die weitere Reise war vor allem für meine Mitarbeiter das Abenteuer DDR. Die Lebensverhältnisse im realen Sozialismus kannten sie nur aus der Zeitung. Beim Abendspaziergang in Erfurt standen wir unter der Neon-Reklame „HO Fleisch- und Wurstwaren". Auf der Kühlschlange ein Behälter mit Schweinefüßen. Ein anderer enthielt magere Hähnchenkörper. Beide verziert mit Papierfähnchen, die das DDR-Emblem zeigten. Daneben eine Pyramide aus schon leicht angerosteten Wurstdosen. Naiv fragte mich mein Tonmann „Warum bleiben die Leute dann hier?" Für alle DDR-Aufnahmen hatte man uns einen „Aufnahmeleiter" aufs Auge gedrückt. Den mussten wir bezahlen, doch sein Arbeitgeber war das Ministerium für Staatssicherheit der DDR. Die Nazis hatten ihr KZ Buchenwald 1937 auf dem schönen Ettersberg errichtet. Die Goethe-Stadt Weimar lag dem KZ zu Füßen. Die ersten Kontroversen ergaben sich, als Klinnert von der Befreiung der Häftlinge durch amerikanische Truppen sprach. Die DDR-Funktionäre stellten das in Abrede. Unter Führung eingekerkerter Kommunisten hätten die Häftlinge die letzten SS-Bewacher besiegt und sich selbst befreit. Nach der Häftlingsbefreiung hatten die Amerikaner die Bewohner Weimars gezwungen, das KZ, die ausgemergelten und toten Häftlinge anzusehen. Männer und Frauen der Goethe-Stadt sollten erleben, was sie geduldet und wovon sie auch profitiert hatten. Für die SED-Funktionäre wurde Weimar erst durch den Einmarsch der Roten Armee im Juli 45 befreit. Erhalten war in Buchenwald das mit roten Backsteinen verblendete Lagertor-Gebäude. Auch hier eine schmiedeeiserne Tür mit den Buchstaben „Jedem das Seine". Es gab noch den Zellenbau und das Krematorium als besondere Kultstätte. Hier hatte die SS den seit 1933 inhaftierten Vorsitzenden der Kommunistischen Partei Deutschlands, Ernst Thälmann, im August 1944 exekutiert.

1958 eröffnete SED-Chef Walter Ulbricht unterhalb der KZ-Anlage ein bombastisches Denk- und Mahnmal mit einem die Landschaft überragenden Glockenturm. Eine Figurengruppe feiert die kommunistischen Widerstandskämpfer. In Buchenwald starben 56.000 Menschen.

Als die letzten Häftlinge das KZ verlassen hatten, wurde es umbenannt und hieß jetzt „Speziallager 2". Im August 1945 lieferten die sowjetischen Geheimdienste ihre ersten Gefangenen ein. Nach einigen Jahren waren es 28.000. Es traf Schuldige und Unschuldige. Wie bei den Nazis. Ohne Gerichtsverhandlung. 1950 übernahm die DDR-Justiz dieses Lager. Im „Speziallager 2" Buchenwald starben 7.000 Menschen. Bezüglich der Weiternutzung Buchenwalds: Klinnert hatte recht. Es ist nicht nur Geld, was nicht stinkt.

In der Gedenkstätte Sachsenhausen bei Berlin begegneten wir wieder einem schmiedeeisernen Tor mit den Buchstaben „Arbeit macht frei". Wenige alte Bauten waren erhalten. Wir filmten im Gelände die Vereidigung von Soldaten der DDR-Volksarmee. Junge Wehrpflichtige mussten an dieser Mordstätte einer Diktatur der neuen Diktatur der deutschen Kommunisten Gehorsam und Treue schwören. In Sachsenhausen starben 30.000 Menschen.

Auch aus Sachsenhausen wurde 1945 ein Speziallager des sowjetischen NKWD. Bis zur Auflösung 1950 waren dort 60.000 Schuldige und Unschuldige inhaftiert. Im „Speziallager 7" starben 12.000 Menschen. Unter ihnen der Theater- und Filmschauspieler Heinrich George, einer der größten seiner Zeit.

Während der Aufnahmen zu diesem Film lernte ich Ernst Klinnert näher kennen. Er, der sechs Jahre Ältere, war wie ich Kriegskind und wie ich aus der DDR in den Westen geflohen. Unseren beruflichen Aufstieg verdankten wir neben der eigenen Beharrlichkeit dem WDR. An Klinnert schätzte ich seine umfassende Bildung und seine Belesenheit. Die vermisste ich bei vielen Autoren und Redakteuren, mit denen ich bisher gearbeitet hatte. In abendlichen Gesprächen an den Drehorten entwickelte sich langsam eine kollegiale Freundschaft. Diese überdauerte die Zeit. Nach unseren Pensionierungen blieben wir bis heute in privatem Kontakt.

In den Dolomiten

Klinnert war begeisterter Bergsteiger, bisweilen auch Bergfilmer. Es lag nahe, dass er mich fragte, ob ich Lust hätte, mit ihm und einer kleinen Gruppe von Bergfreunden den Dolomitenhöhenweg Nr. 6 zu erwandern. Natürlich um darüber einen Film zu drehen. Als Assistenten und Tonmann wählte ich Hermann Wocke aus. Er war im WDR für seine Sportlichkeit bekannt. Klinnert steuerte einen weiteren Assistenten bei, sagen wir mal, als „Bodenpersonal mit Bergverpflichtung". Mit meinem Dienstwagen, der mit Akku-Ladegeräten und neuen Filmrollen ausgestattet war, steuerte er abgesprochene Versorgungspunkte an, stieg zu Berghütten oder markanten Treffpunkten auf. Er übergab uns geladene Akkus und neue Filme, wir gaben ihm das Gefilmte und die leeren Akkus zum Laden. Eine schwierige Organisationsarbeit vor Erfindung des Handys.

Eine der eindrucksvollsten Gebirgslandschaften: die Südtiroler Dolomiten

Krüppelkiefern als Zeichen der Vegetationsgrenze im Hochgebirge

Männer, auf geht's!

Sowas nennen Gebirgsenthusiasten „Wanderweg"

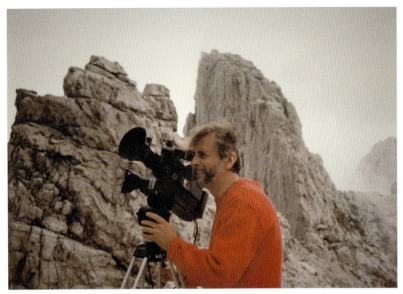

Als gipfelstürmender Kameramann in den Fußstapfen Luis Trenkers und anderer Bergfilm-Pioniere

Dieser Dolomitenhöhenweg von Sappada nach Vittorio Veneto führt durch eine der einsamsten Regionen der Ost-Alpen. Man nennt ihn auch Weg der Stille. Wegen seiner großen Höhenunterschiede gilt er als anstrengend. Auf dieser Route gab es wenig Hütten. Oft musste unter freiem Himmel biwakiert werden. Der Weg führt durch die schönsten Teile der Dolomiten. Unsere Gruppe startete am 11. August 1982, unser erstes Ziel war die Unterkunft Refugio Fratelli de Gaspari. Nach zwölf Stunden Wanderung, unterbrochen von sehr kurzen Filmpausen, übermannte uns schnell der Schlaf. Trotz aller Anstrengungen war ich selig, auf den Spuren berühmter Kamera-Bergkollegen wie Richard Angst, Hans Ertl und Hans Schneeberger unterwegs zu sein und filmen zu dürfen. Über die Schönheit der Dolomiten haben Bessere als ich geschrieben. Sprechen wir über meine Probleme. Unsere Bergmannschaft, an der Spitze der gut trainierte Ernst Klinnert, stapfte munter voran. Sie wollte Vorgaben in Zeit und Strecke, so wie sie in Begleitheften standen, erfüllen. Natürlich soll gefilmt werden. Aber ohne die Gruppe groß aufzuhalten. Bei jeder Rast nahmen meine „Berghelden" erschöpft Platz und während ich wie besessen filmte, riefen sie mir zu „Manfred, essen und trinken nicht vergessen". Schnell mahnte Klinnert zum Aufbruch: „Wir liegen nicht mehr in der Zeit, und unsere

Muskeln werden kalt. Ach so, noch fünf Minuten für den Manfred. Keine Angst, wir werden noch schönere Motive finden." Selten erreichten wir Berghütten, öfters biwakierten wir hinter Felswänden und überlebten bei einer Tour, die unfreiwillig in die Nacht ging, Absturzgefahren. Beinahe wäre alles an mir gescheitert. Bei einem langen Aufstieg blieb ich weiter als sonst zurück. Solange ich sichtbar war, hatte das bisher niemanden gestört. Zwanzig Minuten nach den anderen erreichte ich die einsame Berghütte, verweigerte das Essen und schlief sofort auf dem Strohsack ein. Nach geraumer Zeit sah Klinnert meinen roten Kopf und das kranke Gesicht. Ein Fieberthermometer zeigte neununddreißig Grad. Mit Hilfe eines Löffelstiels wurde in meinen Hals geschaut. Diagnose: Eiterpusteln auf beiden Mandeln. Im Fieberschlaf hörte ich noch Klinnert sagen: „Männer, damit ist der Film zu Ende. Aber wie kriegen wir den Kerl nach unten?" Nach zwölf Stunden Tiefschlaf erwachte ich fieberfrei, doch mit großen Schluckbeschwerden und entschied, wir gehen und filmen weiter, aber alles etwas langsamer. Schließlich kannte ich meinen Körper und im Besonderen den Hals. Wir plünderten die Hütten-Apotheke und erreichten nach Tagen weiterfilmend unser Ziel Vittorio Veneto am Fuß der Dolomiten. Ende gut, alles gut!*

Außer meinem Auto erwartete mich in Vittorio Veneto auch meine Geliebte und Ehefrau Vera. Ihr hatte ich einen Abstecher nach Venedig und eine wunderschöne Autorückfahrt über Cortina d'Ampezzo durch die Dolomiten versprochen. Abgesehen von der Schönheit Venedigs erinnern wir uns daran, dort für zwei Eisbecher sechsundvierzig DM gelöhnt zu haben. Dafür konnte man damals einen Fotoapparat kaufen. Weiter mit dem Auto über die Bergpässe der Dolomiten. Seit diesem Tag behauptet Vera steif und fest, die Bergwelten der Dolomiten seien eine Erfindung des italienischen Ministeriums für Tourismus. Sie könne bezeugen, dass in stundenlanger Fahrt links und rechts nur weißer Nebel sichtbar sei.

Zum ersten Mal in Moskau

Der Spasski-Turm mit dem Moskauer Glockenspiel.
Eines der Moskauer Wahrzeichen.

Als filmender Tourist auf dem Roten Platz, Februar 1982

Vor der sowjetischen Kultstätte, dem Lenin-Mausoleum auf dem Roten Platz

Bei gefühlten Minus 20 Grad auf einer der Moskwa-Brücken vor dem Kreml

Einmal Halbprivates. Auf Einladung eines der zwei ARD-Korrespondenten in der Sowjetunion, Harald Brand, flogen Vera und ich im Februar 1982 nach Moskau. Auf das Ankunftsprozedere hatte er uns vorbereitet. Eine Stunde Warten bis zum Passkontrollschalter, eine weitere, bis das Gepäck vom Band käme. In der Schlange zur Passkontrolle waren wir zufällig das schönste Paar. Meine Vera im schneeweißen Wintermantel (extra für Moskau gekauft), auf dem Kopf ein weißes Strickmützchen und im Arm einen riesengroßen Blumenstrauß als Überraschung für die Gastgeberin. Im Winter konnte man in Moskau nur Wachsnelken kaufen. Auch ich konnte mich sehenlassen. Für den Moskau-Besuch hatte ich einen Biberlamm-Mantel und eine dazu passende Pelzmütze erworben. Kaum eine Minute am Ende der Warteschlange stehend, steuerte ein hochrangiger Grenzoffizier auf uns zu. Seine Uniform strotzte nur so vor Goldbordüren. Oh je, sagte Vera, jetzt gibt's Ärger wegen des sicher verbotenen Blumenstraußes. Er verlangte die Pässe und sah den Vermerk „Gast des Korrespondenten". Er behielt sie, winkte uns aus der Schlange. Seine Gesten befahlen uns, ihm zu folgen. An den hundertachtzig wartenden Passagieren vorbei führe er uns zur Passkontrolle und ließ die Dokumente abstempeln. Nach Rückgabe der Pässe grüßte er mit Handzeichen an der Schirmmütze und wünschte uns auf Deutsch alles Gute für unser weiteres Leben. Ich denke, er hat uns wegen des Blumenstraußes für ein Brautpaar gehalten. Vera sah dafür jung und schön genug aus. Ein Übriges bewirkte der Visa-Eintrag „Gast des Korrespondenten". Freund Harald fuhr mit uns zu seiner Wohnung. Freundin Gisela Brand freute sich riesig über den Blumenstrauß. Bei und nach dem Abendessen gab es viel zu erzählen. Dreieinhalb Jahre hatten wir uns nicht mehr gesehen. Zwanzig Minuten vor zwölf befahl Harald: „Zieht Eure Mäntel an, ich will Euch was zeigen!" Am Thermometer waren zwanzig Grad minus abzulesen. Außer ein paar Taxis war niemand unterwegs. Harald parkte am Historischen Museum und ging mit uns über den menschenleeren Roten Platz zu den beiden Gardesoldaten, die am Eingang des Mausoleums den toten Lenin bewachten. Über den Kreml-Türmen leuchteten die roten Sterne. Über einem Kuppelbau wehte im Nachtwind grell beleuchtet die rote Fahne mit dem Hammer-und-Sichel-Zeichen der Sowjetunion. Vom Spasski-Turm ertönte martialisch das Mitternachtsgeläut. Aus dieser Richtung waren auch die Stechschritte zweier Gardesoldaten zu hören, die ihre halb erfrorenen Kameraden bei solchen Minus-Temperaturen halbstündlich ablösten. Trotz der Pelzmützen waren unsere Ohren eiskalt und steif. Unermüdlich forderte Harald uns auf, die Nasenspitzen zu reiben. Sie würden sonst abfrieren.

Am nächsten Tag besichtigten wir die Räume des ARD-Studios am Kutusowskij-Prospekt, direkt gegenüber des Stalin-Hochhauses „Hotel Ukraina". In den folgenden Tagen sammelten wir weitere Moskau-Eindrücke. Die größeren Kinder der Brands, es gab auch noch das dreijährige Julchen, die fünfzehnjährige Bettina und der dreizehnjährige Thomas, führten uns über den Moskauer Tiermarkt. Damals kein erlaubtes Touristenziel. Mit Freundin Gisela besichtigten wir den toten Lenin, das Jungfrauenkloster und die Markthallen. Ein Wochenbesuch, der uns beeindruckte und vor allem Vera erfreute. „Wie Gisela vier Jahre in Moskau zu leben, hätte auch mir Spaß gemacht." „Zu spät", musste ich antworten. „Vor drei Monaten hat der WDR mit Vertrag für die nächsten vier Jahre einen Kameramann nach Moskau verpflichtet."

Noch einmal Privates: Inzwischen wurde unser Leben durch vier Katzen bereichert. Zu Kater Mulle waren noch Felix, Robby und Peter gekommen. Seit dieser Zeit begleiten Katzen unser Leben, sind Familienmitglieder. In Abwandlung eines Loriot-Spruches sagen wir „Ein Leben ohne Katzen ist möglich, doch ohne Sinn".

Aufregungen und Hintergründe einer Versetzung

Einer der berühmtesten Orte der Welt. Der Rote Platz in Moskau

Ein Jahr geht schnell vorbei. Das Jahr 1982 wollte ich mit freier Zeit beenden. Vom 7. – 31.12. hatte ich Urlaub eingereicht, der war genehmigt worden. Als ich von einer Reise aus meiner Heimatstadt Leipzig am 22. Dezember zurückkehrte, erreichte mich die Nachricht: Dringend den WDR anrufen! Was mir am Telefon gesagt wurde, konnte keinesfalls stimmen. Für Moskau wird ein Kameramann gesucht. Dazu wäre mein Rat gefragt. Besserwisserisch wollte ich den vermeintlichen Irrtum aufklären. Kann nicht sein, erst vor fünfzehn Monaten hätte ein junger Kollege diesen Solo-Job übernommen und mir noch im Februar erklärt, es wären gerade seine Möbel angekommen und er plane, insgesamt fünf Jahre zu bleiben. Gruppenleiter Nils Lundgren belehrte mich. „Genau den haben die Russen rausgeworfen." Moskau-Korrespondent Lehmann würde toben und Ersatz verlangen. Ich benannte Kollegen, die in Frage kämen. Er: „Habe ich alle schon gefragt, keiner kann oder will." Wieder ich: „Übermorgen beginnt Weihnachten, danach werde ich einen finden. Und scherzend: Notfalls gehe ich." Am 23. Dezember hatte ich einen wütenden Chefkameramann Schmitt am Telefon: In einer Sitzung hätte Lundgren erklärt, das Moskau-Problem sei gelöst, der Romboy geht. Sowas findet keinesfalls statt. Nach Weihnachten gebe er mir Gelegenheit, dieses Gerücht zu dementieren. Seit Monaten lebten unsere Moskau-Gastgeber, die Brands, wieder in Köln. Denen wollten wir diese kuriose Geschichte erzählen. Als ich anfing mit „Stellt Euch vor, ich war für Moskau im Gespräch" umarmte Gisela meine Frau und sagte: „Vera, ich beneide Dich. Du darfst nach Moskau." Damit war ich außen vor. Vera und die Brands entschieden, Manfred wird nach Weihnachten nichts dementieren sondern klipp und klar erklären: Ich bewerbe mich für Moskau. Als ich das am 27. Dezember meinem Vorgesetzten sagte, musste ich hören: „Sie gehen keinesfalls. Als 1. Kameramann sind Sie für die Russland-Stelle viel zu hoch dotiert und im Übrigen werden Sie hier laut Vertrag als Ausbilder gebraucht." Da musste ich passen. Doch nachfolgend sprachen für meine Bewerbung mir unbekannte Umstände.

Ende der siebziger Jahre genehmigten die Russen dem Korrespondenten Fritz Pleitgen die Akkreditierung eines deutschen Kameramanns. 1981 musste dieser Kameramann der ARD innerhalb von vierundzwanzig Stunden das Land verlassen. Gerüchte sprachen von einer Weibergeschichte in Verbindung mit übermäßigem Wodka-Genuss samt Alkohol am Steuer. Als seinen Nachfolger entsandte der WDR noch im Jahre 1981 einen tüchtigen jungen Kameramann nach Moskau, von dem niemand wusste, dass er Drogenkonsument und Quartalssäufer war. Einige Monate ging alles gut. Einzige Auffälligkeit: In den Studioräumen lief er mit einer Mineralwasserflasche herum und posaunte, Wodka wäre gefährliches Gift. Doch Ende 1982 platzte die Bombe. Auf einer Filmreise nach Donezk, er hatte noch Peter Bauer zum Flugplatz begleitet, war er für einige Tage verschwunden. Die russischen Mitarbeiter sahen sein unberührtes Hotelbett nebst allem Privatgepäck und fahndeten erfolglos in Krankenhäusern und auf Polizeistationen. Plötzlich war er wieder da und erzählte eine unglaubliche Geschichte. Am Flughafen Donezk hätte ihm eine Aeroflot-Stewardess einen Softdrink serviert. Nach einigen Schlucken kam für ihn ein Filmriss. Tage später wäre er irgendwo aufgewacht. In seinen Softdrink hätte jemand, wahrscheinlich der KGB, am hellerlichten Nachmittag K.-o.-Tropfen geträufelt.

Das müssen wir eindeutig abklären, entschied Studioleiter Lutz Lehmann. Begleitet von einem Diplomaten der Deutschen Botschaft verlangte er in den Räumen des Moskauer Außenministeriums die lückenlose Aufklärung. Süffisant lächelnd zeigten die ihm eine über Monate angelegte Fotosammlung: Unser Kameramann, im Rinnstein liegend, wird von einer Notärztin „reanimiert", unser Kameramann neben Erbrochenem in einer Ausnüchterungszelle, unser Kameramann prügelt sich stockbesoffen mit zwei Türstehern vor einer Moskauer Nachtbar. Wie peinlich für den streitbereiten Lehmann. Jetzt waren die Russen am Zuge. Eine mögliche Anklage könnte lauten: Wiederholte Störung der öffentlichen Ordnung und tätlicher Angriff auf verdiente Veteranen des Großen Vaterländischen Krieges. Pförtnerdienst wurde meist von ordensgeschmückten Rentnern ausgeübt. Doch die sowjetischen Diplomaten gaben sich kompromissbereit. Wenn diese „Persona non grata" innerhalb von vierundzwanzig Stunden das Land verließe, sei der Fall für sie erledigt und man sei bereit, der Akkreditierung eines neuen ARD-Kameramannes zuzustimmen. So oder ähnlich soll es gelaufen sein.

Für das Moskauer Studio, Peter Bauer war dort Co-Korrespondent, passte der Romboy. Seine fachliche Qualifikation war bekannt, aber noch wichtiger, jedermann wusste, der Romboy verabscheut Bier und Schnaps. Er ist ein passionierter Coca-Cola-Trinker. Von dem frisch mit der „Tagesschau-Vera" Verheirateten waren auch keine alkoholgetränkten Frauengeschichten zu befürchten. Studio Moskau forderte umgehend die Personalien eines neuen Kameramanns, denn seine Akkreditierung würde Monate in Anspruch nehmen. Nach einigen Rückzugsgefechten musste die Personalabteilung meiner Versetzung nach Moskau, so lautete arbeitsvertraglich die Bezeichnung, zustimmen. Personalchef Odenthal hatte aber noch einen Knüppel im Sack, den er den Romboys zwischen die Beine werfen konnte. Als die Tagesschau-Sekretärin Vera Romboy geb. Krüper bei ihm um unbezahlte Beurlaubung für die Dauer des von ihm nach Moskau versetzten Ehemannes nachsuchte, war die Antwort: keinesfalls. „Wir haben volles Verständnis dafür, dass Sie bei Ihrem Mann bleiben wollen, das geht aber nur, wenn Sie vorher kündigen." Einem Tobsuchtsanfall nahe raste ich zur gerade neu installierten Gleichstellungsbeauftragten und zum Personalrat. Entweder ohne Kündigung wir beide oder Moskau findet ohne mich statt. Die Personalabteilung kapitulierte und entsandte Vera und mich auf WDR-Kosten für vier Wochen auf eine Internatsschule der Universität Bochum in den Kurs „Russkij Jesik Sewodnja – Russische Sprache heute".

Für mehrere Jahre mit Sack und Pack in ein fremdes Land zu ziehen, bedeutet eine gewaltige Umstellung des Privatlebens, die zudem auch mit erheblichen Kosten verbunden ist. Bei uns fiel als Augenfälligstes für die nächsten vier Jahre das Einkommen der Ehefrau weg. Mit dem WDR waren keine Verhandlungen über die Konditionen zu führen. Als Anstalt des Öffentlichen Rechts musste er sich buchstabengetreu an die Richtlinien des Auswärtigen Amtes halten. Die besagten: Der Arbeitgeber muss den Umzug des gesamten Haus-

rates einschließlich des Kraftfahrzeugs und seine Rückführung nach Deutschland zahlen. Der Arbeitnehmer erhält am Versetzungsort eine leere renovierte Wohnung. Miete und Nebenkosten zahlt der Arbeitnehmer. Nach dem ersten Auslandsjahr steht dem Arbeitnehmer ein bezahlter Hin- und Rückflug nach Deutschland zu. Danach nur noch alle zwei Jahre. In der Sowjetunion wäre Moskau als erster Wohnsitz vorgeschrieben. Führerschein, Autozulassung und Versicherung wären dort zu beantragen. Auch die Einkommensteuer wäre im Gastland zu entrichten. Die Führung eines Kontos bei der sowjetischen Staatsbank zur Begleichung der Verpflichtungen in der Sowjetunion wäre vorgeschrieben. Als Wohnung müsste ich die meines Vorgängers übernehmen. Die Besoldung: Zu meinem Grundgehalt käme eine Auslandszulage von fünfzig Prozent. Alle Abzüge außer der in der Sowjetunion zu entrichtenden Steuer würde weiterhin der WDR tätigen. Für Moskau käme noch eine schwankende Teuerungszulage um fünfzehn Prozent dazu. Für meine Moskauer 120 Quadratmeter-Wohnung musste ich im Voraus für ein halbes Jahr eintausendzweihundert DM Monatsmiete zahlen. Die sowjetischen Behörden orientierten sich an den Mietspiegeln deutscher Großstädte.

Wie auch immer – als ich meinen Auslandsvertrag unterschrieben hatte, rief ich Vera an. „In der Mittagspause kaufen wir für Dich einen schönen Pelzmantel für Moskaus Minusgrade. Den können wir uns ab jetzt leisten."

Immer noch warteten wir auf die Akkreditierung. Die kam überraschend am 20. Mai. Mein Moskau-Flug wurde für den 25. Mai gebucht. Moskaus Studio brauchte dringend seinen Kameramann.

Zwischenzeitlich waren wir vollauf beschäftigt, unseren Umzug vorzubereiten. Für den Moskauer Zoll mussten endlose Listen erstellt werden. Jedes Buch, jede Schallplatte und der gesamte Hausrat mussten beschrieben werden. Alle Möbelstücke, Gemälde, Vasen, Lampen und Wanduhren mussten als Einzelfotos in der Zoll-Akte vorliegen. Selbstverständlich auch Objekte unserer historischen Foto- und Filmsammlung. Dabei ging es nicht um die Einfuhrgenehmigung. Die wurde leger gehandhabt. Es ging um die spätere Ausfuhr. Alles nicht Beschriebene und Fotografierte musste in der Sowjetunion verbleiben. Große Sorgen bereiteten uns auch Gegenstände und Waren des täglichen Bedarfs. Achtzig Prozent dessen, was für uns ständig jeder Supermarkt bereithielt, war in der Sowjetunion überhaupt nicht oder nur sporadisch zu kaufen: Waschpulver, Spülmittel, Seife, Zahnbürsten, Zahnpasta, Körperspray, Toilettenpapier, Haarshampoo, Insektenspray und Strumpfhosen. Nicht zuletzt Katzenstreu und Katzenfutter. Einige Wochen analysierten wir unseren Monatsbedarf und multiplizierten ihn mal achtundvierzig – für die vier Jahre unserer Vertragslaufzeit. Die Menge an Waren und ihre Bezahlung verursachten Kopfschmerzen. Unsere Ersparnisse reichten nicht aus. Wir mussten einen Bankkredit aufnehmen. Ein benachbarter Supermarkt stellte unseren Vierjahresbedarf auf Paletten abholbereit für die Spedition. Weshalb der Aufwand im Voraus? Alles Mitgebrachte zählte zum Umzug und war zollfrei. Auch unser persönlicher Bedarf, einschließlich der Beförderung durch die Spedition. Spätere Deutschland-Einkäufe wurden vom Zoll mit Einfuhrabgaben belegt. Außerdem hatte die Spedition saftige Kilo-Preise für sogenanntes Beipack, also Waren, die bei fremden Umzügen zugeladen wurden.

Die geballte Last des Umzugs musste meine Frau ertragen. Allerdings mit Hilfe professioneller Speditionspacker. An sieben Tagen verfrachteten drei bis sieben Männer ganztägig alles, was nicht niet- und nagelfest war in Kartons, Kisten und Gestelle. Ein ans Haus gestellter Lastenaufzug beförderte alles aus dem dritten Stock direkt in den Bauch des Möbelwagens. In den Zollpapieren wurden 564 Packstücke vermerkt. Den Transport begleitete ein gefüllter Ordner. Zum Schluss verschwanden im Bauch des Anhängers unsere zwei Autos. Veras Opel Ascona und mein Ford Granada-Kombi, der als Dienstwagen des Kamerateams für die Dauer meiner Russland-Zeit eingeplant war. Der mehrtägigen Fahrt unseres Besitzes ins zweitausendvierhundert Kilometer entfernte Moskau stand nichts mehr im Wege.

Wir ziehen in die Sowjetunion

In den späten Nachmittagsstunden des 25. Mai 1983 mein Landeanflug zu Moskaus internationalem Flugplatz Sheremetjewo. Goldene Sonnenstrahlen beleuchteten die Landschaft. Für mich eine freundliche Begrüßung. Mit Verwunderung sehe ich viele kleine und größere Seen, ein Landschaftsbild, das mich an Anflüge nach Berlin erinnerte. Auf das umständliche Einreiseprozedere bin ich vorbereitet. Wie üblich, ist von fünf vorhandenen Schaltern nur einer geöffnet. An die vierzig Minuten dauert es, bis ich Auge in Auge dem Passkontrolleur gegenüberstehe. Der sitzt ein in einer Art Schilderhäuschen, das allseitig gegen neugierige Ein- und Ausblicke mit schwarzem Papier abgeklebt ist. Lediglich in Augenhöhe des zu Kontrollierenden ist ein Sehschlitz geöffnet, durch den er mein und ich sein Gesicht sehen kann. Weitere Einsicht ins Kontrollhaus ausgeschlossen. Unterhalb des Sehschlitzes eine Öffnung, gerade groß genug, den Pass hin und zurück zu schieben. Die russischen Fragen des Uniformierten verstehe ich weder akustisch noch inhaltlich. Offensichtlich erwartet er auch keine Antwort, sondern studiert ausgiebig meinen Pass, mehrmals unterbrochen durch sezierende Blicke in mein Gesicht. Nach etwa fünf Minuten einige klirrende Stempelgeräusche, danach kommt mein Pass zurück. Seh- und Passschlitz werden erst einmal geschlossen. Wahrscheinlich wird mein Fall jetzt endgültig abgewickelt. Inzwischen dreht ohne Koffer und Taschen das Gepäckband Runde um Runde. Doch ein Wunder. Schon nach dreißig Minuten erscheinen erste Packstücke. Wer seinen Kram hat, läuft schnell zur Zollschlange, um einen der vorderen Plätze zu ergattern. Obwohl alles durch die Röntgenanlage läuft, müssen die Gepäckstücke geöffnet und durchsucht werden. Gleichzeitig wird noch einmal der Pass kontrolliert und nach „woher, wohin und warum" gefragt. Bei mir geht es schneller. Mein Pass enthält ein privilegiertes Visum, das sogenannte „Mnogokratnaja", das zur ständigen Ein- und Ausreise berechtigt. Normale zwei Stunden nach der Landung sehe ich in der Ankunftshalle einen Mann mit dem Schild „Romboy, WDR". Auf der langen Fahrt in die Innenstadt versucht Fahrer Genia, mich zu befragen und auf Interessantes entlang der Fahrtroute aufmerksam zu machen. Natürlich in der einzigen Sprache, die er kann: Russisch. Eine Sprache, die ich, wie ich feststellen musste, weder spreche noch verstehe. Meine vier Wochen Russischunterricht im Bochumer Internat waren fern jeder Alltagsrealität. Im Seminar „Umgangssprache" hatte ich den Satz geübt „Ich möchte Sie zu meinem Geburtstagsempfang einladen". Außerdem konnte ich verstehen und beantworten, warum Flugzeuge bisweilen das Zeichen des weißen Eisbären tragen. Es sind Polarflüge. Am besten beherrschte ich in Wort und Widerwort die Szene in einer Schulklasse mit der Möhre. Sascha wird von der Lehrerin aufgefordert, das Wort Möhre an die Tafel zu schreiben. Auf die Frage der Lehrerin, ob Saschas Beschriftung stimme, wurde das von Tanja verneint. Hier fehlt das „Mjagkij Snak", das „Weichheitszeichen".

Genia wollte mir seine Stadt vorstellen und mich fragen, warum und wie lange ich in Moskau arbeiten will. Er hätte nicht begriffen, weshalb ich ihn zur Geburtstagsfeier im Polarflieger einladen will und was in Beziehung von ihm zu mir das Weichheitszeichen in der Möhre bedeuten soll.

Unser erster Wohnort. Das Hotel Ukraina am Kutusowskij-Prospekt

Mein Zimmer im Stil der Stalin-Zeit

Wegen meiner Sprachlosigkeit war ich froh, als er mich am Hotel absetzte. Zuerst allein, später mit Vera, wohnten wir bis zur Möblierung unserer Wohnung im Hotel Ukraina. Mit einer Höhe von 198 Metern war das Ukraina bis 2001 das höchste Hotel Europas. Neben über tausend Hotelzimmern existierten im Gebäude auch Wohntrakte. Das Hotel war eines der sieben Hochhäuser, die Stalin, auch als Zeichen des Sieges, durch deutsche Kriegsgefangene und Zwangsarbeiter zwischen 1946 und 1958 in Moskau errichten ließ und die bis über das Ende der Sowjetunion hinaus die Skyline von Moskau beherrschten.

Bei meinem Einzug 1983 war das Haus voller stalinistischem „Charme". Neben großen Bronze-Kronleuchtern zierte die Empfangshalle ein Deckengemälde, das glückliche Ukrainer und Ukrainerinnen mit den Agrarschätzen ihres Landes in Siegesstimmung zeigte. Offensichtlich hatten seit der Eröffnung vor über zwanzig Jahren keine Renovierungen stattgefunden. Der Hotelgast wurde mit schäbiger Eleganz konfrontiert. Zwischen Lift und Zimmerfluchten kontrollierte auf jeder Etage, an einem Schreibtisch sitzend, eine „Diensthabende", die „Deshurnaja". Sie war verantwortlich für die Einhaltung der sozialistischen Hotelvorschriften und verstand sich als „Wachhabende", nicht als „Dienstleistende". Allerdings war sie bereit, Tee zu kochen und hielt einen kleinen Vorrat an „Mineralnaja Voda" bereit. Böse Zungen sagten den „Deshurnajas", es waren immer gut genährte Mütter zwischen fünfzig und sechzig Jahren, nach, bei ihnen könnte man auch zum Schwarzkurs Geld tauschen und im Austausch gegen zwei Strumpfhosen Bettgefährtinnen vermittelt bekommen. Doch bei solchen Behauptungen konnte es sich um antisowjetische Propaganda gehandelt haben. Ich habe es nicht testen können. Meine Frau hatte es versäumt, Strumpfhosen in meinen Koffer zu legen. Stattdessen beendete sie mein Single-Dasein, indem sie bei mir einzog. Das führte zu Komplikationen. Der „Deshurnaja" war es nicht entgangen, dass plötzlich eine junge hübsche Frau in meinem Hotelzimmer war. Sie klopfte energisch um mitzuteilen, nur Hotelgäste dürften im Ukraina übernachten. Als Vera ihre Hotelkarte zeigte, erfolgte nach einer kurzen Entschuldigung der Hinweis, sie müsste nach 22.00 Uhr ihr Hotelzimmer aufsuchen. Unsere Hotelkarten zeigten denselben Namen. Das genügte ihr als Ehepaarnachweis. Nach unzähligen Entschuldigungen verließ sie unser Zimmer. Zwanzig Minuten später erneutes Klopfen. Vor unserer Tür stand sie, bewaffnet mit einem Bettgestell, Matratzen und Bettzeug. Alle Einreden waren zwecklos. In unserem großen Hotelzimmer wurde ein zweites Bett aufgebaut. Ihre Erklärung: Sie ließe sich im Ausland nicht nachsagen, dass Ukraina-Hotelgäste gezwungen würden, in einem Bett zu schlafen.

Ein Eingangsschild mit Hinterhof-Flair. Das Moskau-Studio war eine Sechszimmer-Wohnung im 12. Stockwerk eines Altbaus.

Studioleiter und Korrespondent Lutz Lehmann an seinem „Aufsager"-Platz

Korrespondent Peter Bauer mit unserer russischen Cutterin Vera Roganowa am neuen elektronischen Schnittplatz

Unsere deutsche Cutterin Karin Ebmeyer am Filmschnittplatz

„Kassenwart" Vera Romboy und Sekretärin Inessa Ssyromjatnikowa

Tonmann Genia Boltrunas und Kameramann Manfred Romboy

Der Erstwohnsitz Ukraina war für mich ideal. Nur durch den sechsspurigen Kutusowskij-Prospekt - der morgendlichen Rennstrecke der Generalsekretäre - getrennt, lag gegenüber in Sichtweite mein Arbeitsplatz, das ARD-Studio Moskau.

Das bestand aus sechs Räumen in einem vergammelten Gebäudekomplex, erbaut in den fünfziger Jahren. In der zweiten Etage, in kleineren Räumen, residierte der ARD-Hörfunk mit dem Vorteil, er war mühelos zu Fuß zu erreichen. Wir waren auf einen altersschwachen Lift angewiesen, der öfters streikte. Häufig mussten wir unsere Kamerakoffer zu Fuß in die zwölfte Etage schleppen oder runter auf den von der Miliz kontrollierten und bewachten Großparkplatz für Ausländer. Unsere Studio-Wohnung umfasste maximal hundert Quadratmeter und wurde folgendermaßen genutzt: Raum 1: Korrespondent nebst Sekretärin, Raum 2: Schneideraum, Raum 3: Ansagestudio, Raum 4: Kamera- und Tontechnik, Raum 5: Studioleiter nebst Sekretärin, Raum 6: Kaffee-Küche. Natürlich war auch ein stilles Örtchen vorhanden. Alle Räume mündeten in einen bis zur Decke vollgestellten Korridor. Dort stand auch unser Fernschreiber als einzige verlässliche Verbindung nach Deutschland. Auf Tastendruck konnten wir Köln und Köln uns anschreiben. Es dauerte mitunter Stunden, bis angemeldete Telefongespräche nach Deutschland freigeschaltet wurden. Alle aus Moskau kommenden Bilder wurden auf 16mm-Filmstreifen belichtet, zum Sowjetischen Fernsehen gebracht, dort entwickelt und abgeholt, um bei uns geschnitten und vertont zu werden. Der sendefertige Beitrag wurde wieder zum Sowjetischen Fernsehen nach Ostankino gebracht, um von dort, umgewandelt in ein TV-Signal, nach Hamburg überspielt zu werden. Erst im Juli 1983 standen uns für die aktuelle Berichterstattung eine elektronische Kamera und ein Schnittplatz zur Verfügung. Wir arbeiteten mit dem neuen Magnetbandverfahren U-matic Highband. Doch auch nach dieser Hightech-Umstellung konnten wir nur aus den Räumen des Sowjetfernsehens senden, und zwar bis in das Jahr 2000. Nicht zeitgebundene Filme wurden nach wie vor nach Hamburg oder Köln per Flugzeug versandt. Als ich nach Moskau kam, gab es im Fernsehbereich drei akkreditierte deutsche Mitarbeiter. Lutz Lehmann als Korrespondent und Studioleiter, Dr. Peter Bauer als Korrespondent und mich, den Kameramann. Alle anderen Mitarbeiter, Dolmetscherinnen, in Personalunion Sekretärinnen, Fahrer, Tontechniker, Cutterin, Köchin und Putzfrau waren Ortskräfte. Zeitweilig gab es auch, zu meiner Entlastung, einen russischen Kameramann. Obwohl wir die russischen Kollegen bezahlten, waren sie Angestellte des UPDK, einer Behörde, die dem Inlandsgeheimdienst KGB unterstand. Ortskräfte mussten wir dort beantragen. Es dauerte mitunter

Monate, bis jemand eintraf. Lehnten wir den oder die Geschickte ab, wurden wir mit längerem Personalentzug „bestraft". Als KGB-Leute sollten sie uns bespitzeln, aber auch hier galt die normative Kraft des Faktischen. Die tägliche Zusammenarbeit machte sie zu normalen Kollegen. Auf Reisen verbrachten wir Tage und Nächte miteinander, teilten Freud' und manchmal Leid und des Öfteren den Inhalt mancher Wodka-Flasche. Außerdem hatten wir ständigen Zugriff zu Devisen und Westwaren. Und so kam es zu so grotesken Situationen, dass sein KGB-Offizier bei unserem Fahrer als Geburtstagsgeschenk für seinen Großvater Angelzeug bestellte. Aufspuler, Nylonschnur und Blinker konnten wir ohne Probleme aus Köln besorgen. Nach der Wende, gegen 1991, hat unser Studio keine seiner alten (KGB-) Ortskräfte entlassen.

Am 25. Mai in Moskau angekommen, folgte schon am 26. mein erster Dreh. Firmen aus der Bundesrepublik veranstalteten eine Automatenausstellung, die durch Baden-Württembergs Ministerpräsident Späth eröffnet wurde. Am Freitag, den 3. Juni, massive Auseinandersetzung mit den Flughafenbehörden. Zwei unserer vier Katzen waren am Abend als Fracht mit der Lufthansa angekommen. Die Ausgabe wurde verweigert, die zuständige Veterinärin sei erst am Montag verfügbar. Übers Wochenende sollten die Miezen Peter und Felix unversorgt in der Frachthalle stehen bleiben. Letztendlich konnte Genia sie loseisen und in unsere Wohnung bringen. Sie waren dort die ersten Übernachter. Mulle und Robby, von Vera begleitet, landeten einen Tag später. Die Katzenbande und die Familie waren wieder komplett. Zum Füttern konnte Vera, bei mir im Hotel wohnend, zum Kiewer Bahnhof laufen und mit der Metro zur Station Jugo-Sapadnaja fahren. Unsere Möbelwagen hatten Moskau erreicht, hingen allerdings beim Zoll fest. Am 8. Juni konnte Vera bei den Zollbehörden die Unterschriften zur Zollfreigabe der 564 Packstücke leisten. Liste um Liste, Foto um Foto benötigten den Einfuhrstempel. Das war der Zollfrau zu viel Arbeit. Sie drückte, begleitet von einem freundlichen „Paschalusta" (bitte), Vera den Stempel in die Hand. Mit ihrem Stempelaufdruck erteilte Vera ungeprüft die Einfuhrgenehmigung.

Unser Wohnhaus, ein Plattenbau am Leninskij-Prospekt

Wohlbehalten angekommen: unsere Katzen

Ein Warenlager wie ein Tante-Emma-Laden

Kisten und Kartons. Aussichtsplattform für Kater Felix

Der „verlorene Sohn" Kater Felix

Vera mit Mulle auf einem unserer zwei Balkone

Zwei Tage dauerte das Ausladen einschließlich der Montage der Möbel. An jeder freien Stelle unserer Wohnung türmten sich Umzugskartons, die leider schlecht beschriftet waren, also mit „Hausrat, Sonstiges und kleines Zimmer". Suchten wir Bettzeug, erschienen Schallplatten, suchten wir Frühstücksgeschirr, stießen wir auf Fotokameras und statt Katzenfutter fanden wir Jugendstilvasen.

Beim Auspacken musste Vera auf meine Hilfe, jedenfalls tagsüber, verzichten. Zu unserer Wohnung gehörte auch ein ehemaliges Badezimmer, das wir zum Lager für Haushaltswaren umfunktioniert hatten. In der Umzugsphase diente es als Katzenzimmer und war ständig verschlossen. Wie auch immer, bei einer abendlichen Fütterung fehlte Kater Felix. Wir beschuldigten uns gegenseitig, unachtsam mit der Tür umgegangen zu sein, durchsuchten jeden noch so unwahrscheinlichen Winkel der Wohnung, Felix blieb weg. Im Hin und Her des Umzugstrubels musste er ins Treppenhaus und irgendwann ins Freie gekommen sein. Ohne große Hoffnung verteilten wir dreisprachige Fahndungszettel mit dem Felix-Bild. Auch die unser Haus bewachenden Miliz-Polizisten suchten mit, ohne Erfolg. Hinter unserem Haus verlief eine der großen achtspurigen Ausfallstraßen. Wenig Chancen für das Katerchen zu überleben. Die folgenden Tage trauerten wir um Felix, den der Umzug wahrscheinlich das Leben gekostet hatte. Mitten in der Nacht weckte mich herzerweichendes Miauen. Ich lief zum Katzenzimmer. Robby, Peter und Mulle schliefen. Das Klagen kam aus der verschlossenen Toilette. Dort saß, abgemagert und voller Spinnweben, Kater Felix. Als verlorener Sohn gefeiert, durfte er eine Büchse Thunfisch verschlingen. Selig schnurrend konnte er im Elternbett einschlafen. Hatte er sich in die abgeschlossene Toilette gebeamt? Doch hinter der Kloschüssel gähnte ein Loch im Durchmesser eines Schuhkartons, daneben ein Kunststoffdeckel. Ein solches Mauerloch fanden wir danach auch im Katzenzimmer. Die gesamte Etage des Plattenbaus war durch diese Stollen miteinander verbunden. Darin lagen Strom-, Telefon-, Wasser- und Abwasserröhren. Einmal unterwegs, war es für Felix schwierig, den Ausgang dieses Irrgartens zu finden. Doch: Ende gut, alles gut.

Russland, der Wodka und ich

Zünftiges Lieblingsgetränk der „Sowjetmenschen": Wodka – das Wässerchen

Einer der Gründe, aus denen der WDR mich nach Moskau geschickt hatte, war meine allseits bekannte Alkoholabstinenz. In Richtung Wodka war es dort zu Schwierigkeiten mit meinen Vorgängern gekommen. In der Tat, Alkoholisches war mir fremd. Bier schmeckte für mich einfach nur bitter. Schnäpse brannten im Mund und machten schwindelig, depressiv, und zu mehreren genossen, lösten sie Übelkeit und schlimme Kopfschmerzen aus. Als Sechzehnjährigen hatten mich aus Spaß einmal Arbeitskollegen abgefüllt, wie man das damals nannte. Musste ich in Gesellschaft Bier trinken, blieb es bei einem Glas. Wurde mir zum Anstoßen ein Klarer in die Hand gedrückt, nippte ich daran, bis ich ihn unbeobachtet in die nächste Zimmerpflanze kippen konnte. Etwas lockerer zeigte ich mich nur in Damengesellschaft. Bestellte im Restaurant als Aperitifs Martini rouge oder Sherry medium. Wurde es etwas intimer, durfte es auch mal eine Flasche Asti Spumante sein. Selbst im Kölner Karneval schunkelte ich nicht mit dem Kölsch-Glas in der Hand. Bei mir war immer Coca-Cola drin. Ich hatte gelernt, dafür ohne Betroffenheit Spott zu ernten. Hey, Mr. Coca-Cola! Manche persiflierten, dass meine Flucht aus der Ostzone wegen fehlender Coca-Cola erfolgt sei.

Schon einige Tage nach meiner Moskau-Ankunft musste ich mit dem Zug ins siebenhundert Kilometer entfernte Leningrad fahren, weil dort deutsche Kunst ausgestellt wurde. Nachdem wir im Luxuszug „Krasnaja Strela" (Roter Pfeil) unsere umfangreiche Filmausrüstung verstaut hatten, rollte gegen Mitternacht unser Zug aus dem „Leningradskij Voksal", dem Leningrader Bahnhof. Immer eine feierliche Ausfahrt. Über die Lautsprecheranlage ertönte die im Zweiten Weltkrieg von Dunajewski komponierte Hymne „Dorogaja moja Stoliza" – Meine liebe Hauptstadt. Bei der „Deshurnaja", der „Diensthabenden", besorgte mein Assistent Genia zwei Wassergläser, die er auf den Klapptisch unseres Zweibetten-Schlafwagenabteils stellt, dazu einen Henkelkorb, der nach Entfernung eines Tuches seinen Inhalt preisgab. Neben einer Wodkaflasche standen ein Glas Salzgurken und viele Scheiben wundervollen Roggenbrotes. Zu dreiviertel gefüllt waren unsere Zahnputzgläser, als Genia nach seinem Trinkspruch „Sa nascha Druschba" – Auf unsere Freundschaft – mein Glas antippte. Natürlich, ich, der Angesprochene, musste als Erster austrinken. In diesem Augenblick war mir klar, hier geht es um unsere Zusammenarbeit in den nächsten vier Jahren, also sofort alles in den Rachen. Als mir die Luft wegblieb, schob er eine Salzgurke nach, dann kaute ich, wie er, trockenes Brot. Es gab auch Sprudelwasser. Kaum hatte ich das erste Glas überlebt, kam die Frage, ob ich meine Frau liebe und wie ihr Vorname sei. Das nächste Glas ging „Sa Veru". Erst am Vortag hatte er zwei unserer Katzen aus dem russischen Zoll befreit. Es lag für ihn und für mich auf der Hand, auf deren Gesundheit ein Gläschen zu leeren. Wie waren doch gleich die Namen der anderen zwei Katzen? Zu meiner Rettung hatte ich inzwischen die Initiative als Mundschenk ergriffen. Sein Glas war dann immer randvoll und meins nur zu einem Viertel gefüllt. Unter dem sich wiederholenden „rattata rattata" der Wagenräder unseres Waggons sind wir irgendwann eingeschlafen. Als ich erwachte, zogen am Abteilfenster die ersten Leningrader Häuser vorbei. Es war schwer, Genia zu wecken. Natürlich war er verkatert. Beim Blick auf die leere Wodkaflasche fragte er mich, warum ich so verdammt viele Katzen hätte. Zwei hätten doch genügt.

Meine Russen und der Wodka, das war ein Kapitel, das alle betraf. In der russischen Männergesellschaft war er so selbstverständlich wie bei den Münchenern das Bier, den Wienern der Wein oder den Briten der Tee. Anlässe, ihn zu trinken, gab es immer. Fehlte er, war das nur die halbe Miete. Ob Hochzeit oder Beerdigung, ohne Wodka konnte keine Stimmung aufkommen. Aber tagsüber hatte ich zwar öfters mit Beschwipsten, doch selten mit Angetrunkenen zu tun. Fast nie mit Betrunkenen. Die waren dem Abend vorbehalten. Die meisten schienen in diesem Zustand mit sich und der Welt zufrieden und guter Stimmung. Unvergessen zwei höhere Offiziere, die wie ich von der Metro Jugo-Sapadnaja zum Leninskij gingen und voll wie eine Haubitze immer wieder in den Schnee fielen, danach ihre Mützen suchten, um sie sich gegenseitig falsch aufzusetzen. Ihr Zustand hinderte sie nicht daran, ein altes Kinderlied zu lallen. Nur die Männer? Nach beendeten Filmaufnahmen in einer Moskauer Schule bat die Direktorin uns zu einem kleinen Empfang ins Lehrerzimmer. Wir waren seltene Gäste, also wurde aufgetischt. Verschiedene Salate und üppig belegte Brote. Auch zwei Sektflaschen standen dekorativ zwischen einigen Wodka- und Sprudelwasserflaschen. Versammelt waren über zwanzig Damen, das sowjetische Erziehungswesen war in Frauenhand. Jede hob ein halb mit Wodka gefülltes Wasserglas. Die Trinksprüche kamen von der Frau Direktor. Zuerst auf den Weltfrieden, dann folgte die Freundschaft zwischen den Völkern, die der Sowjetunion mit Westdeutschland und so fort. Als wir bei der Freundschaft der Moskauer Schüler mit dem Deutschen Fernsehen ankamen, waren nicht nur die Gläser, auch alle Wodkaflaschen geleert. Aber ich, halb voll, und mein russischer Fahrer Tolja, voll. Er bat mich, zum Studio das Steuer zu übernehmen. Als Akkreditierter wäre mein Risiko, den Führerschein zu verlieren, kleiner als seins. Wenn wir allein in unserer Wohnung waren, floss kein Tropfen Alkohol. Doch ich hatte gelernt, aus der Tugend meine Not zu machen und fügte mich den Landessitten. Nach ein bisschen Übung wurde es von Mal zu Mal leichter. Mit dem Wodkaglas in der Hand und sogar einem russischen Trinkspruch wie „Die Arbeit ist kein Bär, sie verschwindet nicht im Wald" war ich Kollege unter Kollegen, erhielt, wo nötig Hilfe, aber half auch wenn nötig. Das ARD-Studio profitierte von meinen unkonventionellen Kontakten. Unter der Hand machte ich des Öfteren Verbotenes möglich.

Große Probleme machten mir, besonders im Anfangsjahr, meine Sprachdefizite. Beim abendlichen Umtrunk bei einer Auswärtsreportage hörte ich, wie nach dem dritten Glas unser örtlicher KGB-Betreuer meinen russischen Assistenten in Bezug auf mich fragte: „Hallo, Genosse Tonmann! Dein Ausländer, kann der unsere Sprache?" Die Antwort: „Wie mein Hund. Er versteht alles, aber wenn er spricht, klingt es wie Wauwau Wauwau." „Doch wie sprecht Ihr dann miteinander?" „Ohne Schwierigkeit. In deutsch-russischem Wortsalat. Den nennen wir nach unserer Firma: ‚ARD-Jesik' – ARD-Sprache."

Verwirrspiel um einen Luxuskoffer

Dieser japanische Luxuskoffer kostete 1200 DM

Am 27. Juni 83 begannen im Gästehaus der Sowjetregierung an den Leninbergen deutsch-sowjetische Wirtschaftsgespräche, von deutscher Seite hochkarätig besetzt. Neben vielen wichtigen Industrievertretern mit Wirtschaftsminister Graf Lambsdorff und dem Präsidenten des Deutschen Industrie- und Handelstages, Wolff von Amerongen. Hinter einer dicken Absperrkordel vor dem Eingang zum Tagungssaal langweilte ich mich mit einigen wenigen ausländischen Journalisten, während hinter verschlossenen Türen um Wirtschaftsvorteile gepokert wurde. Stundenlanges Warten war Bestandteil der Fernsehberichterstattung. Erst nach Konferenzschluss konnten Bilder der Teilnehmer geschossen oder Erklärungen aufgenommen werden. Als sich wieder einmal die Saaltüren für eine Kaffee- oder Rauchpause öffneten, wurde ich von einem mir unbekannten Russen überschwänglich begrüßt. „Guten Tag Manfred, wie geht es Ihnen und Ihrer Frau. Was machen die Katzen? Stehen die Möbel schon?" Mit den Worten „Ihre Kamera kann liegen bleiben" öffnete er die Absperrkordel und führte mich in den verrauchten Konferenzsaal. Während wir auf und ab gingen, boten uns Mädchen mit weißen Spitzenschürzen Kaffee und Schnittchen an. Er sei Beamter des sowjetischen Außenministeriums und Freund des vor kurzem abgereisten ARD-Korrespondenten Harald Brand. Der hätte mich ihm empfohlen. Wir standen, nicht zufällig, am Platz des Präsidenten Wolff von Amerongen, dessen geschlossener Alu-Koffer vor uns auf dem Tisch lag. Ich wurde ermuntert, den schönen Koffer anzusehen und danach befragt, ob mir die Marke bekannt wäre. Ich musste nein sagen. Er: „Dann gehen wir nochmal hin." „ZERO Halliburton" konnte ich lesen. Mit dem Glockenklang des Pausenendes führte er mich zurück zu meiner Kamera und fragte, ob ich ihm einen solchen Alu-Koffer besorgen könne.

Studioleiter Lehmann wunderte sich über meine vertraulichen Kontakte zu wichtigen Sowjetleuten und ermunterte mich, den Koffer zu beschaffen. Der Auftraggeber wäre der Entscheider bei unseren Anträgen für Reisen innerhalb der Sowjetunion. Auf meine Frage, wer das sicher einige hundert DM kostende Prachtstück bezahlen würde, erwiderte Lehmann: „Die Studiokasse. Der Mann ist wichtig für unsere tägliche Arbeit." Als wir in zwei luxuriösen Koffer/Taschen-Geschäften nachfragten, erhielt unser Beschaffungseifer in Köln einen Dämpfer. Japanische „ZERO Dural"-Aluminiumkoffer, genannt Pilotenkoffer, gebe es nur im Dreierset gegen Vorkasse. Lieferzeit: drei Monate. Im März 84 waren wir für wenige Tage im Herstellerland. Auch in Tokios Luxusmeile „Ginsa" wurde uns erklärt, unbestimmbare Lieferzeit. Monat um Monate verging. Einige Male im Jahr, nur bei Pressekonferenzen im Außenministerium, fragte mich unser „Koffergenosse" nach dem Prachtstück. Ich sprach von Schwierigkeiten, aber dass ich dranbleiben würde. Nach dem vierundachtziger Weihnachtsurlaub hasteten wir durch die endlosen Gänge des Frankfurter Flughafens. Für unseren Moskau-Flug ertönte schon die Einsteigeaufforderung, als ich das blinkende Stück unserer Sehnsucht in einem Schaufenster erblickte und in den Laden stürmte. Vera schrie: „Wir verpassen die Maschine!" Der verdutzten Verkäuferin drückte ich die American Express-Karte in die Hand, nahm Rechnung und Koffer und sprintete meiner Vera hinterher. Aus den Lautsprechern kam „letzter Aufruf für die Passagiere Vera und Manfred Romboy". Auf den letzten Drücker erreichten wir die Maschine und ließen uns außer Atem in die Sitze fallen. „Vera, schau ihn an. Ich habe den ‚ZERO'." Sie fragte nach dem Preis. Ich gab ihr die Kassenbelege. Sie war verblüfft. „Ein dicker Hund, tausendzweihundert DM." Ich beschwichtigte. „Zahlt die WDR-Studiokasse. Nicht unser Problem."

Unsere Sekretärin Inessa sollte im Außenministerium meinen „Koffergenossen" auffordern, mich in einer offiziellen Studioangelegenheit anzurufen. Sie erfuhr, es gebe nur seinen Nachfolger. Er sei versetzt worden. In der damaligen Sowjetunion ausgeschlossen, zu ihm Kontakt zu suchen. Beim Studioleiter Lehmann wollte ich die tausendzweihundert DM für den Koffer kassieren. Er bat mich um Verständnis, dass er für ein Geschenk an einen Mann, der uns nicht mehr nützen könne, kein WDR-Geld verwenden dürfe. Zutiefst frustriert wickelten wir den „ZERO" in ein Frottierhandtuch. Fortan wartete er in unserem Kleiderschrank auf eine sinnvolle Auferstehung. Drei Jahre später zerbrach bei einem Glatteis-Sturz der Handgriff meines Aktenköfferchens. Vierzig DM hatte es seinerzeit bei Karstadt gekostet. Ich bat Vera, über den Auslandskatalog Finnland einen neuen zu ordern. Stattdessen legte sie mir den prächtig blinkenden „ZERO" auf den Tisch mit den Worten: „Niemand wird uns den jemals abkaufen. Am besten, es wird deiner." Eine richtige Entscheidung. In den letzten vierunddreißig Jahren hat er mich durch die Zeit und die Welt begleitet. Wir wurden unzertrennliche Freunde. Während ich das schreibe, liegt er neben mir, wie damals, 1983, sein Bruder vor Wolff von Amerongen. Einige Beulen und Schrammen zeugen an ihm wie bei mir von der vergangenen Zeit.

Für den neuen elektronischen Schnittplatz war ich Wartungstechniker und Ausbilder. Hier bei Einweisungen mit unserer russischen Cutterin Vera Roganowa.

Unterwegs für Filme über Moskaus berühmte Straßen: Lutz Lehmann, Manfred Romboy und Tontechniker Tolja Popikow

In den Studioräumen wartete Arbeit über Arbeit. Als besondere Belastung erwies sich erwartungsgemäß die Studio-Umstellung auf Elektronik. Zwei Techniker aus Köln waren zur Montage des neuen Schnittplatzes nach Moskau gekommen, in dessen Bedienung ich eingewiesen werden musste. Der Aufbau des nun elektronisch gewordenen Ansageplatzes war weitgehend mein Ressort. Gleichzeitig drehte ich für den Korrespondenten Lutz Lehmann an einem 16mm-Film über Moskaus Gorki-Straße. Der Juni war für mich kein Faulenzermonat.

Mit dem Bundeskanzler auf dem Roten Platz

Moskaus Roter Platz mit der Basilius-Kathedrale. Links das Kaufhaus GUM.

Auch der Juli versprach wenig Freiräume. Für den 4. Juli war der Antrittsbesuch des Bundeskanzlers Kohl beim neuen Generalsekretär Jurij Andropow, dem Amtsnachfolger Breschnews, angesagt. Kohl wurde vom Bonner Studio-Chef Friedrich Nowottny begleitet, der mit eigenem WDR-Team angereist war. Doch viele Ereignisse wurden von mir wahrgenommen. Bonn filmte Kohls Kranzniederlegung an der Kreml-Mauer. Mein Assistent und Fahrer Genia Boltrunas, er fuhr meinen Sechszylinder-Ford Granada mit dem gelben russischen Auslän-

derkennzeichen, K für Korrespondent und 002 für Bundesrepublik, wartete mit mir im stadtnahen Lublino auf die Kanzlerkolonne. Dort existierte der einzige Friedhof für deutsche Kriegsgefangene. Deutsche Politiker legten seit einigen Jahren auch hier einen Kranz nieder. Für mich, den einzigen Kameramann vor Ort, Routinearbeit. Kohl mit Frau die Inschriften der verwitterten Betonplatten lesend und Bilder von einzelnen Grabstätten. In meiner Arbeit störte mich Kohls Referent mit dem Tipp, der Kanzler würde entgegen des Protokolls anschließend zu Fuß über den Roten Platz spazieren. Wäre doch eine kleine Sensation für die ARD, war von ihm zu hören. Aber wir hatten weder die Nummerierungstafel für die Reihenfolge des Lindwurms der Begleitfahrzeuge noch eine andere Berechtigung. Der waghalsige Genia wusste Rat. Auf einer verwahrlosten Wiesenfläche warteten die Fahrer Zigaretten rauchend auf die Rückfahrt. Genia rangierte uns in Höhe des Kofferraums des Kanzler-Mercedes. Als die Motoren anliefen, stand ich auf dem Beifahrersitz. Mit geschulterter Kamera schnellte ich wie der Teufel aus der Spielzeugkiste aus dem Schiebedach, die Kamera auf den Kanzlerwagen gerichtet. Genia zwängte sich in die Lücke und so fuhren wir bei strahlendem Wetter filmend die zwanzig Minuten zum Roten Platz. Ein-, zweimal drehten sich die Kohls nach meiner Kamera um. Über den Roten Platz ging der Bundeskanzler, den Kreml und das Lenin-Mausoleum betrachtend, unter häufigen „Helmut, Helmut"-Rufen zahlreicher DDR-Touristen. Als einziger Kameramann war ich dabei, exklusiv für das ARD-Studio Moskau.

Am nächsten Tag bereitete ich das Résumé-Interview Friedrich Nowottnys vor. Kohl wohnte im Gästehaus der Sowjetregierung auf den Lenin-Bergen. Während des Vorgesprächs, das Nowottny mit Kohl führte, sprach mich Hannelore Kohl an: „Als Sie gestern ohne Erlaubnis hinter unserem Wagen fuhren, wollten die Russen Sie abschießen. Doch mein Mann, nach einem Blick durchs Rückfenster, ließ dem russischen Begleitkommando sagen "Der ist von uns, den brauchen wir gleich auf dem Roten Platz".

Einziger Sonderfriedhof für verstorbene deutsche Kriegsgefangene in Moskaus Vorort Lublino

Anonym als Nummern wurden unsere gefangenen Soldaten beigesetzt

„Friedenstäubchen" Samantha Smith

Die zehnjährige US-Schülerin Samantha Smith

Früh stirbt, wen die Götter lieben
(Alle Videobilder aus unserem WDR-Film über Samantha Smith)

Das Leningrader Pionierhaus

Samanthas Spielgefährtinnen

Klatschen für den Weltfrieden

Ein Kind als Propagandafigur

Einen Tag später, am 7. Juli, teilte mir Peter Bauer sein neues Filmthema mit. Eine zehnjährige Amerikanerin habe dem neuen sowjetischen Staatsführer einen Brief geschrieben mit der Frage, warum Amerikas Kinder sich vor einem Atomkrieg fürchten müssten. Und was er tun würde, einen solchen zu verhindern. Jurij Andropow habe daraufhin die Kleine und ihre Eltern, Lehrer, die der linken Friedensbewegung der USA nahestanden, zum Besuch der „friedliebenden Sowjetunion" eingeladen. Ein gefundenes Fressen für die Sowjetpropaganda. Begleitet von russischen und ausländischen Fernsehkameraleuten, zu denen auch ich gehörte, konnte sich Samantha an allen möglichen Plätzen Russlands von der „Friedensliebe" der Sowjetbürger und natürlich auch ihrer Regierung überzeugen. Samantha war nicht nur liebenswürdig und offenherzig, sie war auch eine kleine Schönheit. Eine Freude, sie vor meiner Kamera zu haben. Mit Peter Bauer begleitete ich sie beim obligaten Gang über den Roten Platz und flog nach Jalta auf der Krim, um ihre Tage im Pionierlager Artek zu filmen. Am 15. Juli drehten wir sie tanzend, singend und klatschend im Leningrader Pionierpalast und zwischen den Wasserspielen des Schlosses Petershof. Ihrem „Einlader", dem Generalsekretär Andropow, war sie nicht begegnet. Schon schwer krank, starb er wenige Monate später. Am 21. Juli waren wir mit der Friedensbotschafterin, wie sie inzwischen genannt wurde, zur Abschlusspressekonferenz auf dem Flugplatz Sheremetjewo. Für die Sowjetunion ein großer Propagandaerfolg, der ihren blutigen Krieg in Afghanistan in den Presse-Hintergrund drängte. In den USA wurde Samantha Smith ein Medienstar, schrieb ein Buch über die Sowjetunion und wurde Schauspielerin einer Fernsehserie. Auf dem Rückflug von Dreharbeiten verfehlte der Pilot des Charterflugzeugs die Landebahn. Samantha, ihr Vater und vier weitere Menschen starben. Sie war an diesem 25. August 1985 gerade einmal dreizehn Jahre alt. Jung stirbt, wen die Götter lieben? Meine russischen Freunde und Kollegen waren überzeugt, dass der amerikanische Geheimdienst sie damit für ihren Sowjetunion-Besuch bestraft hätte. Außer einem Berg wurde in der Sowjetunion ein Schiff nach Samantha Smith benannt. Eine Sonderbriefmarke zeigte ihr Bild. Die zu ihren Ehren im State Maine errichtete Bronzestatue – Samantha hält in ihren Kinderhänden die Friedenstaube, zu ihren Füßen ein kauernder russischer Bär – wurde von Bronzedieben gestohlen und eingeschmolzen. Heute, nach über dreißig Jahren, gibt es kaum jemanden, der sich an Samantha erinnert. Doch das Gesicht der kleinen Träumerin, die in Leningrad tanzend das Lied „Immer lebe die Sonne, immer lebe der Himmel, immer lebe die Mutti und auch ich immerdar" sang, werde ich nicht vergessen.

Zuhause in Moskau

Nach zwei aufregenden und arbeitsreichen Monaten konnten wir mit Fug und Recht behaupten, in Moskau angekommen zu sein! Unsere Wohnung lag 25 Autominuten vom Studio entfernt am Leninskij-Prospekt 148 im 15. Stockwerk eines Plattenbaus, der eingezäunt und von Miliz-Posten bewacht war. In diesem Ausländerkomplex, zu dem auch ein Parkplatz gehörte, waren wir froh über die ständige Polizeipräsenz. Wenn es in Moskau Begehrliches für Einbrecher zu holen gab, dann bei den Ausländern und ihren Autos. Aus unserer Wohnung war unter Veras Händen ein Heim geworden. Von beiden Balkonen leuchteten die Farben der Sommerblumen. Zwei Autos waren angemeldet. Wir waren im Besitz russischer Führerscheine und bei Moskaus Finanzamt eingetragen. Vorher war mir im Rahmen einer kleinen Tee-Zeremonie in Moskaus Außenministerium mein Akkreditierungsnachweis, die „Kartotschka", überreicht worden verbunden mit der Bitte, dass meine Bilder aus der Sowjetunion wahrhaftig sein sollten.

Eines der markantesten Gebäude der Moskauer Nachkriegszeit: das Außenministerium

„Kartotschka" – die Karte. Nachweis meiner Akkreditierung als Bildjournalist. Ein hochkarätiges Dokument, ausgestellt vom Außenministerium der UdSSR. Fast ein Diplomatenpass.

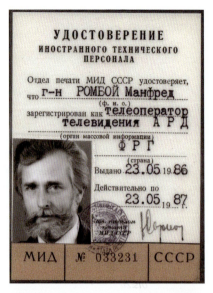

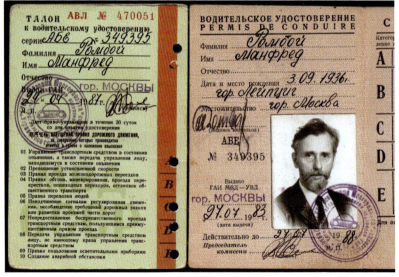

Mein sowjetischer Führerschein.
Die Löcher entsprechen unseren Flensburg-Punkten.
Verkehrsverstöße werden durch eine Knipszange verewigt.

Meine Arbeitsfreude im Studio wurde getrübt durch die offensichtliche Rivalität zwischen Studioleiter Lehmann und dem Korrespondenten Peter Bauer. Obwohl Tür an Tür, erfolgte der Meinungsaustausch per Brief. Lehmann: „Peter, wenn du es noch einmal wagst, der Tagesschau zu sagen..." Bauer: „Lutz, ich verbitte mir jede Art von Reglementierung und werde..." Soweit intern. Extern per Fernschreiben an den WDR beschuldigten sich beide gegenseitig der Störung des Betriebsfriedens. Bei einem Tagesaufenthalt in Köln wurde ich zu Chefredakteur und Auslandschef bestellt, um den Schuldigen zu benennen. Das hätte mir gerade noch gefehlt! Als Krönung äußerten beide auch noch ihre Enttäuschung über mein Verhalten und dass sie davon ausgegangen waren, meine Anwesenheit in Moskau würde ausgleichend wirken. Absurd. Meine langjährige Bauer-Bekanntschaft empfand Lehmann als Seilschaft. Ergaben sich Überschneidungen von Drehterminen, Bauer hatte mit mir eine Dienstreise vereinbart, faselte Lehmann von Arbeitsverweigerung und dass er schon einen anderen Kameramann finden würde. Nach einer längeren Dienstreise bot er mir später mit den Worten „Entschuldige, Manfred, ich habe mich wie ein Arschloch benommen", das „Du" an. Danach blieben wir, nicht immer konfliktlos, bis zu seinem Tod befreundet.

Ohne Cutterinnen keine Filme. Offiziell hatten wir in Moskau eine, die russische Kollegin Vera Roganowa, die außer tüchtig auch noch sympathisch war. De facto arbeiteten aber für uns zwei Cutterinnen. Lehmann hatte nach Moskau seine Berliner Lebensgefährtin Karin Ebmeyer, eine SFB-Cutterin, mitgebracht, für die in der Personalstruktur des Studios keine Planstelle existierte und der deshalb die Arbeitsakkreditierung fehlte. Es fand sich aber eine Regelung. Die Berlinerin schnitt vorwiegend für anspruchsvolle Filmproduktionen. Die Moskauerin übernahm die Tagesberichterstattung. Neben meiner fast täglichen Aufnahmetätigkeit musste ich die russischen Ortskräfte mit der neuen elektronischen Aufnahmetechnik bekannt machen. Viele Stunden saß ich am elektronischen Schnittplatz, um Vera Roganowa diese komplizierte Technik beizubringen. Erst nach den letzten Lektionen konnte ich sie davon überzeugen, dass der automatische Kassetteneinzug es nicht auf ihre Finger abgesehen hatte. Über Jahrzehnte arbeitete sie später erfolgreich für das dann voll elektronische Studio. Mein russischer Kamera-Kollege Boris Orlow trug nur wenig zu meiner Entlastung bei. Seine Leistungsbereitschaft und seine Arbeitsergebnisse führten dazu, dass die Korrespondenten, wenn irgend möglich, mit mir arbeiten wollten.

Nach dem 1. September waren vor und nach zahlreichen Pressekonferenzen beide Korrespondenten und ich mit einer Flugzeugkatastrophe bei Sachalin beschäftigt. Später stellte sich heraus, die koreanische Boeing war irrtümlich über sowjetisches Gebiet geflogen und dort Opfer eines sowjetischen Abfangjägers geworden. Zweihundertneunundsechzig Menschen starben als Opfer russischer Spionageängste im Kalten Krieg.

Auf der Diplomatenbühne des Roten Platzes neben dem Lenin-Mausoleum erlebte ich am 7. November zum ersten Mal die große Militärparade aller Waffengattungen der Roten Armee. Panzer und fahrbare Großraketen rollten donnernd an meiner Kamera vorbei. Obwohl zigmal im Kino und auf dem Fernsehbildschirm gesehen, ein eindrucksvolles und furchteinflößendes Spektakel.

Freie Sicht für meine elektronische Kamera

Panzer rollen für den „Weltfrieden"

Parade zum Jahrestag der Oktoberrevolution

Als Tanzbär in Baku

Ebenfalls im November begleiteten Lutz Lehmann und ich als einzige Journalisten eine Gruppe deutscher Industrieleute auf einer Reise durch verschiedene Sowjetrepubliken, angeführt von Bundeswirtschaftsminister Otto Graf Lambsdorff. Jeden Abend ein neuer Empfang, verbunden mit wahren Fress- und Alkoholangeboten. So auch im aserbeidschanischen Baku. Nach dem opulenten Abendmahl zeigte ein Ensemble temperamentvolle Volkstänze. Als Abschluss lösten sich einige der Mädchen von der Gruppe, um Prominente zum Tanz aufzufordern. Zuerst den VIP Graf Lambsdorff, der erst reagierte, als der ganze Saal auffordernd klatschte. Lambsdorff lupfte sein linkes Hosenbein und klopfte mit dem Gehstock auf seine im Krieg erworbene Unterschenkelprothese. Peinlich für die Tänzerin, die sich zu helfen wusste. Neben Lambsdorff stand ein bärtiger junger Mann, dem nahm sie die Kamera aus der Hand und zerrte ihn unter Klatschen des Saales auf die Tanzfläche. Ausgerechnet mich, den erklärten Tanzverweigerer. Es half nicht, dass sie mir immer zurief „Paschalusta, aktivni, aktivni". Gemessen an meiner Plumpheit wäre ein Tanzbär Ballettvirtuose gewesen. Mich rettete nur die sich füllende Tanzfläche. Bei nächster Gelegenheit im georgischen Tblisi bedankte sich Lambsdorff für meine Tanzvertretung. Nach nicht enden wollenden Trinksprüchen der Gastgeber und der Gäste nach einem Mittagessen forderte er dazu auf, ein Glas auf den fleißigen Kameramann zu leeren, dem sofort eins in die Hand gedrückt wurde. Auf das Wohl des Kameramanns leerten mit ihm noch der sowjetische Wirtschaftsminister und andere Delegationsmitglieder ihre Gläser. Das blieb nicht folgenlos. Bei der nachmittäglichen Besichtigung eines Weinberges fiel ich samt Kamera zwischen die Reben und konnte nur mit Hilfe vieler Arme wieder aufgerichtet werden. Als Lambsdorff am 16.11. im Kreml das von beiden Seiten gewünschte Wirtschaftsabkommen unterzeichnete, begrüßte er mich per Handschlag als alten Bekannten.

Mit Kurt Biedenkopf in Moskau

Eine der interessantesten Persönlichkeiten aus dem Umfeld Helmut Kohls, Kurt Biedenkopf, besuchte im November 83 Moskau. Der vormalige CDU-Generalsekretär und jetzige Chef der NRW-Christdemokraten war ohne wichtigen Grund in Russland. Kein Thema für die Tagesschau, doch der Südwestfunk wollte für einen Film „Warum ich Christ bin" unkommentierte Bilder von Biedenkopfs Besichtigung der Stadt und seiner Umgebung. Solche Gefälligkeitsaufnahmen, wie sie intern genannt wurden, boten den Korrespondenten keine Selbstdarstellungsplattform und wurden solo mir überlassen. Biedenkopf und ich hatten vereinbart, ohne Tross zu arbeiten. Damit war ich Stadtführer und Kameramann zugleich, als ich ihn mit meinem Wagen zu einem Streifzug durch die Kirchen der Klosteranlage Sagorsk abholte. Am nächsten Tag, dem 25. November, fuhren und gingen wir durch den Moskauer Stadtkern und danach zum und über den Roten Platz. Ihn interessierte das Grab Stalins an der Kreml-Mauer. Lange haben wir über den roten Diktator gesprochen. Abschlussaufnahmen: Biedenkopf am Kreml auf der „Großen Moskwa-Brücke". Neben dem Fluss leuchteten in der Mittagssonne die vergoldeten Zwiebeltürme der Kreml-Kirchen. Kamera und Mikrofon lagen zu unseren Füßen. Kurt Biedenkopf, auf das Brückengeländer gestützt, genoss die Schönheit dieses Ausblicks. Nach einigen Sekunden sagte er, mehr zu sich als zu mir: „Es wäre gut, wenn jeder Politiker, der im Ernstfall Entscheidungsgewalt über einen Atomkrieg hätte, einmal hier stehen würde und wenn es nur für eine Minute wäre." Soviel zu Filmaufnahmen „Warum ich Christ bin".

Bei den Pelztierjägern in Sibirien

Außer unsrem täglichen Brot, der aktuellen Berichterstattung, waren für 1984 mehrere längere Filme geplant. Schon am 29.1. flogen Lutz Lehmann, mein russischer Tonmann Tolja Popikow und ich ins viertausend Kilometer entfernte Irkutsk. Doch das war nur Zwischenstation. Ein Großhubschrauber beförderte uns dreihundertfünfzig Kilometer weiter tief in die sibirische Taiga. Unser Ziel: Eine Holzhütte, in der, nur per Helikopter erreichbar, also in einer Gegend, wo sich Fuchs, Wolf und Bär „gute Nacht" sagen, zwei Pelztierjäger lebten. Zu Winterbeginn, das ist in Sibirien Anfang Oktober, wurden sie mit allem, was für viele Monate nötig ist, in einer Waldlichtung abgesetzt. Erst im Frühjahr, Anfang März, wurden sie mit ihrer reichen Ausbeute, vor allem Silberfuchs- und Zobelfellen, zurück zur Pelzstation und damit auch zur Pelzkolchose zu Frau und Kindern geflogen.

Mitten in der Taiga gelandet: unser Aeroflot-Großhubschrauber

Unser umfangreiches Gepäck vor dem Eingang zur Holzhütte

Unser Begleiter, Chef einer Pelztierkolchose, hatte seine „Laikas", zwei sibirische Jagdhunde, mitgebracht

Am zweiten Tag noch unversehrt. Einen Tag später war das Kamera-Okular an der Nasenwand festgefroren.

Domizil unserer zwei Pelztierjäger für viele Monate: Holzhütten in der Taiga, dreihundertfünfzig Kilometer vom nächsten Zivilisationspunkt entfernt

Nach einstündiger Schlittenfahrt bei 15 Grad minus war nicht nur ich, auch die Kamera steif gefroren. Für die sibirische „Laika" war Kälte Alltag.

Erinnerungsfoto nach einem Jagdausflug in die Wälder.
V.l.n.r.: die Pelztierjäger Genadij, Georgi und ihr Boss (oben),
die „Eisbären" Lutz Lehmann und Manfred Romboy (unten).

In der behaglichen warmen Holzhütte wurde es für einige Tag sehr eng. Außer uns waren Funktionäre des sowjetischen Pelzhandels an Bord und ein Fernsehteam aus Irkutsk, das einen Bericht über unsere Filmarbeiten im moskaufernen Sibirien drehen wollte. Von zwei Motorschlitten gezogen fuhren wir Stund' um Stund' durch die Taiga, um vornehmlich Fallen zu kontrollieren. Uns begleiteten zwei „Laikas", ausdauernde sibirische Jagdhunde. Großes Glück, jeden Tag Sonnenschein bei bis zu zwanzig Minusgraden. Als ich einmal nach einer etwas längeren Filmsequenz meine 16mm-"Arriflex"-Kamera absetzte, entdeckte ich am Okular ein fingernagelgroßes rosa Blütenblättchen, wie ich meinte, das ich dem roten Beerenstrauch neben mir zuordnete und abwischte. Ein Trugschluss. Nach dem Auftauen im Quartier diagnostizierten die Jäger eine offene Wunde an meiner Nase. Das „harmlose" rosa Blättchen stammte von meiner Nase. Sie war wegen der Kälte schmerzlos an der Sucherlupe festgefroren gewesen. Von unseren Gastgebern wurden wir verwöhnt. Essen und Trinken, darunter sechsundneunzigprozentigen Wodka in Hülle und Fülle. Logisch, dass früher oder später nach den Toiletten gefragt wurde. Die Antwort: Männer links, Frauen rechts und unbedingt zwei Stöcke mitnehmen. Warum? „Einen, um sich darauf zu stützen und den anderen, um die Wölfe abzuwehren" lachten die Jäger. Rundfunk- und Fernsehempfang waren in den Wäldern Sibiriens ausgeschlossen. Zu einer fest vereinbarten Zeit gab es einmal täglich über Kurzwellen eine fünfzehn Minuten lange Funkbrücke als Kontakt zur Pelztierkolchose. „Dalnaja Retschka" – fernes Flüsschen - war der Name unserer Waldstation. Hundertzwanzig Kilometer von der nächsten Straße oder anderen Zivilisationszeichen entfernt, erleichterten sich Genadij und Georgi durch ein selbst gebrautes Teufelszeug, Sprit genannt, das abendliche Einschlafen. Gegen dieses „Schlafmittel" war normaler Wodka wie Mineralwasser. Als Lehmann und ich davon probieren mussten, blieb uns die Luft weg. Am nächsten Tag übermittelte uns die Pelztierkolchose eine Meldung von Radio Moskau, Staatschef Andropow wäre schwer erkrankt. Nur in Vorbereitung auf eine baldige Todesnachricht wurde so etwas mitgeteilt. Wir mussten abbrechen und umgehend zurück. Unsere beiden Jäger, gerade mal wenige Jahre über vierzig alt, mussten früh ins Gras beißen. Als erster Genadij, vier Jahre nach unserem Besuch. Nur wenige Jahre darauf folgte ihm Georgi. Auf unsere Rückfrage nach der Todesursache wurde uns gesagt: Probleme mit der Leber. Was sonst?

Tod Andropows

Sonderausweis für die Trauerfeierlichkeiten auf dem Roten Platz

Jurij Andropow, der 1984 verstorbene Staatschef der Sowjetunion

Aufbahrungsort: das Gewerkschaftshaus

Unzählbar: die prächtigen Kränze

V.l.n.r.: Kanzler Kohl, Außenminister Genscher und Botschafter Kastl

Blumenehrung der deutschen Delegation

Kohl am Aufbahrungsplatz

Andropows letzte Fahrt auf einer Lafette zur Kreml-Mauer

Am 10. Februar, wieder in Moskau, sendeten Radio und Fernsehen pausenlos Trauermusik, häufig das „Air" von Johann Sebastian Bach, immer wieder kurz unterbrochen durch die Mitteilung, dass der Generalsekretär, es folgten alle seine Ämter und Auszeichnungen, verstorben sei. Alle Kinos und Theater stellten ihren Betrieb ein. Die Haupt- und viele Nebenstraßen Moskaus wurden gesperrt. Eine Geisterstadt, durch die bestenfalls hin und wieder Polizeifahrzeuge oder Regierungskarossen rasten. Zu den Rasern gehörte auch mein silbergrauer Granada. Mit einer Sondererlaubnis ausgerüstet, filmte ich außer der gespenstischen Innenstadtleere auch die überall angebrachten Großporträts des Verblichenen und die Halbmast-Beflaggung aller Betriebe, der Ministerien und des Kremls. Mein markantes Ausländerfahrzeug mit dem Korrespondenten-Kennzeichen schützte weitgehend vor Kontrollen. Passierten wir solche Posten, wurden wir durchgewunken und militärisch gegrüßt. Die unter der Hand geäußerte Unsicherheit der Sowjetbürger, wer und was nun käme, merkten wir auch bei uns im Studio. Beide Dolmetscherinnen meldeten sich krank. Sie gesundeten erst, als klar war, dass alles wie vordem weiterging. Bei späteren Todes- und Nachfolgefällen traten bei ihnen die gleichen Erkrankungen auf. Als gelernte Sowjetmenschen waren sie vorsichtig. Bloß nichts Falsches sagen oder vermitteln. In solchen Zeiten musste meine Frau Vera die Sekretariate zweier Korrespondenten übernehmen, nicht zuletzt deshalb blieben die Krankmeldungen der beiden Russinnen unvergessen.

Am 13. Februar, zu einer vorgegebenen Zeit, kutschierte mich Genia zum Gewerkschaftshaus. Dort stand zur Verabschiedung der geöffnete Sarg. Das Defilee Tausender wurde hin und wieder für Minuten unterbrochen. Staatsoberhäupter oder andere Prominente betraten durch einen Sondereingang für eine kurze Verbeugung und die Kranzniederlegung den Säulensaal. An der langen Schlange der wartend Trauernden vorbei lotste uns ein Polizeiwagen zu diesem Sondereingang. Zwei KGB-Offiziere begrüßten mich und kontrollierten meine Sonderausweise. Dann wurde ich in einen Wartesalon gewiesen, in dem einige wenige Bildjournalisten saßen. Reporter oder Korrespondenten waren nicht zugelassen. Das prunkvolle Gewerkschaftshaus, als Adelsclub Anfang des 19. Jahrhunderts errichtet, war reich mit Spiegeln und Kronleuchtern ausgestattet. Alle waren mit schwarzem Trauerflor verhüllt. Aus den Lautsprechern in allen Räumen tönte permanent getragene Musik, bevorzugt Varianten der „Träumerei" von Robert Schumann. Nach kurzer Wartezeit deutete mir ein Offizier an, ihm zu folgen. Größeren florverhüllten Treppen folgten kleinere. Mir, der ich außer der schweren Videokamera auch noch das Aufzeichnungsgerät schleppen musste, erschienen die Wege endlos. Vor einer kleinen Tür wieder eine kurze Wartezeit. Als die sich öffnete, stand ich wenige Meter vor

Andropows geöffnetem Sarg inmitten eines Kranz- und Blumenmeers. Durch Handzeichen meines Offiziers wurde mir ein Platz für Nahaufnahmen des Leichnams zugewiesen. Exakt nach dreißig Sekunden die Weisung auf Platz zwei, um wartende Bürger und Kranzschleifen zu fotografieren. Nach weiteren dreißig Sekunden stand ich neben einem russischen Wochenschauteam, dem Kameramann des russischen Fernsehens und einem Fotografen. Bald darauf öffnete sich die große Flügeltür. Vier sowjetische Offiziere trugen westdeutsche Kränze. Ihnen folgten Bundeskanzler Kohl, Außenminister Genscher und der deutsche Moskau-Botschafter Kastl. Nach der obligaten Schweigeminute am Sarg Abgang. Als ich mich zu meinem Türchen begeben wollte, wurde ich abgewiesen, um auf meinen alten Platz gestellt zu werden. Weshalb? Wieder Offiziere mit Kränzen, dahinter Staatsratsvorsitzender Erich Honecker und seine Politbürogenossen. Erst danach wurde ich rauskomplimentiert. Das russische Protokoll gestattete Bildjournalisten lediglich das Fotografieren der eigenen Staatsoberhäupter am Sarg. In diesem Fall war man offensichtlich der Meinung, deutsch ist deutsch und hielt mich auch für Honecker fest. Ende der Zeremonie auf dem Roten Platz. Auf einer Lafette wurde Jurij Andropows geschlossener Sarg zum Lenin-Mausoleum befördert, dort geöffnet und an uns wartenden Journalisten vorbei zur Kreml-Mauer getragen. Danach gingen, wieder an uns vorbei, die Mitglieder des Politbüros zur Treppe des Mausoleums. Zuerst Tschernenko, dann Gorbatschow, dahinter die anderen. Vom Mausoleum aus erfolgten die Trauerreden. Für mich, einen geschichtsbewussten Bildjournalisten, eine der Sternstunden meines Berufslebens.

Freunde in Moskau

Auf Vera als Gastgeberin wartete immer viel Arbeit

Für Moskauer Freunde und Kollegen eine kleine Sensation: mein 35mm-Hauskino mit vielen Kopien berühmter alter Spielfilme

Unsere Gäste, die russischen Kollegen des ARD-Studios

Bei den Vorbereitungen wurde Vera immer wieder
von der russischen Haushaltshilfe Galina unterstützt

Russische Freundinnen. V.l.n.r.: Ludmilla, Dascha und Tanja bei der Ansicht eines meiner Fernsehfilme

Zwischenzeitlich hatten wir Freunde gewonnen. Robert Werner und seine Frau Gina, ein Ehepaar aus Basel, hatten mit uns die Sprachschule in Bochum besucht. Er war zukünftiger Chef des Ciba-Geigy-Büros in Moskau. Als deren Freunde Harald und Rena Dürkop – er leitete das Russland-Büro der Commerzbank – von unseren vier Katzen hörten, war es für die notorischen Katzenfreunde nur eine Frage der Zeit, mit uns Kontakt aufzunehmen. Dazu kam noch Helmut Fasching, ein Wiener, ebenfalls ein Sprachschulbekannter. Für den BP-Konzern residierte er zeitweise in Moskau. In der deutschen Kolonie wurden wir eine gute Adresse. Zu unserer mitgebrachten filmhistorischen Sammlung gehörten auch eine Wanderkino-Anlage „Bauer Sonolux" und dreißig Filmkopien. Eins unserer Zimmer wurde zum Kinosaal umfunktioniert und bot notfalls Platz für bis zu 20 Zuschauer. In einer Stadt ohne deutschsprachiges Fernsehen waren Kino-Abende bei Romboy ein beliebtes Freizeitziel. Zu einer dieser Vorstellungen erschien Fasching mit seiner russischen Dolmetscherin und Sekretärin Ludmilla. Auch sie hatte von unserem Kino gehört und war neugierig, es zu sehen. Wir, unsere Katzen und auch die Filmvorführung hatten ihr offensichtlich gefallen. Es erfolgte eine Gegeneinladung. Außer uns waren als weitere Gäste Freunde Ludmillas, ein russisches Ehepaar, geladen. Sie, Katja, eine Kostümbildnerin bei der Gorki-Film, er ein nicht unbekannter Schauspieler zahlreicher Kino- und Fernsehfilme.

Vom Schutzbündler zum Sowjetschauspieler

V.l.n.r.: Schauspieler Erwin Knausmüller mit seinerer Frau Katja, einer Kostümbildnerin der „Gorki"-Studios und ihre Freundin Ludmilla

Unser Freund Erwin als Wehrmachtsgeneral in einem sowjetischen Spielfilm

Sein Name: Erwin Erwinowitsch Knausmüller, ein Mann schillernder Vergangenheit. 1912 im österreichischen Linz geboren, hatte er sich als Student dem Schutzbund angeschlossen, einer paramilitärischen Organisation der Sozialdemokratischen Arbeiterpartei Österreichs. Diese Partei war weniger sozialdemokratisch als kommunistisch und zettelte einen Bürgerkrieg an. 1934 beschossen sich in Linz, Wien und anderen Großstädten tagelang Kämpfer des Schutzbundes und der konservativen Heimwehr mit aus dem Ersten Weltkrieg stammenden Maschinengewehren und Kanonen. Neben zahlreichen Toten durch die Kämpfe wurden gegen viele Angehörige des unterlegenen Schutzbundes Todesurteile erlassen und vollstreckt. Hunderten, darunter Erwin Knausmüller, gelang die Flucht in die nahe Tschechoslowakei. „Väterchen Stalin, Freund aller Werktätigen" lud die österreichischen Genossen und ihre Familien ein, ins „Paradies aller Werktätigen, der Sowjetunion" zu kommen. Viele folgten und liefen schon am 1.Mai fähnchenschwenkend an ihrem Wohltäter vorbei.

Knausmüller, als politischer Flüchtling aus Österreich nach Russland gekommen, arbeitete zuerst als Skilehrer im Kaukasus

Auch in Russland galt: wer nicht arbeitet, kann auch nicht essen. Der junge Knausmüller hatte nichts gelernt außer Skifahren. Er wurde Skilehrer im Kaukasus. Dort erholten sich kommunistische Funktionäre und ihre Familien von ihrer schweren Tagesarbeit für die Partei. Dabei ergab sich für Erwin ein kleiner Flirt mit der Tochter des Staatspräsidenten Kalinin. Das sollte ihm später das Leben retten. 1936 begannen im Auftrag des vom Verfolgungswahn geplagten Stalins die großen Säuberungen. Innerhalb der eigenen Partei, des Militärs und aller anderen Gruppen wurden von der Geheimpolizei Spione, Agenten und Diversanten entdeckt, erschossen oder in sibirische Lager transportiert. So auch viele der einst gefeierten Schutzbundleute. Nach Abschluss des Hitler-Stalin-Paktes 1939 übergaben die Sowjetbehörden den größten Teil der in die Sowjetunion emigrierten Deutschen, es waren fast nur Kommunisten, der Exekutive des Dritten Reiches. Einige wurden hingerichtet, andere kamen in Konzentrationslager. Vor diesem Schicksal bewahrte Erwin seine sowjetische Staatsbürgerschaft. Die hatte er kurz zuvor über Kalinins Tochter erhalten. Nach Kriegsausbruch 1941 wurde er Rotarmist einer motorisierten Schützenbrigade des NKWD. Dann, 1943, zur Umerziehung deutscher Kriegsgefangener als Politinstrukteur an die Antifa-Schule in Krasnogorsk versetzt. Dort gab es eine Gruppe Gefangener höherer Wehrmachtsoffiziere, die zum Sturz Hitlers aufriefen. Spätere DDR-Verteidigungsminister wie Heinz Kessler und Vinzenz Müller und der SED-Funktionär Hans Modrow kamen aus dieser Antifa-Schule. Nach Kriegsende wurde er Rundfunksprecher von Radio Moskau und Redakteur deutschsprachiger Propaganda-Sendungen. Für den Film „Der erste Tag des Friedens" engagierte ihn 1959 die Mosfilm als Darsteller. Es folgten viele Nebenrollen, zum Beispiel in „Krieg und Frieden" oder „Anna Karenina". Immer verkörperte er Ausländer – wegen seines österreichischen Akzents. In „Bändigung des Feuers" oder der „Schlacht um Moskau" konnte man Knausmüller als Wehrmachtsgeneral sehen. Zu unserer Zeit spionierte er in einer Fernsehserie für die USA. Als er bei unserer ersten Begegnung als Emigrationsjahr 1934 nannte, fragte ich: „Waren Sie ein Schutzbundmann?" und hatte damit sein Herz gewonnen. Wer wusste schon fünfzig Jahre später vom österreichischen Bürgerkrieg. Über viele Jahre unserer Russlandzeit und darüber hinaus waren wir mit Ludmilla, Katja und Erwin befreundet und treffen uns noch heute mit deren Töchtern Mascha und Dascha.

Erwin Knausmüller (Bildmitte) als deutscher Luftwaffengeneral in einer Kinoproduktion der „Mosfilm"

Ob als amerikanischer Marine-Offizier oder als Wissenschaftler des 20. Jahrhunderts – Erwin Knausmüller überzeugte in seinen Rollen

Juden in der Sowjetunion

Die um 1900 im neo-klassizistischen Stil erbaute Moskauer Hauptsynagoge

Statt traditioneller jüdischer Kopfbedeckung für die Innenaufnahmen der Synagoge hatte ich mir einen Hut zugelegt.
Er gefiel mir und ich wurde für mehrere Jahre zum „Hutträger".

Konservative Gläubige im Tallit, dem Gebetsmantel-Tuch, mit ihren typischen Kopfbedeckungen

Nur im schriftlich Überlieferten liegt die Glaubenswahrheit

1984 filmte ich mit und für Peter Bauer einen längeren Bericht über jüdisches Leben in der Sowjetunion. Dazu gehörten Bilder einer jüdischen Zeitung, des jüdischen Theaters und jüdischer Friedhöfe. Als wichtige Episode brauchten wir Aufnahmen der Feiern zum jüdischen Osterfest. Für die Russen ein heikles Thema. In den Vorjahren hatte es Demonstrationen für Reisefreiheit nach Israel gegeben. Am 16. April war die Moskauer Synagoge weiträumig durch Miliz-Fahrzeuge und Posten abgesperrt, nur Gemeindemitglieder durften passieren. Uns, dem Deutschen Fernsehen, hatten sowohl die jüdische Gemeinde als auch die Sowjetbehörden den Zutritt erlaubt. Die Anwesenheit eines deutschen Fernsehteams nahmen die Gläubigen mit wohlwollendem Erstaunen zur Kenntnis. Immer wieder wurde ich auf Deutsch oder Jiddisch angesprochen, ob ich wirklich für Deutschland arbeiten würde. Nachdenklich machten mich mehrmals Gesprächspartner, die erfreut waren, dass die Deutschen einen jüdischen Kameramann geschickt hätten. Als ich das Peter Bauer erzählte, sagte er lachend: „Manfred, guck Dich doch mal im Spiegel an." Barhäuptigkeit in der Synagoge war nicht gestattet. Also hatte ich mir einen dunklen Hut besorgt. Wegen der Kameraarbeit trug ich den eng anliegend symmetrisch bis auf die Ohren gedrückt. Meine langen Haare kringelten sich links und rechts der Ohren. Man hatte mich, der ich außerdem Bartträger war, für einen Orthodoxen gehalten. Der Hut gefiel mir. Noch viele Monate habe ich ihn, dann legerer, auch privat getragen. Da passierte es öfters, dass Autofahrer mich anhupten, um mit den Fingern das „V" für Victory zu zeigen. Nachdem man mich im Stadtgewühl einige Male auf Jiddisch gegrüßt hatte, musste ich mich von dem inzwischen lieb gewonnen Filz trennen, um nicht in den Verdacht der Hochstapelei zu kommen.

Die sowjetische Politik und Gesellschaft war deutlich erkennbar antisemitisch. Bisweilen auch mit Neid verbunden, wenn russische Juden nach Israel oder ins beliebte Land Deutschland auswandern durften. Der russische Friedensnobelpreisträger Andrej Sacharow wurde verächtlich mit dem jiddischen Namen Zuckermann belegt, um ihn als Juden zu diskriminieren. Schockiert wurde ich auf einer vom sowjetischen Außenministerium veranstalteten Reise durch die baltischen Sowjetrepubliken. Neben sozialistischen Erfolgsbetrieben besichtigten wir auch eine aus dem 19. Jahrhundert stammende Festungsanlage, in der zur Besatzungszeit 1942 die SS ein Ghetto für deutsche Juden errichtet hatte. Nach und nach wurden sie im Festungsgraben erschossen und verscharrt. Die Getöteten wurden sorgfältig aufgelistet in Briefen, die mit dem roten Stempel „Geheime Reichssache" gekennzeichnet waren. Adressat: das Reichssicherheitshauptamt in Berlin. Mehrere solcher Schreiben lagen in einer Museums-

vitrine, der Text in etwa: „Heute wurden erschossen: 81 Männer, 16 Kinder und 104 Frauen. Darunter eine arische Frau, die sich geweigert hatte, ihren Mann, einen Rabbiner, und ihr Kind zu verlassen." Die Briefe enthielten auch Namen, Vornamen, Alter und Herkunft der Ermordeten. Als Städte waren vertreten Berlin, Breslau, Leipzig, Köln, Dresden, Königsberg und viele viele andere. Jedem Brief war auch die Uhrzeit der Exekution und der Munitionsverbrauch zu entnehmen. Im letzten der Briefe erklärte der Einsatzgruppenführer stolz, die Anlage sei nunmehr judenfrei. Als wir auf dem Weg zu den entfernt parkenden Bussen gingen, klopften mir zwei russische Kollegen, mit denen ich am Vorabend einige Gläser geleert hatte, auf die Schulter und sagten: „Manfred, Ihr hattet dort eine tolle Fabrik. Schade, dass sie heute nicht mehr arbeitet." Es war mir an diesem Ort unaussprechlich peinlich, Deutscher zu sein.

Alltagsarbeit

Im Stadtzentrum Moskaus die 1960 eröffnete Lenin-Bibliothek (links). Die frühen 80er Jahre waren für die Auslandsstudios des WDR Übergangszeit vom Film zur Elektronik. Hier noch mit der „Arriflex"-Filmkamera „SR 1" (rechts),

Zu dieser Zeit arbeitete ich nicht nur parallel an zwei Projekten, sondern auch mit zwei Aufnahmeverfahren. Für einen Lutz Lehmann-Film mit dem Titel „Kusnetzkij Most" über eines der ältesten Moskauer Stadtviertel mit der klassischen 16mm-Filmkamera, für den Peter Bauer-Film „Vor vierzig Jahren" mit der elektronischen. Beide Techniken hatten Vor- und Nachteile. 16mm-Filmaufnahmen konnten problemlos geschnitten und umgeschnitten werden. Elektronische Bilder auf U-matic highband-Kassetten vertrugen keine Änderungen oder Umschnitte. Jeder spätere Nachschnitt war als Qualitätsverlust sichtbar. Die Arbeiten für beide Filme zogen sich über das ganze Jahr. Für den Stadtfilm waren Aufnahmen einer Modenschau, einer Buchhandlung und im Moskauer Operettentheater vorgesehen. Außerdem viele Bilder von Straßenpassanten in ihrer Alltäglichkeit. Freitags hatten wir die Vorbesichtigung in einem kleinen Pelzgeschäft mit dürftigen Auslagen. Als ich wie vereinbart am Montag, 11.00 Uhr, mit meiner Kamera anrückte, kanalisierte die Miliz hundert Wartende. An der Tür ein Schild: „Montag erst ab 12.00 Uhr geöffnet." Übers Wochenende hatte der staatliche Pelzhandel für uns die Schaufenster und Innenräume etwas aufgebrezelt. Aufmerksame Sonntagsspaziergänger entdeckten im Schaufenster Pelzkappen, Pelzstiefel und Mäntel, die seit Jahren zu „defizitniTovari" – seltenen Waren – zählten. Entdeckt und an Freunde und Bekannte weitergegeben. Als ich um 14.00 Uhr meine Aufnahmen beendete, gab es nur noch leere Kleiderbügel, leere Kartons und ein paar Kaninchenfell-Schapkas, die schon vorher niemand gekauft hatte.

In der Alltagsberichterstattung beschäftigte uns viele Tage der geplante Neubau der Deutschen Botschaft in Nähe der Leninberge. Dieser Bau sollte die zu klein gewordene Botschaft im alten Palais in der Bolschaja Grusinskaja ablösen. Außenminister Genscher legte gemeinsam mit dem sowjetischen Außenminister Gromyko am 21. Mai 1984 den Grundstein.

Es geschah vor vierzig Jahren

Für den Film Peter Bauers „Vor vierzig Jahren" begannen unsere Aufnahmen am 2. Juli 84 in Kiew an einem Memorial. In einer Schlucht namens „Babij Jar" hatte eines der größten Kriegsverbrechen des Zweiten Weltkriegs stattgefunden. Als angebliche Sühnemaßnahme für hundert von Partisanen getötete Wehrmachtssoldaten wurden am 29. und 30. September 1941 etwa 33.000 ukrainische Juden, vorwiegend Frauen und Kinder, in die Schlucht getrieben und dort mit Maschinengewehren ermordet. Einsatzgruppen der SS, der deutschen Polizei und Wehrmachtseinheiten waren die Täter. Anschließend sprengten die Mörder, um ihre Tat zu verdecken, die Schlucht. Des Weiteren filmten wir Reste deutscher Frontstellungen und sprachen mit Kriegsteilnehmern. Mit uns, zur Nation der Besatzer gehörig, wurde undistanziert und tolerant umgegangen. Machten wir Ansätze einer Entschuldigung, wurde erwidert „Ne nado, Woina eto Woina" – Nicht nötig, Krieg ist Krieg. Die Leiterin eines Militärmuseums führte mich, den Inhalt erklärend, von Vitrine zu Vitrine. Als Symbol des Sieges über die verhassten deutschen Faschisten endete das Museum an einem großen verglasten Ausstellungsplatz. Gezeigt wurden zerrissene, zum Teil noch blutige Wehrmachtsuniformen, über und über bedeckt mit deutschen Kriegsauszeichnungen. Meine Begleiterin versuchte, mir den Anblick zu ersparen und sagte entschuldigend „Ich verstehe das, es sind doch die Deinen".

Für manche Dienstreisen nutzten wir russischen Schlafwagen-Komfort. Hier auf einer Reise nach Kiew vor dem Ukraina-Express-Zug (links). Anlass für eine beeindruckende Massendemonstration in Kiew: der 40. Jahrestag der Kapitulation der deutschen Streitkräfte (rechts).

Auf dieser Reise konnte mich meine Frau Vera begleiten. Abends besuchten wir gemeinsam eine Zirkusvorstellung. Alle Ordnungskräfte und Platzanweiser waren ältere Damen, deren Busen mit Kriegsorden geschmückt waren. Nicht ungewöhnlich, Kriegsveteranen wurden bei solchen Zubrot-Tätigkeiten bevorzugt. Unsere Studiodolmetscherin Irina vereinbarte mit ihnen einen Interview-Termin. Schon für den nächsten Tag wurden wir zu Kaffee und Kuchen eingeladen. Unsere Gastgeberinnen hatten eine Vergangenheit als Kampfpilotinnen. Angeregt durch alte mitgebrachte Fotos zeigten sie, mit dem Tortenheber in der Hand über der Kaffeekanne kreisend, wie sie Deutschen „Junkers"- oder „Messerschmitt"-Bombern aufgelauert hatten, um ihnen eine Ladung „russischen Kaviars in den Arsch zu hauen". Brest-Litowsk war eine schwer umkämpfte Festungsstadt. An einem nebeligen Vorabend wartete ich an dem großen Kriegerdenkmal auf Peter Bauer, der mit einem Interview-Partner verabredet war. Im menschenleeren Park spielte die Lautsprecheranlage des Denkmals pausenlos Robert Schumanns „Träumerei". Eine alte Dame mit Kinderwagen kam auf meine Kamera zu. „Gut, dass hier mal jemand ist. Immer, wenn ich vorbeifahre, höre ich diese Musik und wüsste zu gern, wie der Komponist heißt." An meinem Akzent erkannte sie den Deutschen, parlierte einige deutsche Sätze und sprach dann vom Grauen des Krieges und den vielen schönen jungen Männern, denen man Arme oder Beine amputiert hat. Aber ihre schlimmste Zeit wäre die im Lager gewesen. Ich fragte sie nach dem Namen dieses KZs. „Nein, nicht bei Euch, bei uns war ich fünfzehn Jahre in sibirischen Lagern." 1942 wurde die damals siebzehnjährige Weißrussin dienstverpflichtet, um als Hilfsschwester in deutschen Lazaretten zu arbeiten. Nach ihrer Befreiung durch amerikanische Truppen ging sie zurück in die Sowjetunion. Wegen Zusammenarbeit mit dem Feind wurde sie zu fünfundzwanzig Jahren Zwangsarbeit verurteilt, aber nach fünfzehn Jahren begnadigt. Sie beendete unser Gespräch mit „Nu nitschewo, Woino eto Woina" – So war's eben - Krieg ist Krieg.

Coca-Cola und ich

Durch die Kanadier versorgt mit meinem „Lieblingsgetränk".
Gegen fremden Zugriff gesichert durch die Kater Peter und Felix.

Katzenpeters Auftrag: Außer Manfred hat niemand Zugriff

Das Jahr 1984 endete für mich mit einem unverhofften Weihnachtsgeschenk. Es begann mit einem Rundschreiben der kanadischen Botschaft an alle in Moskau stationierten Devisen-Ausländer. Dem Brief war folgendes zu entnehmen: Durch Tippfehler in einem Fernschreiben hatte eine finnische Versandfirma statt zwei zwanzig Paletten Coca-Cola an die Botschaft geliefert. Alle Räume, Wege, Stege und Garagen waren inzwischen bis unter die Decke durch Coca-Cola-Kisten blockiert. Zahlungskräftige Ausländer wurden um Abnahme größerer Mengen gebeten – als Gegenleistung verlangte die Botschaft Kanadische Dollar in Scheinen. Meine tüchtige Vera lief sich die Hacken ab, um dieses seltene Zahlungsmittel zu besorgen. Kurz und gut: Am Ende war jede Ecke unserer Wohnung von Küche über Toilette bis zur Badewanne mit Coca-Cola-Dosen gefüllt. Überglücklich konnte ich nun wieder über mein wichtigstes Nahrungsmittel verfügen.

Auf Jalta

Die großen Drei der Jalta-Konferenz im Februar 1945. V.l.n.r.: Premierminister Churchill, US-Präsident Roosevelt und der sowjetische Diktator Stalin.

Jeder Geschichtsbewusste kennt die Fotografie: Stalin, Roosevelt und Churchill sitzen einträchtig nebeneinander. Generalissimus Stalin hatte seine Verbündeten im Krieg gegen Deutschland nach Jalta auf die Krim eingeladen. Die

Gespräche begannen am 4. Februar und endeten am 11. Februar 1945. Siegesgewiss wurde über die Neuaufteilung Westeuropas, im Besonderen die Aufteilung Deutschlands und seine spätere Reduzierung bis zur Oder-Neiße-Grenze verhandelt. Weitere Deutschland-Themen waren Art und Höhe der Reparationen und wieviel und welche Deutschen den Siegern als Zwangsarbeiter zur Verfügung stehen sollten. In Jalta wurde auch beschlossen, dass alle ehemaligen Sowjetbürger, vom Zwangsarbeiter über die Kriegsgefangenen bis zu den Überläufern, die in der Wlassow-Armee dienten, auch gegen ihren Willen in die SU verbracht werden musten. Damit wurden sie Stalins Rache ausgesetzt. Millionen haben die Ausführung dieses Beschlusses mit ihrem Leben bezahlt.

Tonmann Genia und Kameramann Romboy vor dem historischen Konferenzgebäude, dem Liwadija-Palast

1985 jährte sich diese Konferenz zum vierzigsten Mal. Grund für uns, auf die Krim zu fliegen, um einen längeren Bericht zu drehen. Am 4.2. wurde in Jalta eine Jubiläumsausstellung eröffnet mit vielen interessanten historischen Fotos und Filmen. Auch der Liwadija-Palast, eigentlicher Konferenzort mit seinem Hauptsaal und seinen vielen Nebenräumen, in denen damals die militärischen und zivilen Berater der verschiedenen Delegatioen tagten und verhandelten, musste gedreht werden. Peter Bauer hatte Gelegenheit, Zeitzeugen und Historiker zu interviewen. Unsere letzten Aufnahmen galten dem protzigsten Bau Jaltas, dem Palais Woronzow, einem Fürstensitz, den der Generalgouverneur

Fürst Michael Woronzow (1782-1856) im ersten Drittel des 19. Jahrhunderts als Lustschloss erbauen ließ, sinnigerweise durch den britischen Architekten Edward Blore, der für Königin Victoria den Buckingham-Palast umgebaut hatte. Die gemeinsame Handschrift ist beiden Gebäuden anzusehen. Neuzeitgeschichtlich war der Palast im Februar 1945 Wohnsitz Winston Churchills und seiner großen Delegation während der Jalta-Konferenz.

Weniger feudal war unser Wohnsitz in Jaltas Intourist-Hotel. Auf der Jalta-Reise konnte mich meine Vera begleiten und uns war bekannt, dass man in der Sowjetunion weder in den Hotelzimmern noch im Restaurant auch nur einen Hauch von Komfort erwarten konnte. Trotzdem war man nie sicher vor Überraschungen. Bei einem nächtlichen Badezimmer-Besuch begegnete ich Hunderten von Kakerlaken, die quer durch den Raum eine Straße gebildet hatten. Ziel war der Hocker, auf dem Veras geöffnete Badetasche stand. Die Besucher der Tasche kletterten, mit irgendwas beladen, in Viererreihen aus der Tasche und verschwanden unter einem Rohr. Bei Licht machten sie sich schnell aus dem Staub. Am nächsten Morgen stand Vera entrüstet an der Rezeption, um als Antwort „Nitschewo – macht nichts" zu hören.

Ein Auslandsurlaub

Einige Zeit später waren wir auf einer Privatreise in Kuala Lumpur Gäste des dortigen Schweizer Botschafter-Ehepaares. Die wohnten luxuriös in einer Villa am Stadtrand, unter Palmen inmitten südlicher Blumenpracht. Die Schweizer waren neugierig zu hören, wie unser Leben im achttausend Kilometer entfernten kalten unheimlichen Russland wäre. Unter anderem erzählte ich aufschneiderisch von der Kakerlaken-Invasion im Badezimmer. Darüber konnte die Botschafterfrau nur spöttisch lachen. „Das soll schwieriges Leben sein. Bei jedem Toilettenbesuch öffnen wir ganz vorsichtig den Deckel, weil dort des Öfteren Schlangen oder andere Reptilien auf uns lauern. Denn die leben zu Hunderten in den Kanalisationsrohren. Sind wir im Haus unterwegs, dann niemals ohne Schuhe. Um uns eine Freude zu machen, apportieren unsere zwei Katzen Giftschlangen und legen sie auf dem Teppich ab." Andere Länder – andere Sitten!

Tod Tschernenkos

Sonderausweis für die Diplomaten-Tribüne neben dem Lenin-Mausoleum

Journalisten und Diplomaten neben dem Lenin-Mausoleum

Tschernenkos letzter Weg auf einer Lafette zum Grab an der Kreml-Mauer

Hohe Offiziere und Funktionäre als Trauergeleit

Russische Tradition: Der geöffnete Sarg wird zur Grabstätte getragen. Als erster betritt Michail Gorbatschow den Balkon des Lenin-Mausoleums.

Als Vorsitzender der Beerdigungskommission. Seit Lenins Zeiten Ehrenamt und Zeichen der Nachfolge des Verstorbenen.

Niemand wäre auf die Idee gekommen, dass sich am 11.3.85 durch den Tod des Generalsekretärs Tschernenko die Welt verändern würde. Der gleiche Trauerablauf wie ein Jahr zuvor beim Tod Andropows. Leere Straßen, Trauermusik, Aufbahrung und Defilee am Sarg im Säulensaal. Bei den nahezu gleichen Abläufen war ich mit meiner Kamera dabei. Wieder konnte ich Bundeskanzler Kohl mit Begleitung und die DDR-Delegation filmen. Am 13. März Ablauf wie im Vorjahr. Nach Lafetten-Fahrt auf dem Roten Platz wurde der Sarg geöffnet und der Leichnam zur Kreml-Mauer getragen. Später Interview mit Helmut Kohl, gegen Mitternacht gab der amerikanische Präsident Bush noch eine Pressekonferenz. Am nächsten Tag wurde wie erwartet Michail Gorbatschow zum neuen Generalsekretär ernannt. Schließlich war er Chef der Beerdigungskommission gewesen. Wie alle seine Vorgänger, beginnend mit Stalin, der Lenins Beisetzung arrangierte.

Meine Begegnung mit Gorbatschow

Am 14.3. erfolgte der Antrittsbesuch unseres Bundeskanzlers beim neuen Generalsekretär. Wie in aller Welt üblich, durften auch in Moskau bei Staatsbesuchen die klassischen Shakehands-Begrüßungsbilder aufgenommen werden. Im Kreml galt dabei ein strenges Protokoll. Neben den selbstverständlichen Kleidervorschriften – dunkler Anzug nebst Krawatte – waren auch

die Journalistenanzahl und die zu verwendende Technik limitiert. Handlampen und Mikrofone waren untersagt. Zugelassen wurden ausschließlich Bildjournalisten. Für die schreibende und sprechende Zunft galt: „Hier muss ich leider draußen bleiben." Das heißt für sie: Warten vor dem Kreml auf dem Roten Platz. Als Bildberichter durften dabei sein ein Kameramann und ein Fotograf des Staatsgastes und der Kameramann nebst Fotograf des Gastgebers. Für Kohls Besuch waren das Kameramann Romboy, ARD, und ein Pressefotograf für die Nachrichtenagentur dpa, für Gorbatschow die entsprechenden sowjetischen Kollegen. Unsere Akkreditierung für dieses Ereignis verpflichtete zu „poolen", also die gemachten Aufnahmen unverzüglich an die Pressevertreter anderer Länder weiter zu geben. Seit einigen Jahren arbeiteten alle Kollegen mit Videorekordern und standen mitunter schon am Spasski-Turm, um für die erste Kopie anzudocken. Alle anderen erhielten Kopien. Soweit der übliche Ablauf. Weiter als zum Kreml-Eingang durfte mich mein Assistent Genia nicht begleiten. Nach der ausgiebigen Eingangskontrolle wurde ich von zwei Offizieren der Kreml-Wache wortlos gegrüßt und in Empfang genommen. Fünfzehn Minuten lang ging es durch lange und kurze Gänge, treppauf, treppab. Für mich ein schwerer Gepäckmarsch. Meine Ikegami-Schulterkamera wog 12 Kilo und über meine Schulter lief der Tragegurt des 10 Kilo schweren Sony-Videorekorders BVU 110. Kurz bevor mir schwarz vor den Augen wurde, öffnete sich die Tür zu einem kleinen Salon, in dem schon meine Kollegen und einige Offiziere der Kreml-Wache warteten. Wortlos wurde mir ein Standplatz zugewiesen. Kohl wurde zu 11.00 Uhr erwartet. Das war in fünf Minuten. Punkt 11.00

Uhr wurde eine schräg gegenüberliegende Tür aufgerissen. Der eintretende Gorbatschow war offensichtlich verwundert, nur die Bildreporter zu sehen, ging auf mich, den am nächsten Stehenden zu, und grüßte mit Handschlag. Da ich seinen Gruß und meine Vorstellung auf Russisch erwiderte, erfuhr er, dass ich in Moskau stationiert war. Er fragte, seit wann und ob mir die Hauptstadt gefiele. Das konnte ich vollen Herzens bejahen. Er schaute auf seine Armbanduhr und fragte leicht spöttisch, wo denn mein Kanzler bliebe. „Ihr Deutschen seid doch sonst so pünktlich!"

Vor meiner Antwort unterbrach ein Offizier und zeigte dem Generalsekretär einen Platz in der Mitte des Raums. Dort öffnete sich eine zweiflüglige Tür, danach füllte Helmut Kohl den Raum. Der fast zwei Meter große Mann, dessen Gewicht etwa 120 Kilo betrug, wurde durch sein bloßes Erscheinen in einem mittelgroßen Raum zum Maßstab aller Dinge, machte sich nicht groß, aber alle anderen klein. Der durchaus stattliche Gorbatschow, zu dem sich Kohl für das Shakehands leicht herunterbeugte, erschien im Vergleich zu vorher geschrumpft. Diese Wirkung Helmut Kohls, den ich auch vorher öfters gefilmt hatte, war mir noch nie so aufgefallen. Nach dem Handschlag drehten sich beide noch einmal für drei bis vier Blitzer zu den Kameras, dann wurden wir wieder wortlos herauskomplimentiert und auf unterschiedlichen Wegen zum Ausgang gebracht.

Das Leben geht weiter

Unser aller Leben in Moskau ging weiter wie bisher, ohne große Hoffnung auf Veränderung. Doch die meisten Russen meinten, schlimmer werde es unter Gorbatschow auch nicht werden. Anders als nach den veröffentlichten Meinungen in den westlichen Medien anzunehmen, bewegte die nahezu 300 Millionen Sowjetbürger nicht das Schicksal einiger im Land unbekannter Dissidenten oder Themen wie Meinungsfreiheit oder Menschenrechte. Das war Stoff für eine Intellektuellen-Minderheit. Bertolt Brecht hat es einmal trefflich formuliert: „Erst kommt das Fressen, dann kommt die Moral." Was die Bevölkerung dem kommunistischen System und seiner Regierung vor allem ankreidete, war die immer schlechtere Versorgungslage mit allen Gütern. Zwar musste in den achtziger Jahren niemand hungern: Die wichtigsten Grundnahrungsmittel waren zu kleinen Preisen immer verfügbar. Allerdings in minderer Qualität. In den großen Fleischwarengeschäften der Hauptstadt langweilten sich Schweinsohren und -füße neben merkwürdig ausgehungerten Hähnchenkörpern. Etwa zweimal in der Woche kam Leben in die Bude. Solche Tage waren deutlich sichtbar. Eine Menschenschlange bildete sich vor dem Geschäft. Eine Fleischlieferung war eingetroffen. Meist Schwein, bisweilen Rind. Auf dem Hackklotz lag dann ein großes Stück Tierkörper. Die wartende Kundin wurde vom Metzger gefragt: „Skolko Kilogram? – Wieviel Kilo?" – und schon sauste das Fleischerbeil auf den Holzklotz. Das abgetrennte Teil wurde dem Kunden zur Bezahlung zugewiesen. Hatte der Käufer Glück, hing an dem Knochen ein Stück Fleisch. Bei Pech saß er mit Haut und Knochen da. Angesichts der Menschenschlange wurden Sonderwünsche mit „Dann der Nächste" beantwortet. Gemüse und Obst waren nur zur örtlichen Saison verfügbar. Zumeist in schlechter Qualität. Im Winter lagen vergammelte Kohlköpfe, Möhren, Zwiebeln und Kartoffeln in den Regalen. In den Supermärkten waren nicht immer gleichzeitig Nudeln, Reis, Mehl, Zucker, Konserven, Margarine oder Butter verfügbar. Wurde im Sommer gefrorener Fisch angeliefert, dann als Eisblock, der mitten im Laden stehend vor sich hin taute. Vera, in der Kassenschlange stehend, hörte mal das Urteil zweier DDR-Frauen: „Bei uns gibt's schon nichts, aber hier gleich gar nichts." Andere Waren gab es hin und wieder. Oft in falschen Größen und zu falschen Zeiten. Wintermäntel im Sommer, Badeanzüge im Winter, von der Qualität ganz zu schweigen. Die Moskauer waren immer auf der Warenjagd und hatten stets ein Einkaufsnetz dabei. Kinderlose kauften Kinderschuhe, Tänzerinnen Anglerbekleidung und Großmütter Brautkleider. Wertvoller als Geld war Tauschware. Hatte man eine Bohrmaschine ergattert, konnte es sein, dass erst sechs Monate später Bohrer verfügbar waren. Baumaterial wie Steine, Bretter, Eisenträger oder Rohre gab es überhaupt nicht zu kaufen. Wer eine feste Gartenlaube bauen wollte, war gezwungen, zu klauen. Gegenüber unserem Haus am Leninskij-Prospekt wurde 1985 die Lumumba-Universität für Dritte Welt-Studenten gebaut. Mitten im Winter wurden für einen Rohbau sechs riesige Holzverschläge angeliefert, offensichtlich zu früh für den Einbau. Zwei Tage später konnten wir den Inhalt besichtigen: Von Schnee bedeckt standen sechs Elektromotoren mit Getrieben vor dem Bau, vorgesehen für die Aufzüge. Nachts hatten Hobby-Bauer die begehrten Bretter entwendet. Doch am schlimmsten im Land war die Wohnungsnot. Nicht wegen der Mietpreise, die waren geradezu lächerlich niedrig, sondern wegen der Wartezeiten. Ohne Kinder war niemand antragsberechtigt. Selbst bei zwei vorhandenen Kindern betrug die Wartezeit mehrere Jahre. In den meisten vorhandenen Drei- bis Vierzimmer-Wohnungen lebten mehrere Generationen, die sich Küche und Toilette teilen mussten: ein Enkel-Ehepaar mit Baby, die Eltern der Kindesmutter und deren Eltern. Wer das Glück hatte und genügend Kinder, um eine Wohnung zu bekommen, musste auf die bestellten Küchenmöbel, den Wohnzimmerschrank nebst Couch-Garnitur und die Schlafzimmer-Einrichtung bis zu acht Jahre warten. Immer noch kürzer als die Wartezeit für das bestellte Auto. Das konnten schnell zwanzig Jahre sein. Alles hier Vorstehende bewegte Millionen Menschen in der Sowjetunion, nicht die fehlende Pressefreiheit, Gespräche über die Menschenrechte und dass Herr Sacharow in eine vergleichbar luxuriöse Verbannung geschickt worden war.

„Mineralni Sekretär" Gorbatschow

Karikierende Stellungnahme in der Kollage eines russischen Künstlers zu Gorbatschows Alkohol-Maßnahmen. Statt Wodka Wasser trinken. Ohne „Katerfolgen". Ein Pfeil zeigt den Weg zum Club der Enthaltsamen.

Mit einem neuen Regime verband sich bestenfalls Hoffnung auf eine Verbesserung der Lebensverhältnisse. Doch der neue Generalsekretär Gorbatschow zäumte in bester Absicht das Pferd vom Schwanze auf. Stichwort: Anti-Alkohol-Kampagne. Alkohol-Brennereien, Brauereien und die meisten Wodka-Geschäfte wurden geschlossen, in Hotels, Restaurants und anderen Gaststätten der Alkohol-Ausschank verboten. Das geschah in einem Land, in dem Wodka zu den selbstverständlich verfügbaren Lebensmitteln zählte. Nur noch in wenigen Moskauer Spezialgeschäften durfte an vorgegebenen Tagen Alkohol verkauft werden. Natürlich nur in kleinen Mengen und mit Registrierung der Käufer. An solchen Tagen mussten ganze Straßenzüge von der Polizei gesperrt werden wegen des Ansturms. Selbstverständlich filmte ich an solchen Verkaufstagen, die mitunter in Massenschlägereien endeten. Als erste Reaktion auf die Alkohol-Erlasse leerten sich die Zuckerregale in den Geschäften, bis auch der nur noch in kleinen Mengen abgegeben wurde. Schwarzbrenner brauchten Zucker! Es entstand ein Untergrundmarkt für Wodka zu entsprechenden Preisen. Devisen-Ausländer wurden wie jungfräuliche Bräute umworben, denn sie konnten nach wie vor in unbegrenzten Mengen das geliebte „Wässerchen" kaufen. Offiziell musste das Alkoholverbot strikt eingehalten werden. Gleich, ob auf den 1. Mai, den Feiertag aller Werktätigen, den 9. Mai, Sieg über die Deutschen oder den 7. November, Jahrestag der Oktober-Revolution, angestoßen wurde, war in den früher mit Wodka gefüllten Gläsern Mineralwasser. Das erste, was Gorbatschow gemacht hatte, war, sich selbst zur Witzfigur. Sein offizieller russischer Titel „Generalni Sekretär" wurde von der Bevölkerung spöttisch in „Mineralni Sekretär" umgewandelt. Wie bei uns wurde der klare Sprudel als Mineralwasser verkauft. Trotz aller Restriktionen, ein Rückgang des Alkoholkonsums fand nicht statt und er blieb weiter illegal verfügbar. Als Mengenabgabe für Wodka galt in Russland das Gramm. In Restaurants orderte man zum Essen hundert oder zweihundert Gramm Wodka. In der Gorbatschow-Zeit fragte der Kellner seine Gäste, wieviel Gramm Mineralwasser gewünscht würden und servierte diese Menge natürlich in etikettierten Mineralwasserflaschen. Während der gesamten Gorbatschow-Zeit blieben die Alkoholvorschriften, mit den Jahren abgemildert, gültig. Ich denke, sie wurden erst von seinem Nachfolger, dem ständig angeheiterten Boris Jelzin, abgeschafft.

Tag des Sieges 1985

Veteranen des Zweiten Weltkriegs feiern ihren Sieg und ihr Überleben

Lutz Lehmann interviewt Kriegsteilnehmer

Trotz ordensgeschmückter Kleidung ihr Wunsch: nie wieder Krieg

Am 8. Mai 1945 unterzeichneten in Berlin-Karlshorst, zu dieser Zeit Hauptquartier der Roten Armee, die Befehlshaber der Deutschen Wehrmacht die Kapitulationsurkunde. Der 9. Mai wurde in der Sowjetunion als „Djen Pobjeda" – Tag des Sieges - gefeiert, im Mai 1985 zum vierzigsten Mal.

Ein Grund für besondere Feiern im Land und Anlass für uns, darüber zu berichten. Ich drehte die Proben und Vorbereitungen zum Siegestag und der Siegesparade. Meine Kamera stand, wie immer bei solchen Ereignissen, auf der Diplomaten-Tribüne des Roten Platzes. Eindrucksvoll der Beginn. Rotarmisten in historischen Uniformen auf Fahrzeugen und Panzern aus der Zeit des Zweiten Weltkrieges. Danach blieb genügend Platz und Zeit, auch die Wehrhaftigkeit der 1985er Sowjetunion zu zeigen. Beide Korrespondenten behandelten mit meinen Bildern dieses wichtige Zeitthema in vielen Berichten und längeren Filmen unter dem Sammelbegriff „Vor vierzig Jahren".

Willy Brandt in Moskau

Willy Brandt, ganz links, im Kreml bei Gesprächen mit Gorbatschow

Michail Gorbatschow, links neben ihm Außenminister Gromyko

Die SPD-Spitze zu Gast im ARD-Studio. V.l.n.r.: Willy Brandt, Korrespondent Peter Bauer und Studioleiter Lutz Lehmann.

Wir zeigen Willy Brandt und Wolfgang Clement einen unserer Filme.

Besuchten ranghohe deutsche Politiker Moskau, war es üblich, dass sie abwechselnd entweder Gäste des ZDF oder unseres ARD-Studios waren. Absprache: Es wird nicht gefilmt oder interviewt. Die Beteiligten nannten das Informationsabende, wobei die Fernseh- und Rundfunkleute auch über ihre Arbeitsbedingungen sprachen oder Arbeitsergebnisse zeigten. In seiner Eigenschaft als Präsident der Sozialistischen Internationalen und Vorsitzender der Sozialdemokratischen Partei Deutschlands machte Willy Brandt am 27. Mai seinen Antrittsbesuch beim neuen Generalsekretär der KPdSU. Im Studio waren wir für ihn, Egon Bahr und Wolfgang Clement Gastgeber. Zögernd erläuterte der SPD-Vorsitzende seine Gesprächsthemen beim neuen Staatschef Gorbatschow wenige Tage zuvor. Die am 16. Mai begonnene Alkohol-Kampagne gehörte wahrscheinlich nicht zu den Themen. Es wäre auch unpassend gewesen. Wir, die Bildjournalisten, die seit Jahrzehnten berufsbedingte Kontakte zu ihm hatten, nannten ihn vertraulich „Willy Weinbrandt". Das war verständnisvoll, nicht diskriminierend gemeint. Als einer der drei WDR-Gastgeber ernannte ich mich zu seinem Mundschenk und sorgte dafür, dass es ihm nicht an Rotwein mangelte. Es lag nahe, dass unsere russischen Mitarbeiter mich aufforderten, ihm zu helfen. Nach einem Toilettenbesuch fehlte ihm die Kenntnis, den Innenverschluss der russischen Tür zu öffnen. Nach meiner Ansage: „Sie müssen nur den Nippel durch die Lasche ziehen und mit…" konnte er sich selbst aus der misslichen Lage befreien.

Oldtimer in Moskau

Erst Hühnerstall, dann begehrter Oldtimer. Ein Mercedes „Typ 130".

Interessanter als der Brandt-Besuch war für mich ein Film, den ich zu dieser Zeit mit Peter Bauer drehte. Ein junger Automechaniker hatte im Hof eines Kolchosbauern ein völlig zugekacktes Auto entdeckt. Es wurde seit Jahrzehnten als Hühnerstall benutzt. Der Autofan konnte es für ein Spottgeld erwerben und in die heimische Garage abschleppen. Nach intensiver Bearbeitung mit dem Wasserschlauch entpuppte sich der Fund als ein seltenes sehr frühes Mercedes-Modell aus den dreißiger Jahren, „Typ 130" mit Heckmotor. Lange Jahre hatte er es liebevoll restauriert und rekonstruiert, war für Teile zu Autowracks bis in die baltischen Republiken gefahren. Als wir den Wagen zum ersten Mal sahen, war er nahezu wieder hergestellt, aber noch splitternackt. Als Honorar für seine Mitarbeit haben wir mit Mercedes gesprochen, die für ihn zwei Eimer Originallack gemixt haben. Die konnten wir ihm überreichen. Zum Moskauer Straßenbild gehörten als Alltagsautos jede Menge dreißig oder gar vierzig Jahre alte zumeist russische Modelle. Umso mehr verwunderte es uns, dass es einen Oldtimer-Club gab, der seine lackierten Lieblinge einmal im Jahr bei einem Autokorso zeigte. Vorbei an den Zuschauern rollten vor allem deutsche PKW aus der Zeit vor 1945, die wahrscheinlich vor Jahrzehnten als Kriegsbeute den Weg nach Moskau gefunden hatten.

Bei der Oldtimer-Show dominierten deutsche Fahrzeuge, die als Kriegsbeute die SU erreichten

Der absolute Hingucker. Ein US-Straßenkreuzer der Vorkriegszeit.

Original oder russischer Nachbau? Ein „Packard 8"-Modell 1942.

Zum Autorennen nach Riga

Start zum Autorennen in Riga im Juli 1985

Vera Romboy im Fahrerlager

Tonmann Popikow und ich an den Boxen

Auf der Suche nach Ungewöhnlichem hatte Lutz Lehmann herausgefunden, dass in Riga ein sowjetisches Autorennen stattfinden sollte. Die Umstände erlaubten es, dass ich meine Vera mitnehmen konnte. Äußerlich konnten sich die sowjetischen Rennwagen durchaus sehen lassen, nur unter den Motorhauben sah es ärmlich aus. Aber das verhinderte keinen Wettkampf. Alle waren schwach auf der Brust. Wir filmten im Fahrerlager und sprachen mit den Fahrern. Sie kamen aus Rennsportgemeinschaften großer Kraftwagenbetriebe. Die Fahrzeuge waren Eigenbau. Am Renntag, dem 14.7.85, war ich früh auf den Beinen. Wir hatten erreicht, dass ich, aus dem Heck des Kombi filmend vor allen Rennwagen fahrend, die Warmlauf-Runde drehen durfte. Wunderbare Bilder, die wirkten, als wären sie im Rennen aufgenommen. Kampf um wechselnde Positionen, jeder wollte mal vor die westliche Kamera kommen. Immer wieder machte der Fahrer eines silbernen Rennwagens mit der Nummer 22 anderen den Platz vor meinem Objektiv streitig. Dann: Rennbeginn. Wir, mit nur einer Kamera vertreten, hatten einen interessanten Platz vor einer Doppelkurve gefunden. In der ersten Runde zog der Pulk noch geschlossen an uns vorbei. Die zweite Runde zeigte schon Auflockerungen beginnender Wettkämpfe. „Meine" 22, an vierter Stelle, versuchte ein Überholmanöver und geriet auf den Seitenstreifen. Das hatte zur Folge, dass der Wagen sich längsseitig überschlug, durch die Luft flog und meine Kamera streifte. Erst mitschwenkend, konnte ich mich im letzten Moment hinwerfen, mit Glück auf die richtige Seite. Die am Boden liegende Kamera hat aufgezeichnet, dass Lehmann, der in der Nähe stand, ruft: „Keine Angst, Ihrem Mann ist nichts passiert." Weiter im Bild, dass ich die Kamera vom Stativ löse, um von der Schulter die Bergung des Fahrers zu filmen, der leicht verletzt überlebte, aber von Helm und Gurten befreit werden musste. Wenige Meter hinter mir war sein Wagen auf vier Beinen, sprich Reifen, gelandet. So, wie er gestartet war. Doch seine Form hatte sich erheblich verändert. Abends haben wir im Hotel auf meinen zweiten Geburtstag angestoßen. Ausnahmsweise war diesmal mein Wodka-Wasserglas randvoll. Aus Freude über mein Überleben habe ich es in einem Zug geleert.

Schon beim Warmlaufen drängelte sich die Nummer 22 vor meine Kamera

Auf den „Sommerweg" geraten, überschlägt sich die 22 und fliegt in Richtung meiner Kamera

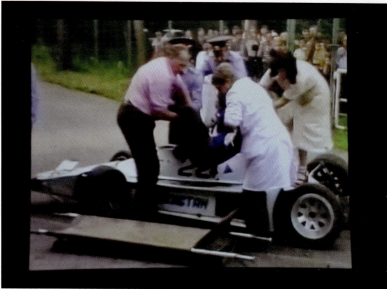

Der verletzte Fahrer wird von Milizionären und Sanitätern geborgen

Be"Grenzte" Pressefreiheit

Leben und arbeiten in der Sowjetunion war nicht einfach. Daran hatte sich auch zu Beginn der Gorbatschow-Zeit nichts geändert. Wichtigster Punkt: Wir durften ohne Genehmigung den Bezirk Moskau nicht verlassen, ausgenommen Flüge ins Ausland. Die Hauptstadt umschloss ein Autobahnring, der war unsere Grenze. Ihn durften wir beliebig befahren, aber nur stadteinwärts verlassen. Alle Ausfallstraßen waren durch Polizeiposten gesichert. Gleichgültig, ob unser Ziel achtzig oder achthundert Kilometer von Moskau entfernt war, es musste eine schriftliche Genehmigung eingeholt werden. Nötige Angaben: Zielort, PKW-Kennzeichen, PKW-Typ, Anzahl und Namen der Insassen, Uhrzeit der Abfahrt und Tag der Rückfahrt. Vorgeschrieben war der kürzeste Weg zum Ziel. Diese Straßen galten dann als Transitstrecke und durften keinesfalls verlassen werden. Nicht einmal, wenn in sichtbarer Entfernung ein Badesee oder ein Denkmal zu einer Rast einluden. Polizeiposten, auch an kleineren Ortschaften, überwachten deren Ein- und Ausfahrt. Waren Ausländer gemeldet, wartete zur angegebenen Zeit auf der Straße ein Milizmann, der nach Identifizierung des Kennzeichens zum Telefon lief, um dem nächsten Posten zu melden: „Bei mir sind die durch." Dieses System bot uns einen sicheren Mantel. Gleichgültig, ob durch Autopanne, Unfall oder Herzklabastern, bei Zeitüberschreitungen würde Dein Freund und Helfer, die Miliz, rechtzeitig vor Ort sein, um zu helfen. Die Genehmigung für mehrtägige Reisen erreichten wir mitunter erst Wochen nach der Antragstellung. War ein Filmthema nicht erwünscht, erhielten wir statt einer Ablehnung die Mitteilung „Ihr Antrag kann nicht registriert werden". Fragten wir hartnäckig nach, kam als Begründung, wegen Hochwassers gebe es dort weder Brücken noch Straßen oder die Gegend stünde wegen der Schweinepest unter Quarantäne. Durften wir Moskau verlassen, dann als größere Gruppe: Redakteur, Kameramann, Tonmann, Dolmetscherin, dazu ein junger Attaché des Außenministeriums als Kontakthelfer und Aufpasser. Am Ort gesellten sich zu uns weitere zwei bis drei Personen: örtliche Funktionäre als Helfer, aber auch als Zensoren. Bei einer solchen Personalstärke war es kein Problem, dass mich des Öfteren meine Vera begleiten durfte. Obwohl ihre Flug- oder Hotelkosten privat und nicht vom WDR bezahlt wurden, setzten wir sie dann als Kamera- oder Redaktionsassistentin ein. Viele meiner Abenteuer konnte sie so hautnah miterleben.

Auch in Moskau waren Aufnahmearbeiten schwierig. Auf der Straße kein Problem. Kam ein neugieriger Miliz-Mann, zog er sich nach Betrachten meiner

Akkreditierungskarte entschuldigend zurück. Filmte ich mehrere Stunden oder gar Tage, wurde ich von auffällig unauffälligen KGB-Zivilisten aus geziemender Entfernung beobachtet. Kreuzten sich unsere Wege, grüßte ich. Verlegen grüßte man zurück. An einem heißen Sommertag, ich drehte ganztägig für einen Lehmann-Film, kauften wir „Moroshenoje", das herrliche Moskauer Vanille-Eis. Meinen Assistenten schickte ich mit zwei Portionen zu den KGB-Leuten. Kaum zu glauben: Etwas verwundert nahmen sie es an. Warum auch nicht. Wir kannten uns, waren quasi Arbeitskollegen.

Der Sozialismus sollte eigentlich die Kriminalität eliminieren. Doch sicher ist sicher: Im Foyer jeder Bank oder Sparkasse und jeder Juweliers-Filiale saß damals ein uniformierter Milizionär. Vor ihm auf dem Tisch lag die Maschinenpistole. Das durften wir keinesfalls filmen. Das Ende unserer kümmerlichen Pressefreiheit war gekommen, wenn wir Gebäude betreten wollten. Gleichgültig, ob Blumengeschäft, Kaufhaus oder Stehbierhalle, ohne vorherige Genehmigung des Außenministeriums durfte nicht gefilmt werden.

Glasnost und Perestroika

Kommen wir noch einmal zu Gorbatschows Glasnost und Perestroika. Am ehesten zeigte sich eine neue Zeit in Berichten des russischen Fernsehens. Örtliche Missstände wurden angesprochen und des Öfteren erschienen Bilder Gorbatschows, der irgendwo, ein Bad in der Menge nehmend, einfachen Leuten Rede und Antwort stand. Erneuerung kam scheibchenweise, häufig in sehr dünnen Scheiben. Zu einer Pressekonferenz über Wirtschaftsreformen eingeladen, wurde uns folgendes mitgeteilt: Ab sofort dürfen auf Antrag Handwerker selbständig arbeiten, private Restaurants und Verkaufsgeschäfte eröffnet werden. Im Regelfall als Ein-Personen-Betriebe. Zur Mitarbeit wären nur nächste Familienangehörige zugelassen. Löhne und Preise müssten den staatlichen entsprechen. Ob das eine leichte Öffnung zur Privatwirtschaft, ähnlich wie Lenins zeitweise gültige NEP (Neue Ökonomische Politik) wäre, fragten Journalisten die Verkünder. Ein scharfes „keinesfalls" war die Antwort. Unter dem Druck von Hungersnöten hatte Lenin 1921 Verstaatlichungen aufgehoben und beschränkte Privatwirtschaft gestattet. Auch in puncto Aufnahmegenehmigungen glaubten wir, es wäre künftig Großzügigkeit angesagt. Peter Bauer beantragte eine Filmgenehmigung, um den ganzjährigen Arbeitsablauf einer Kolchose drehen zu dürfen. Relativ schnell, nach drei Wochen, erfolgte die Erlaubnis. Wir könnten in Weißrussland die Arbeit eines vorgegebenen Land-

wirtschaftsbetriebes aufnehmen. Doch am Abreisetag wurden wir gestoppt. Die Erlaubnis, Weißrussland zu betreten, sei widerrufen worden. Ein vorläufiges Aus. Vier Wochen später brachte mir unsere Sekretärin Irina einen Artikel aus der Gewerkschaftszeitung „Trud". „Die westdeutschen Fernsehleute, Moskau-Korrespondent Peter Bauer und Kameramann Manfred Romboy, hätten in Weißrussland eine Kolchose besucht. Obwohl gastfreundlich empfangen, hätten beide nur antisowjetische Propaganda betrieben, alles Sozialistische verächtlich gemacht und für den westdeutschen Kapitalismus geworben. Es wäre doch zu überlegen, ob man solchen Agitatoren weiterhin Zutritt gewähren sollte." So in der „Trud" zu lesen. Offensichtlich hatten an unserem geplanten Abreisetag alle großen Zeitungen, von wem auch immer, einen Artikel über unser Verhalten in Weißrussland zur späteren Veröffentlichung erhalten. Der wurde nach unserem Reiseverbot widerrufen. Aber das hatte die Gewerkschaftszeitung irgendwie versemmelt. Empört beschweren sich Peter Bauer und die Deutsche Botschaft über die erfundene Geschichte beim Außenministerium. Schnell, und das war vielleicht ein Perestroika-Zeichen, erfolgte eine Entschuldigung. Den Artikel hätte ein junger, gelegentlich für „Trud" arbeitender Volontär erfunden. Der wäre inzwischen entlassen und einer Bestrafung zugeführt worden. Der guten Ordnung halber sei noch erwähnt: Vierzehn Tage später flogen wir nach Minsk und begannen mit den Dreharbeiten.

Meine Akkreditierung zum
27. Parteitag der KPdSU,
der erste unter
der Führung Gorbatschows

Mit dem landesüblichen grandiosen Feuerwerk wurde in Moskau das neue Jahr 1986 begrüßt. Neugier und Hoffnungen richteten sich auf den Beginn und Verlauf des am 25. Februar beginnenden 27. Parteitags der KPdSU, des ersten unter Leitung Michail Gorbatschows. Die ganze Stadt war in ein Meer von roten Fahnen getaucht. Meterhohe Bilder des neuen Generalsekretärs und seiner Politbüromitglieder prangten an Hausfassaden oder von großen Gerüsten, die überall aufgestellt waren. Viele dieser Politbürofunktionäre hatten ihre besten Jahre oder Jahrzehnte längst hinter sich gebracht. Aktuelle Aufnahmen hätten diese Regierenden als Großvater-Verein diskriminiert. Also wurden alte bis sehr alte Porträtfotos verwandt, auf denen sie allerdings häufig nicht mehr zu erkennen waren. Es wurde ein ungewohnt munterer Parteitag. Nicht jeder alte Genosse hatte Verständnis für Glasnost und Perestroika. Doch die Position eines Generalsekretärs der Partei war noch so hoch angesiedelt, dass niemand gewagt hätte, offenen Widerstand zu leisten. Zu Stalins Zeiten drohte Renegaten der Genickschuss. Diese Zeiten waren Gott sei Dank vorbei. Aber Amt und Würden waren allemal zu verlieren. Verabschiedet wurde ein angeblich radikales Reformprogramm, das vor allem die Wirtschaftsform verändern sollte. Einzelne Betriebe oder Wirtschaftsorganisationen sollten durch größere Selbständigkeit rentabler arbeiten können. Skeptiker meinten, man sollte doch erst einmal die detaillierten Ausführungsbestimmungen abwarten.

Tschernobyl – die Europa-Katastrophe

Das brennende Atomkraftwerk in den frühen Morgenstunden

Der explodierte Tschernobyl-Reaktor am folgenden Tag

Am 28. April 1986 erhielten wir erste besorgte Anrufe aus Deutschland: Wie es uns ginge, ob wir Angst hätten oder gar zurück nach Köln kämen. Erstaunt verneinten wir und erfuhren von Vorkommnissen in einem ukrainischen Atomkraftwerk. Radioaktiver Fallout sei im eintausendzweihundert Kilometer entfernten Schweden als von Russland kommend gemessen worden. Kurz darauf im russischen Fernsehen eine Wortmeldung über eine Havarie in einem Atomkraftwerk. Alles halb so schlimm, dachten wir, unser Leben ging normal weiter. Gorbatschows Glasnost wird dafür sorgen, dass wir Wichtiges rechtzeitig erfahren. Am 5. Mai erwarteten wir auf dem Flugplatz zwei Vertreter der Internationalen Atomenergiekommission, den Schweden Hans Blix und den Amerikaner Morris Rosen. Beide kamen auf Einladung der Sowjetunion aus Wien. Diese Maschine brachte auch einen von der Deutschen Botschaft angeforderten Geigerzähler nebst Spezialisten. Erst neun Tage nach der „Havarie" die erste Pressekonferenz in Moskau, beginnend mit einer Rüge Gorbatschows an die westlichen Medien, denen er antisowjetische Hetze vorwarf. Dann Abwiegelungen sowjetischer Atomexperten, die den Umfang dieser Nuklearkatastrophe in Abrede stellten. Wesentliche Fragen der internationalen Journalisten wurden unzulänglich beantwortet. Zwei Tage später, am 9. Mai, ging es zur Sache. Die westlichen Atomexperten Blix und Rosen konnten in *einer Pressekonferenz des Außenministeriums befragt werden. Sie hatte man im Hubschrauber über das Kraftwerk geflogen. Sie sahen überall Evakuierungsmaßnahmen und den eingestürzten brennenden Reaktorteil. Es wäre ein sehr trauriger Anblick gewesen. Über die Ursache könnten sie allerdings keine Auskunft geben.*

Heute wissen wir mehr. Am 26. April ereignete sich in Tschernobyl Folgendes: Im Rahmen einer mehrstündigen Sicherheitsübung in Block 4 des Kraftwerkes unter dem Titel „Stromausfall" wäre es wegen Nichtbeachtung wichtiger Vorschriften zu einer immer größer werdenden Leistungssteigerung des Reaktors gekommen, ohne dass man diese stoppen konnte. Die Graphitstäbe der Anlage fingen an zu brennen und erzeugten Gase, die in Verbindung mit Sauerstoff eine Explosion auslösten. Als das Dach einstürzte, konnte sich ungehindert Radioaktivität verbreiten. Für mich vorstellbar, dass diese Katastrophe ihren Ursprung in typisch sowjetischem Umgang mit Technik hatte. Rote Warnlampen, verklemmte Schalter, Signaltöne – „Nitschewo", macht nichts. Arbeiten wir weiter, Genossen. Als Zeichen für Glasnost ist zu werten, dass nach der Ursache gesucht wurde. Jahre zuvor wäre sofort von Sabotage die Rede gewesen, statt nach Fehlern wäre nach den Saboteuren gesucht worden. Obwohl zwischen Tschernobyl und Moskau achthundert Kilometer Wegstrecke liegen, waren die Hauptstädter und auch wir um unsere Gesundheit besorgt, kamen doch täglich Lebensmittel aus der Ukraine. 13. Mai 1986. Mit Dr. Stahl, der extra aus Bonn gekommen war, und seinem Geigerzähler besuchten wir die Gemüse-, Obst- und Blumenstände auf den Kolchosmärkten. Ohne Erfolg. Später hörten wir, dass vor uns schon Stadtbeamte mit Geigerzählern die Hallen inspiziert hatten. Dabei sei auch jede Menge Ware beschlagnahmt worden. Wir überprüften auch die Botschaftsautos, den Botschaftsgarten, die Botschaftsräume und zuletzt den Empfangsraum des Botschafters. Endlich wurden wir fündig und hatten unser Erfolgserlebnis. Der große Fliederstrauß auf dem Botschafter-Schreibtisch war kontaminiert. Knatternd hatte uns der Geigerzähler vor Berührung seiner Blütenpracht gewarnt. Auch Nasenkontakt wäre gesundheitsgefährdend. Langsam Glasnost im sowjetischen Fernsehen. In besorgniserregenden Bildern wurden jeden Abend Aktivitäten der sowjetischen Behörden gezeigt. Prypjat, eine zwanzig Kilometer vom Katastrophenort entfernte Stadt, wurde schon am 27. April evakuiert. Alle fünfundvierzigtausend Bewohner mussten mit kleinem Gepäck innerhalb von drei Stunden die Stadt verlassen. Hausrat und anderer Besitz blieb zurück. Das Ganze wäre nur für sechsunddreißig Stunden, wurde ihnen damals gesagt. Bis auf den heutigen Tag durften sie nicht zurückkehren. Aus Prypjat wurde eine Geister-

stadt. Gosteleradio, das sowjetische Fernsehen, zeigte todesmutige Männer, die für Minuten in den zerstörten Block 4 liefen, um weitere Strahlenschäden einzudämmen und Soldaten, die mit Wasserschläuchen die Radioaktivität von kleinen Bauernhäusern oder LKW herunterspülen wollten. In anderen Filmen aus dem zweihundert Kilometer entfernten Kiew waren fröhliche Feiern zum 1. Mai, ein Radrennen und andere Volksfeste zu sehen. Ausländische Journalisten waren in der Ukraine unerwünscht. Nach mehrfacher Ankündigung und Widerrufung organisierte das Außenministerium für eine kleine Gruppe handverlesener ausländischer Korrespondenten, dazu gehörten Lutz Lehmann und ich, eine Zwei-Tage-Reise ins Tschernobyl-Gebiet. Wir waren etwa zehn Journalisten und fünfzehn sowjetische Begleiter, darunter drei sogenannte Nuklearwissenschaftler mit Geigerzählern. Tschernobyl nebst Reaktor oder das evakuierte Prypjat wurden uns nicht gezeigt. Mit dem Bus fuhr man uns zu nicht bekannten Orten. Dort wurden uns eine Getreideernte mit fröhlichen Bauersleuten, Kinder beim Baden am Dnjepr-Ufer und frisch bezogene Neubauten vorgeführt. An jedem dieser Orte zückten unsere Wissenschaftler ihre Geigerzähler, um zu beweisen: Radioaktivität null. Bilanz: Nukleare Verseuchung Propagandalüge, große Vorsorge permanent vorhanden. An Straßenübergängen wurden LKW von Ortskräften mit Geigerzählern kontrolliert, Passagiere, die aus Fernbussen stiegen, wurden Mann für Mann und Frau für Frau mit Geigerzählern umrundet. Also, kein Grund zur Besorgnis.

Aufgrund einer Vorschrift der Berufsgenossenschaft hatte der WDR für mich am 30. Juli eine Untersuchung in der nuklearmedizinischen Abteilung der Universitätsklinik Köln angeordnet. Dazu lag ich, nur mit einer Unterhose bekleidet, auf einem Messtisch. Über mir fuhren in geringem Abstand Messgeräte hin und her. Das gute Ergebnis: keine radioaktiven Einlagerungen in meinen Knochen. Lediglich gefahrlose erhöhte Radioaktivität, wie sie Bewohner des Hochgebirges oder Inspektoren deutscher Kernkraftwerke aufweisen. Die Veranstalter unseres „Nuklearausflugs" in die Ukraine hatten uns eine gründliche Reinigung der Kleidung in der Waschmaschine empfohlen. Stattdessen hatte ich, noch in Kiew, alles in eine große Plastiktüte gesteckt. Die durfte ich nun statt meines Körpers ungeöffnet auf den Messtisch legen. Sofort war die Hölle los. Rote Lampen blinkten und Warnsignale ertönten. Die Geräte wurden gestoppt, um ihre Empfindlichkeit herunter zu regeln. Nach dem zweiten Durchgang wurde mein Beutel für beschlagnahmt erklärt. Meine Kleidung müsste als strahlender Müll eingelagert werden. Verwunderung auf meiner Seite. Ich nahezu ohne, meine Klamotten voller Radioaktivität. Die Erklärung: Nuklearmediziner können nur Eingelagertes messen, keine Strahlung, die mich irgendwann getroffen hat. Viel wird es nicht gewesen sein, denn jetzt, nach fünfunddreißig Jahren, gibt es mich noch. Meine Wildlederstiefel, die Cordhose, das Leinenhemd und die Lederjacke können von meiner Anwesenheit auf diesem Planeten noch Jahrhunderte lang Zeugnis ablegen. Tief im Salzstock des Endlagers Gorleben liegen sie in einem Fass und strahlen vor sich hin. Sie ruhen in Frieden.

Weiteres in 1986

Zu Gast im ARD-Studio: der NRW Ministerpräsident Rau. V.l.n.r.: Korrespondent Bauer, Redakteur Kazin, Sekretärin Romboy und Johannes Rau

Auch 1986 war, wie jedes unserer Moskauer Jahre, gefüllt durch Routineberichte. Pflichtarbeit der Alltagschronisten. Dazu gehörte auch ein Besuch des nordrhein-westfälischen Ministerpräsidenten Rau, der eine Landesausstellung eröffnete und Gespräche mit Politbüromitglied Worodnikow und später auch mit Gorbatschow führte. Schließlich war er Kanzlerkandidat der SPD für die im nächsten Jahr fälligen Bundestagswahlen. Als Polit-VIP war er am 24.6.86 am Abend mit seiner Frau und Mitgliedern seines Stabes Gast in unserem WDR-Studio. Während im Raum des Studioleiters eine reine Männergesellschaft über Sinn und Widersinn der Glasnost- und Perestroika-Politik debattierte, plauderten im Nachbarraum Christina Rau und Vera Romboy über

Vera Romboy im Gespräch mit Christina Rau. Gemeinsamkeit: Ihre Ehemänner sind zwei Jahrzehnte älter

das Alltagsleben in Moskau. Wegen einer Frage musste ich kurz unterbrechen. Danach fragte Christina Rau die Vera: „War das Ihr Mann?" Dann entdeckten sie Gemeinsamkeiten. Sie waren gleichaltrig, beide dreißig Jahre jung und hatten wesentlich ältere Männer geheiratet. Christina Rau - 1982 - einen fünfundzwanzig Jahre älteren, Vera Romboy - 1980 - einen zwanzig Jahre älteren. Ob im weiteren Gespräch die Damen eine solche Altersdifferenz negativ oder positiv bewerteten, wollte ich besser nicht hinterfragen. Die Raus liefen mir in den nächsten Tagen noch einige Male vor die Kamera, so beim üblichen Spaziergang über den Roten Platz und den Rundgängen in der Landesausstellung Nordrhein-Westfalen.

Das knapp zweihundert Kilometer von Moskau entfernte Wladimir war seit 1983 Partnerstadt des fränkischen Erlangen. Im Rahmen der Erlanger Kulturtage besuchten einhundert Erlanger, vorwiegend Musiker und Theatergruppen Russland, um sich dieser Stadt vorzustellen. Vom 7. bis 12. September 86 begleitete ich die verschiedenen Gruppen für sogenannte „Gefälligkeitsaufnahmen", also ungeschnittenes Material, das der Bayerische Rundfunk be-

arbeiten und senden wollte. Aufnahmen der Aufführungen und Begegnungen wurden erlaubt. Ein Porträt der Stadt Wladimir untersagte die Oberbürgermeisterin. Im Gespräch mit ihr erzielte ich einen Kompromiss: Meine Filmbilder für ein Stadtporträt würde ich ihr und den Stadtverordneten zeigen und bei einer Ablehnung vernichten. Nach Aufnahmen an einem sonnigen Herbsttag konnte ich schöne Stadtbilder vorweisen. Abends eine dreißig Minuten lange Vorführung im Rathaus. Mir blieb die Spucke weg, als die Stadtobere sagte: „Ihre Aufnahmen sind nicht ehrlich. Es fehlt ihnen die Wahrheit." Bevor ich meiner Empörung Ausdruck geben konnte, setzte sie nach einer kleinen Pause fort: „So schön wie in Ihrem Film ist unsere Stadt leider nicht." Beifall der anderen Parteileute. Nachdem ich die Erlanger noch durch das benachbarte Susdal, einer Museumsstadt vergleichbar mit Rothenburg ob der Tauber begleitet hatte, konnte ich am 12. September wieder nach Moskau fahren. Für einen geplanten Kurzurlaub fehlte jetzt die Zeit und so feierten wir am 13. September meinen 50. Geburtstag im kleinsten Kreis in unserer Wohnung. Gäste: unsere deutschen und russischen Freunde und Kollegen.

Wir begegnen Inge Meysel

„Dem Mimen flicht die Nachwelt keine Kränze" lässt Schiller im Wallenstein-Prolog sagen. Ich will es dennoch tun. Es gab einmal vor vielen Jahren die Zeit, als Oma und Opa ein Liebespaar waren und vor allem Erwachsene in Kinos gingen, die tausend Sitzplätze hatten. Spielfilme waren damals keine seelenlosen Daten auf irgendwelchen Servern, sondern tatsächlich Bild für Bild auf 35mm breiten durchsichtigen seitlich gelochten Rollen vorhanden. Ein solcher Spielfilm war dreitausend Meter lang, zum Transportieren wurden der Streifen in sechshundert Meter lange Rollen zerteilt und, da der Spielfilm ein Kind des Theaters war, nach Akten beschriftet. Auf den Kartons war dann zu lesen „Ihr schönster Tag, 1. Akt, 2. Akt" und so fort. Unter diesem Titel verfilmte der Regisseur Paul Verhoeven das erfolgreiche Bühnenstück „Das Fenster zum Flur" – Geschichten um eine Portiersfrau. Für die Hauptrolle wählte Verhoeven eine bekannte Theaterschauspielerin, die damals, 1961, 51 Jahre alt war. Eine jugendliche Karriere war ihr 1933 versperrt worden. Inge Meysel war Halbjüdin. 1945, nach Vernichtung der Nazi-Diktatur, durfte sie wieder spielen. Die inzwischen Fünfunddreißigjährige machte sich bald einen Namen als Theaterschauspielerin an den ersten Häusern in Hamburg und Berlin. Auch in vielen bekannten und unbekannten Filmen war sie seit 1948 in Nebenrollen zu sehen. Als „Ihr schönster Tag" 1962 in die Kinos kam, wurde sie zum Filmstar. Ihre

damals bekannten Mitspieler wie Rudolf Platte, Sonja Ziemann und Brigitte Grothum spielte sie glatt an die Wand. Vom jugendlichen Götz George ganz zu schweigen. Sofort verpflichtete das Fernsehen sie als Hauptdarstellerin der immer populärer werdenden Serie „Die Unverbesserlichen". In dieser Fernsehreihe, die von 1964 bis 1971 produziert wurde, verkörperte sie, wie im Film „Ihr schönster Tag", eine Übermutter, bei der alles schief geht. Die Folgen der „Unverbesserlichen" wurden zum Straßenfeger, Wirtshäuser ohne Fernsehgerät blieben leer. Schon zu Beginn der sechziger Jahre avancierte sie zur „Mutter der Nation" und wird zur populärsten Volksschauspielerin des deutschen Sprachraums. Zwar spielte sie weiter Theater, aber parallel dazu blieb sie Hauptdarstellerin weiterer Fernsehserien. 1982 begann mit ihr eine neue Fernsehreihe: „Mrs. Harris – Abenteuer einer Londoner Putzfrau."

V.l.n.r.: Inge Meysel, Regisseur Franz Josef Gottlieb und Kameramann Romboy vor Moskauer Kirchen

Inge Meysel zu Gast in unserer Wohnung

V.l.n.r.: Regisseur Franz Josef Gottlieb, sein Kameramann und seine Star-Schauspielerin Inge Meysel

Anfang September 86 erreichte mich in Moskau ein Anruf des Norddeutschen Rundfunks, in dem ich um Hilfe gebeten wurde. Es ginge um die Folge „Mrs. Harris fährt nach Moskau" und Straßenszenen, die Regisseur Franz Josef Gottlieb in Moskau mit Inge Meysel drehen möchte. Eine Aufnahmegenehmigung bei den sowjetischen Behörden zu erreichen, wäre ausgeschlossen. Inhalt: Mrs. Harris überlistet den KGB. Meine Akkreditierung würde doch Filmen auf Moskaus Straßen ermöglichen und man wäre mir sehr dankbar, wenn ich dazu bereit wäre. Nur wegen meiner Sympathie zur Schauspielerin Inge Meysel stimmte ich zu. Schließlich könnte mir in einem solchen Fall die Akkreditierung entzogen werden. Unter dem Vorwand, in Moskau würde für einen Dokumentarfilm zum fünfundsiebzigsten Geburtstag der Schauspielerin gedreht, erteilte die Botschaft das Einreisevisum für Inge Meysel und zwei Begleiter, ohne Kameramann, den würde Studio Moskau stellen. Regisseur der Fernsehserie war der Österreicher Franz Josef Gottlieb, einer der meistbeschäftigten des deutschen Films nach 1960. Neben etwa vierzig Kinofilmen inszenierte er annähernd die gleiche Anzahl von Fernsehproduktionen. Unsere Zusammenarbeit war von Anfang an ohne Probleme und in freundlicher Atmosphäre. Um die wenige Drehzeit zu nutzen, fuhren wir mit Inge Meysel ohne lange Motivsuche zu den von mir, dem Ortskundigen, vorgeschlagenen Kamerastandpunkten. Gottlieb schaute in meine Kamera und besprach mit seiner Schauspielerin die gewünschten Passagen. Chronologie spielte keine Rolle, Hauptsache die Bilder zeigten das typische Touristen-Moskau. Ein-, zweimal waren seine und meine Bildvorstellungen kontrovers. Ich verteidigte meine Auffassung verbissen, weil ich einen Angriff auf meine Professionalität sah. Der erfahrene Spielfilmregisseur glättete die Wogen mit einem weisen Wort: „Herr Romboy, bei einer Filminszenierung kann es immer zwei gleich qualifizierte Lösungen geben." Auf einer Moskwa-Fluss-Brücke gab es für eine Passage unserer Mrs. Harris einen schönen Hintergrund mit Kreml-Mauern und vergoldeten Zwiebeltürmen. Nach den ersten Proben erschien ein Miliz-Wagen mit zwei Polizeioffizieren. Kein Problem, ich zeigte die „Kartotschka", meinen Sonderausweis. Beide waren zufrieden, stellten sich vor und fragten, ob sie zuschauen dürften. Wir arbeiteten weiter und sie erfragten in Bezug auf Inge Meysel, wer die „Babuschka" wäre. Meine Antwort: ein berühmter deutscher Filmstar. Einer der Milizionäre staunte: „Dann ist sie sicher Millionärin." Inzwischen stand sie bei uns und ich übersetzte seine Frage und überließ ihr die Antwort. „Sag' ihm, Millionärin wäre ich, wenn es kein Hamburger Finanzamt gäbe." In der Mittagspause sprachen wir über mein Leben in Moskau. Als ich neben meiner Frau auch unsere vier Katzen erwähnte, outete sie sich als Katzenfreundin und bestand darauf, die Miezen zu sehen. Es folgte meine Abendeinladung. Der begleitende Produzent der Phoenix-Film hatte für seinen Filmstar, den Regisseur und für sich bei Intourist eine große russische Staatslimousine mit Chauffeur angemietet. Ich empfing meine Gäste am Polizeiposten unseres Plattenbaus, um die Einfahrgenehmigung zu klären. Im schmutzigen miefigen Lift ging es hoch in die fünfzehnte Etage. Betretenes Schweigen und ungläubige Blicke meiner Begleiter. Vera öffnete die Tür und die Gäste standen zwischen Jugendstilmöbeln, die von vielen Tiffany-Lampen beleuchtet wurden. Inge Meysel klatschte in die Hände und rief spontan: „Das darf doch in Russland nicht wahr sein!" Und da kamen sie auch schon, um die Meysel zu begrüßen: Unsere Kater Robby, Peter, Felix und Mulle strichen ihr um die Beine und machten freundliche Katzenbuckel. Vergeblich versuchte Vera, ihr ein Glas Begrüßungssekt in die Hand zu drücken, vergeblich Gottfrieds Ruf „Inge, lass uns anstoßen". Sie bestand darauf, erst alles zu sehen: von den Wiener Bronze-Figuren über den Porzellan-Nippes bis zu den Ölgemälden. Nach dem Abendessen war sie erzählfreudig und trank mit Vera einen Bruderschaftswodka. Als ich den Gästen unser Hauskino mit den 35mm-Projektoren und den 15 Kinosesseln zeigte, regte sie sich auf und schimpfte laut auf ihre blöden Hamburger Behörden. „Als John Olden und ich in den sechziger Jahren bei Hamburg unser Haus bauten, äußerte ich einen Sonderwunsch. In Filmzeitschriften sah man immer die Hauskinos der Hollywoodstars. Also sagte ich, John, auch ich will ein solches Kino haben. Über ein Jahr kämpfte unser Architekt mit verschiedenen Behörden, die immer neue Auflagen erteilten, bis wir kapitulierten. Doch dieser Kerl schafft es, sowas in eine Hochhauswohnung zu klemmen." Zum Verständnis für Leute von heute: Vor sechzig Jahren gab es noch keine Videokassetten oder DVDs. Wer Kinofilme zeigen wollte, musste aufwändige voluminöse Kinotechnik installieren.

Kameras, Katzen, Gummibärchen und Coca Cola begleiten mich auf Moskaus Rotem Platz. Der russische Bär gratuliert mir zum 50. Geburtstag. Federzeichnung des WDR-Karikaturisten Pit Flick. Geschenk meines WDR-Kollegen Erhard Franke.

Schachweltmeister Kasparow

Im September waren wir schon einmal in Sachen Schachweltmeisterschaft unterwegs. In der heimlichen Hauptstadt Russlands: Leningrad.

Schach – ein Spiel für in sich ruhende Denker – war nie mein Ding. Mir das Spiel beizubringen, scheiterte an meinem Temperament. Ich bin ein Mann schneller Entscheidungen, der auch die damit verbundenen Fehlentscheidungen in Kauf nimmt. Doch schnelle Entscheidungen bringen oft Vorteile. Der Volksmund sagt: Der frühe Vogel fängt den Wurm. Eigentlich schade, dass mich mit der Beobachtung von Schachspielern nur Langeweile verband und das Bedürfnis, dem Spieler zuzurufen: Nun zieh doch endlich! Schon Anfang September war ich in Sachen Schachweltmeisterschaft in Leningrad gewesen, zum Endspiel am 8.10. mussten wir wieder dabei sein. Es handelte sich im Prinzip um eine innerrussische Angelegenheit. Anatoli Karpow wollte dem amtierenden Weltmeister Garri Kasparow den Titel-Lorbeer entreißen. Doch der erwies sich als hartnäckiger Gegner und gewann erneut das Endspiel. Peter Bauer schaffte es sogar, den Schwierigen zu einem Interview vor meine Kamera zu bringen. Was für ein Erlebnis wäre diese Nähe für einen Schachfreund gewesen!

Mein „Kriegsberichterausweis" für Afghanistan

РОМБАЙ МАНАНФЕРД

Командование Ограниченного контингента советских войск приглашает Вас на митинг, посвященный возвращению советского полка на Родину.

С уважением командование ОКСВ

Г—378386   Зак. 289

Mein Ausweis als „Kriegskorrespondent" für Afghanistan im Oktober 86

Straßenbild vom noch unzerstörten Kabul

Ein Fahrradhändler wartet mit seiner Frau auf Kundschaft

Parade abziehender sowjetischer Panzer vor Kabul

Den sowjetischen Afghanistan-Kämpfern hatte man eine spezielle Uniform verpasst. Peter Bauer versucht, Soldaten zu interviewen.

V.l.n.r.: „Tontechnikerin" Ulla Bauer und ich beim Abzug der ersten Sowjettruppen

Offensichtlich wollte Gorbatschow den glücklosen Krieg in Afghanistan, dem Vietnam der Sowjetunion, beenden. Auslandskorrespondenten wurden für den 12.Oktober 86 zu einem siebentägigen Informationsflug nach Afghanistan eingeladen. Thema: Standorte und Zustand der sowjetischen Armee im Land und der Beginn des Abzugs der sowjetischen Truppen. Für die ARD hatte Peter Bauer außer mir auch seine Frau Ulla als Kameraassistentin angemeldet, weil helfende Hände für das TV-Equipment immer nötig sind. Unseren sowjetischen Technikern wurde von Seiten des Außenministeriums keine Ausreise genehmigt. Als unsere Maschine, ein Flugzeug der Sowjetarmee, zur Landung in Kabul ansetzte, wurden wir plötzlich Mittelpunkt eines Feuerwerks. Unser Flieger verbarg sich während und bis zur Landung hinter einem Funkenschirm, als würde eine Kleinstadtkirmes ihren Abschluss feiern. Es war kein externes Spektakel. Unser Pilot hatte seine Irritations-Raketen abgeschossen, um mögliche Stinger-Raketen abzuwehren. Kabuls Airport war von nahen Bergen umgeben, auf denen die Kämpfer der Mudschahedin das Sagen hatten. Mit amerikanischer Unterstützung bekämpften sie die kommunistische Regierung in Kabul und die sie beschützende Sowjetarmee. Die von den Amis gelieferten Stinger-Raketen konnten auf der Schulter liegend abgeschossen werden, ihr Infrarot-Kopf suchte selbständig die Triebwerke tief fliegender Luftfahrzeuge. Uns wurde in Afghanistan pures Kommunismusglück vorgeführt. In der Tat, im damals noch unzerstörten Kabul herrschte orientalisches Treiben. In den bizarren Gängen des Basars wurden Waren aus aller Welt angeboten, verglichen mit der Sowjetunion ein Konsumentenparadies. Viele der Händler warben für ihr Angebot auch in russischer Sprache. Straßenfotografen mit Gerätschaften der Jahrhundertwende boten für Spottgelder ihre Sofortbilder an. Ich kaufte mir eine große Messinglampe mit Petroleumtank und einen Riesensamowar, der früher in einer Karawanserei gestanden hatte und den ein Katzenrelief mit Spiegel zierte. Ein mehrstündiger Flug brachte uns nach Shindand und weiteren Basen der Armee. Bei Kabul konnten wir eine Truppenparade mit Panzern und Geschützen filmen, den Beginn des Abzugs der Roten Armee aus Afghanistan. Mit dem bisher Gedrehten flog Peter Bauer nach Köln für einen ersten Bericht im Weltspiegel. Weitere Bilder konnte ich ihm mit Hilfe des afghanischen Fernsehsenders über Satellit zuspielen. Nach Bauers Abflug musste ich einen Konflikt mit unseren Gastgebern, den afghanischen Regierungsleuten, abklären. Unsere Gruppe wurde im Hotel Intercontinental untergebracht. Nach wenigen Tagen lag in jedem Zimmer ein Flyer mit dem Inhalt, Speisen, Getränke und Hotelkosten würden, weil Gäste der Regierung, nicht entstehen. Für kritische Berichterstatter eine Zumutung. Nach kurzer Beratung bestanden Bauer und ich schriftlich auf einer von uns zu zahlenden Rechnung.

Große Aufregung unter unseren Betreuern, dann die Antwort: Bezahlung wäre ausgeschlossen. Also errechneten wir adäquate Hotelkosten und bestanden darauf, diese Summe, ich denke es ging um fünfhundert Dollar, einer Wohltätigkeitsorganisation zu überreichen. Nach nervenden Disputen wurde mir ein Lazarett für amputierte Kämpfer angeboten. Als militärparteilich lehnte ich ab und bestand auf einem Waisenhaus und persönlicher Übergabe ohne Presse. Das wurde einen Tag später akzeptiert. Am 19.10. wurde ich angerufen, für die Geldübergabe stünde ein Wagen vor dem Hotel. Dieser Wagen entpuppte sich als eine russische Staatslimousine vom Typ SIL. Mit im Wagen: außer meinem Dolmetscher zwei finstere Afghanen in Zivil mit Maschinenpistolen. Vor und hinter uns ein Caddy mit einem Maschinengewehr, an dem ein Schussbereiter saß. Dreißig Minuten fuhren wir kreuz und quer durch die Stadt, dann passierten wir ein Tor, das von Bewaffneten eskortiert war und gingen zu einem mittelgroßen Bungalow. Mich begrüßte die liebenswürdige Leiterin des Waisenhauses mit Tee und Gebäck. Von ihr, die etwas Deutsch sprach, erfuhr ich, dass sie die Ehefrau von Babrak Karmal sei, dem kommunistischen Führer Afghanistans, den die Russen erst im Mai gegen den populäreren Nadschibullah ausgetauscht hatten. Nach der Geldübergabe bestand sie darauf, mich den Kindern, sie waren zwischen vier und zehn Jahre alt, vorzustellen. Zu meiner Begrüßung sangen sie ein Lied, dessen Text ich nicht verstand, das aber dem Duktus nach ein Kampflied war. Als ich in verschiedene Räume geführt wurde, standen dort die Kinder wie angetretene Soldaten und skandierten mit ausgestrecktem rechtem Arm, in geballter Faust endend: „Wer ist unsere Mutter? Der Genosse Karmal. Wer ist unser Vater? Der Genosse Karmal. Wer ist unserer Führer? Der Genosse Karmal." Für mich ein gespenstisches Bild von Indoktrinierung. Zum Abschluss der Afghanistan-Reise gab es eine große, durch uns internationale, Pressekonferenz in Kabul, die vom afghanischen Fernsehen live übertragen wurde. Nach einigen Redeausschnitten des Staatschefs Nadschibullah – der Text lag mir in englischer Sprache vor – schaltete ich meine Kamera ab und döste die weiteren neunzig Minuten vor mich hin, bis aus den Lautsprechern die Namen Manfred Romboy und Peter Bauer tönten. Hellwach ließ ich mir von meinem afghanischen Dolmetscher das Gesprochene übersetzen. Der Text: „Journalisten, die von den Mudschahedin eingeschleust werden, um Lügen über unser Land zu verbreiten, werden wir weiterhin verfolgen und gebührend bestrafen. Ausländische Journalisten, an der Spitze die Korrespondenten der Sowjetunion und die Deutschen Peter Bauer und Manfred Romboy, sind in Afghanistan immer willkommen." So Nadschibullah. Ich bin mir nicht ganz sicher, ob das heute noch gilt. 1996 haben die Taliban den Genossen Nadschibullah als Verräter öffentlich aufgehägt.

Im Kinderheim afghanischer Kriegswaisen.
Dort konnte ich unsere Spende überreichen.

Große Pressekonferenz in Kabul. Peter Bauer und ich werden unfreiwillig namentlich als Freunde des kommunistischen Afghanistans erwähnt.

Helmut Kohl, Goebbels und Gorbatschow

Jede politische Spannung zwischen der Bundesrepublik und der Sowjetunion zeigte sofort Auswirkungen auf die Bereitschaft der Moskauer Behörden, von uns angemeldete Aufnahmevorhaben zu genehmigen oder einfach nicht zu bearbeiten. 1986 gab es für uns deutliche Anzeichen von Perestroika in den Genehmigungsverfahren. Die Nachricht, dass sich unser Bundeskanzler Kohl wieder einmal als Elefant im Porzellanladen gezeigt hatte, konnte sich störend auf unsere Arbeit auswirken. Im Interview für das US-Magazin Newsweek verneinte Kohl, liberale Seiten in Gorbatschows Politik zu sehen. Dieser sei lediglich ein moderner kommunistischer Führer, der geschickt Propaganda betreibe. Im Nachsatz vermerkte Kohl, Goebbels habe auch etwas von Propaganda verstanden. Die sowjetische Presse reagierte empört über diesen Vergleich. Wir befürchteten eine neue Eiszeit. Für den 10. November 86 hatte Außenminister Eduard Schewardnadse eine Pressekonferenz im Außenministerium anberaumt. Er äußerte seinen Unmut über Kohls Verhalten. Kohls Interview habe in der sowjetischen Führung Empörung hervorgerufen und das Land zutiefst beleidigt. Als Partner für die weiterhin erwünschten guten Beziehungen zur Bundesrepublik sehe er das Volk, die Geschäftsleute und die Parteipolitiker. Dann äußerte er sich positiv über Außenminister Genscher. Fazit: Kohl wäre in naher Zukunft kein akzeptabler Gesprächspartner mehr.

Wir besuchen die Russlanddeutschen

Bei Vorgesprächen mit örtlichen Funktionären in Kasachstan

Nach der Kohl-Affäre waren Lutz Lehmann und ich in Sorge, ob unsere bereits genehmigte Reise nach Kasachstan stattfinden würde. Bis zuletzt befürchteten wir einen Widerruf. Lehmann plante, einen Film über die Deutschen in Kasachstan zu drehen, der unter dem Titel „Heimat in der Fremde" gesendet werden sollte. In der Sowjetrepublik Kasachstan, viertausend Kilometer von Moskau entfernt, lebte in den achtziger Jahren fast eine Million Russlanddeutsche. Die deutschstämmige Zarin Katharina II. hatte um 1765 verarmten deutschen Bauern fruchtbares Land und Häuser in der Wolga-Region angeboten, um dieses Gebiet zu besiedeln. Hunderttausende zog es nach Russland. Über Jahrhunderte gründeten sie Dörfer und Städte, die in Sprache, Sitten und

Religion bis in die Sowjetzeit deutsch blieben. Als im Juli 1941 deutsche Truppen die Sowjetunion überfielen, verfügte Stalin, der zu Recht annahm, dass „seine Deutschen" die Wehrmachtssoldaten als Befreier begrüßen würden, die Deportation aller Deutschen in den Osten der SU, nach Sibirien, Kasachstan und Kirgisistan. Die Eisenbahnzüge hielten zu Winterbeginn irgendwo in er kasachischen Steppe, die Deutschen wurden aus den Viehwaggons getrieben und sich selbst überlassen. Abertausende starben. Wer überlebte, wurde Zwangsarbeiter im Bergbau oder in der Landwirtschaft. Nach dem Krieg gründeten sie langsam kleine Dörfer und überlieferten illegal ihre verbotene Sprache und altdeutsche Religion. Erst in der Chruschtschow-Zeit Mitte der sechziger Jahre verbesserte sich allmählich ihre Situation. Uns interessierte das Heute. Perestroika machte es möglich, dass deutsche Fernsehleute zum ersten Mal nach Jahrzehnten der Desinformation mit ihnen sprechen durften. Als Zeichen sozialistischer Toleranz durften ab 1975 Kirchen errichtet werden, es gab eine deutsche Zeitung und ab 1980 in Temirtau ein deutsches Theater. Schon am 30.11. konnten wir im Kirow-Bezirk an einem lutherischen Gottesdienst teilnehmen und die wenigen Mutigen interviewen. Zutiefst steckte noch in allen Deutschen die Angst vor Verfolgung. Ungläubig und misstrauisch wurde unsere Anwesenheit zur Kenntnis genommen. Schwierig die Verständigung im Wolga-Deutschen. Vokabular und Satzbau erinnerten an eine Sprache, die in deutschen Landen im 18. Jahrhundert gesprochen wurde, dazu kamen noch die vielen russischen Lehnswörter, die sich im Laufe der Jahrzehnte eingeschlichen hatten. In der Illegalität gab es auch altgläubige Gemeinden, die trotz besonderer Verfolgung überlebt hatten. Sie zeigten uns ihre vor wenigen Jahren errichteten Holzkirchen, in denen auf strenge Geschlechtertrennung geachtet wurde. Für Frauen und Kinder war ein abgegrenzter Bereich vorgesehen. Bei den Altgläubigen hörten wir Kirchenlieder, die in die Zeit von Johann Sebastian Bach gepasst hätten. Es entstanden auch Irrtümer. Lutz Lehmann und ich waren ältere Männer mit grauen Bärten. Trotz Kamera und Mikrofon wollten viele uns für Patres halten, die mit froher Botschaft aus Deutschland gekommen waren. Ältere Frauen versuchten, uns die Hände zu küssen. In Gesprächen ohne Kamera hofften alle auf die Rückkehr ins deutsche Vaterland, denn es gab inzwischen erste Umsiedlungsmöglichkeiten. Wir warnten vor Euphorie, erwähnten Arbeitslosigkeit und Wohnungsnot. Mein Nachbar, ein Achtzigjähriger, zog Arm und Hand seines Sohns auf die Tischplatte und sagte: „Hier, fass an, das sind „Rabotschik-Hände", die haben Kohle gebrochen, Stahl geschmolzen, Kanäle gebaut. Für solche Hände gibt es keine Arbeitslosigkeit! Wir haben jahrelang in Erdhöhlen gehaust und Wurzeln gegessen. So schlimm wird es in Deutschland nicht sein. Unsere Kinder und Enkel werden dort ihr Auskommen finden. Und wir, die Alten, haben nur einen Wunsch: in deutscher Erde zu ruhen und nicht in diesem von Gott verfluchten Asien."

Lutz Lehmann im Interview mit einem deutschstämmigen Pfarrer, der seit einigen Jahren wieder predigen durfte

Perestroika-Freiheiten

1974, zu Zeiten Breschnews, hatten Künstler aus Protest gegen die Gängelei durch die Parteioberen und den verordneten Stil „Sozialistischer Realismus" in Beljajewo bei Moskau ungenehmigt ihre Werke ausgestellt. Die Staatsmacht reagierte mit unangemessener Härte, Polizisten und KGB-Leute in Zivil vertrieben Aussteller und Schaulustige. Bulldozer zerstörten die Kunstwerke. Im folgenden Jahrzehnt war eine Liberalisierung eingetreten, doch bis in die Perestroika-Zeit galt folgende gesetzliche Regelung: Nur Mitglieder im sowjetischen Künstlerverband dürfen ihre Werke ausstellen und in den Geschäften des sowjetischen Kunsthandels verkaufen. Diese Filterkette sorgte dafür, dass lediglich parteigenehme Inhalte, die den Maßstäben des Sozialistischen Realismus entsprachen, veröffentlicht wurden und in Umlauf kamen. Stillschweigend geduldet wurde eine Art grauer Markt, auf dem Maler über ihre Mittelsmänner Bilder an Devisen-Ausländer verscherbelten. Das bedeu-

tete keinesfalls unzensiert. Für jedes in der SU erworbene Bild musste bei der Ausfuhr, gleichgültig, ob Ausflug oder offizieller Umzug, eine Genehmigung vorliegen. Wir haben in unseren fünf Russland-Jahren etwa vierzig Ölgemälde erworben. Zu vorgegebenen Tagen und Zeiten ist meine Frau Vera mit den jeweils maximal vier erlaubten Bildern zum Kulturministerium gefahren, um sie einer Künstlerkommission vorzulegen. Dort wurde auch der mögliche Verkaufswert festgesetzt, denn diese Summe musste bei der Ausfuhr in gleicher Höhe als Zoll entrichtet werden. Missfiel diesen Zensoren ein Bild in Inhalt oder Form, wurde es mit der Begründung „bes Katschestwa" – ohne Qualität – zurückgewiesen. Was die Preise anbelangt, waren diese Prüfkünstler durchaus sachkundig. In den allermeisten Fällen entsprachen deren festgesetzte Preise in etwa dem, was wir für die Bilder bezahlt hatten. Ohne Genehmigung, aber geduldet, öffneten sich in den Sommermonaten der frühen Gorbatschow-Zeit die „Chudoschnik-Rynoks" – die Künstlermärkte. An regenfreien Wochenenden wurden viele Moskauer Parks, auch der in Ismailowo, zu kleinen Kunstmärkten, auf denen professionelle Maler und Feierabend-Künstler ihre Arbeiten anboten. Für die Moskauer eine neue Attraktion, des Öfteren waren mehr Beschauer als Bilder unterwegs.

Ein Dutzend „Kunstmarkt-Bilder" haben noch heute einen festen Platz in unserem Haus

Mit Korrespondentin Krone-Schmalz auf einem der nun legalen Künstlermärkte

Zu Gast im Atelier des Kunstmalers Sergej Wolochow

Eine „Moskauer Madonna" nennt Sergej Wolochow das Auftragsporträt, das er von Vera und ihren Katzenkindern gemalt hat

Mit der Wolochow-Arbeit ist Vera offensichtlich einverstanden

Religionsfreiheiten auch in Wolokolamsk. Doch die Miliz hat alles im Blick.

Neue Religionsfreiheiten unter Gorbatschow.
Der neue Erzbischof „Pitrin" darf Presseleute einladen.

Religionszeremonien außerhalb des Kirchengebäudes. Vorher undenkbar.

Metropolit „Pitrin" lädt seine Gäste zu einem Spaziergang durch die Gemeinde ein

Auch die Religionstoleranz hatte sich verbessert. Über das Außenministerium erhielten wir eine Einladung nach Wolokolamsk, zur Amtseinführung des neuen russisch-orthodoxen Metropoliten und Erzbischofs, Konstantin Wladimirowitsch Netschajew, sein Ordensname: Pitrin. Obwohl kein Tagesschau-Thema, schickte mich Lutz Lehmann zum 21.12. in die nur hundert Kilometer entfernte Stadt. „Es kann ja nicht schaden, davon Archivaufnahmen zu besitzen." Als einziger ausländischer Fernsehmann wurde ich über Gebühr hofiert, von den Mönchen hervorragend bewirtet und vom Metropoliten zu einem Rundgang eingeladen.

Einen Tag später, am 22.12.86, gab es Wichtigeres. Mit vielen ausländischen Fernsehkollegen holte ich am Jaroslawler Bahnhof den aus der Verbannung heimkehrenden Andrej Sacharow ab. Am 19.12. hatte Gobatschow die Freilassung des nach Gorki Verbannten veranlasst. Einst als Vater der sowjetischen Wasserstoffbombe gefeiert, wurde er zunehmend Regimekritiker und Dissident. 1975 verlieh ihm Oslo den Friedensnobelpreis. Trotz Regierungsverbot nahm er ihn an. Damit galt er als Staatsfeind und stand unter ständiger Beobachtung. Als er 1978 Erklärungen gegen die Stationierung sowjetischer Truppen in Afghanistan abgab, wurde er verhaftet und ins vierhundert Kilometer entfernte Gorki (Nishni Nowgorod) verbannt. Dort stand er unter Hausarrest. Nachdem er sich vom Empfangstrubel am Bahnhof einigermaßen erholt hatte, durften wir ihn noch am gleichen Tag in seiner Moskauer Wohnung zu ersten Gesprächen besuchen.

Mit echten Kerzen am russischen Weihnachtsbaum, Jolka genannt, feierten wir auf dem heimischen Balkon unter den Abschüssen der Feuerwerksbatterien mit russischen Freunden den Übergang in das Jahr 1987.

Peter Bauer im Gespräch mit Friedensnobelpreisträger Andrej Sacharow nach der Rückkehr aus seiner Verbannung

Vor Peter Bauers „Tagesschau"-Interview mit Andrej Sacharow

Mit Peter Bauer nach Sibirien

Einsame Dörfer in der sibirischen Taiga sind im Winter nur mit dem Flugzeug zu erreichen. Hier: unsere „Antonow-2" auf der Schneepiste von Karam.

Stundenlang flogen wir und unsere umfangreiche Filmausrüstung über die sibirische Taiga

Das neue Jahr begann mit einer Sibirien-Reise. Peter Bauer plante einen Film über Alltagsbereiche des Sowjetstaates unter dem Titel „Karam – ein Dorf in der Taiga". Am 9. Januar flogen wir zuerst ins sibirische Irkutsk, viertausend Kilometer von Moskau entfernt. Die im Mittelalter gegründete Universitätsstadt mit einer halben Million Einwohner ist ein wichtiger Knotenpunkt der Transsibirischen Eisenbahn. Am Ufer des Angara-Flusses gebaut, dem Abfluss des Baikal-Sees, wurde sie eine der wichtigsten Städte des asiatischen Russlands. Bis die Wetterverhältnisse unseren Weiterflug erlaubten, blieb Zeit, die Stadt zu besichtigen und einen Ausflug zum Baikal-See, dem größten Süßwassersee der Welt, zu unternehmen. Jetzt, im Januar, war er von einer meterdicken Eisschicht verschlossen, auf der Fahrbahnen markiert waren und Verkehrsschilder standen. Fast ein halbes Jahr konnten auf dem See in der Winterzeit auch tonnenschwere LKW fahren und Hunderte Kilometer sibirische Wege sparen. Unser Ziel war sechshundert Kilometer von Irkutsk gelegen, die ersten vierhundert Kilometer legten wir in der „Antonow-2" zurück. Über diese Flugmaschine, der wir zuerst mit Misstrauen begegneten, muss geschrieben werden. Dieser 1947 entwickelte Doppeldecker wird von einem Neunzylinder-Sternmotor angetrieben und sieht so aus, als wäre er vom Ersten Weltkrieg übriggeblieben. Mit einer Länge von zwölf Metern und achtzehn Metern Spannweite hebt er sich deutlich von den europäischen einmotorigen Sportflugzeugen ab. Vollgetankt hat die „AN-2" eine Reichweite von über tausend Kilometern bei einer Geschwindigkeit von zweihundert Stundenkilometern. Von 1948 bis 1992 wurden in verschiedenen Varianten achtzehntausend Stück dieses Flugzeuges gebaut. Die Maschinen waren für elf Passagiere ausgelegt oder deren Gewicht als Fracht. Für unseren Flug benötigten wir den gesamten Flieger. Passagiere: Peter Bauer, Manfred Romboy, Tonmann Genia Boltrunas und unsere Dolmetscherin. Als Besonderheit begleitete uns auf diesem Dreh der Moskau-Korrespondent des WDR-Hörfunk, Johannes Grotzky. Außerdem konnte ich auf dieser Dienstreise meine Frau Vera mitnehmen, immer als helfende Hand auch im Team integriert. Anstelle weiterer Passagiere kam unsere gewichtige Fernsehausrüstung dazu, und schon war die „Antonow" ausgebucht. Zwei Stunden Flug, immer in Sichtweite der endlosen Baumwipfel der sibirischen Taiga in Kenntnis, dass ein einziger Motor unseren Flieger und uns am Leben erhält. Ohne Stottern sang der sein Fliegerlied so laut, dass wir uns nicht unterhalten konnten. Jederzeit war es möglich, ins Cockpit zu unseren zwei Piloten zu gehen und uns den jeweiligen Standort auf der Karte zeigen zu lassen. So verging im wahrsten Sinne des Wortes die Zeit wie im Flug. Als wir auf einer Schneepiste von Wäldern umgeben aufsetzten, lagen nur noch zweihundert Kilometer auf Schneestraßen vor uns, die nur im Winter befahrbar waren.

Karam, ein sibirisches Vorzeigedorf

Alle Häuser aus Holz.
Das unerschöpfliche Baumaterial aus den Wäldern der Taiga.

Ganz schön viele Koffer für die wenigen Drehtage.
Doch wir haben auch teuren Wodka und Marlboro-Zigaretten
als „vertrauensbildende Maßnahme" mitgebracht.

Das Kamerateam Boltrunas-Romboy bei der Arbeit in der sibirischen Taiga

Bereit zum Rückflug ins 600 km entfernte Irkutsk: unsere „AN-2"

Die Gegend war Sumpfgebiet mit Permafrost. Hier konnten keine Autostraßen gebaut werden. Natürlich wurden wir in ein Vorzeigedorf geführt, in dem es ein Kulturhaus mit Kinotechnik, eine Elektrostation und ein Schulhaus gab. Dort wurde als einzige Fremdsprache tatsächlich Deutsch gelehrt. Weder die Schulleiterin noch der Parteisekretär konnten uns erklären, warum, wieso, weshalb. Die Dorfstraße war flankiert von schmucken Holzhäusern in altrussischer Art. Auch alle weiteren Bauten bestanden aus horizontal liegenden Holzstämmen. Holz war das Einzige, was hier in Hülle und Fülle vorhanden war. Die Dorfbewohner waren Selbstversorger, lebten im Winter von im Sommer Angebautem und träumten davon, einmal das viertausend Kilometer entfernte Moskau zu besuchen. Für die Winterernährung gab es Vieh, im Sommer konnte gejagt und gefischt werden. Am Wochenende spielte das Kulturhauskino die neuesten Filme, die Kopien brachte in großen Blechkübeln die „Antonow-2". Unser Besuch: fast eine Sensation für die Dörfler. Offiziell und privat wurden wir von den freundlichen Bauersleuten eingeladen. Interessantes Schmackhaftes auf allen Tischen. Auch genügend Mineralwasser war vorhanden. Doch besagtes russisches Wässerchen fehlte überall. Soweit reichte der Arm des „Mineralni-Sekretärs" Gorbatschow. Zum Glück konnten wir den Abend retten. Waren die Funktionäre gegangen, zauberte ich aus einem meiner Kamerakoffer ein oder zwei Wodkaflaschen und so konnte in Konkurrenz zu dem gemauerten Holzofen auch von innen geheizt werden. Doch Vorsicht ist die Mutter der Porzellankiste. Bevor die Flasche kreiste, wurde ihr Etikett entfernt. Schließlich waren ja fotografierende Ausländer dabei. Unsere „Antonow" brachte uns zurück nach Irkutsk und weiter im Airliner nach Moskau mit verbotener Konterbande. Unser Tonmann Genia Boltrunas schmuggelte im Rucksack drei Welpen, silbergraue sibirische Schlittenhunde, „Laika" genannt, und das ohne Veterinärpapiere und gegen die Beförderungsvorschriften der Aeroflot.

Der Moskauer Vogelmarkt

Für Tierfreunde immer einen Ausflug wert: der Moskauer „Vogelmarkt"

Ob Sommer oder Winter, der Moskauer „Vogelmarkt – Ptischnyi Rynok" zog die Großstädter an wie ein Magnet. An manchen Wochenenden wurden zwanzigtausend Besucher geschätzt. Unweit des Zentrums betrat man ein eingezäuntes Gelände, halb so groß wie ein Fußballfeld, fast ohne Gebäude. Dort wurde alles angeboten, was Felle, Federn, Krallen, Flügel oder Flossen hatte. Mit Spiritusbrennern heizten Aquarianer ihre Fischbehälter, Hunde aller Größen und Rassen lagen, liebevoll zugedeckt, auf Matratzen. Alte Frauen mit Pelzmützen und Filzstiefeln trampelten unaufhörlich gegen die Fußkälte an.

Vögel, Meerschweinchen, Hunde und Katzen warten auf neue Besitzer

Fünfzehn Grad minus waren keine Seltenheit. Ging man an ihnen vorüber, flüsterten sie "Koschetschka, Koschetschka" und öffneten ihre dicken Steppmäntel. Auf einmal waren mehrere Katzenköpfchen zu sehen, die sogleich riefen "miau, miau, nehmt mich mit". In ihre Mäntel hatten die Babuschkas Taschen genäht, in denen jeweils ein Katzenkind Platz fand. Auch Hühner, Gänse, Ziegen und Ferkel waren vertreten. Letztere für die Datschen, die Sommerhäuschen der Großstädter. Auf jedes angebotene Tier kamen Dutzende von Schaulustigen, zumeist ältere Leute. Für unseren Film hat Lutz Lehmann trefflich getextet: "Die Menschen gehen zu den Tieren, um unter Menschen zu sein." Die russischen Menschen sind, wie ich beobachten konnte, ausgeprägt tierlieb. Kein Wunder, dass die Moskauer von sich sagen: "Wer den Vogelmarkt besucht und ohne Tier nach Hause kommt, ist ein Mensch ohne Herz."

Bei den Tschuktschen an der Beringstraße

Vor meinem Ausflug mit dem Hundeschlitten zur Robbenjagd an die Eislöcher

Mein Jäger hat meine Ausrüstung auf unserem Schlitten gut platziert

Alle von den Zelten entfernten Orte sind nur mit dem „Wesdechod" zu erreichen. Links von mir Reporter Lehmann und Tonmann Popikow.

Tschuktschen, die Eskimos Russlands. Volkstänzer aus Uelen vor Kap Deschnew.

Bei den Rentier-Nomaden vor dem Aussondern der Jungtiere

Das überall spürbare politische Tauwetter ermunterte Lutz Lehmann zu einem geradezu vermessenen Plan. Er wollte einen Film an der Beringstraße realisieren, unter dem Arbeitstitel „Das östlichste Dorf der Sowjetunion". Irgendwo hatte er gelesen, dass dort zum letzten Mal westliche Filmleute im Jahre 1928 gedreht hätten. Zu unser aller Verwunderung wurde diese Reise genehmigt. Nach gebührender Vorbereitung starteten wir am 31. März 1987 zu einem Neunstundenflug ins sechstausend Kilometer entfernte Pewek an der ostsibirischen See. Die dreizehntausend Einwohner-Stadt im autonomen Gebiet der Tschuktschen wurde in den fünfziger Jahren für einen Hafen der Nordmeerflotte errichtet, einem Liegeplatz, in dem von Oktober bis Juni vom Eis eingeschlossene Schiffe lagen. In den eisfreien Monaten versorgten sie die wenigen Orte und Militärstützpunkte mit allem, was nötig ist. Geologen hatten auf Tschukotka große Zinnvorkommen entdeckt und die Möglichkeit, goldhaltige Erde im Tagebau zu fördern. Dieser Landstrich, schon immer zu Russland gehörend, wurde erst 1932 sowjetisch. Bis dahin hausten dort amerikanische Pelzhändler. Diese Gegend, in der sich die Füchse gute Nacht sagten, kam erst in kommunistische Hände, als sich eine Gruppe von Parteifunktionären mit Schlittenhunden in diese Einöde wagte, um die Sowjetmacht zu installieren. Unser Fernsehteam bestand aus fünf Leuten: Lutz Lehmann als

Reporter, Manfred Romboy als Kameramann, Tolja Popikow als Tontechniker und Inessa, unsere Studiodolmetscherin. Diesmal mit an Bord: Lehmanns Partnerin Karin Ebmeyer, die als Cutterin diesen Film schneiden wird. Unsere Drehorte, mitunter Hunderte Kilometer voneinander entfernt, erreichten wir mit Hubschraubern oder unserem inzwischen geliebten Doppeldecker. Bei Minusgraden im zwanziger Bereich drehten wir goldschürfende Bagger, deren Aushub von riesigen LKW zu den Aufbereitungsanlagen verbracht wurden, Leben und Treiben um eine Zinngrube und ein Dutzend eingefrorener Versorgungsschiffe, die, zum Teil schon beladen, auf den Sommer warteten um endlich, wenn auch nur für wenige Monate, in See stechen zu können. Nach einem Hubschrauberflug landeten wir im Dorf Rytkutschi, einer Tschuktschen-Siedlung mit gerade einmal fünfhundert Einwohnern. Um wen geht es eigentlich, wenn von den Tschuktschen gesprochen wird? In aller Kürze: Es geht um die Eskimos Russlands, seit Urzeiten angesiedelt im Gebiet um die Beringstraße und dem Nordpolar-Meer, also dem Ende Asiens. Zehn- bis fünfzehntausend Tschuktschen haben die Russifizierung und Sesshaftmachung überlebt. In Rytkutschi begegnen wird den ersten, die voll integriert in das Sowjetsystem in Steinhäusern mit Schule und Pionierorganisation leben. Sowas können wir auch bei Moskau filmen, war unsere Meinung. Wir wollten weiter. Nach zwei Tagen werden wir zur Fahrt in eine Rentiersowchose von einem „Wesdechod" abgeholt, nennen wir ihn einfach „Allesgeher". Äußerlich wirkt dieses Fahrzeug wie ein Panzer ohne Geschützturm und wird auch in einem Panzerwerk produziert. Er bietet Platz für zehn Personen und deren Ausrüstung und bringt es auf eine Geschwindigkeit von vierzig Stundenkilometern. Reichweite vollgetankt: fünfhundert Kilometer. Seit Produktionsbeginn 1962 sind hunderttausend dieses Vehikels vom Band gelaufen. In den östlichen Teilen Russlands ist dieses Fahrzeug unverzichtbar, weil es sich fast überall seinen Weg bahnt, ob auf Schnee und Eis oder Steppe und Sumpf. Selbst Flüsse kann er schwimmend überqueren. Zuviel der Aufmerksamkeit? In meiner Russland-Zeit bin ich sicher annähernd hundert Stunden im „Wesdechod" durchgerüttelt und geschüttelt worden. Diesmal waren es nur vier Stunden, bis wir bei einem Stop für eine Pinkelpause die ersten Tiere sahen. Unser Fahrer warnte: Das, was wir loswerden wollten, wäre für die Geweihträger eine köstliche Salzbouillon, am liebsten direkt von der Quelle. Also möglichst schnell zurück ins Fahrzeug. Die ersten Rentier-Tschuktschen, denen wir begegneten, hätten Steinzeitmenschen sein können. Vom Kopf bis zu den Füßen bestand ihre Kleidung aus Rentierleder oder -fellen. Ihre Holzschlitten, von Rentieren gezogen, waren mit gleichen Ren-Fellen bedeckt. Überflüssig zu beschreiben, aus welchem Material wohl die Zeltbedeckung und die Zeltböden waren.

Uelen am Kap Deschnew, die letzte Ortschaft Asiens vor der Beringstraße

Ohne „Wesdechod" geht gar nichts. Im Winter wegen Eis und Schnee, im Sommer wegen der Schlammbildung auf der Permafrost-Schicht.

See-Elefanten werden von Land oder vom Boot aus mit dem Karabiner erlegt

Ein erlegtes Tier wird zum Verwerten an Land gezogen

Von den Schlittenhunden geliebt: meine Vera

Obwohl gesetzlich verpflichtet, einen festen Wohnsitz zu haben, zogen sie ganzjährig wie Nomaden durch die Tundra. Für das autonome Tschuktschen-Gebiet waren sie von großer wirtschaftlicher Bedeutung. In den achtziger Jahren ging man davon aus, dass es in der Sowjetunion fünfhunderttausend Rentiere gebe. Verwaltet und kontrolliert wurden Tier und Mensch in sogenannten Sowchosen. Die Tschuktschen waren archaische Erscheinungen. Viele der Männer über vierzig sahen aus wie Überlebende einer Brandkatastrophe. Teile ihrer Gesichtshaut waren vernarbt, Nasen verstümmelt, die Ohrmuscheln waren deformiert oder fehlten, alles Spuren schwerer Erfrierungen. Neben der Rentierzucht lebten sie von der Jagd auf Robben und Walrösser. Letztere waren nicht nur begehrte Fleischlieferanten. Aus ihren Stoßzähnen wurden in den von der Sowjetmacht eingerichteten Werkstätten wunderschöne Elfenbeinarbeiten für den Export hergestellt. Einige der Sowchosen lebten auch vom Walfang, deren Stückzahl staatlich limitiert war. Kilometerlang waren die Strände in solcher Gegend mit Walskeletten bedeckt. Für Bilder von der Robbenjagd wollte ich zu einem der wenigen Wasserlöcher fahren. Mein Jäger – eine Steinzeitfigur. Gegen die grelle Sonnenreflektion von Eis und Schnee trug er statt einer Sonnenbrille eine brillengroße dünne Elfenbeinplatte, die horizontal etwa zwei Millimeter breit geschlitzt war. Stolz erklärte er mir seinen Karabiner, für einen Waffenfreund durchaus „steinzeitlich". Er stammte aus dem Ersten Weltkrieg. Zwölf Schlittenhunde waren nötig, um ihn und mich ans Meer zu bringen. Außer meiner großen Videokamera mussten als Zuladung auch ein schweres Aufzeichnungsgerät und das Stativ befördert werden. Nach Stunden zurück in der Basishütte, schälte ich mich aus dem Pelzmantel und zog meine Schapka vom Kopf. Dem Durchgefrorenen, wir hatten an die dreißig Minusgrade, wurden die „Walenki", russische Filzstiefel, von den Beinen gezogen und auf dem „Rentier-Sofa" ein heißer Tee angeboten. Als ich mich zurücklehnte, fühlte ich zwischen Kopf und Lehne eine Art Holzbrett. Das entpuppte sich als meine rechte Ohrmuschel. Beim Filmen hatte mir das Sucher-Okular des Öfteren die Pelzmütze verschoben. Mein schneeweiß gefrorenes Ohr wurde von Russen und Tschuktschen beäugt. Ihre Gutachten gingen von „wird abfallen" bis „noch zu retten". Ich wurde vorsichtig eingepackt, auf den Hundeschlitten gesetzt und zu einer alten Tschuktschen-Frau ins Zelt gefahren. Die Gute war entsetzt und erwärmte einen Sud aus Kräutern, Öl und Wodka. Meine Stirn musste ich auf die Tischplatte legen, danach wurde mehrfach besagtes Ohr begossen. Alle klatschten, als es nach zehn Minuten von weiß wieder auf rosa wechselte. Mit einer Kräuterpackung am Kopf wurde ich entlassen. Nachts brannte es höllisch und am nächsten Morgen sah es aus wie ein Urlauberrücken nach ungecremtem Sonnenbrand. Noch Wochen danach schälte es sich immer wieder. Um abzukürzen: Es blieb an seinem Platz. Dem anschließenden mehrstündigen Hubschrauberflug nach Lawrentija und der Weiterfahrt im „Wesdechod" hatten wir es zu verdanken, dass unsere verfrorenen Knochen wieder einmal richtig aufgewärmt werden konnten. Eine kleine Ansiedlung namens Lorino war sommers wie winters autark, versorgt durch heiße Quellen vulkanischen Ursprungs. Unser „Holzhütten-Hotel" stand am Rande eines Badeteiches. Der badende Lehmann textete später im Film "45 Grad Wasser, Luft 30 Grad, aber minus, würde der Bademeister hier anschreiben". Wieder knatterte der Hubschrauber. Es ging zu unserem ursprünglichen Zielort auf der Tschuktschen-Halbinsel, Uelen. Dieses Dorf mit siebenhundert Einwohnern war der östlichste Ort der Sowjetunion. Hier, am Ufer der Beringstraße, endete Asien. Nur achtzig Kilometer Eismeer trennten an diesem Punkt Asien von Amerika. Gegenüber beginnt Alaska mit seinem einsamen Ufer-Ort Wales, dem nord-westlichsten Punkt der USA. Das Dorf Uelen war bestens versorgt. Ein Frachtschiff brachte in der eisfreien Zeit alles Notwendige, vor allem Steinkohle und Dieselkraftstoff für den Stromgenerator. Telefon und Fernsehprogramm gab es über einen Satelliten. Wichtigste Einrichtung: eine Wetterstation. Jugendliche, die Mopeds besaßen, konnten gerade mal einen Kilometer hin und zurück fahren, und das taten sie auch, zum Missfallen älterer Bürger. Selbstverständlich gab es eine Schule und das obligate Kulturhaus. Wichtigster Arbeitgeber: eine Werkstatt für Elfenbeinschnitzereien. Wer hier in Uelen arbeitete, verdiente bis zum Vierfachen des durchschnittlichen Lohns, der in der europäischen Sowjetunion gezahlt wurde. Auf dem Dorfplatz standen Schilder mit Entfernungen der Sehnsuchtsorte: Moskau 6000 km, Sotschi, Krim, 7000 km, Wolgograd 7000 km. Ein Witzbold hatte als Trost im Hinblick auf die hohen Gehälter darunter vermerkt: Sparkasse 50 m.

Zehntausend Dollar Miete für Luftaufnahmen an der Beringstraße mit einem „Aeroflot"-Hubschrauber waren für unser Filmbudget zu hoch

Unser Reportertraum war, die gemachten Landbilder von Uelen und Kap Deschnew durch Luftaufnahmen abzurunden. Wider Erwarten erreichten unsere Begleiter nach vielen Telefonaten die notwendige Genehmigung. Doch wie und womit in die Lüfte steigen? Bis zum Staatskonzern Aeroflot hatte sich der beginnende amerikanische Scheck-Journalismus herumgesprochen. „Sie wollen einen Hubschrauber? Sehr gern. Kostet 10.000 Dollar." Köln hätte uns nach solch hoher Zahlung für verrückt erklärt. Also Absage. Am nächsten Wodka-Abend, an dem, wie immer, auch der ranghöchste Partei- oder KGB-Mann des Bezirks teilnahm, schob mich mein Assistent Tolja und ihn für eine Rauchpause vor die Tür. „Wassili, das ist mein Chef Manfred. Ein ehrlicher Kerl, der, wenn nötig, den Mund halten kann." Wir schütteln uns die Hände, dann holte er aus seiner

Steppjacke die ausgerissene Seite eines verjährten Quelle-Katalogs hervor. Abgebildet ein Ghettoblaster, so nannte man die unförmigen Kofferradios mit zwei Lautsprechern und Kassettenlaufwerken. Preis: vierhundertfünfzig DM. Direkte Frage an mich, ob ich sowas besorgen könnte. Tolja nickte mir auffällig zu, also sagte ich ja, mit der Einschränkung, aber nur für Übergabe in Moskau, also sechstausend Kilometer von Uelen entfernt. Er lachte: „Zum Abholen wird man mir eine ‚Komandirowka' – eine Dienstreise – nach Moskau befehlen müssen. Ach so, eure Hubschrauberaufnahmen, die halte ich für wichtig. Den dafür nötigen Helikopter wird unsere Luftwaffe stellen." Am nächsten Sonntag landete mitten in der Tundra ein Hubschrauber, der auf seiner Tarnfarbe einen roten Stern zeigte. Lehmann und ich wurden von den Piloten durch Handanlegen an den Mützenschirm begrüßt und nach unseren Wünschen befragt. Die Antwort: „Machen wir." Nach einer Stunde, rattata, rattata, hatten wir alles im Kasten. Es versteht sich, dass wir im Hubschrauber zwei Flaschen Wodka und einige Marlboro-Stangen vergessen hatten. Den Ghettoblaster besorgte Vera über Köln. Diesmal aber als Vorkasse WDR. Monate lag dieses Monstrum in unserer Wohnung. Auf Nachfragen mahnte Tolja zur Geduld. Plötzlich seine Mitteilung: „Morgen treffen wir unseren Uelen-Genossen in Moskau. Manfred, zieh Dich bitte russisch an. Mit Walenki und Schapka." Wir parkten am Kiewskij-Voksal und gingen zu einer Grünanlage, auf deren Eisschicht Kinder schlidderten. Das Kofferradio war in einem kyrillisch beschrifteten Werkzeugkarton gelandet. Die Übergabe sollte konspirativ erfolgen. Unser Wassili saß zeitunglesend auf einer Bank. Wir fragten, ob für uns Platz wäre und schauten wie er den Kindern zu. Nach einer Zigarettenlänge gingen wir grußlos ohne Karton zurück zum Auto. Statt zehntausend Dollar hatte unser Hubschrauber gerade mal vierhundertfünfzig DM gekostet. Solche Ausgaben verbuchten wir unter „Aufwendung zur Erhaltung der Arbeitsproduktivität sowjetischer Stellen und Behörden". Zurück zu den Ureinwohnern der Beringstraße.

Für Russen sind die Tschuktschen, ähnlich wie bei uns die Ostfriesen, hinterwäldlerische Bewohner und Opfer zahlreicher erdachter Anekdoten: Eine Tschuktschen-Familie, zum Einkaufsbesuch in Moskau, fragt, wo es die seltenen Jeans zu kaufen gebe. Der Moskauer antwortet: „Gehen Sie durch die Straßen. Dort, wo viele Menschen anstehen, sind Sie richtig." Am Alexandergarten, Beginn des Roten Platzes, stellt sich der Tschuktschen-Vater hinter eine Menschenschlange und sagt seinen Lieben: „In zwei Stunden bin ich wieder hier, mit Jeans." Stunden später entschuldigt er sich bei der Familie: „Als ich ins Lenin-Kaufhaus kam, lag der Verkäufer tot im Sarg. Er hatte es nicht geschafft, so viele Kunden zu bedienen."

Im Zeichen der Perestroika

Wovon wir vor Gorbatschow noch nicht einmal zu träumen wagten: Peter Bauer erhielt die Genehmigung, an der Frunse-Militärakademie zu drehen und Aufnahmen der Ausbildung an der Kommandeursschule der Sowjetarmee zu machen

Einer meiner letzten Filme mit Lutz Lehmann behandelte das Thema Stalin.
Unser Bild: eines der letzten Stalin-Denkmäler in der Sowjetunion.
Ort: Gori in der Sowjetrepublik Georgien.

Der „Luftpirat" Mathias Rust

Auf der Suche nach einem Landeplatz fliegt der junge Pilot über den Roten Platz

Stolz auf seine Leistung gibt er nach der Landung Interviews und Autogramme

Nicht auf dem Roten Platz, sondern auf der Moskwa-Brücke vor dem Kreml-Gelände landete Mathias Rust seine Maschine

*„Ich gratuliere Euch, ab jetzt wird der Rote Platz „German Airport" heißen."
So begrüßte mich am Morgen des 29. Mai ein amerikanischer Fernsehkollege auf dem Weg zum ARD-Studio. Mit einem verlegenen Lacher quittierte ich den Morgengruß, obwohl ich den Sinn des vermeintlichen Witzes nicht verstanden hatte. Unsere Studiosekretärin erwähnte den Anruf eines deutschen Zeitungskollegen, der mit Lehmann wegen eines „Kreml-Fliegers" sprechen wollte, aber er würde sich später nochmal melden. Per Telefon störte ich Lehmann beim Frühstück, er wohnte ein Haus weiter und war kurz darauf im Büro. Nachdem er Hinz und Kunz abtelefoniert hatte, besprach er mit mir den Sachverhalt und unsere Schritte. Gestern Abend sei ein junger deutscher Sportflieger auf dem Roten Platz gelandet und samt Maschine festgesetzt worden. Gegen 11.00 Uhr würde er Näheres in der Deutschen Botschaft erfahren, dort gebe es eine Pressekonferenz. Mich beauftragte er, für einen kommenden Tagesschau-Bericht diverse Bilder vom Roten Platz zu drehen und dort oder vor den umliegenden Touristenhotels nach möglichen Augenzeugen zu suchen und die zu befragen. Ich hatte das Glück, einen deutschen Touristen zu erwischen.*

Hier das Wichtige aus meinem Interview: „Sie sind also um kurz vor zwölf Uhr auf den Roten Platz gekommen?" „Wir sind kurz vor zwölf Uhr auf den Roten Platz gekommen. Ja, und da stand das Flugzeug völlig für sich alleine. Und uns wurde von einem der Polizisten, die wir gefragt haben, gesagt, es würde ein Film gedreht. Es war eine der größten Überraschungen, die ich mir bisher habe vorstellen können, hier in Moskau. Ich bin das erste Mal da und wir kommen auf den Roten Platz und da steht ein Flugzeug mit deutschen Hoheitskennzeichen und wir haben also überlegt, was damit wohl los sein könnte. Ein Film über Richthofen konnte es ja vermutlich nicht sein, weil es nicht rot lackiert war. Wir sind dann allerdings nicht näher rangegangen. Das Ganze war abgesperrt und wir haben nicht den Versuch gemacht, die Absperrungen zu überwinden." „Haben Sie viele Polizeikräfte in der Nähe der Maschine gesehen? Wurden Sie daran gehindert, sich das Flugzeug näher zu betrachten?" „Viel Polizei war nicht da. Es waren drei oder vier Polizisten da, und ich glaube, wenn wir gefragt hätten, wären wir vielleicht sogar näher rangekommen. Aber wir hatten den Wachwechsel um zwölf Uhr, um Mitternacht, miterleben wollen und deswegen mussten wir uns beeilen, um den nicht zu verpassen." „Vielen Dank."

Außer der deutschen gab es auch eine sowjetische Pressekonferenz. Nach Abschluss scherzte der Regierungssprecher: „Der Sportflieger könnte auch die Vorhut für den erwarteten Staatsbesuch des deutschen Präsidenten gewesen sein." Offiziell wurde der Vorfall bagatellisiert und so konnte Lutz Lehmann in seinem Aufsager für die Tagesschau von einem Fliegerstreich sprechen, wie wir ihn aus dem Heinz Rühmann-Film „Quax, der Bruchpilot" kennen.

Hinter den Kulissen wurde nicht gelacht. Es rollten Köpfe. Verteidigungsminister Alexander Koldunov musste seinen Hut nehmen. Mit ihm wurden noch sechs weitere Generäle in die Frühpension verabschiedet. Sicher waren sie keine Gorbatschow-Anhänger. Trotzdem hätten sie ihm Dank geschuldet. Bei „Väterchen" Stalin hätte es statt der Frühpension den Genickschuss gegeben.

Hier der detaillierte Sachverhalt: Am 28. Mai 1987, es war zufällig auch noch der Feiertag der sowjetischen Grenztruppen, startete in Helsinki der neunzehnjährige Sportpilot Mathias Rust unerlaubt zu einem Sichtflug nach Moskau. Nach fünfeinhalb Stunden erreichte er den Roten Platz und überflog ihn mehrmals. Seine Landung erfolgte auf der vor dem Roten Platz liegenden „Großen Moskwa-Brücke". Von dort konnte er auf den Busparkplatz unterhalb des Spasski-Turms rollen. Seine immer wieder beschriebene Landung auf dem Roten Platz zählt zu den undementierbaren Legenden. Kaum ausgerollt, war die Maschine von russischen Passanten umgeben, die den jugendlichen Piloten nach woher, wohin, warum befragten. Erst nach zehn Minuten wurde er abgeführt. Sein jetzt bewachtes Flugzeug, eine geliehene Cessna, wurde erst in den frühen Morgenstunden abtransportiert.

Nachmittags baten mich die amerikanischen Kollegen vom Moskauer NBC-Studio um technische Hilfe. Sie hätten eine Videokassette aus einer Amateurkamera, die sie nicht abspielen könnten. In der Tat, es handelte sich um eine PAL-Aufzeichnung, das von uns verwendete Farbsystem. Die Amerikaner arbeiteten in Moskau im Gegensatz zu uns mit Secam. In Anwesenheit zweier NBC-Leute begann ich mit der kollegialen Überspielung und Normwandlung: läppische Amateurbilder des Roten Platzes mit Touristen. Doch die Kamera folgte dem Flug eines Taubenschwarms und erfasste eine Cessna, das Rust-Flugzeug. Mir stockte der Atem. Danach stoppte ich die Bandmaschinen und holte Lutz Lehmann aus seinem Büro in den Schneideraum. Wie wir, waren die Amis ausgeschwärmt, um Augenzeugen zu finden. Ein Polit-Tourist aus der Gruppe „Ärzte gegen den Atomtod" hatte zufällig den „Kreml-Flieger" gefilmt und nach seiner Landung angesprochen. Ein Juwel für aktuelle Berichterstatter. Lehmann versuchte zu tauschen: Überspielung gegen Tagesschau-Senderechte. Die US-Kollegen sagten nein. Doch ihre Kassette lag in unserer nun abgestellten VHS-Maschine. Für Lehmann und die NBC-Leute wurde die Nummer zu groß. Über Telefon und Fernschreiber verhandelte weiter die ARD-Tagesschau in Hamburg mit der Geschäftsleitung der NBC in New York. Nach einer Stunde peinlichen Wartens die Entscheidung: Unmittelbar nach der Erstausstrahlung der NBC dürfen wir als Inhaber der Senderechte für Deutschland ebenfalls auf den Sender gehen. Was für ein Sieg! Ich überspielte für die Amis und die ARD. Dann gab ich ihnen die Kassette zurück. Doch ihre kollegiale Sympathie hatte ich für immer verloren.

Protestsänger Wyssotzky

Schaulustige warten auf prominente Besucher des Wyssotzky-Grabes

Obwohl der Protestsänger Wyssotzky schon vor sieben Jahren verstarb, ist die Anteilnahme und Trauer vor allem der jungen Russen ungebrochen

Wyssotzkys Bild ertrinkt in einem Blumenmeer

Im Juli 1987 war meine Anwesenheit auf dem Wagankower Friedhof notwendig. Halb Moskau war auf den Beinen, um des Todestages eines sowjetischen Superstars, Wladimir Wyssotzky, zu gedenken. Der 1938 Geborene war 1980 im Alter von zweiundvierzig Jahren verstorben. Nach seinem Studium an der Schauspielschule des Moskauer Künstlertheaers folgten kleine Theaterrollen und Filmauftritte. Nachdem er zum festen Ensemble des renommierten Moskauer Taganka-Theaters gehörte, begann er im Alter von dreißig Jahren Lieder zu schreiben. Chansons, die in Form und Inhalt nicht den vorgegebenen Normen des Sozialistischen Realismus entsprachen. Wyssotzky sang im Stil westlicher Protestsänger über das reale Leben in der Sowjetunion und die existierenden Missstände. Nur wenige seiner Lieder erschienen als Schallplatten der sowjetischen „Melodija"-Gesellschaft und wurden den Verkäufern aus den Händen gerissen. Doch wo man ging und stand, ob in der Metro oder von Bänken im Gorki-Park bis zu den Jugendtreffs am Puschkin-Denkmal, überall war Wyssotzky zu hören. Millionenfach wurden seine Songs von Kassettenrekorder zu Kassettenrekorder gespielt und in der ganzen Sowjetunion verbreitet. Sein Name war unter den Sowjetbürgern bekannter und populärer als im Westen der von Elvis Presley. Sein Leben und seine Auftritte wurden von Alkohol und Drogenexzessen begleitet. Auch darin konnte er es mit westlichen Pop-Größen aufnehmen. Als er 1980 verstarb und im Hamlet-Kostüm seiner letzten

Theaterrolle beerdigt wurde, uferte dieses Ereignis zu einer Massendemonstration aus. Es wurde die größte Trauerfeier Moskaus seit Stalins Tod. Trotz des Einsatzes von siebenhundert Polizisten gerieten die Menschenmassen außer Kontrolle und die Offiziellen waren froh, dass keiner der Trauernden zu Tode kam. Jetzt, acht Jahre später, befürchtete man Ähnliches und so wurden mit zahlreichen Fahrzeugen und Hunderten von Milizionären die Menschenmassen ab der Metrostation kanalisiert. Ab Friedhofseingang wurde nur Gruppe für Gruppe eingelassen und später unter Polizeibegleitung aus dem Friedhof geführt. Als das Defilee begann, stand ich mit meiner Kamera rechts hinter dem Grabstein. Normale Bürgergruppen hatten kaum Zeit, ihre Blumen oder Briefe abzulegen; schon wurden sie weitergetrieben. Alle zwanzig Minuten Pause, um das Abgelegte zu ordnen. Danach erschienen Einzelpersonen, die an der Grabstätte stehen durften, um Blumengestecke zu bringen und eine Gedenkminute einzulegen. Dann Fortsetzung des Defilees. Bei den Prominentenstops fragte ich meinen Assistenten Genia immer, „Kto on, kto ona?" – „Wer ist er, wer ist sie?", um zu erfahren, dass es sich um berühmte Schriftsteller, Regisseure oder Solotänzerinnen des Bolschoi-Theaters handelte. Nach einer längeren Pause kam eine schwarz gekleidete, tief verschleierte Frau. In den Armen hielt sie einen Rosenstrauß, minutenlang kniete sie vor dem Blumenmeer, um danach langsam gestützt auf einen Polizeioffizier die Grabstätte zu verlassen. Meine Frage an Genia: „Wer war sie?" „Mit ihr war Wyssotzky zehn Jahre verheiratet, sie ist ein bekannter europäischer Filmstar." „Und der Name?" „Marina Vlady-Versois." Nach diesen Worten war ich plötzlich wieder achtzehn Jahre alt und saß im Leipziger Kino „Schauburg". Auf der Leinwand ein Engel oder ein Gesicht, das meiner Vorstellung vom Engel meiner Tag- und Nachtträume entsprach. Blaue fragende Augen im Antlitz einer Kindfrau, umrahmt von einer langen blonden Haarmähne. Der Engel, damals sechzehn Jahre alt, war die französische Schauspielerin Marina Vlady-Versois in ihrem Film „Erste Liebe". Je öfters ich mir den Film in den nächsten Tagen angesehen hatte, umso größer wurde meine Sehnsucht, einem solchen Mädchen zu begegnen. Dieses Leinwanderlebnis veränderte mein Leben. Ab diesem Zeitpunkt putzte ich jeden Tag meine Zähne und Schuhe, wusch Hals und Füße und wechselte ohne Mutters Mahnung die Unter- und Überhosen. Für die Begegnung mit einem solchen Traum von Mädchen wollte ich künftig gerüstet sein.

Wyssotzky mit seiner Ehefrau, der französischen Schauspielerin Marina Vlady-Versois

Gut drei Jahrzehnte waren seit meiner Leinwand-Verliebtheit vergangen. Auf der Heimfahrt vom Friedhofsspektakel war ich dem Schicksal dankbar, dass ich in meiner jungen Frau Vera nicht die erste Liebe, aber das große Lebensglück gefunden hatte.

Gerd Ruge kommt nach Moskau

Der „Welterklärer" Gerd Ruge mit seiner Korrespondentenkollegin
Dr. Gabriele Krone-Schmalz vor dem Roten Platz

Der „Kreml-Flieger" Rust war das letzte große Moskau-Ereignis, das in die Korrespondentenzeit von Lutz Lehmann und Peter Bauer fiel. Im Juni waren deren Verträge ausgelaufen. Mein Auslandsvertrag endete erst ein Jahr später, im Mai 1988. Als neue Korrespondenten für Moskau hatte die ARD Gerd Ruge und Frau Dr. Krone-Schmalz vorgesehen. Seit Wochen feierte die Presse vor allem diese pro-feminine Entscheidung mit dem Tenor: Endlich übernimmt eine Frau diesen wichtigen Auslandsposten. Ihr zur Seite steht der welterfahrene Gerd Ruge. Soweit die Journaille. Nach der Geschäftsordnung des WDR war Gerd Ruge Studioleiter, Frau Krone Schmalz zweite Korrespondentin. Als neue Studio-Kollegin war mir Gaby Krone mehr als recht. Wir kannten uns seit ihrem WDR-Volontariat und ihrer späteren Reportertätigkeit in der Tagesschau.

Erfreut und neugierig war ich auf die Zusammenarbeit mit der Auslandsreporter-Legende Gerd Ruge. In den Zeitungen galt er als profunder Kenner der Sowjetunion. Er war von 1956 bis 1959 als erster deutscher Radio-Reporter in der schwierigen nachstalinistischen Zeit in Moskau. Danach trieb es ihn in die weite Welt hinaus. Gerühmt wurden auch seine profunden Sprachkenntnisse, neben russisch natürlich auch englisch und französisch. „Der uneitle Gerd Ruge konnte nicht nur mit den Großen dieser Welt umgehen. In seiner speziellen menschlichen Art interessierte ihn vor allem das Leben der kleinen Leute in den Ländern seiner Berichterstattung. Vorbild ganzer Journalistengenerationen, Gerd Ruge die Reporter-Legende." So in etwa wurde über ihn berichtet. Als ich ihn als neuen Studioleiter begrüßte, gab er sich überjovial. „Sowas wie Studioleiter gibt es bei mir nicht. Hallo Manfred, ich bin der Gerd."

Dr. Gabriele Krone-Schmalz

Unsere Kollegin Gaby mit ihrem Mann Lothar Schmalz und meiner Kamera vor dem klassischen „Aufsager-Platz" mit Kreml-Hintergrund

Zuerst habe ich für Gaby Krone gearbeitet. Bevor sie ihr Visum für die Sowjetunion hatte – sowas brauchte seine Zeit – fing ich in Moskau an, für ihren ersten Russland-Film zu drehen. Der Titel: „Neu in Moskau." Um mit ihr vorab Einzelheiten zu

besprechen, war ich extra nach Köln geflogen. Gaby kam mit ihrem Mann Lothar Schmalz, der wegen des Umzugs in die russische Hauptstadt seinen Job als Bauingenieur beim Kölner Regierungspräsidenten aufgegeben hatte. Auch er war mir kein Unbekannter. Als Segelfluglehrer hatte Gaby ihn kennengelernt, mich hatte er freundlicherweise vor Zeiten zu einem Rundflug um Kölns Butzweilerhof eingeladen. Beide waren abenteuerlich genug veranlagt, mit dem Auto zu kommen. Zuerst mit der Fähre nach Finnland, um dort die russische Grenze zu passieren. Um ihre Einfahrt nach Moskau zu filmen, trafen wir uns am Trotz-Denkmal der Leningrader Chaussee, dreiundzwanzig Kilometer vom Stadtkern entfernt. Überdimensionale spanische Reiter-Attrappen markierten hier die Stelle, an der die deutsche Wehrmacht ihren Marsch auf Moskau im Dezember 1941 beenden musste. Mein Assistent Genia begrüßte am 24. Juli das aus Leningrad angereiste Paar mit einem Blumenstrauß, danach Drehbeginn. In den nächsten Tagen die notwendigen Berichtsbilder. Gaby lernt die Stadt kennen. Über ihren Mann Lothar hatten deutsche Zeitungen geschrieben, dass er wegen der Liebe zu seiner Frau statt als Bauingenieur in Köln nun Hausmann in Moskau sei. Das musste schleunigst korrigiert werden. Ich filmte ihn als Hobbymaler mit seiner Staffelei vor einer Klosterkirche in Kolomenskoje.

Udo Lindenberg

Diese und andere seiner Langspielplatten schenkte mir Udo Lindenberg nach unseren Aufnahmen mit ihm für meine russischen Kollegen

Am 19. August gastierte Udo Lindenberg im Gorki-Park. Für die Moskauer ein großes Ereignis. Die Freilichtbühne „Siljoni Theater" – Grünes Theater – hoffnungslos überfüllt. Vergeblich versuchte die Miliz, Leute von den Bäumen zu holen. Vor zwei Jahren, am 1. August 1985, waren hier schon einmal die Zuschauer ausgeflippt, als er mit der beliebten Alla Pugatschowa das Lied „Wozu sind Kriege da" sang. Im Anschluss hatte ich Lindenberg um LPs seines neuen Albums gebeten, die russischen Studio-Mitarbeiter hatten mich deshalb genervt. Für den nächsten Nachmittag war ich mit ihm im Hotel Rossija verabredet. Es blieb nicht beim Überreichen einiger Schallplatten. Er lud mich zum Tee ein und fragte, wie denn die Russen so wären. Ein sympathischer Mann ohne Star-Allüren. Jetzt, 1987, haperte es an der Dreh-Erlaubnis. Doch Lindenbergs Manager erinnerte sich an meinen Namen und sagte: „Konzertausschnitte für den WDR kein Problem." Im „Grünen Theater" wurde von den Lindenberg-Leuten inmitten der Publikumsplätze für meine Kamera ein Praktikabel aufgebaut und eine Tonleitung gelegt. Zu Konzertbeginn erschien Ruge und wollte die Kamera in der ersten Reihe haben. „Gerd, das ist unmöglich, aber wenn Du mit Zuschauern sprechen willst, natürlich in den Pausen, haben wir für alle Fälle eine Handkamera dabei." Unmittelbar vor Konzert-Ende hat uns Ruge noch einmal besucht mit der Anweisung, hier auf ihn zu warten. Er würde mit Lindenberg zu einem Interview wiederkommen. Von Viertelstunde zu Viertelstunde leerte sich der Zuschauerraum. Scheinwerfer um Scheinwerfer erlosch, die Lindenberg-Leute holten ihr Praktikabel ab. Über eine Stunde war vergangen, inzwischen schrieben wir 23.30 Uhr, und die Parkverwaltung kündige an, die Tore zu schließen. Also mussten wir zurück ins Studio fahren. Am nächsten Morgen wollte ich Ruge zu Rede stellen. Eine Verabredung zum Interview mit Lindenberg, so erklärte er, hätte es nie geben. Unser beider Verwunderung hielt sich in Grenzen. Natürlich hatten wir bemerkt, dass er am Vorabend von dem in Russland so beliebten Wässerchen ein Glas zu viel getrunken hatte.

Über das Moskau-Studio

Für die zunehmende journalistische Bedeutung der Sowjetunion als ein Land im Umbruch war das ARD-Studio Moskau räumlich und personell schlecht ausgestattet. Ohne Schuld des WDR. Die sowjetischen Behörden verweigerten seit Jahren mehr Raum, mehr deutsches Personal und mehr Ortskräfte. Außer uns drei Deutschen, zwei Korrespondenten und einem Kameramann, durften wir als Ortskräfte zwei Sekretärinnen, einen russischen Kameramann und drei Fahrer beschäftigen, die, von uns ausgebildet, gleichzeitig Assistenten und Videotechniker waren. Dazu kam die außerordentlich tüchtige Cutterin Vera Roganowa. Seit mehr als acht Jahren bei uns tätig, hatte sie schon für Klaus Bednarz und Harald Brand gearbeitet. Auch einer der Tontechniker, Tolja Popikow, brachte es auf neun WDR-Dienstjahre. Vera Romboy arbeitete freiberuflich als Vertretung der öfters kränkelnden oder in Urlaub befindlichen Ortskräfte. Außerdem war sie als Verwalterin der Studiokasse auch für Löhne und Spesen der Ortskräfte zuständig. Als Kameramann war ich normalerweise kein Gesprächspartner für auftraggebende Redaktionen. Anders in Moskau. Waren beide Korrespondenten abwesend, war ich als einziger Deutscher deren Ansprechpartner. Dann riefen unsere Dolmetscherinnen sofort: „Manfred, die Tagesschau, Manfred, der WDR, Manfred, der Südwestfunk!" Doch die Zeichen standen auf Perestroika und so wurde in Sachen Personal 1987 großzügiger verfahren. Zum ersten Mal genehmigte das Außenministerium die Akkreditierung einer deutschen Cutterin. Darüber hinaus wurde der Beschäftigung weiterer russischer Ortskräfte zugestimmt, zum Beispiel eines russischen Redakteurs und einer Disponentin. Auch bestand die Hoffnung einer räumlichen Erweiterung.

Der Rust-Prozess

Der Berichterstatter und Kommentator des Rust-Prozesses: Gerd Ruge

Kameraleute, Fotografen und Reporter vor dem Gerichtsgebäude

Das Regierungsorgan „Iswestija" betont durch die Abbildung der internationalen Presse vor dem Gerichtsgebäude die Bedeutung des Prozesses

Unter der Überschrift „Zwischen Farce und Katastrophe" ein Prozessbericht und Bemerkungen zum „Kreml-Flieger"

Nach der Urteilsverkündung stellt sich seine Mutter der Presse

Aktuell war wieder eine Beschäftigung mit dem „Kreml-Flieger" angesagt. Am 2. September 1987 begann vor dem Obersten Moskauer Gericht der Prozess gegen den neunzehnjährigen Mathias Rust. Für Fernsehkorrespondeten eine schwierige Aufgabe. Es gab außer Archivaufnahmen keine aktuellen Bilder oder kompetente Gesprächspartner. Die Familie des „Kreml-Fliegers", Vater, Mutter und Bruder, war zwar in Moskau, doch rund um die Uhr bewacht. Nicht, wie man annehmen könnte, von KGB, sondern von Journalisten der Illustrierten STERN. Gegen ein fünfstelliges Honorar hatte der Stern die Exklusivrechte an der Rust-Story gekauft. Die Familie durfte weder gefilmt noch fotografiert werden. Interviews waren selbstverständlich verboten. Mir und den vielen in- und ausländischen Bildjournalisten blieb zu Prozessbeginn nichts anderes zu fotografieren als das Gerichtsgebäude und uns selbst, die so zahlreich angereisten Foto- und Filmreporter. Einige Wortjournalisten, darunter Gerd Ruge, durften ohne Foto-, Film- oder Tongeräte am Prozess teilnehmen. Schon am dritten Tag die Urteilsverkündung: Mathias Rust wird zu vier Jahren Arbeitslager verurteilt. Vor der Treppe zum Gerichtsportal standen die internationalen Kameramänner neben ihren Korrespondenten, die mit gezückten Mikrofonen auf eine Erklärung des Gerichtssprechers oder des Rust-Anwaltes warteten. Nur ich stand einsam und allein. Meinen Reporterkollegen Gerd Ruge hatte ich zum letzten Mal gesehen, als er nach der Urteilsverkündung das Gerichtsgebäude verließ und im Gespräch mit einem Kollegen in Richtung Metro verschwand. Nu Nitschewo! Endlich öffnete sich die Gerichtstür für eine als Sensation empfundene Situation. Trotz des Exklusiv-Vertrages mit dem Stern stand vor den Mikrofonen die Mutter des „Kreml-Fliegers", eine hochgebildete Frau und erklärte auf Englisch – als erster hatte sie der USA-Korrespondent angesprochen – wie Mathias das Urteil aufgenommen hatte. Dann für den nächsten Reporter in dessen Landessprache Französisch. Ihr Schlusssatz: „Mehr will ich dazu nicht sagen." Als sie gehen wollte, schrie ich, hinter meiner Kamera stehend, immerfort: „Tagesschau Hamburg, Tagesschau Hamburg, bitte noch einmal auf Deutsch." Gott sei Dank hatte sie mich noch gehört und für die Tagesschau ihr Statement abgegeben. Am späten Nachmittag, wieder im Studio, erwarteten mich in Panik die zwei russischen Sekretärinnen. Fortlaufend hätte die Tagesschau angerufen: „Wo ist Gerd Ruge?" Schon wieder Telefonklingeln. „Manfred, Hamburg." Auf die Frage, wo Ruge sei, log ich: „Zur Pressekonferenz in der Botschaft." Die Frage: „Habt Ihr die Erklärung der Mutter von Mathias Rust?" konnte ich bejahen. „Sehr gut", sagte Hamburg, „Der Ruge soll sich sofort melden." Jede halbe Stunde ein Nachhaken: „Ruge soll sich melden!" Per Fernschreiben hatte Hamburg schon gewünschte Beitragslängen vorgegeben: eine Minute Bilder vom Prozess-En-

de mit Erklärung der Rust-Mutter, danach eine Minute Studiokommentar Ruge mit Urteilseinschätzung. Mit jeder vergangenen Stunde sank die Wahrscheinlichkeit, die 20.00 Uhr-Ausgabe der Tagesschau bedienen zu können. Zwanzig Uhr Hamburg war, durch den Zeitunterschied, 22.00 Uhr Moskau. Spätestens 20.45 Uhr musste unser Fahrer das Studio verlassen, um rechtzeitig Ostankino zu erreichen. Dort, am Stadtrand von Moskau, überspielte das Sowjet-TV unsere Filme über einen Satelliten nach Deutschland. Ohne Nachricht von Ruge wurde es allmählich 19.00 Uhr, uns lief die Zeit davon. Ich nahm meine Kassetten und ging zu Vera Roganowa an den Schnittplatz. Wir montierten sendefertig den eine Minute langen Vorbericht, den wollte Hamburg selbst betexten, danach sollte der Ruge-Kommentar folgen. 20.00 Uhr – unserer verlorener WDR-Sohn tauchte auf. Allgemeine Erleichterung. Noch waren wir in der Zeit. Aufgeregt wollte ich den Stand der Dinge übermitteln. Sofort wurde ich angeblafft: „Dieser Rust ist ein Niemand, es gibt Wichtigeres in der Welt." Es blieb mir nicht verborgen, dass er diesmal nicht nur ein, sondern mehrere Gläser des in Russland so beliebten Wässerchens intus hatte. Wir übergaben ihm das Fernschreiben. Schweren Schrittes ging er in sein Büro. Ich befürchtete, um einzuschlafen. Ruge hin, Ruge her, meine Schnittkassette würde pünktlich zur Überspielung in Ostankino vorliegen. Überraschung! Zwanzig Minuten nach seinem Wiederauftauchen setzte er sich derangiert vor die Kamera. Es gelang mir noch, Haare und Krawatte zu richten, bevor er startete. Ohne Vorbereitung, ohne Manuskript, analysierte er Tat und Täter, Anklage, Gericht und Urteil. Was für ein brillanter Kopf. Wie schade, leider unsendbar. Seit Jahren nuschelte Ruge wegen seiner Zahnlosigkeit und war schwer zu verstehen. Doch sein momentaner Zustand hatte das Ganze noch verschlimmert. Sein optischer Eindruck war für einen ARD-Korrespondenten inakzeptabel. Die zwei Kassetten waren rechtzeitig weg zur Überspielung. Ruge hatte ohne weitere Gespräche mit Hamburg unsere Studioräume verlassen. Also avisierte ich der Tagesschau unsere Überspielungen mit der Anmerkung: „Den Kommentar von Gerd Ruge halte ich für unsendbar, Sie werden in Bild und Ton merken, dass er am heutigen Tag sehr sehr krank war."

Am nächsten Morgen erreichen mich erste Anrufe aus Köln verbunden mit der Frage, was wir denn in Moskau gefeiert hätten, um den Gerd Ruge so down zu machen. Ein anderer Anrufer fragte, wie ein solcher Ruge in die Tagesschau käme. Meine Antwort: „Durch die Hamburger Redaktion." Trotz meiner Warnung und Einschätzung war der Ruge-Kommentar über den Sender gegangen. Später habe ich erfahren: Es war keine Fehlbeurteilung, sondern Vorsatz. Ruge war zu dieser Zeit bei der Tagesschau „in Verschiss". Er, „der große Zampano", hatte sich bei Intendanten und dem ARD-Vorsitzenden mehrmals über die Hamburger beschwert, dass von ihm angebotene Russland-Berichte nicht angenommen worden waren. Diesen Ruge hatten sie daraufhin „unzensiert" vorgeführt.

Für den Tag nach der Urteilsverkündung hatte Ruge beim WDR den Termin für eine Sondersendung erhalten, in der er den Zuschauern noch einmal den Rust-Fall von Landung über Festnahme bis zum Arbeitslager-Urteil erläutern konnte. Das war mit sehr viel Arbeit verbunden, zumal Ruge jede Menge Material vom sowjetischen Fernsehen gekauft hatte, das exklusiv den gesamten Prozess im Gericht aufzeichnen durfte. Als Sekretariats-Assistentin hatte Gerd Ruge Vera Romboy engagiert, weil unsere russischen Damen mit den Abläufen einer Sondersendung keinerlei Erfahrungen hatten. In ihrer Arbeit, Diktate von Gerd Ruge und Fernschreibkorrespondenz mit Köln, habe ich sie einige Male gestört, denn ich war besorgt um den Gesundheitszustand unseres Studioleiters. In der vergangenen Nacht hatte er sich erholt. Vera war voller Lob über die qualifizierte Zusammenarbeit.

WDR-Intendant Friedrich Nowottny

Schon Tradition des ARD-Studios Moskau: Große Empfänge wie Korrespondentenwechsel werden im Festsaal des Hotels Berlin abgehalten

WDR-Intendant Friedrich Nowottny begrüßt seine Moskauer Mitarbeiter
Vera und Manfred Romboy

Der Berichterstattungsalltag hatte uns wieder. Am 10.9. eine Buchmesse, am 14.9. folgte eine Chemie-Ausstellung. 19.9. „Djen Goroda" – Tag der Stadt – natürlich Moskau. Danach, am 22.9., das Richtfest für die neue Deutsche Botschaft. Und dann hatten wir noch ein Wohltätigkeitskonzert im „Rossija". Ins Haus stand für den 5. Oktober ein festlicher Empfang des Westdeutschen Rundfunks im Hotel Berlin. Anlass: die Verabschiedung der Moskau-Korrespondenten Lutz Lehmann, Peter Bauer und die Vorstellung der neuen Amtsinhaber Gerd Ruge und Gaby Krone-Schmalz. Ein großer Zirkus mit allen für den WDR in Moskau wichtigen in- und ausländischen Gästen. Gastgeber: der WDR-Intendant Friedrich Nowottny. Mit der Vorbereitung beauftragte Gerd Ruge – sie hatte schon zweimal ähnliche Empfänge organisiert – Vera Romboy. Vera legte den umfangreichen Kostenvoranschlag – er beinhaltete Getränke, Buffet und ein Orchester – ihrem Auftraggeber zur Genehmigung vor. Als Vera erwähnte, dass von Seiten des WDR noch zehn Prozent Trinkgeld dazu kämen, wurde diese Position von Ruge abgelehnt. „In der Sowjetunion gibt es kein Trinkgeld. Es werden auskömmliche Gehälter gezahlt." Vera war verwundert, das vom „großherzigen Anwalt der kleinen Leute" zu hören.

Friedrich Nowottny als Chef des ARD-Studios Bonn bei Filmaufnahmen mit dem Kameramann Hartmut Pitsch

Es war Zufall, dass ich nach Türklingeln unserem Intendanten die Studiotür öffnete. Meine Begrüßungsworte erwiderte er mit „Gut, dass wir uns gleich sehen. Wo können wir uns mal kurz sprechen? Also, Romboy, dass Du den Gerd Ruge so vorgeführt hast, nehme ich persönlich übel." Ich stammelte: „Aber Herr Nowottny, die Hamburger haben das entschieden." „Keine Entschuldigung. Von einem, der mit Engelkes und Pleitgen für die Tagesschau gearbeitet hat, hätte ich erwartet, dass ihm die Rivalitäten mit den Hamburgern bekannt waren. Die Ruge-Kassette hätte nicht in deren Hände gehört." Am Nachmittag waren wir wieder so weit versöhnt, dass ich ihm und Gaby Krone-Schmalz den Künstlermarkt Ismailowo zeigen durfte. Nowottny und ich kannten uns. Ein Jahrzehnt, bevor er das „Hochamt" des Intendanten ausübte, hatten wir in den Niederlanden den Staatsbesuch Heinemanns gefilmt. Friedrich Nowottny war als Journalist einer der besten Köpfe des WDR. Leute wie Ruge hätten einer größeren Leiter bedurft, um ihm das Wasser zu reichen.

Mitten in den Dreharbeiten für einen Film zum 60. Jahrestag der Oktoberrevolution teilte mir Ruge mit, dass sich nachmittags zwei neue Fahrer vorstellen würden. Er halte es für gut, wenn ich dabei wäre. „Interessant Gerd, aber wozu

brauchen wir die?" „Richtig, jetzt musst Du es ja erfahren. Ich werde Popikow und Woronin entlassen." Meine Empörung war grenzenlos. Es ging um meine Mitarbeiter, die ich mühevoll zu vollwertigen Ton- und Videotechnikern ausgebildet hatte. Tolja Popikow, damals achtundvierzig Jahre alt, war seit über acht Jahren im Studio. Bei meinen Sibirien- und Beringstraßen-Filmen war er Tonmann und Assistent. Nie hatte er sich etwas zu Schulden kommen lassen. Als Begründung sagte Ruge: „Ich will für meine nächsten fünf Jahre junge Leute um mich haben, die man motivieren kann. Keine alten Männer, die durch die jahrelange Arbeit bei uns ausländerkorrumpiert sind." „Aber Gerd, es sind Familienväter, Tolja hat eine krebskranke Frau zuhause. Ich bin froh, dass wir sie endlich ausgebildet haben." Er erwiderte: „Das bisschen Tonmachen bringe ich jedem in drei Tagen bei. Die Entlassenen erwarten keine Probleme. In der Sowjetunion gibt es keine Arbeitslosigkeit." Soweit Gerd Ruge, der „Menschenfreund". Als er bei der Vorstellung der beiden jungen Leute als erste Frage „Do you speak english" an sie richtete, habe ich demonstrativ den Raum verlassen. Das zu erkunden war für ihn wichtig. Er stellte sie jedem, der mit ihm ohne Dolmetscherin Russisch sprechen wollte.

Als Studioleiter durfte er laut Köln ohne Begründung Ortskräfte entlassen und einstellen. Für die von ihm Rausgeschmissenen konnte ich beim WDR lediglich eine Abfindung durchboxen. Die Ausbildung der neu Eingestellten durfte ich ablehnen. Zur Vorbeugung von Schäden an unseren wertvollen Kameras, Aufnahmegeräten und Mischpulten schickte Köln zur Einweisung der Neuankömmlinge einen Ton- und Videotechniker, der mithilfe eines Dolmetschers beiden eine Grundausbildung verpasste. Meine Erwartung, nach dem Wechsel mit zwei Journalisten zu arbeiten, die harmonisch miteinander die Aufgaben teilen, hatte sich auch nicht erfüllt. Als Ruge über mich erfahren hatte, dass ich unterwegs für einen Film von Gaby Krone war, sagte er zu mir am nächsten Tag: „Weitere Aufnahmen musst Du mit mir absprechen. Das wird mein Film." Also fragte ich Gaby, wer denn nun mein Auftraggeber sei. Sie erwiderte stocksauer: „Gerd Ruge. Er hat mein Thema an sich gerissen und als einzigen Grund genannt: Er als Studio-Leiter entscheidet, wer welchen Film macht." Von dem „Beginn einer wunderbaren Freundschaft" zwischen meinen beiden Korrespondenten konnte danach nicht mehr die Rede sein. Das galt spätestens ab diesem Zeitpunkt auch für mich. Schade, lieber hätte ich zu seinen Claqueuren gehört, um mich zu rühmen, für eine solche „einmalige Journalistenlegende" gearbeitet zu haben.

Letzte Drehs in Moskau

Der Spasski-Turm, Wahrzeichen des Moskauer Roten Platzes

Gaby Krone-Schmalz und ich auf der Diplomatentribüne neben dem Lenin-Mausoleum

Große Parade aus Anlass des 70. Jahrestages der Bolschewistischen Oktoberrevolution

Vor Jahresschluss galt es für uns alle, ein großes Thema abzuarbeiten: Den 70. Jahrestag der Oktoberrevolution, der zum ersten Mal unter dem Thema „Demokratie, Glasnost und Perestroika" gefeiert wurde. Wer hätte gedacht, dass nur zwei Jahre später in Deutschland die Mauer fallen und 1990 die Wiedervereinigung stattfinden würde. Als Kohl in den achtziger Jahren die Sowjetregierung um Verständnis für den Traum der Deutschen von einer Wiedervereinigung gebeten hatte, erwiderte ihm Gromyko in einer Rede vor dem Obersten Sowjet: „Der Traum von einer Wiedervereinigung der Deutschen ist für alle Zeiten unter dem Feuer der russischen Batterien im Mai 1945 beendet worden."

Mit einem großen Auftritt des Bayerischen Ministerpräsidenten Franz-Josef Strauß in Moskau endete für mich das Berichterstattungsjahr 1987. Vom 28.12. – 30.12. begleitete ich Strauß zu Außenminister Schewardnadse, Generalsekretär Gorbatschow und beim Spaziergang über den Roten Platz. Auch ins Danilow-Kloster und zur üblichen Kranzniederlegung im Alexandergarten unterhalb der Kreml-Mauer. Danach fuhr Strauß protokollgemäß zum Friedhof der deutschen Kriegsgefangenen nach Lublino. Als nicht mehr fotografiert oder gefilmt wurde, sah ich Tränen in seinen Augen, während er an Grabsteinen die kurze Lebenszeit der verstorbenen Wehrmachtssoldaten las. 1942 war er als Flak-Offizier bis vor Stalingrad gekommen. Damals siebenundzwanzig Jahre alt, wusste er um Tod und Leid seiner Kameraden. Dass er überlebte, verdankte er, wie er uns erzählte, seinen erfrorenen Füßen.

Wieder Silvester. Feuerwerk durch Batterien der sowjetischen Armee. Eine stand vis-à-vis unseres Hauses, zehn weitere in den verschiedenen Stadtteilen. Von unserem Balkon im fünfzehnten Stockwerk des Hauses Leninskij-Prospekt 148 hatten wir alle Abschussplätze im Blick. Mit Freunden leerten wir unsere Sektgläser zum letzten Mal während einer Silvesternacht in dem von uns geliebten Moskau. Für 1988 waren wir voller Zuversicht. Uns erwartete in Deutschland ein schönes Haus in der Nähe von Köln, das wir für unseren Neustart während unserer Moskauzeit gekauft hatten.

Nochmal nach Georgien

Meine Alternative zu Gerd Ruge war die Zusammenarbeit mit Gaby Krone – voller Titel Dr. Gabriele Krone-Schmalz – einer jungen Frau, die im Gegensatz zu Gerd Ruge fundierte aktive und passive Russischkenntnisse vorweisen konnte. Was ihr an Sowjetunion-Erfahrung fehlte, konnte sie durch Russland-Wissen wettmachen. Thema ihrer Dissertation: Vom Kiewer Reich zum Kalten Krieg. Mit Gaby drehte ich meinen letzten größeren Russland-Film. „Kraftakte – Frauenalltag in der Sowjetunion" war der spätere Sendetitel. Außer im Dunstkreis Moskaus drehten wir auch in Georgien. Dort regierte eine Frau als erste Parteisekretärin, was bei uns dem Rang des Ministerpräsidenten eines Bundeslandes entsprach. Zu ihr fand Gaby schnell guten Kontakt und so durften wir sie während einiger Arbeitsreisen in dieser großen Sowjetrepublik begleiten. Wie bei vielen Dienstfahrten war Gabys Ehemann Lothar Schmalz als treuer Begleiter dabei. Es freute mich, beide in ihrer Zweisamkeit glücklich zu sehen. Aber Lothars Anwesenheit führte auch zu Konfliktsituationen. Dass er als leidenschaftlicher Schmalfilmamateur für sein Heimkino mitfilmte, konnte ich lachend tolerieren. Mit seinen Vorschlägen, wo ich meine Kamera hinstellen sollte, überschritt er jedoch deutlich professionelle Grenzen, was ich mit Gaby Krone klären musste. Mit kindlichem Augenaufschlag erwiderte sie: „Aber Manfred, Lothar meint es doch nur gut." Danach habe ich begriffen, die beiden sind nur im Doppelpack zu haben.

Schon im März konnte ich meinen Nachfolger, den Tagesschau-Kollegen Hans Gersonde begrüßen und einarbeiten. Unsere neue deutsche Cutterin Brigitte Willisch konnte sich in meiner Begleitung mit den Tücken des inzwischen zweiten elektronischen Schnittplatzes vertraut machen.

Den anschließenden Vier-Wochen-Urlaub in Deutschland nutzten wir, um unser Wesselinger Haus durch Einbauten für unseren Einzug vorzubereiten. Meine letzten Moskau-Bilder für die ARD drehte ich im April bei der Wahl zur „Miss Moskau", einem Rock-Konzert im Gorki-Park und einer Modenschau. „Perestroika" lässt grüßen.

Letzter Winterspaziergang durch die Klosteranlage Kolomenskoje bei Moskau

Letztes „Tauben-Theater" für Felix, Robby und Peter
am Moskauer Küchenfenster

Eine meiner wenigen Dienstreisen mit Gerd Ruge führte in die baltischen Republiken, unter anderem nach Tallinn

Zurück nach Deutschland

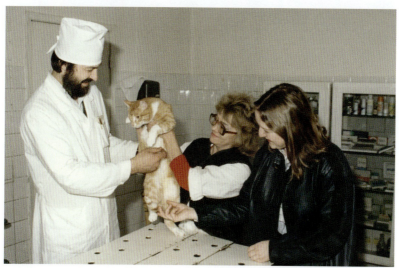

Der russische Kater Kusja hatte eine „Ausreisegenehmigung". Das ging nicht ohne eine gründliche Untersuchung durch unseren Moskauer Tierarzt Dr. Subow.

Kater Peter und sein russischer Kumpel Kusja erregen die Aufmerksamkeit junger Zollbeamtinnen

Für Romboy-Katzen ist das Beste gerade gut genug. Sie fliegen natürlich 1. Klasse.

Schwarze Katzen können auch Glück bringen. Unsere Piloten ließen sich mit Kater Robby im Cockpit ablichten.

Russenkater Kusja brauchte viel Zuspruch in den drei Flugstunden nach Frankfurt

Unseren umfangreichen Hausrat hatte die Spedition Klingenberg verpackt. Mithilfe einiger Wodka-Flaschen als Beschleunigungsmittel hatte ich alles durch den russischen Zoll gelotst. Es gab Probleme mit unseren Katzen. Bei ihrem ersten Flug in die Sowjetunion hatte Vera ihre Katzenkinder ohne Gehörschutz vor der Verladung in den Gepäckraum unter den Triebwerken gesehen. Diesmal sollten sie alle vier mit in den Passagierraum. Lufthansa verweigerte, doch die russische Aeroflot sagte: „Kein Problem". Unserem Freund, dem Stationsleiter Moskau, ging das gegen seine Lufthansa-Ehre. Er erreichte bei Lufthansa Köln, dass wir an einem unterbebuchten Tag mit den Miezen in der ersten Klasse fliegen durften. Am Rückflugtag standen wir mit vier einsehbaren Katzentaschen auf dem Moskauer Flughafen Sheremetjewo und warteten auf das Einsteigezeichen. Vier junge uniformierte Zöllnerinnen stoppten. Liebevoll wurden Namen, Alter und „Staatsangehörigkeit" der Katzen erfragt. „Alles Deutsche, bis auf den roten Kater Kusja, der ist Moskauer." Naiv fragten sie: „Und der darf ausreisen?" Nun galt alle Aufmerksamkeit dem Roten. Seine aus dem Taschengitter herausgestreckte Pfote wurde gestreichelt und ein Zollmädchen ließ sich hinreißen zu sagen: „Ach Kusja, Du bist ein Glückspilz. Darfst ins Ausland. Und wir müssen hierbleiben." Es war immer noch die Zeit der vergitterten Sowjetunion.

Drei Stunden Nachtflug nach Frankfurt. Die Tür zum Cockpit stand zu den Erste-Klasse-Passagieren offen. Was für vertrauensvolle Zeiten. Später weckte uns eine Stewardess mit einer Katze im Arm. Der schwarze Kater Robby hatte seine Tasche öffnen können und die Piloten besucht. Schwarze Katzen können auch Glücksbringer sein. Kapitän und Co-Pilot ließen sich mit ihm in der Flugzeugkanzel ablichten.

Wieder in Deutschland, wartete auf mich viel Arbeit. Unsere 564 Packstücke aus zwei Möbelwagen mussten im Haus platziert werden. Die Souterrain-Wohnung beanspruchte ich für mich. Endlich Platz für eine würdige Ausstellung unserer immer umfangreicher gewordenen filmhistorischen Sammlung, bestehend aus großen professionellen Filmkameras, Scheinwerfern, Plakaten und Drehbüchern. Großen Raum beanspruchten auch die über hundert Filmkopien. Highlight dieses „Filmmuseum Romboy" wurde ein Hauskino für zwanzig Personen vor einer drei Meter breiten Leinwand. Im separaten Vorführraum stehen zwei Kinoprojektoren Philips „FP6", die früher die Programme eines Düsseldorfer Vierhundert-Personen-Kinos abgespielt hatten. Schon aus Kostengründen gingen alle Arbeiten vom Montieren der Kinositze über den Aufbau der Maschinen bis zu den umfangreichen Verkabelungen durch meine Hände. In der Tat hatte ich gepolsterte Klappsitze geschenkt bekommen. Nach Umbau eines amerikanischen Soldatenkinos ruhten sie verlassen und vergessen im Lagerhaus einer Spedition, die froh war, sie los zu werden. Auf „Besatzungskosten" erhielt ich sie frei Haus geliefert. Für alle meine häuslichen Arbeiten stand mir Freizeit ohne Ende zur Verfügung. Monate musste ich auf Weisung des WDR „abfeiern". Mein hoch dotierter Moskau-Vertrag untersagte die Bezahlung von Überstunden. Erfolgte Arbeit an Samstagen, Sonn- und Feiertagen sollte durch freie Tage ausgeglichen werden. Über Stundenzettel, von mir monatlich abzugeben, kontrollierte und verwaltete Köln meine Arbeitszeiten. Als einziger Moskau-Kameramann war ich immer vertretungslos im Dienst. Als Folge häuften sich nicht genommene Freizeiten. In fünf Jahren kam allerhand zusammen. Nicht ich, der WDR verfügte als Konto-Ausgleich zu meinen Gunsten monatelanges Abfeiern in Köln. Verbunden mit meinem Tarifurlaub musste ich erst zu Beginn des Jahres 1989 meinen Dienst im WDR Köln antreten.

Alle Nachbarn wundern sich.
In ein so kleines Haus soll der Inhalt von zwei Möbelwagen passen?

Äußerlich das kleinste Haus in der Straße, doch das täuscht. Alles ließ sich gut verstauen.

In den Souterrain-Räumen war genügend Platz für ein Hausmuseum

Auch ein Kino für 20 Personen nebst Vorführraum konnte platziert werden

Wiedersehen mit der DDR

Über drei Jahrzehnte sozialistischer Wirtschaft hatten meine Heimatstadt Leipzig ruiniert

In der DDR fehlte es an allem - vom Material bis zu Reparaturhandwerkern

Unsere vier Wochen Tarifurlaub nutzten Vera und ich zu einem DDR-Besuch. Seit unserem letzten Aufenthalt in meiner Heimatstadt Leipzig waren inzwischen sechs Jahre vergangen. Schon die Einreise war gespenstisch und noch feindseliger als die in die Sowjetunion. Mit steinernen Gesichtern erteilten Grenzpolizisten und Zöllner Anweisungen im Befehlston. „Ihre Papiere! Hier stehen bleiben! Weiterfahrt zur ersten Schranke! Kofferraum auf, alles ausladen! Alles einpacken! Rücksitzbank ausbauen! Weiterfahren zu Schranke 2! Kofferraum auf! Die Warenliste!" „Haben Sie Waffen, Munition, Rauschgift, Taschenrechner?" „Nein, nein, nein!" Weiter zum Zwangsumtausch. Für jeden genehmigten Aufenthaltstag mussten im Voraus pro Person 25 DM Westgeld in wertlose Ost-Mark umgetauscht werden. Wieso wertlos? Akzeptable Hotels und Restaurants verlangten von West-Besuchern West-Geld. Hochwertige Lebensmittel wie Kaffee, Südfrüchte, Salami oder Parma-Schinken wurden nur in den Intershops gegen West-Geld angeboten. Viele DDR-Tankstellen führten kein Super-Benzin. Doch in den größeren Städten war es immer möglich, was gewünscht, in den Tank zu füllen. Nur gegen West-Geld. Wir wohnten als Gäste im ehemaligen Wohnhaus meiner Eltern im Stockwerk zwei. „Wollen Sie nochmal in Ihre alte Wohnung über uns? Kein Problem, die ist unbewohnt." „Wieso? Bei solcher Wohnungsnot?" „Sehen Sie selbst." In fast jedem Raum standen Plastikwannen oder Eimer. An vielen Stellen löste sich der Deckenputz. Warum? „Seit Jahren ist das Dach undicht und es gibt keine Handwerker. Also haben wir den Oberbürgermeister um einen Bezugsschein für zwei Rollen Dachpappe angeschrieben. Er hat noch nicht einmal geantwortet." Alle Stadtspaziergänge – deprimierend. In den Seitenstraßen verfallende große Häuser der Vorkriegszeit, unbewohnt. Kaufhäuser, in den fünfziger Jahren restauriert, mit verschmutzten Wänden und Einrichtungen zeigten mehr Verkäuferinnen als Waren. Drei der vier Rolltreppen waren gesperrt. Filme kaufen im Fotogeschäft? „Tut uns leid, erst wieder im nächsten Quartal." Um unser vieles Ost-Geld, das wir weder mitnehmen noch Rücktauschen durften, etwas zu vermindern, hatten wir im Geschäft „Modernes Antiquariat" etwa dreißig Bücher gekauft. Alles drittklassige DDR-Ausgaben aus der Zeit nach 1950. Trotz vorgelegter Rechnung wurde uns an der Grenze die Mitnahme verweigert. „Alles, was derzeit nicht verlegt wird, gilt als Antiquität. Es sei denn, Sie weisen nach, diese Ausgaben sind aktuell im Handel." Das Abladen am Kontrollpunkt wurde verboten. Zurück ins nahe Eisenach zu Mülltonnen am Straßenrand. Als wir die befüllen wollten, protestierte eine Bewohnerin und war empört über die Zöllner. In den darauffolgenden Jahren erhielten wir von ihr unsere Bücher Stück für Stück im Postpaket. „Lieber Onkel, liebe Tante, zur Silberhochzeit, zum Osterfest, als Weihnachtsgeschenk sende ich Euch zwei schöne Bücher."

Nach geglücktem Grenzübertritt sagte meine Frau: "Solange die hier an der Macht sind, werde ich dieses Land nicht mehr betreten!" Wer hätte damals, im Spätherbst 1988, gedacht, dass schon ein Jahr später die eigenen Bewohner dieser DDR diese Bande von Gernegroßen, Lügnern und Hochstaplern davonjagen würden?

Rückkehr in den Kölner WDR

Ab Beginn des Jahres 1989 arbeitete ich wieder im "Mutterhaus", also für den WDR in Köln. Während meiner Abwesenheit von immerhin fünf Jahren hatte sich viel verändert. Für mich war eine neue Platzierung angesagt, am besten durch die dominierende Zugehörigkeit zu einer Redaktionsgruppe. Eine Rückkehr zur Tagesschau-Redaktion, für die ich zwanzig Jahre lang gearbeitet hatte, war wenig attraktiv. Aufgrund organisatorischer und technischer Entwicklungen war sie für mich zu provinziell geworden. Durch die Gründung vieler neuer Auslandsstudios, die direkt nach Hamburg lieferten, war an Blitzreisen zu Auslandsbrennpunkten nicht mehr zu denken. Selbst innerhalb unseres Sendegebietes war Tagesschau Köln nicht immer gefragt. Berichte aus NRW konnten auch die neuen Landesstudios in Bielefeld, Siegen, Wuppertal und Dortmund liefern. Meine alten Tagesschau-Kollegen erklärten ironisch, alles rund um den Kölner Dom gehört jetzt konkurrenzlos der Tagesschau Köln. Längere Filmproduktionen, gar im Ausland, vergab der WDR zunehmend an private Firmen, die ohne gefühlte Bindung an Arbeitszeitordnungen oder Tarife billiger produzieren konnten. Um die wenigen noch vom WDR produzierten Features balgte sich ein Dutzend qualifizierter Kameraleute. Aufträge für Tagesreportagen oder Magazine wie Monitor, Markt, Ratgeber Recht oder Wissenschaft wurden von einer Zentraldisposition, einer Art Pool für Kamerateams, vergeben. Diese Zentraldisposition versuchte mir beizubringen, dass ich für anspruchsvolle Produktionen schwer zu vermitteln sei: "Sorry, Herr Romboy, Sie kennt hier keiner mehr." In der Tat, viele meiner Weggefährten aus Redaktion oder Regie waren zwischenzeitlich avanciert oder gar pensioniert worden. Kein Wunder, ich selbst war ein Mann, der auf die Mitte Fünfzig zuging. Die nachwachsende Generation von Redakteuren, Autoren, Reportern und Regisseuren arbeitete erfolgreich mit jungen Kameramännern, die in den letzten Jahrzehnten bei uns, den Älteren, als langjährige Assistenten tätig waren und auf durch Pensionierung oder Ausscheiden freiwerdende Planstellen gewartet hatten. Auch im Bereich der Aufnahmetechnik hatte sich eine wesentliche Veränderung vollzogen. Bis 1980 wurde, von großen Live-Über-

tragungen abgesehen, alles, was außerhalb der Fernsehstudios stattfand, mit Filmkameras aufgenommen. Für diese separate Aufzeichnung von Bild und Ton war ein Drei-Mann-Team – Kameramann, Kameraassistent und Tontechniker – notwendig. Wegen der niedrigen Lichtempfindlichkeiten der Filmmaterialien mussten Innenräume fast immer zusätzlich beleuchtet werden. Für Bilder aus großen Sälen bei Parteitagen, Gewerkschaftskundgebungen oder ähnliche Tagungen waren die Filmkameraleute auch für die Platzierung der zahlreichen notwendigen Scheinwerfer zuständig. Als Beispiel: Für die Messehalle in Köln waren minimal vier Scheinwerfer à 5000 Watt und fünf à 2000 Watt notwendig. Dafür waren ein LKW und mindestens vier Beleuchter nötig. Der Einsatz einer neuen Generation von elektronischen Kameras mit tragbaren Aufnahmegeräten verminderte diesen Aufwand Jahr für Jahr. Zusatzlicht wurde zunehmend überflüssig und das Kamerateam bestand nur noch aus zwei Mann. Tontechniker waren in Personalunion auch Kameraassistenten.

Für uns, die erfahrenen Filmkameramänner, ein schmerzlicher Vorgang. Ein großer Teil unserer Qualifikation – richtiges Belichten, richtiges Farbfiltern und die Herrschaft über Scheinwerfer – entfiel. Unsere Arbeitsergebnisse waren über einen Kontrollmonitor sofort und überall sichtbar. Damit entfiel auch die alleinige Verantwortung für die Bilder. Bei der Verwendung einer Filmkamera, z. B. bei Auslandsreisen, waren unsere Arbeitsergebnisse mitunter erst nach Wochen und der Bearbeitung durch das Kopierwerk sichtbar. Für solche Projekte überlegten Auftraggeber lange, welchem Kameramann sie bedenkenlos ihren Film anvertrauen konnten. Durch die elektronische Kamera wurde das beliebiger. Ergebnisse jeden Drehtags konnten abends im Hotel besichtigt werden. Natürlich beherrschte ich die elektronischen Kameras, musste ja bisweilen mit ihnen arbeiten. Doch ich liebte sie nicht und fühlte mich weiter als Filmkameramann.

Ausflug in die Medizin-Welt

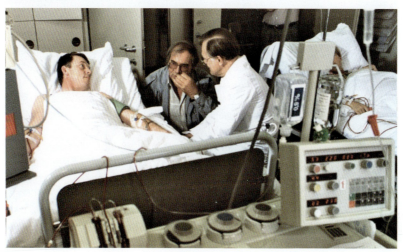

Chef des Medizin-Magazins, Karl Franken (Mitte),
im Gespräch mit Arzt und Patient

Das Medizin-Magazin bot mir die Möglichkeit, noch einige Jahre
auf Filmmaterial zu drehen

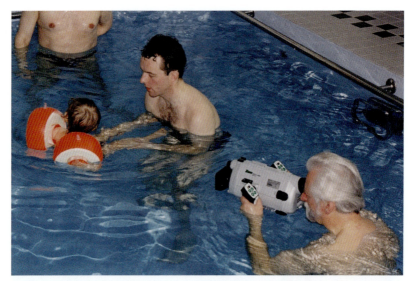

Nach vier Jahren konnte sich unser Magazin nicht mehr der Elektronik verweigern. Mit der Unterwasser-Kamera für einen Beitrag über Baby-Schwimmen

Interview am Beckenrand. Diesmal mit der großen „Sony"-Kamera

Bei einem der immer seltener werdenden Filmdrehs lernte ich den verantwortlichen Redakteur Karl Franken des einmal im Monat ausgestrahlten Medizin-Magazins kennen. Wir konnten miteinander und lernten, uns zu schätzen.
So wurde ich ständiger und einziger Kameramann dieser Magazin-Beiträge und übernahm in seiner häufigen Abwesenheit auch die Regie. Für mich das Wichtigste: Ich durfte weiter mit Film arbeiten. Elektronische Aufnahmegeräte waren sündhaft teuer und der WDR unterhielt weiterhin ein immer überflüssiger werdendes Filmkopierwerk. Kurz und gut: Einigen wenigen Produktionen, so auch dem Medizin-Magazin, wurde gestattet, bis auf weiteres mit Film zu arbeiten. Für mich bedeutete das: die nächsten fünf Jahre. Mit ins „Medizinboot" holte ich mir als Kameraassistenten Hans-Peter Wietbrock, einen tüchtigen jungen Mann, den ich seinerzeit als Kamera-Praktikanten ausgebildet und sein Verbleiben im WDR veranlasst hatte. Vorwiegend arbeitete er bei mir als Co-Kameramann, bei den vielen Aufnahmen in Operationssälen. Mein fester Tontechniker wurde Wolfgang Jansen, der später, als die Film-Zeit zu Ende ging, auch mein letzter Assistent im WDR wurde.

Mit dem Medizin-Magazin hatte ich für die nächsten Jahre innerhalb des WDR wieder einen ständigen Auftraggeber. Langfristig vorausplanend produzierten wir in Blöcken von einer bis sechs Wochen über das Kalenderjahr. Die gesamte Palette der Medizin war unser Thema, vom Schwangeren-Schwimmen über neue Diagnoseformen und Therapien bis zu Demenz und dem Lebensende auf Palliativ-Stationen. Unzählige Stunden und Tage standen wir Seite an Seite mit den Chirurgen in den Operationssälen. Neben den Krankenhäusern und Reha-Kliniken in den Metropolen der Bundesrepublik filmten wir auch in der DDR, der Schweiz, Österreich, Spanien und Russland.

Fahrt in eine neue DDR

Eines der größten Erlebnisse meines Lebens war das alle überraschende Ende der DDR. Jede Nachricht, jeden Fernsehbeitrag habe ich mit heißem Herzen verfolgt, von Anfang an von einer kurzfristigen Wiedervereinigung überzeugt. Noch wenige Monate vor dem Mauerfall im November 89 hattte ich mir nicht vorstellen können, dass das Ende der deutschen Teilung in meine Lebenszeit fallen würde.

Zu Beginn des Jahres 1990 erhielt der CDU-Politiker Kurt Biedenkopf das Angebot, eine Professur im Bereich Wirtschaftswissenschaften an der Leipziger Karl-Marx-Universität zu übernehmen. Seine Amtseinführung sollte ich fil-

misch begleiten. Mit meinem Team, alles geborene und gestandene Westdeutsche ohne jedwede Beziehung zu Mittel- und Ostdeutschland, startete ich am 1. April in Richtung der „Noch"-DDR. Im Gegensatz zu meinen jüngeren Kollegen verfolgte ich freudig erregt die Nachrichten im Autoradio, die immer mehr ein Ende der DDR ankündigten. In meine Agitation für ein Gesamtdeutschland hinein sagte mein damals etwa 30 Jahre alter Mitarbeiter Hans-Peter Wietbrock: „Alles schön und gut, auch ich gönne den DDR-Leuten, dass sie ab jetzt ein freieres Leben führen und in die Welt reisen dürfen. Aber ich verstehe nicht, warum Helmut Kohl diese DDR-Leute Deutschland anschließen will."

Mein langjähriger Assistent Hans-Peter Wietbrock bei seinem ersten Besuch im „Ausland DDR"

Beifall von Seiten der anderen Kollegen in meinem Wagen. Ich war nahezu sprachlos. Grenzübertritt in einer neuartigen Form. Freundliche Grenzer und Zöllner, die auch mal lachten und nach „woher" und „wohin" fragten. Als erstes passierten wir Eisenach mit seiner Wartburg. Ich fing an zu dozieren: „Hier hat Luther 1520 die bis dahin lateinische Bibel in ein lebendiges Deutsch übersetzt und die Grundlage für eine deutsche Schriftsprache gelegt." Bei der Weiterfahrt, vorbei an Jena, musste ich erwähnen, dass Friedrich Schiller in dieser Stadt als Professor für Geschichte lehrte und das nahe Weimar aus gutem Grund Goethe-Stadt genannt wird. Nach dem ersten Abendessen in

Leipzigs „Auerbachs Keller", der war dem westdeutschen Redakteur bestens bekannt, denn Goethes „Faust" war Pflichtstoff in den Abiturklassen, wurde ich für meine Kollegen zum Stadtführer. In der nahen Thomaskirche besuchten wir das Grab Johann Sebastian Bachs und später den um 1900 errichteten Prachtbau des Reichsgerichtes. Tage später, nach Besuch des Völkerschlachtdenkmals, der Deutschen Bibliothek, der Nikolaikirche und des größten Kopfbahnhofs der Welt, des Leipziger Hauptbahnhofs, hatte ich meinen „Westdeutschen" beigebracht, dass Mitteldeutschland kein Ausläufer Sowjetrusslands ist, sondern wichtiger Bestandteil Deutschlands.

Kurt Biedenkopf als neuer Professor für Wirtschaftswissenschaften bei seiner Antrittsvorlesung in Leipzig

In der Leipziger Universität begrüßte mich Kurt Biedenkopf als Moskauer Bekannten. Dass Professor Biedenkopf die Universitätsräume des frisch hinausgeworfenen SED-Pateisekretärs bezog, war von tiefer symbolischer Bedeutung. Außer zu seiner Antrittsvorlesung begleiteten wir Biedenkopf auch zu seinem ehemaligen Elternhaus in Zschkopau bei Merseburg. Von 1939 bis 1945 besuchte er dort das städtische Gymnasium. Biedenkopfs Vater war technischer Direktor der dortigen Buna-Werke, die ohne Verwendung von Naturkautschuk Reifen produzierten.

Biedenkopfs Studenten im Hörsaal der Karl-Marx-Universität

Vor der Übergabe der mitteldeutschen Gebiete an die zukünftige russische Besatzungsmacht im Juli 1945 hatten die Amerikaner alle Spezialisten dieser Werke, darunter auch Biedenkopfs Vater nebst Familie, in die amerikanische Zone transportiert. Um bei den Landtagswahlen im Oktober 90 kandidieren zu können, wurde Biedenkopf in seiner Leipziger Zeit Staatsbürger der DDR. Unter seiner Führung erreichte die CDU in Sachsen die absolute Mehrheit. Kurt Biedenkopf wurde im wiedervereinigten Deutschland Ministerpräsident des Freistaates Sachsen. Dieses Amt übte er erfolgreich bis ins Jahr 2002 aus.

Nochmal Moskau

Neben meinen Tagesaufgaben in Köln war ich in den folgenden zehn Jahren noch mehrmals in Moskau, zum Beispiel 1993 für einen Film zum 50. Jahrestag der Tragödie Stalingrad. Bei meinen auch privaten Russland-Besuchen konnte ich die schwierigen, teilweise anarchischen Geburtswehen sehen, die dieses Land auf dem steinigen Weg von der kommunistischen Diktatur zu einem jetzt freien demokratischen Land erleben musste. Als ARD-Kameramann weilte ich das letzte Mal im März 2000 in meinem geliebten Moskau. Anlass war die Wahl Wladimir Putins zum Staatspräsidenten. Nach seiner Wahl interviewte die ARD den neuen russischen Präsidenten in einer Live-Übertragung aus dem malerisch am Moskwa-Ufer gelegenen Baltschug-Kempinski-Hotel. Es war meine erste und letzte persönliche Begegnung mit Putin. Unsere kurzen Wortwechsel, es ging dabei um Sitzpositionen und Ansteckmikrofone, führten wir auf Deutsch, weil ich von ihm wusste, dass er besser Deutsch als ich Russisch sprach. Ansonsten waren meine Sprachkenntnisse gefragt. Die Technik dieser Live-Übertragung lag in den Händen des russischen Staatsfernsehens. Als Ko-Kameramann hatte ich auf Hans-Peter Wietbrock bestanden, dem ich in unseren Frei-Zeiten mein persönliches Moskau zeigen konnte, als vergnüglichen Abschluss meiner Tätigkeiten in Russland.

Hans-Peter Wietbrock im März 2000 als mein Co-Kameramann bei meinem ersten und letzten Interview mit Putin

Ein letztes „Welt-Ereignis"

Meine letzte Zusammenarbeit mit internationalen Bildjournalisten:
der Wirtschaftsgipfel in Köln

Mein Abschied vom internationalen Bildjournalismus fand kurioserweise in Köln statt. Vom 18. bis 20. Juni 1999 trafen sich die Vertreter der acht wichtigsten Länder in der Domstadt. Von Bill Clinton über Tony Blair und Jacques Chirac bis zu Boris Jelzin waren alle Staatschefs vertreten. Gastgeber war Bundeskanzler Gerhard Schröder. Vorrangige Konferenzthemen waren die Friedenserhaltung, eine weitere Demokratisierung der Welt, die Terrorismusbekämpfung und das wirtschaftliche Wachstum. Es war für mich auch ein Wiedersehen mit internationalen Kollegen, denen ich das erste Mal im Pariser Élysée-Palast zu Zeiten von Präsident de Gaulle und Bundeskanzler Adenauer begegnet war und die ich auch bei Staatsbesuchen in Moskau wiederholt getroffen hatte. Es war mir immer eine ungetrübte Lust gewesen, mit ihnen in den entscheidenden Momenten um die besten Positionen für beste Bilder zu kämpfen. Meine Schauplätze in Köln waren der Gürzenich, das Römisch-Germanische Museum und für das große Gruppenbild die Podeste am Kölner Gürzenich. Die besten Aufnahmen gelangen mir vor dem Hauptportal des Kölner Doms von der dort versammelten Clinton-Familie.

Abschieds-Drehs für den WDR

Meine offizielle Pensionierung nach fast neununddreißig interessanten und mitunter aufregenden Dienstjahren erfolgte am 30. September 1999. Darüber hinaus habe ich sporadisch weiterhin für den WDR gearbeitet. Für den Weltspiegel flog ich vom 17. - 20. Dezember 99 nach Moskau und, wie schon beschrieben, im März 2000 zu den russischen Präsidentschaftswahlen. Hin und wieder holte mich danach für Kurzreportagen die Redaktion „Zeit für Tiere" hinter die WDR-Kamera. Für diese unspektakuläre Sendereihe erfolgte auch am 23. Mai 2001 mein letzter Drehtag für den Westdeutschen Rundfunk, für den ich das erste Mal Mitte Juni 1961 einen Film gedreht hatte.

Neuer Beruf: Ausstellungs-Kurator

Nach unserer Rückkehr aus der Sowjetunion gewann unsere im vergangenen Jahrzehnt gewachsene filmhistorische Sammlung an Bedeutung, auch für unsere weitere Lebenszeit. Eine erste kurze Pressenotiz über die Eröffnung des Filmmuseums Romboy in unserem bescheidenen Einfamilienhaus führte zu Angeboten, auch an anderen Plätzen auszustellen. Zuerst im September 1988 in den Kölner Messehallen als Sonderschau während der Weltmesse der Fotografie, „Photokina". Unter dem anspruchsvollen Titel „Foto-Heimkino-Fernsehen – Über die Sehnsucht des Menschen, Fernes nah zu sehen" zeigten wir dort einige historische Foto- und Filmkameras, die dazu gehörigen Projektoren und eine historische Videokamera des WDR. 1989 folgte in Wesseling unsere Ausstellung „175 Jahre Fotografie". Diese Ausstellungen erzeugten Aufmerksamkeit und blieben nicht folgenlos. Unseren ersten großen Fernsehauftritt hatten wir im Herbst 89 in der WDR-Live-Sendung „Gesucht-Gefunden" unter der Redaktion von Rainer Nohn. Im WDR-Studio waren wir, neben vielen anderen Filmgeräten, mit einem funktionierenden Tonfilm-Wanderkino „Sonolux II" vertreten. Für die Vorführung und Sendung hatte ich mit einer Handkurbelkamera aus dem Jahre 1923 einen Demonstrationsfilm gedreht. Dieser Live-Sendung folgte wieder Presseaufmerksamkeit. Zeitungen aus allen Winkeln der Bundesrepublik schrieben Artikel über das Sammlerehepaar und seine Exponate. Krönung: ein Bericht in der auflagenstarken „Bild am Sonntag" unter dem Titel „Der Herr der 100 Kameras". In den nächsten Jahren wurde unser Filmmuseum zum Selbstläufer. Öfters besuchten uns Fernsehteams. Für eine Live-Sendung des Südwestfunks aus Mainz fuhren Vera und ich mit zwei vollgepackten Autos ins dortige Fernsehstudio.

In einer Live-Sendung des Südwestfunks durften wir einige Exemplare unserer filmhistorischen Sammlung zeigen

An einer Kamera im Holzgehäuse darf ich erläutern, woher der Begriff „einen Film drehen" kommt

Mit Redakteur Rainer Nohn in der Live-Sendung des WDR „Gesucht – Gefunden"

Meine Frau Vera ist mit von der Partie: Sie stellt „Damenkameras" vor

Einige Sommerwochenenden öffnete der WDR sein Außengelände für interessiertes Publikum. Neben der Dekoration der „Lindenstraße" und den WDR-Werkstätten zeigten wir in einer Sonderausstellung unsere Exponate zur Filmgeschichte.

Neben den zahlreichen Gebäuden für Studios und Verwaltung in der Kölner Innenstadt gehört zum WDR auch ein umfangreiches Freigelände mit Studios und Filmbauten am Stadtrand Kölns. Sowohl in der Sommersaison 1991 als auch 1992 veranstaltete der WDR dort Tage der offenen Tür unter dem Titel „Hollymünd". Zu besichtigen waren Studios und Dekorationen der populären Fernsehserien „Lindenstraße" und „Verbotene Liebe", der Requisitenfundus, Werkstätten und in einem gesonderten Pavillon die Ausstellung des Filmmuseums Romboy „Kino – Heimkino – Fernsehen". Große Teile unseres Museums waren für diese Ausstellung der „Hollymünd"-Tage ins Außengelände Köln-Bocklemünd gewandert. Die „Hollymünd"-Tage des WDR waren auch mit einer sonntäglichen Live-Sendung verbunden. Unter der redaktionellen Verantwortung von Ulla Moeller kamen in diesem musikalisch umrahmten Unterhaltungsprogramm wechselnde Gäste aus Film, Rundfunk und Fernsehen zu Wort, darunter prominente Schauspieler wie Anthony Perkins, Hildegard Knef oder Ingrid van Bergen. An einem der Sonntage hatten Vera und Manfred Romboy Ehre und Vergnügen, besondere Exponate ihrer Sammlung auch in Funktion zu zeigen. Im Oktober 1995 öffnete die Internationale Briefmarkenmesse „Philatelia" in den Messehallen am Rheinufer ihre Pforten. Diesmal unter dem Motto „100 Jahre Film". Aus diesem Anlass hatten viele Länder, darunter auch die Bundesrepublik, Sondermarken herausgegeben. In einer der Messehallen war es möglich, in einem Sonderpostamt der Bundespost den begehrten Sonderstempel „100 Jahre Film" zu erhalten. Im Auftrage der Kölner Messegesellschaft gestalteten Vera und ich eine Sonderausstellung „100 Jahre Film". Außer einem Filmset mit Tonfilmkamera, Mikrofon, Klappe und Scheinwerfern zeigten wir auf einigen hundert Quadratmetern Ausstellungsfläche professionelle historische Filmkameras und Projektoren aus der Zeit zwischen 1900 und 1960. In Form einer Laterna Magica, einer Wundertrommel und anderer Exponate war auch die Vorgeschichte des Kinos vertreten. Filmplakate auf den vielen Ausstellungswänden erinnerten an große Kino-Erlebnisse. Beim Anblick dieser Ausstellung wurde uns selbst angst und bange. Wie sollten wir das alles wieder in unserem kleinen Haus verstauen? In den letzten fünfzehn Jahren hatten unsere filmhistorischen Sammlungen Dimensionen erreicht, die weit über das hinaus gingen, was zwei Privatleute mit ihrem Arbeitseinkommen finanziell, und daran gebunden auch räumlich, verkraften konnten. Statt fortlaufend Urlaubsreisen zu machen, neue Möbel zu kaufen und des Öfteren die Autos zu wechseln, hatten wir jede nur mögliche Mark in die Sammlungen gesteckt. Zu Zeiten des beginnenden Kinosterbens haben wir außerdem mit Hilfe von Freunden, an der Spitze wäre Willy de Haas zu nennen, in der ganzen Bundesrepublik Filmtheater demontiert und ihre Bestände übernommen. Alte Kameras und Filmausrüstungen erwarben wir aus den Beständen verschiedener Film- und Fernsehgesellschaften oder auf internationalen Photographica-Auktionen.

„100 Jahre Film" war auch das Thema einer Briefmarkenmesse in Köln.
Der dekorative Teil wurde von uns erarbeitet und gestaltet.

Für und mit Hollywood-Leuten ein Filmmuseum

Bilder aus dem für Warner Bros. von uns gestalteten
Museum der Deutschen Filmgeschichte

Um 1995 expandierte der amerikanische Medien-Konzern Warner Bros. nach Europa. In Spanien wurde nach dem Vorbild des Pariser „Disney-Land" ein Warner-Freizeit-Park errichtet, am Berliner Europa-Center entstand ein Warner-Erlebniskaufhaus. Für das bevölkerungsreiche Ruhrgebiet waren ein Warner-Filmpalast mit neun Leinwänden und seit 1994 ein Freizeitpark im Bau. Dieses „Freizeitland" firmierte unter „Warner Bros. Movieworld – Hollywood in Germany". Für die fünfundzwanzig Hektar große Anlage war eine Gesamtinvestition von über dreihundertfünfzig Millionen DM vorgesehen. Achterbahnen und andere Fahrgeschäfte wurden mit Titeln von Warner-Filmen verbunden. Verschiedene Show-Pavillons sollten Hollywood-Feeling erzeugen. Außerdem sollte in zwei Filmstudios tatsächlich gedreht werden. Der in den USA beheimatete Schweizer Architekt Rolf Roth, Planer dieser Warner-Anlage, war der Meinung, zu einem Filmthemenpark gehört auch ein Filmmuseum. Dafür wurde ein großes Gebäude mit tausend Quadratmetern Schaufläche errichtet. Rolf Roth glaubte, dass eines der großen staatlichen oder halbstaatlichen Filmmuseen der Bundesrepublik sein Angebot, dort auszustellen, wahrnehmen würde. Seine Hoffnungen zerschlugen sich. Er hatte nicht bedacht, dass die Bürokratie deutscher Museen jahrelangen Vorlauf verlangte und dass die akademischen Leiter solcher Museen Berührungsängste zu einem Freizeitpark haben könnten.

Der Eröffnungstermin rückte immer näher und im Filmmusemsbau war weiterhin gähnende Leere. Eine Frankfurter Agentur wurde beauftragt, eine Lösung zu finden und brachte das Filmmuseum Romboy ins Spiel. Nach vielen von uns aus zurückhaltenden Telefonaten ließen sich der amerikanische Warner-Designer Read und sein Architekt Roth gnädig herab, in unser Haus nach Wesseling zu kommen. Ihre Absicht: Von uns Filmgeräte, Scheinwerfer und Plakate zu erwerben, um ihren Bau mit Leben zu erfüllen. Jede Art von Verkäufen lehnten wir von vornherein ab und unterbreiteten stattdessen den Vorschlag, für Warner ein komplettes Filmmuseum auf die Beine zu stellen, das auf Mietbasis im Freizeitpark gezeigt werden könnte. Skepsis oder andere Vorbehalte konnten wir durch Zeigen unserer Exponate und unzähliger Fotos gemachter Ausstellungen zerstreuen. Der für eine Stunde angekündigte Besuch der Warner-Leute verlängerte sich auf vier Stunden. Gegen Mitternacht waren wir und die Park-Planer per Handschlag vertraglich verbunden, vorbehaltlich einer von mir abzugebenden Präsentation, die der Warner-Vorstand im kalifornischen Burbank akzeptieren müsste. Es folgte manche schlaflose Nacht. Besonders meine Frau meinte, dass das Angebot an Warner für uns ein bis zwei Nummern zu groß wäre.

Die Zusammenarbeit mit Roth war hervorragend. Als ich mit preisgünstigen Prospekten für die vorgesehenen sechzehn Vitrinen bei ihm vorsprach, blitzte ich ab. „So etwas ist nicht der Stil von Warner. Reichen Sie uns bitte Zeichnungen mit Ihren Wünschen ein, danach werden diese Vitrinen gebaut." Ich wurde mutiger und machte den Vorschlag, dass es schön wäre, wenn sich im Eingangsbereich „Vor- und Frühgeschichte des Films" acht Wundertrommeln drehen würden. Auch das wurde anstandslos genehmigt. Die dafür nötigen Vitrinen-Entwürfe zeichnete er selbst. Außer den sechs Stellplätzen für Großgeräte durfte ich einen historischen Projektionsraum für Theater-Maschinen der dreißiger Jahre und den dazugehörigen Zuschauerraum mit alten Beleuchtungskörpern und Kinosesseln bauen lassen. Einschließlich aller Beleuchtungseinrichtungen konnte ich für das Innendekor weit mehr als hunderttausend DM ausgeben. Am 12. März 1996 vereinbarten wir unsere Museumsgestaltung, Mitte Juni verluden die Mitarbeiter einer Spedition den größten Teil unseres Hausmuseums, den wir erst am 24. Juni, ganze sechs Tage vor der Eröffnung, bei Warner auspacken konnten. Der Grund für diese kleine Katastrophe: Erst am 24. war die Zufahrtstraße zum zukünftigen Museum befahrbar. Nun waren wir Tag und Nacht damit beschäftigt, Geräte aufzubauen, Vitrinen zu bestücken und hundert Filmplakate aufzuhängen. Als am 30.6. über uns die Hubschrauber mit den Eröffnungsgästen knatterten, standen wir noch vor den letzten leeren Kartons im Blaumann. Gott sei Dank hatten wir die Möglichkeit, alles in einen Lagerraum zu werfen und standen im feinen Zwirn für Fragen der Gäste, unter ihnen der Ministerpräsident von NRW, Johannes Rau, zur Verfügung.

Vera und ich bewegten uns danach am Rande eines Nervenzusammenbruchs. Die anschließende Rückfahrt ins achtzig Kilometer entfernte Wesseling schafften wir nicht mehr, ohne eine Schlafpause von einer Stunde auf einem Parkplatz einzulegen. Doch all die Arbeit hatte sich gelohnt. Über eine Million Gäste besuchten pro Jahr „Hollywood in Germany", der größte Teil davon auch unser Filmmuseum. Durch Zukäufe verbesserten und erweiterten wir den Bestand an Exponaten. Als Krönung retteten wir einen alten Kamerakran der UFA vor dem Verschrotten. Er stand zuletzt im Vorgarten eines Bauernhauses unweit der berlinnahen Grenze zu Polen. Wir haben ihn nach Bottrop ins Warner-Museum bringen lassen und eigenhändig entrostet und lackiert ins Museum gestellt. Zu diesem Zeitpunkt, 1998, waren wir das größte und beste Filmmuseum in Europa.

1999, drei Jahre nach der Eröffnung von „Hollywood in Germany", wurden wir zu einem wichtigen Gespräch in die Warner-Geschäftsleitung nach Bottrop gebeten. Zu unserer Verwunderung verlangte das Management statt des laufenden Mietvertrags den Verkauf unseres Museums an Warner, ohne Alternative. Wegen des Umfangs der Museumsbestände war eine Rücknahme durch uns ausgeschlossen. Für die Benennung des Kaufpreises erbaten wir uns drei Tage Zeit. Es schmerzte uns, das in vielen Jahren Zusammengetragene in fremde Hände geben zu müssen, also war auch Schmerzensgeld zu zahlen. Für die Verkaufsverhandlungen waren wir gut positioniert. Außer allen Exponaten waren auch die Urheberrechte an der Gestaltung bis hin zu allen Texttafeln in unserem Besitz. Nach wieder schlaflosen Nächten nannten wir als Verhandlungsbasis einen Betrag um 450.000 DM. Unsere Gesprächspartner waren über die Höhe des Verkaufspreises empört und meinten, diese Summe würde der Warner-Vorstand in Burbank keinesfalls akzeptieren. Wir dachten an die Position Schmerzensgeld und zeigten Poker-Gesichter. Die nächsten Tage waren eine Zitterpartie. Wohin mit dem ganzen Zeug, wenn die ablehnen. Eines morgens klingelte unser Fax und fing an, den Warner-Briefkopf zu drucken. Ich erschrak. Wahrscheinlich die Aufforderung, das Museumsgebäude zu räumen. Stattdessen wurde unser Verkaufspreis angenommen und die Kontonummer unserer Bank erbeten. Erst als diese den Eingang der Summe bestätigte, konnten wir an unseren plötzlichen „Reichtum" glauben.

Jahrelang hatten uns wegen der Museumskäufe Geldsorgen begleitet. Aber jetzt öffnete sich der „Hollywood-Himmel", um uns mit Goldtalern für unsere Mühen zu belohnen. Zu Saisonschluss wollten wir die Museums- und Vitrinen-Schlüssel den neuen Eigentümern übergeben. Erstaunt wurden wir gefragt, wer künftig das Museum verwalten und warten sollte. Ergebnis: Gegen eine Jahrespauschale verblieb bei uns die Leitung und die Schlüsselgewalt. Unsere nie gestellte Frage, warum wir verkaufen mussten, wurde ein Jahr in Berichten der Wirtschaftsteile einiger Zeitungen beantwortet. 1999 befanden sich die Warner-Aktien an den US-Börsen auf Talfahrt. Die Aktionäre verlangten vom Vorstand eine Rückbesinnung auf das Kerngeschäft mit Film- und Musikproduktionen. Alle Europa-Initiativen wurden eingestellt. Das Berliner Warner-Kaufhaus, das Oberhausener Riesenkino und der Freizeitpark „Hollywood in Germany" erhielten neue Besitzer und neue Namen. Für einen Verkauf von Warner Bros. Movie World benötigten die Warner-Leute auch die Besitzrechte am attraktiven Filmmuseum.

Beginnend mit der Saison 2000 wechselte der Freizeitpark mehrmals den Besitzer. Doch Verwaltung und Schlüsselgewalt des Filmmuseums blieben bis 2006 in unseren Händen. Dann: Beschluss eines neuen Eigentümers für eine umfangreiche Modernisierung. Statt filmhistorischer Geräte kamen abgehalfterte Neonröhren als Laserschwerter für „Krieg der Sterne" in die Vitrine. Bezüge auf UFA-Größen wie Hans Albers, Heinz Rühmann, Marika Röck oder Christina Söderbaum flogen raus. Unsere Filmplakate mit Titeln alter Hollywood- oder europäischer Erfolgsfilme waren nicht mehr gefragt. Dafür entstand die Möglichkeit für Besucher, sich als „Selfie" in aktuelle Filmdekorationen einzustanzen. Bis auf wenige im Vorraum des 3D-Kinos ausgestellte Kameras und Projektoren wurden die alten Ausstellungsstücke des Filmmuseums eingemottet. Um sie zu erhalten, veranlasste ich die Eigentümer, sie im Kölner Auktions-Haus Breker versteigern zu lassen. Einige Lieblingsstücke konnte ich zurückkaufen, der Rest wurde in alle Winde vergeben. Mit einer Ausstellung „Als Oma und Opa ins Kino gingen" im Wesselinger Schwingeler Hof endeten 2006 unsere Ausstellungsaktivitäten.

Als Ausstatter für Film- und Fernseh-Produktionen

Unsere Geräte als Requisiten in einer Hollywood-Produktion

Im Spielfilm „Race" geht es um die legendären Siege des farbigen Leichtathleten Jesse Owens

Platziert auf der „Führer-Tribüne": unsere „Cinephon"-Tonfilmkamera

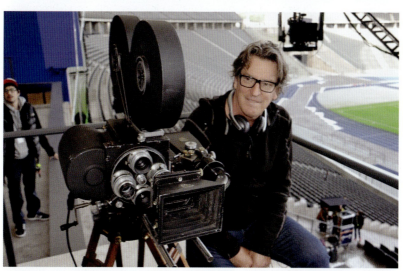

Regisseur Stephen Hopkins ließ sich gern neben unserer „Mitchell"-Kamera aus dem Jahre 1930 ablichten. Die hatte er als Relikt aus Opas Kinozeit beim Filmstudium kennengelernt.

Für den Fernseh-Zweiteiler über die Gladbecker Geiselnahme stellte das Filmmuseum Romboy die Requisiten

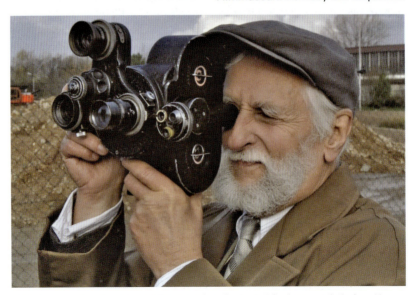

Für den Leander Haußmann-Film „Hotel Lux" mimte ich einen sowjetischen Kameramann, der die Moskauer Ankunft von Hitlers Außenminister Ribbentrop filmt

Mit Spielfilm- und Fernsehproduktionen blieben wir durch die Bestände des Filmmuseums Romboy als Berater und Ausstatter mit historischen Foto-, Film- und Videogeräten verbunden. 2014 waren wir im Berliner Olympia-Stadion mit zwölf historischen Filmkameras und zehn Pressefotografen der dreißiger Jahre vertreten. Eine Hollywood-Produktion verfilmte das Leben des legendären Leichtathleten Jesse Owens, der bei den Olympischen Sommerspielen 1936 vier Goldmedaillen gewonnen hatte. Die von Adolf Hitler protegierte Regisseurin Leni Riefenstahl hatte damals für ihre zwei Olympia-Filme Dutzende Kameras aufstellen lassen. Für seinen Film „The Cut" benötigte Regisseur Fatih Akin als Requisit einen großen historischen Stummfilmprojektor. Für seine Bedienung flogen Vera und ich zu einer ehemaligen Karawanserei in Jordanien. Für Filmaufnahmen in Südtirol wurde für einen Kameramann-Darsteller „Deutsche Wochenschau 1944" eine historische Arriflex-Kamera gebraucht. Also fuhren wir nach Italien. Eine andere Fernsehproduktion benötigte uns für ein Fernsehteam der sechziger Jahre mit Filmkamera, Tonbandgerät und Mikrofon in Spanien.

Am 16. August 1988 hatten zwei Gangster in Gladbeck eine Filiale der Deutschen Bank überfallen. Durch eine Geiselnahme erpressten sie ein Fluchtauto und kurvten mit zwei Mädchen als Geiseln durch halb Deutschland, die Niederlande, bis nach Köln, ständig von Foto- und Fernsehleuten umgeben, die sie ablichteten und interviewten. Durch diese Journalistenmauer bot sich für die Polizeikräfte keine Möglichkeit eines Zugriffs. Unter dem Titel „Das Geiseldrama von Gladbeck" sendete die ARD dreißig Jahre später, 2018, einen zweiteiligen Fernsehspielfilm. Die Ausstattung mit historischen Bildjournalisten wurde mir übertragen. Dafür war meine Anwesenheit an fünfzehn Drehtagen bzw. Drehnächten an verschiedenen Orten erforderlich. Meist waren das Zwölf-Stunden-Schichten. Unser Aufwand war beträchtlich. Mitunter hatte ich gleichzeitig zwölf Fernsehkameras mit Aufzeichnungsgeräten und Mikrofonen im Einsatz. Dazu kamen zwanzig Komparsen als Pressefotografen mit funktionierenden Blitzgeräten der 1980er Jahre. Mein bisher größter Auftrag mit Foto-Filmrequisiten. Ähnliche Aufträge wiederholten sich, manchmal in Monats-, mitunter in Jahresabständen. In 2021 waren unsere zahlreichen historischen Fernseh-, Fotokameras und Tonbandgeräte für Spielfilme über die „Stern-Affäre" mit den Hitler-Tagebüchern und einen Spielfilm über Boris Becker und seine Tennis-Siege im Einsatz. Auch in der erfolgreichen Fernseh-Serie „Babylon Berlin" blitzten unsere Fotokameras der zwanziger Jahre.

Als Filmhistoriker im Club Daguerre

1996, kurz nach der Eröffnung, besuchte eine Gruppe von Fotohistorikern und Fotogerätesammlern unser Museum bei „Hollywood in Germany". Vera und ich entdeckten bei diesen Besuchern vielfältige Übereinstimmungen mit unseren historischen Interessensgebieten. Es handelte sich um Mitglieder des Club Daguerre, benannt nach dem Franzosen, der seit 1839 als Erfinder der Fotografie gilt: Louis Daguerre. 1997 wurde ich, Vera etwas später, Mitglied dieser Organisation. Wir nahmen an deren Treffen teil und besuchten mit ihnen nationale und internationale Foto- und Filmbörsen. Daraus entwickelten sich Freundschaften, die Jahrzehnte überdauern. 2010 wurde ich als Nachfolger Günter Gymnichs bei der Jahresversammlung in Wetzlar zum 1. Vorsitzenden, also Präsidenten, gewählt. Die Bürde dieses Amtes konnte ich nur auf mich nehmen, weil ich in Vera eine tüchtige Frau als Organisatorin und Sekretärin an meiner Seite wusste. Als nun nomineller Herausgeber der Clubzeitschrift „Photo Antiquaria" gelang es mir in enger Zusammenarbeit mit meinem Freund Klaus Kemper, dem langjährigen Redakteur dieser Zeitschrift, Umfang, Qualität und Erscheinungsdichte zu steigern. Außerdem konnten wir gegen massive Widerstände ein neues prägnantes Club-Logo durchsetzen. In den sieben Jahren meiner Präsidentschaft war ich weiterhin als Autor für „Photo Antiquaria" tätig. Als Verdienst um diesen Club werte ich, dass es mir gelang, viele unser Jahrestreffen erfolgreich erstmals ins Ausland zu verlegen. 2014 waren wir in Wien, 2016 in Prag und 2017 in Luxemburg. Nach meinem achtzigsten Geburtstag konnte ich das Amt des 1. Vorsitzenden in jüngere Hände legen. Mein Nachfolger wurde der renommierte Fotosammler und Fotohistoriker Dr. Stephan Baedeker.

Résumé

Während unzähliger Kinobesuche in den Jahren meiner Kindheit entstand meine Liebe zu den Leinwandbildern der Lichtspieltheater. Filmfragmente zeigten mir als Entstehungsort der künstlichen Leinwandwelten viele kleine Bilder. Ich beschloss, einer der Männer zu werden, die mit dem Zauberkasten Filmkamera die Welt einfangen wollten.

Mein Buch sollte beschreiben, dass und wie mir das gelang. Nahezu fünfundvierzig Arbeitsjahre habe ich an und hinter Film- und zuletzt Video-Kameras gestanden. Jeder Tag, an dem ich drehen durfte, gleichgültig, wo, für was und unter welchen Bedingungen, war für mich ein erfüllter Tag. Ich war einer der damals etwa fünfhundert Kameraleute, die in Deutschland Streifen für das „Heimkino" Fernsehapparat lieferten. Durch die Digitalisierung ist die Herstellung von Filmbildern und ihre Verbreitung Alltagssport geworden. In dieser inflationären Bilderflut sind professionelle Einzelleistungen von Kameramännern und Kamerafrauen selten sichtbar, vielfach überflüssig und nicht immer erwünscht. So wie heute vielfach mit Bildern umgegangen wird, wäre Kameramann nicht mehr mein Traumberuf.

Mit dieser Veröffentlichung wollte ich mein Leben als Kameramann und Bildjournalist beschreiben. Es war mir nur möglich, die unmittelbaren Weggefährten zu erwähnen. All den nicht Erwähnten möchte ich für ihre Freundschaft und Hilfe danken. Es wären zu viele, um sie aufzuschreiben. Mein Privatleben erscheint nur in Randnotizen. Bleibt zu erwähnen, dass ich nicht als vereinsamter alter Mann leben muss. Außer mir gehört zur Romboy-Familie noch mein Sohn Gerid, dessen Karriere in einem großen Industriekonzern mir große Freude bereitet. Seine Frau Izida hat uns einen Enkel geschenkt: Alexander, der vor dem Master-Abschluss an einer Technischen Universität steht.

Mittelpunkt meines jetzigen Lebens ist meine zwanzig Jahre jüngere Frau Vera. Durch sie kam nicht nur das Glück in mein Leben, sie war auch Kollegin, Privatsekretärin und Ratgeberin. Ohne Vera wären viele, vor allem die filmhistorischen Initiativen meines Lebens, nicht möglich gewesen. Undenkbar, ohne sie ein solches Buch zu schreiben. Vielen Dank, Vera, dass Du mir, einem alten Besserwisser, so viel Deiner Lebenszeit gewidmet hast.

Manfred Romboy

Siehe auch im Internet

Manfred Romboy, Kameramann, bei:

Wikipedia
Google
Youtube

und

Foto- und Filmgeräte Requisitenverleih:

fotofilmrequisiten.com

Inhaltsverzeichnis

Vorwort *3*
Meine Vorfahren *4*
Ein unerwünschtes Kind *20*
Plötzlich war Krieg *22*
Vater wird Soldat *30*
Der Krieg kommt nach Leipzig *36*
Dresden brennt *48*
Ein Flugzeug fällt vom Himmel *50*
Die Amis kommen *54*
Statt Amis die Russen *57*
Zurück in Leipzig *60*
Hungerjahre *62*
Kino – mein Leben *65*
Erste Fotoschritte *68*
Bei den Filmvorführern *70*
Vater kehrt zurück *72*
Als Bettler durch die Westzonen *74*
Vater wird Zwangsarbeiter *79*
„Glückauf" durch die „Wismut" *81*
Meine erste Fotokamera *84*
Mein Hund Lux *88*
Statt Fotograf Maschinenschlosser *91*
Meine erste Filmkamera *97*
17 Juni 1953 Volksaufstand *102*
Bärbel *109*
Auf dem Weg nach Berlin *113*
Die Internatsschule für Kamera und Schnitt *120*
Als Kameraassistent der Spielfilm-DEFA *126*
Ein Schicksalsschlag *137*
Wunderbare Spielfilmjahre *143*
Im Schiffbauerdamm-Theater *150*
Begegnung mit der Stasi *158*
Meine „Kinder-Ehe" *163*
Flucht nach Westberlin *172*
CIC statt Stasi *175*
Ein schwerer Anfang *181*

Beginn und Karriere beim WDR 186
Kulturschock Paris 199
Auf dem Weg nach Afrika 209
Unterwegs mit Heiko Engelkes und Fritz Pleitgen 220
Europastraße 6 225
Zum ersten Mal in Amerika.. 241
Staatsbegräbnis für Bundeskanzler Adenauer... 259
Meine Freundin Karna.. 264
Das Deutsche Fernsehen entdeckt die Farbe... 265
Die „tapferen" 68er 269
Abenteuer Freiballon 272
Mein Konflikt mit Herbert Wehner 281
Kriminalität der Zukunft 283
Mein Freund Hartmut Pitsch 291
Zum Erdbeben in die Türkei 294
Wieder nach Paris... 300
USA- und Afrika-Reportagen 304
Für Modebilder in Paris 314
Verschollen in Eritrea 321
Mir begegnet das Glück 337
Die Ermordung Hanns Martin Schleyers.. 342
Meine Arbeit als „Medienpädagoge"... 347
Als Ausbilder im Baskenland 353
Kapverden und Florenz 357
Konzentrationslager 363
In den Dolomiten 369
Zum ersten Mal in Moskau 374
Wir ziehen in die Sowjetunion 382
Russland, der Wodka und ich 395
Verwirrspiel um einen Luxuskoffer 398
Mit dem Bundeskanzler auf dem Roten Platz 402
„Friedenstäubchen" Samantha Smith.. 405
Zuhause in Moskau 409
Bei den Pelztierjägern in Sibirien 416
Tod Andropows.. 421
Vom Schutzbündler zum Sowjetschauspieler 430
Juden in der Sowjetunion 434
Coca-Cola und ich... 440

Tod Tschernenkos	444
Meine Begegnung mit Gorbatschow	447
„Mineralni"-Sekretär Gorbatschow	451
Willy Brandt in Moskau	455
Oldtimer in Moskau	457
Zum Autorennen nach Riga	460
Tschnernobyl – Die Europa-Katastrophe	468
Wir begegnen Inge Meysel	474
Mein 50. Geburtstag	479
Mein „Kriegsberichterausweis" für Afghanistan	481
Wir besuchen die Russlanddeutschen	489
Perestroika-Freiheiten	491
Die Heimkehr Andrej Sacharows	497
Mit Peter Bauer nach Sibirien	499
Bei den Tschuktschen an der Beringstraße	506
Im Zeichen der Perestroika	516
Der „Luftpirat" Mathias Rust	519
Protestsänger Wyssotzky	523
Gerd Ruge kommt nach Moskau	526
Dr. Gabriele Krone-Schmalz	527
Udo Lindenberg	528
Über das Moskau-Studio	529
Der Rust-Prozess	530
WDR-Intendant Friedrich Nowottny	535
Letzte Drehs in Moskau	539
Zurück nach Deutschland	545
Wiedersehen mit der DDR	551
Ausflug in die Medizin-Welt	555
Fahrt in eine neue DDR	557
Ein letztes „Welt-Ereignis"	562
Neuer Beruf: Ausstellungs-Kurator	563
Für und mit Hollywood-Leuten ein Filmmuseum	569
Als Ausstatter für Film- und Fernsehproduktionen	574
Als Filmhistoriker im Club Daguerre	578
Résumé	579
Inhaltsverzeichnis	581
Bildernachweis	584

Bildernachweis

Bildarchiv Romboy: 4-37, 40-47, 50-52, 56-59, 63, 69, 71, 78-86, 88-102, 107, 109-114, 120, 138-140, 162-166, 180-192, 196-237, 240, 247-259, 262-264, 272-280, 283-290, 291-297, 305-310, 314-342, 345-351, 355-362, 367-385, 391-404, 409-414, 416-420, 426-430, 434-440, 442, 447, 451, 456-461, 472-476, 480-518, 520-524, 527-551, 558-576

WDR/Romboy: 386-388, 405-407, 421-424, 444-446, 462-464, 519, 526, 555

WDR: 266, 281, 352

Stadtgeschichtliches Museum Leipzig: 38, 39, 60, 62, 70, 103-106

DEFA: 123-137, 141-158, 167-171,

Archiv US-Army: 54, 363, 364

Archiv Hirsch, Dresden: 107

Eberhard Aug, Köln: 297-299

Mosfilm: 430, 433 TASS: 455 Pit Flick: 479

Quelle unbekannt: 48-40, 61, 64, 65, 75, 77, 87, 115, 116, 117, 178, 193-195, 238, 239, 246, 260, 261, 265, 269, 271, 291, 301, 302, 312, 343, 344, 415, 441, 448, 468, 469, 525

Die DEFA-Bilder sind zum Teil von DEFA-Standfotografen aufgenommen, zum Teil von mir im DEFA-Auftrag aber auch privat. Mein Dank an die DEFA-Stiftung für die Genehmigung zur Veröffentlichung.

Die mit WDR/Romboy gekennzeichneten Bilder wurden von mir im Auftrag des WDR aufgenommen.

Trotz sorgfältiger Recherche war es bei einigen Bildern wegen ihres Alters nicht möglich, den Urheber oder die Quelle zu ermitteln. Berechtigte Ansprüche werden von uns selbstverständlich zu den üblichen Sätzen honoriert.